उपनिवेश में स्त्री

मुक्ति-कामना की दस वार्ताएँ

उपनिवेश में स्त्री
मुक्ति-कामना की दस वार्ताएँ

प्रभा खेतान

राजकमल प्रकाशन

ISBN : 978-81-267-0681-5

मूल्य : ₹695

पहला संस्करण : 2003
आठवाँ संस्करण : 2021
This book is printed on Print on Demand Technology : 2025

प्रकाशक : राजकमल प्रकाशन प्रा.लि.
1-बी, नेताजी सुभाष मार्ग, दरियागंज
नई दिल्ली-110 002

शाखाएँ : अशोक राजपथ, साइंस कॉलेज के सामने, पटना-800 006
पहली मंजिल, दरबारी बिल्डिंग, महात्मा गांधी मार्ग, प्रयागराज-211 001
1, अनमोल सोराबजी संतुक लेन, धोबी तलाव, मरीन लाइंस, मुम्बई-400 002
वेबसाइट : www.rajkamalprakashan.com
ई-मेल : info@rajkamalprakashan.com

UPANIVESH MEIN STREE
Mukti-Kamna ki Dus Vartayen
by Prabha Khetan

मेरे बेटे संदीप भुतोड़िया के लिए

अनुक्रम

प्राक्कथन

नव-उपनिवेश के बाद

यह किताब जीवन के दो पक्षों के बारे में है। एक स्त्री का और दूसरा उपनिवेश का। न इस उपनिवेश को समझना आसान है और न स्त्री को। अगर यह उपनिवेश वही होता जिससे बीसवीं सदी के मध्य में कई देशों और सभ्यताओं ने मुक्ति पायी थी तो शायद हम इसे राजनीतिक और आर्थिक परतंत्रता की संरचना करार दे सकते थे। अगर यह उपनिवेश वही होता जिससे लड़ने के लिए राष्ट्रवादी क्रांतियाँ की गईं थीं और आत्मनिर्भर अर्थव्यवस्था की अवधारणा पेश की गई थी तो शायद हम इसके खिलाफ उपनिवेशवाद विरोधी प्रत्यय की रचना आसानी से कर सकते थे। यह नवउपनिवेश के नाम से परिभाषित हो चुकी अंतर्राष्ट्रीय वित्तीय पूँजी की अप्रत्यक्ष हुकूमत भी नहीं है। यह तो अंतर्राष्ट्रीय वित्तीय पूँजी, पितृसत्ता, इतरलिंगी यौन चुनाव और पुरुष-वर्चस्व की ज्ञानमीमांसा का उपनिवेश है जिसकी सीमाएँ मनोजगत से व्यवहार-जगत तक और राजसत्ता से परिवार तक फैली हुई हैं।

दूसरे पक्ष में होते हुए भी यह अनिवार्य नहीं है कि स्त्री इस उपनिवेश के खिलाफ ही खड़ी हो। वह लाजिमी तौर पर वहाँ नहीं है जहाँ उसे होना चाहिए था यानी वह पाले के दूसरी तरफ नहीं है। इस उपनिवेश की विरोधी शक्ति होते हुए भी वह इसके बीच में खड़ी है। उपनिवेश के खिलाफ संघर्ष उसका आत्म-संघर्ष भी है और यही स्थिति स्त्री को समझने की मुश्किलों का कारण बनी हुई है। स्त्री मुक्ति-कामना से छटपटा रही है, उसका प्रयास भी यही है लेकिन उपनिवेश के वर्चस्व से उसका मनोजगत आज भी आक्रांत है। गुजरे जमानों के उपनिवेशवाद विरोधी संघर्षों की तरह औरत की दुनिया के सिपहसालार उपनिवेश के साथ हाथ-भर का वह अंतराल स्थापित नहीं कर पाये हैं जो इस लड़ाई में कामयाबी की पहली शर्त है। 'उपनिवेश

में स्त्री / मुक्ति-कामना की दस वार्ताएँ' इसी अंतराल की स्थापना की दिशा में किया गया प्रयास है। ये वार्ताएँ कारखाने और दफ्तर में काम करती हुई स्त्री, लिखती हुई स्त्री, रचती हुई स्त्री, पुरुष से प्रेम के द्वंद्व में उलझी हुई स्त्री, मानवीय गरिमा की खोज में जुटी हुई स्त्री, बौद्धिक बनती हुई स्त्री, नारी-ज्ञानमीमांसा की नियति खड़ी करती हुई स्त्री, क्रांति के दर्शन से दो-चार होती हुई स्त्री और भाषा व विमर्श के संजाल में फँसी हुई स्त्री से संबंधित हैं।

□□□

आजकल सारी दुनिया में 'नारीवाद' शब्द लोगों को चौंका रहा है। औरत की आज़ादी के आंदोलन को नाना प्रकार की प्रतिक्रियाओं का सामना करना पड़ रहा है। चिली, नामीबिया, पेरू, बांग्लादेश, केन्या, रूस, पूर्वी यूरोप के देशों, कैथोलिक चर्च और हिंदू परंपरावादियों की नजर में नारीवाद अनैतिक आचरण का पर्याय है। जमीन से जुड़े आंदोलनकर्ताओं के अनुसार, विशेषकर पूर्वी यूरोप के वामपंथियों के अनुसार नारीवाद मात्र एक बुर्जुआ विचार है। हालत यह है कि स्त्री अधिकारों की प्रबलतम समर्थकों के एक हिस्से ने भी नारीवाद को खारिज कर दिया है। मगर ऐसा क्यों हो रहा है? इस सवाल पर अंतर्राष्ट्रीय दृष्टिकोण से विचार करते हुए उसे विभिन्न विचारधाराओं और राष्ट्रीय आंदोलनों की रोशनी में रखकर देखना होगा।

कई स्त्रियों के अनुसार नारीवादी विचारधारा का स्रोत पश्चिम रहा है। अर्थात भारतीय संदर्भ में यह एक आयातित विचारधारा है और इस विचारधारा की पैरोकार श्वेत पश्चिमी मध्यवर्गीय स्त्रियाँ हैं। समझा जाता है कि इन श्वेतांग स्त्रियों की जीवन-शैली, परंपरा एवं मूल्यबोध से तीसरी दुनिया की औरतों को क्या लेना-देना! इस दुनिया के तो पुरुष ही स्वतंत्र नहीं हैं, तब भला औरत क्या मुक्त होगी? समस्या यह है कि एक तरफ तो नारीवाद अपने पश्चिमी मूल के कारण विवादग्रस्त हुआ है और दूसरी तरफ राष्ट्रीय स्वतंत्रता और पहचान की उसकी विचारधारा, रणनीति और परियोजना विशिष्ट किस्म की है। इस विशिष्टता के कारण भ्रम यह होता है कि मुक्तिकामी मानवाधिकार के लिए किए जानेवाले अन्य आंदोलनों से नारियाँ नहीं जुड़ पायी हैं। इसी सिलसिले में यह भी मान लिया जाता है कि नारीवाद अराजक मानसिकता का प्रतिनिधित्व करता है, सामाजिक व्यवस्था की चूलें हिलाकर रख देना चाहता है और इस विचारधारा से प्रभावित स्त्रियाँ पुरुषों से नफरत करने लगती हैं। दरअसल ये सभी धारणाएँ भ्रामक हैं। नारीवाद एक विचारधारा और जीवन-शैली है। चूँकि स्त्री भी सोचना-

समझना जानती है इसलिए मानवाधिकार की विचारधारा और उससे प्रभावित आंदोलन स्त्री-जीवन के लिए परिवर्तनकामी है। नारीवाद पर पड़े प्रभावों का विश्लेषण करने से पता चलता है कि युग धर्म के अनुसार प्रचलित विचारों से स्त्री विचारक भी प्रभावित होती हैं। वे उन विचारधाराओं का विश्लेषण करके उन्हें अपने पक्ष में मोड़ना चाहती हैं।

महान चिंतकों के विचारों को स्त्री जब कार्यरूप में परिणत करना चाहती है तो उस दौरान उसे अपने जीवन के प्रसंग में इन विचारों की सीमा, उनकी अंतर्निहित पुरुष-केंद्रीयता और स्त्री-द्वेष भी समझ में आता है। पुरुष-जीवन निजी और सार्वजनिक दायरों में स्पष्ट रूप से बँटा हुआ है। सामाजिक मंचों पर नारी स्वतंत्रता की वकालत करनेवाला पुरुष जब घर में अपनी पत्नी को प्रताड़ित करता है तो उसे ऐसा करने की सुविधा इसी बँटवारे के कारण मिल पाती है। जाहिर है कि जब स्त्री व्यक्तिगत जीवन की समस्याओं को, सार्वजनिक जीवन को उधेड़ना शुरू करेगी तो पुरुष-समाज को लगेगा कि निजी और सार्वजनिक दायरों में अंतर्विरोधी आचरण की सुविधा से वंचित हुआ जा रहा है। इस तरह नारीवाद निजी और सार्वजनिक से स्थापित विभाजन को बदलने की कोशिश करके पुरुष विरोधी होने के आरोप को नियंत्रित करता है। कहा जाता है कि नारीवाद पारिवारिक मूल्यहीनता को प्रश्रय देता है। या फिर वह पारिवारिक संरचनाओं को तोड़ देना चाहता है। वास्तविकता कुछ और है। अगर पारिवारिक संरचनाएँ मानवीय हैं तो अपनी वैचारिक संभावनाओं सहित नारीवाद परिवार और समाज के मानवीय मूल्यों को नष्ट करने के बजाय बचाना चाहेगा। वह पारंपरिक समाज-व्यवस्था को परिवर्तित जरूर करना चाहता है और बदलाव को टूटना तो नहीं कहा जा सकता। परिवार स्त्री की सबसे पुख्ता जमीन है। यदि इस जमीन पर खड़े होकर वह यथास्थिति के परिवर्तन के पक्ष में है और अन्य व्यापक सामाजिक जिम्मेदारियों को स्वीकारना चाहती है, तो इसे गलत क्यों कहा जाना चाहिए?

यह भी कहा जा रहा है कि बहनापे की अवधारणा बहुलतावादी दौर में पूरी तरह खटाई में पड़ चुकी है। वास्तविकता यह है कि इसी अवधारणा के चलते मार्गन जैसी चिंतक जमीन से जुड़े हुए स्त्री-आंदोलनों पर विमर्श पेश करने की कोशिश करती हैं। उनका तर्क है कि स्त्री एक वैश्विक राजनीतिक शक्ति के रूप में उभरती जा रही है। मार्गन के अनुसार चूँकि पितृसत्तात्मक सामाजिक संरचना ने हर देश की जमीन घेरी है इसलिए राष्ट्रीय संरचना पर पितृसत्तात्मक मानसिकता हावी हो जाती है, इसलिए इसके विरोध को सार्वभौम घटना के रूप में लिया जाना चाहिए। मार्क्सवादी विचारधारा भी

पितृसत्ता के इस वर्चस्व से अछूती नहीं है। मार्क्सवादी राज्य एक तरफ स्त्री--हितों और उसके मानवीय प्रक्ष की पूरी तरह वकालत करता है लेकिन स्त्री के संदर्भ में राजकीय हस्तक्षेप के बावजूद स्त्री–आंदोलन की अलग पहचान स्वीकारने में असमर्थ रहता है। आधी दुनिया होने के कारण स्त्री की मुक्ति बहुसंख्यक जनता की मुक्ति की पर्याय समझी जानी चाहिए। दमन और शोषण के खिलाफ लड़ी जानेवाली अलग–अलग लड़ाइयों में स्त्री भी शामिल है लेकिन स्त्री–शोषण की अलग से चर्चा अनिवार्य है। वरना होता यह है कि वैचारिक स्तर पर मानवमुक्ति की चर्चा में चिंतक, दार्शनिक, विचारक और सामाजिक शोधकर्ता मान लेते हैं कि सबकी मुक्ति में स्त्री की मुक्ति भी शामिल होगी इसलिए अलग से स्त्री–हित की चर्चा की कोई तुक नहीं है।

□□□

इस पुस्तक में मैंने उन दार्शनिक विचारधाराओं की चर्चा की है जिनका मुझ पर प्रभाव पड़ा। इन विचारधाराओं को पढ़ते हुए मुझे यही लगा कि पुरुष होने की प्रक्रिया और स्त्री होने की प्रक्रिया में मौलिक अंतर है। पुरुष को पूर्वानुमानित रूप से व्यक्ति मान लिया जाता है पर स्त्री को यह स्वीकृति नहीं मिलती। देकार्त ने जब ऐलान किया था कि मैं सोचता हूँ इसलिए मेरा अस्तित्व है तो देकार्त का 'मैं' पहले तो उनका 'मैं' रहा और फिर उसमें अन्य पुरुषों का 'मैं' समाता गया। देकार्त के चिंतनशील 'मैं' का दायरा फैलता चला गया। पर क्या देकार्त के इस बृहदाकार 'मैं' में स्त्री शामिल थी? आखिर उसमें स्त्री क्यों नहीं शामिल होनी चाहिए थी? आखिर आदमी / इंसान / व्यक्ति में स्त्री–पुरुष दोनों ही निहित हैं। अत: देकार्त के अनुसार स्त्री भी कह सकती है कि मैं सोचती हूँ इसलिए मैं हूँ, मेरा अस्तित्व है। चिंतन करना व्यक्ति के युक्तिपरक होने का सबूत है। अपनी इस सामर्थ्य के कारण तो व्यक्ति जानवर से भिन्न होता है। बुद्धि एक सार्वभौम गुण के रूप में उभरती है जिसके कारण जानवर और इंसान की भिन्नता कायम रहती है। लेकिन स्त्री ने जब इस गुण का इस्तेमाल करते हुए अपने आप से, अपने परिवेश से और पुरुष की सत्ता से पूछा कि 'क्या मैं इंसान हूँ?' 'क्या मेरी भी कोई मानवीय गरिमा है?' तो उसे जो जवाब मिला वह कुछ और था। उसकी समझ में आ गया कि इंसान की श्रेणी में तो पुरुष है, स्त्री तो एक संपूरक भर है।

बहरहाल, अपनी दावेदारियों के साथ जैसे ही स्त्री ने अपने सारगुण, स्त्रीत्व, पर ध्यान केंद्रित किया, वैसे ही उसे दिखाई पड़ा कि इस सारगुण के

बावजूद स्त्री और स्त्री में वर्ग, वर्ण और जाति की विविधताएँ हैं, रंग-भेद है और उसे एक-दूसरे से विलग करती हुई राष्ट्रीय सीमाएँ हैं। सवाल उठा कि जिस स्त्री की चर्चा की जा रही है वह कौन है? किस जाति की और किस वर्ग की है? इस विविधता के कारण स्त्री से कहा गया कि अलगाववादी चिंतन का परिणाम अच्छा नहीं होता और पहचान की राजनीति हीनभावना से प्रेरित होती है। यह भी कहा गया कि केंद्र में आने की, मुख्यधारा में शामिल करने की माँग एक बचकानी माँग है क्योंकि केंद्र है ही कहाँ? केंद्र तो महज भाषा द्वारा निर्मित एक संकेतक-भर है। परिधि भी तो स्वयं में एक केंद्र है। स्त्री-पुरुष के बीच ऐसी कोई भी तो एक भेदक रेखा नहीं खींची जानी चाहिए। तर्क दिया गया कि भेदक रेखा में जो स्पेस है वहाँ भी तो एक भेदक रेखा है। अतः ऐसी कोई भेदक रेखा होती नहीं। भेदक रेखा तो बनती-मिटती रहती है, इसके लिए व्यर्थ परेशान होने की क्या जरूरत! स्त्री ने जब इन तर्कों को कसौटी पर कसा तो पाया कि उसका शोषण और दमन काल्पनिक नहीं, यथार्थ है। जिस भेद-भाव का स्त्री को अनुभव होता है, वह केवल भाषागत संरचना नहीं है। स्त्री को उसकी अधीनस्थता को इस कदर आत्मसात करा दिया गया है कि सत्ता की दमनकारी गतिविधियों को वह स्वीकारने लगी है। परंपरा ने उसे स्वास्थ्य, शिक्षा, राजनीतिक स्वतंत्रता और राजनैतिक भागीदारी और यहाँ तक कि व्यक्तिबोध जैसे मूलाधिकारों से भी वंचित रखा है। सत्ता द्वारा नियोजित यह वंचना ही स्त्री को राष्ट्र के दायरे में अपनी पहचान सीमित करने के खिलाफ विद्रोह का आधार प्रदान करती है। ये तमाम तर्क अनुचित साबित होते हैं कि स्त्री-मुक्ति की माँग जैसी अलगाववादी घटना न तो कभी हिंदू अतीत में घटी है और न ही हिंदू परंपरा में स्त्री कभी इतनी गुलाम रही है। यही हिंदुत्ववादी तर्क आगे बढ़कर कहता है कि स्त्री तो महाशक्ति के प्रतीक के रूप में पूजित हैं। बिना शक्ति के शिव तो महज शव हैं। अतः नारी-मुक्ति की इन चर्चाओं के मूल में पश्चिम की अपसंस्कृति है। नैतिक स्तर पर ये पश्चिमी स्त्रियाँ हमारे सांस्कृतिक मूल्यों से अनभिज्ञ हैं और नैतिक-अनैतिक में भेद करने में असमर्थ हैं। स्पष्ट है कि स्त्री के संदर्भ में हिंदुत्व के ये सभी तर्क उसकी पहचान को राष्ट्र में सीमित करने के उपक्रम मात्र हैं। एक बार फिर स्त्री को राष्ट्रीयता बनाम साम्राज्यवाद के द्वित्व में से किसी एक को मानने के लिए मजबूर किया जा रहा है। जैसे ही वह राष्ट्रीय सीमाओं को लाँघने का प्रयास करती है, उस पर पश्चिमीकरण का आरोप जड़ दिया जाता है। नारी-मुक्ति की विचारधारा इस तरह के आरोपों की हमेशा से शिकार रही है। दरअसल, चाहे प्राचीन हो या अर्वाचीन, प्राच्य हो या पश्चिम, राष्ट्र हो या जातीयता, एक की कीमत पर

दूसरे को जायज ठहराना या फिर तुलनात्मक रवैया अपनाना सत्तात्मक दृष्टिकोण का परिचायक है। द्वंद्वात्मकता अनिवार्यत: एकत्वीकरण के सारे प्रयासों को बहुलता की स्वीकृति में परिणत कर देती है।

इसी मोड़ पर मुझे दांते द्वारा नरक के वर्णन का एक अंश याद आता है। नरक के दरवाजे पर पापात्माओं की भीड़ लगी थी और वे अपने-अपने झुंडों को कभी दायें तो कभी बायें हिला रहे थे। लेकिन वे साथ बैठकर किसी भी नैतिक या राजनीतिक मुद्दे पर बातचीत करने में असमर्थ थे। दांते का कहना है कि अपनी राय देने में कुछ कहने में असमर्थ लोग तो इतने जघन्य हैं कि नरक में भी प्रवेश के अधिकारी नहीं हैं। वे अपने कहे की जिम्मेदारी भी नहीं लेना चाहते। ऐसे लोग अपने किसी विचार पर टिकते भी नहीं। स्त्री की समस्याओं के संदर्भ में यह मनोवृत्ति और भी स्पष्ट होकर उभरती है। क्योंकि स्त्री समस्या स्पष्ट पक्षधरता की माँग करती है। राष्ट्र की सीमाएँ इसमें आड़े नहीं आनी चाहिए। स्त्री का सवाल और राष्ट्रीय एकता का सवाल एक दूसरे के खिलाफ रखकर नहीं देखा जाना चाहिए। लेकिन ध्यान रहे कि स्त्री हो या पुरुष, पक्षधरता के कारण यथास्थिति से मिलने वाली सुविधाओं को छोड़ना पड़ता है, कीमत देनी पड़ती है जिसके लिए कोई तैयार नहीं है। स्त्री के हक सर्वसम्मति से नहीं दिये जा सकते। समकालीन जगत में स्त्री का प्रसंग एक नैतिक जिम्मेदारी की माँग करता है। आँकड़े उठाकर देख लीजिए : शिक्षा, स्वास्थ्य, राजनीति, रोजगार और व्यापार-जगत, हर जगह स्त्री-श्रम की कीमत पुरुष-श्रम से कम है। क्या इस आधार पर जनतांत्रिक मूल्यों का विकास संभव है? कार्य-जगत में यौन भेद-भाव और यौन-हिंसा भी कम नहीं है। स्त्री को पुरुष की तरह वोट का अधिकार है। पर स्त्रियों का प्रतिनिधित्व पुरुष वर्ग ही करना चाहता है। राजनीतिक जीवन में स्त्री की सक्रिय भागीदारी नहीं है। दुनिया के सारे सांसदों का दस प्रतिशत हिस्सा ही स्त्रियाँ हैं और केवल चार प्रतिशत स्त्रियाँ मंत्रालयों में हैं। केवल गरीबी ही स्त्री के लिए बाधक नहीं है। गरीब तो पुरुष भी है, अर्थाभाव तो वह भी झेलता है, जातिवाद का शिकार भी वह है। मगर पितृसत्तात्मक समाज की स्त्री-विरोधी परंपराओं का आयाम पूरी तरह विशिष्ट है। ये परंपराएँ स्त्री को घर सौंपती हैं, बच्चों का भरण-पोषण सौंपती हैं। मानवता के नाम पर वृद्ध और बीमारों के लिए उससे नि:शुल्क सेवा लेती हैं और बदले में उसके द्वारा की गई सेवाओं का महिमा-मंडन कर अपने कर्तव्यों की इतिश्री कर लेती हैं। स्त्री भूखी है या मर रही है, इसकी चिंता किसी को नहीं होती।

पितृसत्तात्मक परंपरा ने निश्चित कर रखा है कि अधिक से अधिक

शिक्षा पुरुष को मिलनी चाहिए, क्योंकि उसे कमाना है। उसे पौष्टिक भोजन मिलना चाहिए क्योंकि उसके श्रम की कीमत है। पुरुष को इसलिए राजनीतिक चुनाव का अधिकार दिया गया है क्योंकि भेद-भाव करने और दूसरों का शोषण करने के मामले में वह ज्यादा ताकतवर साबित होता है। साथ ही वह अपने से भिन्न को नियंत्रित करने की क्षमता भी रखता है। यहाँ तक कि विरोध और विद्रोह की अपेक्षा भी पुरुष से अधिक की जाती है। स्त्री के विरोध से सत्ता चौंकती है। गुजरात के दंगों में जब स्त्रियों ने लूटपाट मचाई, तो अधिकतर पुरुषों की नजर में यह एक चौंकानेवाली घटना थी कि ऐसा जघन्य काम पढ़ी-लिखी स्त्रियों ने कैसे किया! टिप्पणी की गई कि देखिए हमारी स्त्रियाँ कितनी नीचे जा रही हैं! क्या होगा हमारे धर्म का? कौन रक्षा करेगा हमारी जातीय अस्मिता की? आखिर स्त्री माँ है, संतति के भरण-पोषण की पूरी जिम्मेदारी उसी की है। विडंबना यह है कि स्त्री से नैतिक जिम्मेदारी की माँग करनेवाला समाज उसे आर्थिक, राजनीतिक एवं सामाजिक मुद्दों पर निर्णय के अधिकार से वंचित रखना चाहता है। जिसे अधिकार ही नहीं मिला उससे जिम्मेदारी की माँग क्यों की जा रही है? जो खुद गौण, दोयम और अधीनस्थ है, वह कैसे दूसरों के प्रति अपनी जिम्मेदारी निभायेगा?

दूसरे, संस्कृति के संदर्भ में सार्विकता एवं बहुलता की अवधारणा का स्पष्टीकरण जरूरी है। बहुसंस्कृतिवाद का अपना जोखिम है जिससे फिलहाल बचा नहीं जा सकता। फासीवादी संस्कृति के मूल्य स्त्री द्वारा स्वीकारे नहीं जाने चाहिए। गुजरात की हिंदू स्त्रियों ने मुसलमान स्त्री के साथ जो किया वह फासीवादी सांस्कृतिक मूल्यों का स्त्री-वर्ग द्वारा किया गया वरण है। क्या स्त्री के लिए कोई निरपेक्ष सार्विक प्रतिमान हासिल नहीं किया जा सकता? आलोचनात्मक सार्विकता के आधार पर प्रत्येक स्त्री-पुरुष के जीवन की गुणवत्ता को मापना संभव है। लेकिन आलोचनात्मक सार्विकवाद हमें परंपरा के इतिहास के प्रति संवेदनशील जरूर बना सकता है, मगर उसी हद तक जहाँ तक वह परंपरा स्त्री के विकास में सहायक हो, ताकि जीवन की गुणवत्ता और परंपरा के संबंध का आकलन करना संभव हो सके।

□□□

आलोचनात्मक सार्विकता स्थापित भूगोल की सीमा स्वीकारने के लिए कभी तैयार नहीं होगी। राष्ट्रवाद की अपनी सीमा है। राष्ट्रवाद चाहे फासीवाद द्वारा प्रचारित किया जा रहा हो या फिर चाहे वह कोई दमनकारी राष्ट्रवाद हो या किसी वर्ग विशेष का राष्ट्रवाद हो, वह अंततः पहचान का दर्शन है। परिधि से

उबरने की कोशिश में लगी हुई स्त्री को राष्ट्रवाद की जरूरत कुछ समय के लिए पड़ सकती है। राष्ट्रवाद के जरिये स्त्री को अन्य संस्थापितों के बीच पहचान मिलती है। पर यह तो पहला कदम ही हो सकता है। इसे आखिरी मंजिल तो नहीं कहा जा सकता। राष्ट्रवाद स्त्री को मजबूर करेगा कि वह केवल अपनी सांप्रदायिक, जातीय और वर्गीय पहचान और संस्कृति को पुख्ता करे। इस प्रक्रिया में कई समस्याएँ हैं। १९वीं शताब्दी का उपनिवेशवाद प्राचीन ब्राह्मणवाद की भौंडी नकल रहा है। उसने निचली जातियों को हीन बताकर मानव-संस्कृति की भव्यता और औदार्य से उन्हें वंचित रखनेवाली समाज-व्यवस्था को बदलने की चेष्टा नहीं की। हिंदू जब यह कहता है कि उसे पहले हिंदुत्व की रक्षा करनी है या केवल अपना जातीय साहित्य पढ़ना है, तो राष्ट्रवाद के नाम पर पहचान की राजनीति उभरती है। पहचान की राजनीति का एक दूसरा पहलू भी है। यह राजनीति स्त्री-मुक्ति आंदोलन को आत्मग्रस्त करेगी, सीमित करेगी। वह स्त्री खायेगी ज्यादा, पायेगी कम। घेटो चाहे राष्ट्रीय स्वयंसेवक संघ का हो या मदरसे का, जीवन के वैविध्य की ओर उनका ध्यान नहीं जा पायेगा। यदि भिन्नताएँ आपस में टकराती हैं, तो इन भिन्नताओं के साथ चलना सीखना होगा। उनका आपसी संवाद निरंतर होना ही चाहिए। स्त्री या दलित अपनी मूक खामोशी में भी बहुत कुछ बोलते हैं। सत्ता अपनी ऊँचाई से ऐसे खोखले नारे लगाती है, जो हमारी समझ से बाहर होते हैं। स्त्री सत्ता का विरोध करती है मगर विरोध के पीछे वह सत्ता की आकांक्षा नहीं रखती। उसे तो सत्ता से अलग हटकर और एक बेहतर दुनिया की खोज करनी है। महज आत्मश्लाघा और मुग्ध आत्मरति से कुछ नहीं मिलनेवाला। बल्कि स्वतंत्रता और मानवीयता की खोज अंतहीन होनी चाहिए, आकाश की अनंतता की तरह।

मान्यता है कि इंसान होने की पहली पहचान है किसी राज्य का नागरिक होना। तब क्या मानवाधिकार का सबसे सुरक्षित गढ़ राष्ट्रवाद है? क्या राष्ट्र की आलोचना करनेवाला देशभक्त नहीं हो सकता? स्त्री के अधिकारों की चर्चा करने पर पूछा जाता है कि वह किस राष्ट्र की नागरिक है? उसका धर्म, उसकी जाति, उसका संप्रदाय क्या है? इन सवालों का जवाब यह है कि नारीवाद को राष्ट्रीय सीमा में बंद नहीं किया जा सकता। सिद्धांत और विमर्श को इतिहास और व्यवहार से अलग करना होगा। राष्ट्रवाद से इतर यह कोई अकेली चीख नहीं होगी। बल्कि इसमें वैयक्तिकता की सामूहिक अवधारणा पर ध्यान दिया जाएगा। उन संबंधों से जुड़ने की प्रक्रिया से पहचान निर्मित होती है जिनके मूल में स्त्री का निजी और विशिष्ट इतिहास रहता है। साथ ही जुड़ी होती है स्त्री आंदोलन की सामूहिक

राजनीति। स्त्री की पहचान बिखरी हुई भी हो सकती है, संबंधवाचक एवं सामूहिक भी। लेकिन स्त्री को पुरुष द्वारा अभिव्यक्त सांस्कृतिक आदर्शों की आलोचना करनी सीखनी होगी। स्थापित प्रतिमाओं के पीछे छिपी हुई सत्ता की नीयत को पहचानना होगा। स्त्री को अपने से भिन्न अन्य वर्ग, जाति और राष्ट्र के स्त्री-पुरुषों के साथ संबंधवाचक संपर्क बनाने होंगे। चाहे वामपंथ हो या दक्षिणपंथ, भूमंडलीय स्तर पर अब तक की राजनीतिक प्रक्रियाओं में स्त्री-प्रसंग में हमेशा विरोधाभासी विपर्यात्मक एवं विशिष्ट अर्थमयता ही प्रचलित रही है। जैसा कि मैंने ऊपर कहा है कि एक-दूसरे के बरखिलाफ जोड़ियों में सोचना ही चिंतन का तरीका रहा है। किंतु अब हमें यह या वह, स्त्री या पुरुष, सक्रिय या निष्क्रिय, युक्तिसंगत या भावनात्मक आदि द्वित्वों का अतिक्रमण करते हुए किसी एकल व्यवस्था की ओर कदम बढ़ाने के बजाय स्त्री-पुरुष को साथ-साथ रखते हुए दोनों की अपनी-अपनी पहचान के साथ जीना सीखना होगा। एक समूचेपन की व्यवस्था करनी होगी। जो है, उसमें थोड़ा और जुड़ेगा। स्त्री को वैज्ञानिक आलोचना की पद्धति सीखनी होगी, ताकि अन्य आंदोलनों की सक्रियता में वह जाने-अनजाने स्त्री-मुक्ति के लक्ष्यों की उपेक्षा न कर बैठे। स्त्री कहीं अपने वर्गीय हितों को अपने राजनीतिक स्वार्थों के तहत गौण न बना दे। स्त्री स्थानीय संघर्ष कर रही है भूमंडलीय स्तर पर भी वह संघर्षरत होगी, एक समग्र दृष्टिकोण अपनायेगी। एक ओर यदि स्थानीय परंपरा, सापेक्षिक नैतिक मूल्यों एवं सांस्कृतिक विरासत की समस्या है तो दूसरी ओर स्त्री को संस्कृतियों की सीमाओं के पार छानबीन और अन्वेषण करना होगा ताकि उसके आलोचनात्मक रुख से एक ऐसा वैश्विक दृष्टिकोण विकसित हो सके जिसके जरिये अपनी छद्म चेतना को बदलने में वह सक्षम हो सके। इस तरीके से न स्थानीय मुद्दों की उपेक्षा होगी और न ही स्थानीय सीमाओं में कैद होकर रह जाना होगा।

बहुलता की माँग की वजह से स्त्री-जीवन भिन्न-भिन्न आवाजों से निर्देशित होता रहा है। पर बहुलता का अर्थ अलग-अलग खाँचों में बंद सांस्कृतिक मूल्यबोध नहीं है। संस्कृति से ऊपर है मनुष्यता, जो स्त्री को अब तक उपलब्ध नहीं हो सकी है। यदि होती तो दुनिया में इतना आतंक नहीं फैलता। स्त्री तो मनुष्य बनने की प्रक्रिया में है, उस ओर अग्रसर है। प्रत्येक स्त्री की अपनी-अपनी क्षमता है, सांस्कृतिक सामर्थ्य है। बहुलता की अवधारणा का समर्थन हमें एक कारगर संवाद की तरफ ले जाता है। यदि स्त्री-हितों की चर्चा की जा रही है तो प्रत्येक मानव स्त्री की बात हमें करनी होगी। स्त्रियों में जितनी भी बहुलताएँ हैं, उन्हें खुद को एक-दूसरे के समकक्ष समझना होगा और यदि हममें से अन्य कोई भी स्त्री शोषित होती

है, हिंसा का शिकार होती है तो मानवीय मूल्यों का तकाजा है कि उस पर ध्यान दिया जाए ताकि इस मानव (और स्त्री) के प्रति नया दृष्टिकोण विकसित हो सके। स्त्री के प्रति अब तक मानवीय दृष्टिकोण निर्मित नहीं हो सका है। इन मुद्दों पर केवल पुरुष ही गौर करते रहे। स्त्री यदि एक बार अपनी समस्याओं के प्रति आलोचनात्मक दृष्टिकोण निर्मित कर पाती तो पितृसत्तात्मक धार्मिक एवं सांस्कृतिक योजनाएँ स्वत: खारिज हो जातीं।

दलित एवं शोषित अपने बारे में सही निर्णय लेने में समर्थ नहीं हैं क्योंकि लंबे समय तक अधीनस्थ रहने की वजह से उन्होंने सत्ता के मूल्यों को इतना आत्मसात कर लिया है कि उनकी आलोचनात्मक क्षमता कुंद हो गयी है। इसीलिए आत्माभिव्यक्ति को और तराशने की जरूरत है। स्त्री अपनी पक्षधरता अवश्य विकसित करे और बोले, मगर उसका वक्तव्य आत्मरति से ग्रस्त न हो। यही कारण है कि स्त्री को आज मानव-मूल्यों पर आधारित शिक्षा की वकालत करनी है ताकि चिंतन का स्तर और विकसित हो, व्यक्ति की सोच स्थानीय सीमाओं से बाहर निकले, वह धार्मिक मतान्धता की शिकार न हो। हाँ, उस प्रक्रिया में वैकल्पिक जीवन-मूल्यों का संकेत जरूर मिले ताकि बिना किसी दबाव और भय के वह शिवम् की अवधारणा विकसित कर सके।

इस पुस्तक में विभिन्न विचारों के विश्लेषण से मैंने साफ करने की चेष्टा की है कि स्त्री की अस्मिता-यात्रा को राष्ट्र के दायरे में कुछ कदम और चलना पड़ेगा लेकिन उसकी यह यात्रा निकासी के दरवाजे की तरफ होगी। स्थानीय के माध्यम से वह सार्वभौम की ओर जाएगी और सार्वभौम के जरिये स्थानीय को स्पर्श देगी। वह पुरुष-समाज को पक्षधरता के लिए मजबूर करेगी पर अलगाववादी चिंतन और अपने घेटोकरण से बचते हुए विभिन्नता और बहुलता का झंडा बुलंद करती रहेगी। हिंदुत्व के राजनीतिक आक्रमण का प्रतिरोध करते हुए धर्मनिरपेक्षतावादियों के उकसावे में नहीं आएगी वरना उसे एक बार फिर सांप्रदायिकता बनाम धर्मनिरपेक्षता के घिसे-पिटे द्वित्व में फँस जाना होगा। अपनी पहचान के सवाल पर उसे अपना वक्तव्य अलग से जारी करना होगा। नारीवादी बौद्धिकता के सामने सबसे बड़ी चुनौती यही है कि नारीवादी लेखन और चर्चा में जातिवाद, वर्ग आधारित सोच, सांप्रदायिकता, साम्राज्यवादी विचारधारा, पुरुषकेंद्रित जीवन-दर्शन और मूल्यों का प्रभाव खोज निकालना है। ये वही मूल्य और विचारधाराएँ हैं जो न केवल स्त्री को पुरुष के अधीनस्थ रखते हैं बल्कि स्त्री-स्त्री में भी भेद की खाई को भी चौड़ा कर देते हैं।

स्त्री न केवल अपने अनुभवों को व्यक्त करना चाहती है बल्कि वह

दूसरी स्त्री के अनुभवों का विवरण भी देने का प्रयास करती है। एक बात तो यह है कि मैं और आप एक-दूसरे के अनुभव बाँटें। और इस पर अपना-अपना मत दें (आप अपने-अपने अनुभव के प्रसंग में इन-साइडर हैं। और मैं एक आउट-साइडर की भूमिका में हूँ।) दूसरी स्थिति यह हो सकती है कि मैं स्वयं को और दूसरे को सांस्कृतिक रूप से अपने समान समझकर अपना विवरण प्रस्तुत करूँ और इस विवरण का उपयोग अपने-आपको विस्तृत करने के लिए करूँ। ऐसी स्थिति में दोस्ती का भाव अधिक है। वहाँ समझदारी होगी, आपसी लेन-देन का रिश्ता होगा। न केवल एक-दूसरे से लगाव-जुड़ाव होगा, वह नैतिकबोध भी होगा जो अपनी ही तरह दूसरे को भी उतना ही महत्त्व और जीने का स्पेस देता है। मतभेद पर संवाद तब शुरू होता है जब हम रणनीति के रूप में अपने अनुभव दूसरे पर आरोपित करते हैं। कुछ स्त्रियाँ शिक्षित हैं और नागरी और व्यापक सोच और चिंतन का दावा करती हैं, वे स्त्री-दमन को अभिव्यक्त करने में अधिक समर्थ हैं। भाषा, सत्ता, अर्थ सभी कुछ तो उनके पास है। तब क्या स्त्रियों को भिन्न-भिन्न समूह में अपने-अपने सिद्धांत रचने होंगे? सब लोग साथ बैठकर विचार-विमर्श करेंगी तो वहाँ भी स्त्रियों का आपसी वैमनस्य फूटेगा। जिन्हें जाति और वर्ग की सुविधा मिली हुई है और जो अमीर हैं वे क्योंकर भला इन सुविधाओं का त्याग करेंगी!

पर क्या दूसरे को जानने, नियंत्रित करने, आंदोलन को संचालित करने में इनका कोई स्वार्थ नहीं? दूसरे को जानने के पीछे तीन तरह की मंशा होती है—एक तो दूसरे के बारे में जानने से उसे काबू में रखकर अपना मोहरा बनाना आसान होता है। हालाँकि यह बड़ी हीन और ओछी मानसिकता है, पर यह सत्ता की राजनीति है और ऐसा नहीं कि हम पढ़ी-लिखी समर्थ स्त्रियाँ इस भावना से अछूती हैं। दूसरे, सबको साथ लेकर चलने का काम यदि कर्तव्यबोध से प्रेरित होकर किया जाता तो न केवल हम उदारचेता कहलाते बल्कि हमारे भीतर का पारस्परिक दृष्टिकोण भी विकसित होता। तीसरी मानसिकता : चूँकि वह हमारी दोस्त है इसलिए उसे जानना और साथ लेकर चलना है। आपसी भिन्नताओं के बावजूद एक-दूसरे का साथ देने से हमें कोई रोक नहीं सकता। भिन्नताएँ हैं तो क्या हुआ—इन सारी भिन्नताओं के बावजूद हमें एक-दूसरे के करीब और एक-दूसरे का साथ देने से कोई नहीं रोक सकता। इसमें केवल हमारी अकेले की मुक्ति नहीं, बल्कि यही हमारे जीवन का आनंद है।

नारीवादी चिंतन-प्रक्रिया और पुंसवादी चिंतन-प्रक्रिया में मौलिक भेद है। स्त्री किस चिंतन-प्रक्रिया से प्रभावित है, इस पर गौर किया जाना

चाहिए। ध्यान रहे:

१. पुरुषवादी ज्ञान के परिसर में शोधकर्ता और उसके ज्ञान की विषय-वस्तु में दूरी होती है।

२. पुरुष का दावा होता है कि ज्ञान का स्रोत विचार है, भावना नहीं।

३. वह विज्ञान और नीतिशास्त्र में दूरी मानता है।

४. वह आपसी होड़ पर आधारित तर्क-व्यवस्था और पद्धति को मान्यता देता है जिसमें हार-जीत की भावना निहित होती है।

इसके विपरीत स्त्रीवादी चिंतन और ज्ञान चाहेगा कि :

१. वस्तु को व्यक्ति से दूर न रखा जाए।

२. ज्ञान भावना पर भी आधारित हो।

३. सत्य को शिवम् से अलग नहीं किया जा सकता।

४. सत्य की खोज में उस राह पर जो भी मिले, उससे संवाद स्थापित करने की चेष्टा की जाए।

स्त्री मात्र का यही भूमंडलीय दृष्टिकोण होना चाहिए ताकि आपसी भिन्नता के बावजूद एक संघटित एकता, एक आलोचनात्मक सार्विकता और समग्रता को स्थापित किया जा सके। यही होगा वह नारीवादी सिद्धांत जो यथार्थ में शरीर और मन, बुद्धि और संवेग, चिंतन और भावना की दूरी को पाटने में समर्थ होगा। केंद्र से हमें परिधि की ओर मुड़ना होगा। मंच पर कुर्सियाँ खाली करनी होंगी। दूसरों को माइक पकड़ाना होगा ताकि परिधिकृत को संवर्धित होने का स्पेस मिले। हम तभी नारीवादी विचारधारा का संयुक्त लेखा-जोखा प्रस्तुत कर पायेंगे और ऐसे किसी भी सार्विक मानकीकरण और नियमावलियों का मोह छोड़ पायेंगे जो तात्कालिक रूप से चाहे जितनी भी आकर्षक और मोहक लगें, मगर अंततः बहुजनों की आहुति पर किसी एक के त्याग का महिमामंडन ही करती हैं।

प्रभा खेतान
कलकत्ता, हेमंत, २००३

१

आधी दुनिया का श्रम और भूमंडलीकरण

इस लेख में मैंने स्त्री-श्रम पर भूमंडलीकरण के प्रभावों की चर्चा की है और सरकारी आँकड़ों पर निर्भर करने के बजाय व्यक्तिगत अनुभव को आधार बनाया है। किसी कारण समस्या का विश्लेषण करते हुए विश्लेषक का दृष्टिकोण और उसकी निजी स्थिति भी विश्लेषण का हिस्सा बन जाती है। व्यक्ति का दृष्टिकोण अन्वेषण से अलग नहीं होता बल्कि उसकी दृष्टि ही अध्ययन की विषय-वस्तु संरचित करती है। नियतिकर्ता होने के नाते मैं पिछले तीस साल से वस्त्र और चमड़े के व्यवसाय में लगी हूँ। व्यवसायी स्त्री होने के रूप में दक्षिण-पूर्वी एशिया, सुदूर जापान और चीन तक मैंने यात्राएँ की हैं। भूमंडलीकरण के प्रभावों का जितना असर मुझ पर पड़ा है, उतना ही मेरे तहत काम करनेवाली स्त्रियों पर भी पड़ा है। विशेषकर एक निर्यातक की हैसियत से भूमंडलीकरण का परिणाम पहले जितना सुखद लग रहा था, उतना आज नहीं रह गया है।

पूँजीवादी मंदी और संक्रमण के दौरान अगर पितृसत्तात्मक संरचनाओं का विश्लेषण किया जाए तो स्त्री-पुरुष के श्रम-विभाजन और नियत कार्य के क्षेत्रों में परिवर्तन का संकेत मिलता है। औद्योगिक शक्तियों का तात्कालिक जोड़-घटाव और बाजार के हाथों कठपुतली की तरह नाचती श्रम-शक्ति एक आम घटना है। पारंपरिक आदर्शों, राज्य-व्यवस्था, मानवीय मूल्यों और श्रमिक आंदोलन के ह्रास को नवपूँजीवाद, नवसाम्राज्यवाद, नवउपनिवेशवाद, उपभोक्तावाद, बाजारवाद आदि संज्ञाएँ देकर चिंतक नए-नए विश्लेषण और सिद्धांत पेश करते रहे हैं। अकादमियों और संस्थाओं से पोषित अर्थशास्त्री अपने चिंतन और अतिरिक्त उड़ानों की वजह से असल समस्या की चर्चा ही नहीं कर रहे हैं। स्त्री-हितों पर ध्यान देना तो दूर की बात है। ऐसे अँधेरे समय में भूख, बेकारी और बेरोजगारी से तबाह होते लोग धर्म, जाति और अलगाववाद की राजनीति में फँस जाते हैं। रोजगार-योजनाएँ चलाने के बदले सरकार की सारी ऊर्जा शांति बनाये रखने में ही

लग जाती है। भूमंडलीकरण के दौरान प्रौद्योगिकी के जरिये हर चीज का उत्पादन बहुतायत में तो होता है, मगर वह केवल वर्ग विशेष को ही हासिल हो पाता है। जापान, उत्तरी अमेरिका और यूरोप के अलावा ज्यादातर देश तो आज भी नियमित उपभोक्ता की श्रेणी में नहीं आते। पिछले तीन सौ वर्षों के उद्योगीकरण का निर्विवाद सत्य यह है कि औद्योगिक क्षेत्रों को स्त्री-श्रम की जरूरत केवल सामाजिक संक्रमण और युद्ध के दौरान ही पड़ी है। यहाँ तक कि तेलंगाना आंदोलन जैसे निम्नवर्गीय विद्रोहों के बाद भी स्त्रियों को वापस घर लौटने की सलाह दी जाती है। पारंपरिक भूमिका अपनाने के लिए उन्हें मजबूर किया जाता है। *(मेरा लेख-'क्रांति चेतना के नारी रूप-मार्क्सवाद और नारीवाद के संश्लेषण की ओर', पहल, अंक-६६, जुलाई-अगस्त, २०००)*। जाहिर है कि समकालीन दौर की इस सारी उथल-पुथल का प्रभाव स्त्री की मानसिक और सांस्कृतिक परिस्थिति पर पड़ता है। ध्यान इस बात पर दिया जाना चाहिए कि पारंपरिक विचारधारा, स्त्री की पहचान और इस पहचान के प्रतिरोध में स्त्री कैसे अपनी परिस्थिति को पुनर्भाषित करती है और कैसे अपने तानों-बानों से बने जीवन को समाज के साथ जोड़ती है। एक ओर पूँजीवादी संचय-वृत्ति है, तो दूसरी ओर पुरुष-वर्चस्व पर आधारित सामाजिक आदर्श और मूल्यों की आपसी टकराहट है। इसी आंतरिक विरोधाभास और टूटन से बृहद (मैक्रो) और आणविक (माइक्रो) स्तर पर विभिन्न सामाजिक समस्याएँ उत्पन्न होती हैं। भूमंडलीकरण की प्रौद्योगिकी के कारण भारत जैसे विकासशील देशों में एक वर्ग-विशेष के पास जब अचानक पैसा आया, तो उन देशों की स्त्रियों ने बड़ी जल्दी पारंपरिक कामों को छोड़ नए काम की खोज में औद्योगिक क्षेत्रों की निचली गहराइयों में आश्रय लिया। इन उद्योगप्रधान शहरों में रहते हुए जिस उपभोक्तावादी समाज से उनका परिचय हुआ, वह उनकी कल्पना से परे था।

तात्कालिक परिणाम यह निकला कि स्त्री स्वयं को जिन्स में परिवर्तित करती नजर आयी। कल तक खेत-मजदूरी करनेवाली स्त्री की बेटी आज पढ़-लिखकर नौकरी करके कमाते हुए एक सुनहरे भविष्य का सपना भी देख रही थी। मगर प्रगति के नाम पर इन स्त्रियों ने नैतिक आत्मबल से रहित बूर्जुवा मूल्यों को ही अपनाया। स्वाभाविक था कि वे हिंसा और यौनजनित भेद-भाव की शिकार होतीं। उनके सामने कोई विकल्प है भी नहीं। वे तो अदृश्य शक्तियों के हाथ महज खिलौना-भर हैं। वे कारखानों में हजार से लेकर तीन-चार हजार रुपए तक कमा सकती हैं। यहाँ सामाजिक एवं आर्थिक स्तर पर खींचने और धकेलने का ऐसा कारक तत्त्व विद्यमान है जिसे आम आदमी के लिए झेलना कठिन है। आज स्थानीय पूँजी का सीधा

संबंध अंतर्राष्ट्रीय पूँजी से है। अंतर्राष्ट्रीय स्तर की माँग स्थानीय श्रम की गतिविधि को निर्धारित करती है। भूमंडलीकरण में लगी हुई अर्थव्यवस्था को स्त्री-श्रम की जरूरत तो है पर स्त्रियों की बढ़ती हुई समस्याओं पर ध्यान केंद्रित करना कर्ज में डूबी सरकार और अभिजन नेताओं के लिए संभव नहीं है। स्त्री-श्रम के हित में बोलना उनके लिए जोखिम-भरा है, क्योंकि उन्हें पहले वोट की राजनीति के लिए पुरुष श्रमिकों की समस्या सुलझानी है। इसीलिए इन औद्योगिक क्षेत्रों में नारीवादी विचारधारा की भूमिका महत्त्वपूर्ण हो जाती है। मानवीय हितों के नाम पर स्त्री हितों की पुनः बलि देने से सामाजिक और राजनीतिक कार्यकर्ता बाज नहीं आते। दूसरे, स्त्री जब कमाने लगती है तो उसका बढ़ता हुआ आत्मसम्मान पारंपरिक परिवेश की वर्जनाओं को सहन नहीं कर पाता। अधीनस्थता की स्थिति उसके लिए असहनीय हो जाती है। अतः भूमंडलीकरण के तहत हर दिन, हर क्षण जारी रहनेवाले इन तमाम व्यक्तिगत और सामाजिक द्वंद्वों और तनावों से गुजरती हुई स्त्री को यह सोचना होगा कि अपने जीवन का दिशा-निर्देश वह किस आधार पर और कैसे करे।

□□□

समकालीन भूमंडलीकरण प्रौद्योगिकीय गतिशीलता के फलस्वरूप अंतर्राष्ट्रीय स्तर पर दिए जानेवाले ठेके और उन ठेकों का पुनः उपठेकों में परिणत होना एक स्वाभाविक प्रक्रिया है। जितनी होड़ और प्रतियोगिता स्थानीय स्तर पर है, उतनी ही अंतर्राष्ट्रीय स्तर पर है जहाँ एक देश दूसरे देश से होड़ में लगा हुआ है। दुनिया की आधी से अधिक ऊर्जा और माल का उपभोग पश्चिमी यूरोप और अमेरिका करता रहा है। बची हुई दुनिया इन्हीं के बाजार में माल बेचना चाहती है। स्वाभाविक है कि अंतर्राष्ट्रीय और राष्ट्रीय स्तर पर कीमत घटने के लिए ठेकों का प्रचलन बढ़ेगा। ये ठेके पुनः छोटी-छोटी इकाइयों में बाँट दिए जायेंगे। इन छोटी इकाइयों में स्त्रियाँ अधिक काम करती हैं, क्योंकि उनके श्रम की लागत कम है और साथ ही वह बच्चों की देखभाल और मातृत्व की छुट्टियों से भी वंचित की जा सकती हैं। जिस नाम से, जिस ब्रांड के आधार पर आर्डर लिये जाते हैं, जरूरी नहीं कि वही कंपनी उसे स्वयं बनाए। निर्माता कंपनियाँ मिले हुए आर्डर को पुनः छोटे-छोटे निर्माताओं में बाँट देती हैं। एक कारखाना कितने छोटे कारखानों में बँटा हुआ है, इसका सतह पर अंदाज लगाना मुश्किल है। यह भी निर्विवाद है कि औपचारिक क्षेत्र के कर्मचारियों की सुविधाएँ, इन छोटी इकाइयों में लगे हुए श्रमिकों को नहीं मिलेंगी। समकालीन अंतर्राष्ट्रीयकरण जितना जटिल है,

उतना ही बहुआयामी भी। कोरिया, ताइवान और हांगकांग आदि देशों को कल तक एशियन टाइगर के नाम से पुकारा जाता था, वे ही आज अपने वित्तीय घाटे को पूरा करने में असमर्थ दिखाई दे रहे हैं। इससे न केवल राष्ट्रीय स्वायत्तता पर अंकुश लगता है बल्कि आधुनिकीकरण और भूमंडलीकरण की प्रक्रिया भी धीमी होती है। इस संदर्भ में स्त्री की स्थिति को समझना आवश्यक है। पिछले दशक से स्त्री-श्रम को आयातित प्रौद्योगिकी का सामना करना पड़ रहा है। इस आयातित तकनीक ने व्यापारिक प्रतिष्ठान और उत्पादन के तौर-तरीकों को बदल डाला है। इस वर्तमान संक्रमण की चोट राजनीतिक और आर्थिक है। लेकिन इससे आयातित प्रौद्योगिकी का विनिमय और मूल्यांकन कैसे हो, यह स्पष्ट करना जीवन की गुणवत्ता के संदर्भ में जरूरी है।

पच्चीस साल के दौरान एक निर्यातक की हैसियत से अतीत में देखा गया मेरा स्वप्न धुँधला हो चुका है। दृष्टि थक गई है। कभी न पूरे होनेवाले स्वप्न को देखते हुए मैं उस अकेली चिड़िया की तरह हूँ जो सागर किनारे आनेवाले तूफान की प्रतीक्षा कर रही है। अमेरिका का अपना आंतरिक विरोधाभास और टूटन है, जो उसे ले डूबेगी। इस संदर्भ में भारतीय स्त्री-श्रम के प्रसंग में यह कहना अनुचित नहीं है कि श्रमजीवी स्त्री-समाज को अपने माहौल से जुड़ना होगा और अपने पुरुष साथी-संगी को साथ लेकर चलना सीखना होगा। मगर ऐसा नारीवादी दृष्टिकोण के आधार पर ही हो सकता है। नारीवादी समझ से मेरा आशय है एक आंदोलनकर्ता की हैसियत से व्यक्ति-स्त्री के निजी जीवन को समझना, उसकी मनोवैज्ञानिक और सांस्कृतिक समस्याओं को सुलझाना ताकि वह चुनाव की संभावनाओं से वंचित न रहे। भूमंडलीकरण से उत्पन्न संभावनाओं के साथ नयी चुनौतियाँ भी बढ़ी हैं। भूमंडलीकरण जितना स्त्री के हक में गया है, उससे कहीं अधिक हानिकारक साबित हुआ है।

भूमंडलीकरण के तहत सूचना-समाज की रचना एक क्रांतिकारी परिवर्तन है। इसके कारण केवल कारखाना उत्पादन का क्षेत्र ही नहीं, बल्कि सेवा-क्षेत्र में राष्ट्र एवं पर-राष्ट्र स्तर पर क्रांतिकारी परिवर्तन घटित हुए हैं। एक उदाहरण देखिए: अमेरिका की एक निर्माता-विक्रेता कंपनी से चेन्नई स्थित मेरी परिधान फैक्ट्री भी संबंधित है। श्रमिक संख्या कुल पाँच सौ है, जिसमें साढ़े चार सौ महिलाएँ हैं। इन महिलाओं की औसत आयु अठारह से तीस वर्ष है। फैक्स, ई-मेल और कंप्यूटर पर आधारित उत्पादन-व्यवस्था के कारण अमेरिका में बैठा हुआ सौदागर एक साथ मिस्र, श्रीलंका, बंगलूर, तमिलनाडु, बांग्लादेश, चीन, ताईवान और वियतनाम की कुल १९०

फैक्ट्रियों को नियंत्रित करता है। डिजाइन अमेरिका में बनता है, ग्वाटेमाला और कोरिया की फैक्ट्रियों में सैम्पल बनाया जाता है और जब सैम्पल के आधार पर मुख्य कंपनी को अमेरिकी स्टोर से आर्डर मिल जाता है तब ताईवान और चीन को कपड़े का आर्डर दिया जाता है। बटन, लेस, मैचिंग धागे आदि का आर्डर हांगकांग की एक कंपनी को दिया जाता है और फिर सुविधा, दाम और उत्पादन-क्षमता के अनुसार अमेरिकी आयातकर्ता कंपनी इन्हें अलग-अलग देशों में स्थित अपने स्थानीय लैजाँ दफ्तरों में बाँट देती है। ये लैजाँ दफ्तर अपने-अपने क्षेत्रों की फैक्ट्रियों को नियंत्रित करते हैं। अकेले चेन्नई और बंगलूर में ४० फैक्ट्रियों में इसी अमेरिकी कंपनी के लिए वस्त्र बनाए जाते हैं, जिसमें जैकेट, कोट, पैंट-शर्ट आदि सभी कुछ शामिल है। ये सारी फैक्ट्रियाँ सौ प्रतिशत निर्यात करनेवाली इकाइयाँ हैं। यानी अंतर्राष्ट्रीय बाजार से इनका कोई संबंध नहीं है। स्थानीय छोटी-छोटी फैक्ट्रियों को अंतर्राष्ट्रीय होड़ और प्रतियोगिता झेलनी पड़ती है। सस्ते श्रम के संसाधन के तौर पर बड़ी संख्या में स्त्रियाँ नियुक्त की जाती हैं। नारीवाद श्रम के संदर्भ में सैद्धांतिक स्पष्टता और नारीवादी दृष्टिकोण की अलग से जरूरत इसीलिए है क्योंकि जब तक श्रमजीवी महिलाएँ इसे हासिल नहीं कर लेतीं तब तक शोषण का विरोध महज व्यक्तिगत प्रलाप माना जाएगा। नारीवादी सोच और चिंतन को न केवल स्थानीय बल्कि भूमंडलीय स्तर पर संवाद स्थापित करना चाहिए, बल्कि अन्य देशों की स्त्रियों की समस्याओं के संदर्भ में अपनी स्थानीय समस्याओं को समझने की चेष्टा भी करनी चाहिए। अकादमियों में उपलब्ध बृहद आँकड़ों और दोयम दर्जे की साहित्यिक बयानबाजी से हम प्रणालीगत व्यवस्था संबंधी कार्यक्षमता या योग्यता को हासिल नहीं कर पायेंगे और मानव संसाधन के विकास की रूपरेखा केवल पुरुषों के दृष्टिकोण से निर्मित होती रहेगी। कुल मिलाकर मधुमक्खी के इस छत्ते में काम करती हुई स्त्रियों के बारे में सही सूचना का अभाव हमें बात की तह तक नहीं पहुँचने देगा। नित नई बनती हुई कमेटियाँ केवल किताबी ज्ञान और मीटिंगों में सीमित रह जाएँगी। जरूरत है जमीनी स्तर के ज्ञान के आधार पर शोध और विश्लेषण की, ताकि लाभ उठाकर कानून बनानेवालों के साथ स्त्री की सत्ता मोल-भाव करने में समर्थ हो। जरूरत है स्त्री-श्रम को जमीनी स्तर पर प्रौद्योगिकीय ज्ञान मिलने की। स्त्री को अकादमीय स्तर पर श्रम के विश्लेषण का लाभ भी होना चाहिए, तभी प्रावधान बनानेवालों के साथ स्त्री-सत्ता अपने हित में सीधे-सीधे मोल-भाव करने में समर्थ होगी। जरूरत है भूमंडलीकरण के निषेधक पहलुओं के प्रतिरोध की और उसमें स्त्री द्वारा हस्तक्षेप की संभावना के आकलन की।

ध्यान रहे, अच्छी बिरयानी बनाने के लिए ऊपर और नीचे समान रूप से आँच की आवश्यकता पड़ती है।

क्या ऐसी कोई विधि है जिसके जरिये दोनों स्तरों में संवाद कायम हो सके और परिवर्तन की रणनीति निर्धारित की जा सके। पश्चिमी प्रतिमानों से प्रेरणा जरूर लेनी चाहिए मगर स्त्री-श्रम के सही मूल्यांकन के लिए जमीनी प्रतिमानों की जरूरत पड़ेगी। भारत जैसे विकासशील देशों की स्त्रियों को न केवल अपने पितृसत्तात्मक सामाजिक अवरोधों का सामना करना पड़ रहा है बल्कि वे पश्चिम के प्रौद्योगिकीय वर्चस्व का दबाव भी झेल रही हैं। यह स्त्री-श्रम पर निर्भर करता है कि वह कितनी दूर तक तकनीक को अपनाएगी और कितना छोड़ेगी। तकनीक के विनियोजन का मामला पूरी तरह स्थानीय स्त्री-समुदाय की स्वीकृति पर निर्भर है। आधुनिकता के नाम पर निचले स्तर की उपेक्षा नहीं की जा सकती क्योंकि यहाँ न केवल अमीर और गरीब राष्ट्रों के ध्रुवीकरण का सवाल है बल्कि खुद अपने देश में एक-दूसरे को काटनेवाली धर्म और जाति की रेखाएँ भी हैं। रजनी कोठारी के अनुसार: 'वैश्विक स्तर पर यूरोपीय नवजागरण से उत्पन्न वैज्ञानिक और तकनीकी धारा के साथ तीसरी दुनिया को सम्मिलित करने के प्रयास में न केवल बाजारवाद का अंतर्निहित विरोधाभास जगज़ाहिर है, बल्कि समकालीन घटनाओं से तो यह लगता है कि दुनिया को संगठित करने का यह एकरेखीय तकनीकी विकास, अंतत: आदमी के लिए विनाशकारी सिद्ध होगा।'

जिस प्रौद्योगिकी के सहारे अमेरिकी वर्चस्व की एकरेखीय प्रगति परवान चढ़ती रही उसी प्रौद्योगिकी की सहायता से ११ सितंबर को अमेरिका को इतनी भयानक विनाशलीला देखनी पड़ी। प्रौद्योगिकी का भस्मासुर उसे ही खाने लगा। इसमें कोई शक नहीं कि आधुनिक सभ्यता का विकास चरम प्रौद्योगिकी पर आधारित समकालीन समाज है। मगर पूँजीवादी विकास का यह आंतरिक विरोधाभास है जो इसे तोड़ता जा रहा है। यह टूटन इसके भीतर समायी हुई है। श्रीलंका की ट्रेड यूनियन शोधकर्ता रोहिणी हैंसमेन स्त्री-श्रम के प्रसंग में लिखती हैं: 'इसमें संदेह नहीं कि नई प्रौद्योगिकी ने स्त्री के लिए नई नौकरियाँ निर्मित की हैं, विशेषकर कम्प्यूटर के क्षेत्र में। यहाँ पर कुछ बातों पर ध्यान देना आवश्यक है। कम्प्यूटर उद्योग में प्रवेश करनेवाली स्त्रियाँ आज की स्त्रियाँ हैं, जो अभी-अभी पढ़-लिखकर निकली हैं। ये स्त्रियाँ पारंपरिक उद्योगों से निकली हुई नहीं हैं। दूसरे ये स्त्रियाँ असंगठित कामगार हैं। जबकि मंदी के कारण नौकरी से निकाली गई स्त्रियाँ यूनियन की संगठित सदस्याएँ हैं। तीसरे, नई प्रौद्योगिकी अपने साथ नई समस्याओं को लाती है जिनका सामना करने के लिए ये अराजनीतिक

श्रमिक स्त्रियाँ रोजगार की असुरक्षा के कारण प्रबंधन को चुनौती देने में असमर्थ होती हैं। बहुतेरी स्वास्थ्य संबंधी समस्याएँ, कम्प्यूटर टर्मिनल पर घंटों बैठे रहने से कमर-पीठ, गर्दन में दर्द, आँखों की कमज़ोरी और स्थूलताजनित रोग आते हैं। इसके लिए कानून ने अलग से कोई प्रावधान नहीं रखा है।' फिलहाल स्त्री-श्रम को भूमंडलीकरण के विधेयक प्रभाव से कहीं अधिक प्रौद्योगिकी का निषेधक प्रभाव झेलना पड़ रहा है।

पर्यावरणवादी नारीवाद ने भी आधुनिकीकरण और पश्चिमीकरण की आलोचना करके वैकल्पिक प्रतिमान देने की कोशिश की है। उनके अनुसार समस्या का समाधान बाजारकेंद्रित पश्चिमी प्रौद्योगिकी को स्वीकारना नहीं है बल्कि स्त्री को वही प्रौद्योगिकी अपनानी चाहिए जिसके जरिए प्रकृति के साथ उसका सामंजस्य स्थापित होना संभव हो। पर्यावरणवादी नारीवाद अपने इस सारतत्त्ववादी दृष्टिकोण के कारण आधुनिक प्रगति के तमाम दावों को खारिज करता है। मगर ऐसी मिथकीय अपरिवर्तनशील परंपरा से स्त्री को लाभ के बजाय हानि अधिक होती है। इन स्वप्रतृषाओं से सत्ता की संरचना में बदलाव आने से रहा। आगे बढ़ती हुई स्त्री प्राचीन गुफाओं में तो नहीं लौट सकती। अत: एक ऐसे व्यावहारिक ढाँचे को विकसित करना होगा जो वैज्ञानिक और प्रौद्योगिकीय उपलब्धियों द्वारा स्थानीय समस्याओं को सुलझाने में स्त्री की मदद करे। उदाहरण के लिए अमदाबाद की 'सेवा' नामक संस्था ने कोर्ट में सुनवाई के लिए महिलाओं को वीडियो से परिचित कराया। विशेष संदर्भ में नियोजित प्रौद्योगिकी से स्त्री का आत्मविश्वास बढ़ता है, घटता नहीं। मगर व्यक्तिगत आत्मविश्वास के साथ जिस सामूहिक शक्ति का विकास होना चाहिए, जो ठोस परिवर्तन होने चाहिए, उसके लिए बृहद तथा आणविक स्तर पर दोनों तरह की रणनीतियों की आवश्यकता पड़ेगी। आज की बाजार-व्यवस्था सही शिक्षा, स्वास्थ्य, मातृत्व और बच्चे के भरण-पोषण की जिम्मेदारी स्वीकारने से रही। लोक-कल्याण आयोग तो पहले से ही अपना हाथ खींचे हुए है लेकिन यह भी सच है कि भूमंडलीकरण का विपर्यय अलगाववाद नहीं है। स्त्री को ऐसी शिक्षा देने का अर्थ हुआ उसे मेढकी बुद्धि देना। निषेधक परिणामों का प्रतिरोध करना जरूरी है, साथ ही राज्य के साथ परिवार और कुटुम्ब की भूमिका को भी स्वीकारना जरूरी है।

परिवार अब भी स्त्री की सबसे मजबूत जमीन है। यह उसका अपना निजी क्षेत्र है। अपनी जमीन पर खड़ी होकर वह जितनी मजबूरी से आनेवाले समय का सामना कर सकती है, उतना अन्य किसी जमीन पर नहीं। अब परिवार का कर्त्ता स्त्री बने या पुरुष ही रहे, पारिवारिक संरचना अधिनायकवादी हो या जनतांत्रिक, यह अलग चिंतन का विषय है। पर हमारे

कुछ अपने जातीय मूल्य हैं जिनकी स्वीकृति के बिना आगे बढ़ना संभव नहीं है। अत्याधुनिक तकनीक पर आधारित कार्य-जगत में सफलता के साथ स्त्री अपने परिवार का कल्याण जरूर चाहेगी और अपनी इस नयी भूमिका में बेहतरी की ओर अग्रसर होना चाहेगी। भविष्य में वह और अधिक सक्रिय होगी या थकी हुई निष्प्राण दिखेगी, यह तो वक्त बताएगा पर इन दोनों क्षेत्रों में किसने क्या पाया और क्या खोया, इसका आकलन जरूरी है। इसमें संदेह नहीं कि नए प्रतिमानों की खोज का संबंध स्त्री-जीवन के निजी और सार्वजनिक स्पेस से संबंधित है। किसी भी तरह का अमूर्त सारतत्त्ववादी रुझान अवैज्ञानिक और निरर्थक है।

इसी तरह केवल यौनिकता के आधार पर पहचान स्थापित करना भी गलत होगा, क्योंकि स्त्री महज देह नहीं है। पितृसत्ता द्वारा आरोपित वर्ग, जाति और वर्ण के आधार पर स्त्री भी पहचानी जाती है। हालाँकि इन आरोपित प्रतिमानों से वह मुक्त होना चाहेगी पर फिलहाल ये तथ्य उसकी पहचान को प्रभावित करते हैं। यह स्त्री पर निर्भर करता है कि अपने सांस्कृतिक और भौतिक अधिकार से वह किस प्रकार निषेधक प्रभावों को चुनौती देती है। यह भी सच है कि स्त्री की अधीनस्थता केवल उपनिवेशीकरण या भूमंडलीकरण का परिणाम नहीं है। प्राक्-औद्योगिक जगत में भी स्त्री अधीनस्थ थी। प्रौद्योगिकी को स्वीकारने की क्षमता अलग-अलग देशों की स्त्रियों में अलग-अलग है। इस ढाँचे को ध्यान में रखते हुए घर-बाहर की माँग को समझना और निजी अनुभवों के परिप्रेक्ष्य में सार्वजनिक क्षेत्रों को समझना स्त्री-मात्र के लिए जरूरी है क्योंकि आर्थिक मंदी के दौरान सार्वजनिक क्षेत्रों का संकुचन स्त्री को और अधिक असुरक्षित करेगा। समाज जब खुद अंदर से टूट रहा हो, जब पुरुषों की नौकरी खत्म हो रही हो तब स्त्री की चिंता कौन करेगा। प्रबंधन के दृष्टिकोण से देखें तो उनके स्वार्थ में गाँव-देहात से आई हुई स्त्री का श्रम ज्यादा महत्त्वपूर्ण है क्योंकि वह दो वक्त की रोटी के लिए कुछ भी करने को तैयार है। बहुत-सी स्त्रियों ने मुझसे कहा कि वहाँ गाँव में पंचायत की मार खाने से अच्छा है, हम शहरों में आजाद रहें। यदि वह अविवाहित है तो प्रबंधन का स्वार्थ और भी सिद्ध होता है। इससे प्रबंधन को मातृत्व छुट्टी जैसे झंझटों का सामना नहीं करना पड़ता। गतिशील स्थितियों का प्रभाव समान नहीं पड़ता। कुछ पढ़ी-लिखी स्त्रियों के विज्ञापन से यह नहीं समझना चाहिए कि स्त्री समाज की प्रगति हो रही है। श्रम के परिवर्तनशील बाजार में उपेक्षित और प्रौद्योगिकीय ज्ञान से रहित स्त्री-श्रम की दुर्दशा का अनुमान लगाना कठिन है।

अधिकतर स्त्रियाँ अब तक गैर-तकनीकी कामों में ही लगी हुई हैं।

समय के साथ चूँकि ये स्त्रियाँ तकनीक को अपनाने में असफल साबित हो रही हैं, अतः प्रबंधन ने इनके बदले पुरुषों को रोजगार देना शुरू कर दिया है। महिला श्रमिकों ने यह भी कहा कि घर-गृहस्थी के कामों के अलावा बढ़ती उम्र के साथ नयी प्रौद्योगिकी को सीखने की न तो उनकी मंशा है और न उनका दिमाग चलता है। प्रौद्योगिकी का दूसरा पहलू यह है कि उसकी उन्नति के साथ स्त्री के इस सस्ते श्रम की जरूरत घटती है। प्रबंधक के साथ पुरुष श्रमिक भी स्त्री के खिलाफ इस षड्यंत्र में शामिल हो जाते हैं ताकि स्त्रियाँ नयी मशीनों पर न बैठ सकें। मेरी चेन्नई की गार्मेंट फैक्ट्री में पाँच सौ श्रमिकों में केवल पचास पुरुष हैं, मगर कुल मिलाकर यह छोटा-सा पुरुष-समूह निर्णय का सारा अधिकार, सुपरवाईजरी स्तर, फिनिशिंग स्टेज के सारे स्पेस को अधिकृत किए हुए है। लड़कियों को सर झुकाकर इनकी हुकूमत स्वीकारनी होती है। इतना सत्तावादी अनुशासन है कि प्रतिरोध में एक लड़की नहीं बोलेगी, हाँ शारीरिक शोषण या यौन-उत्पीड़न कम है।

स्त्री-श्रम के लचीलेपन का बार-बार हवाला दिया जाता है। फैक्ट्री में मैंने हमेशा यही सुना है कि, 'मैडम, लड़कियों को रखिए, वे शांति से रहेंगी।' देश की नौकरशाही भी लेन-देन में, विशेषकर दो नंबर के लेन-देन में पुरुष कर्मचारियों के साथ ज्यादा सहज है। किसी महिला से कैसे कहा जाए कि हम अनैतिक काम कर रहे हैं, हमें घूस चाहिए और फिर पाँचसितारा होटल में शराब पिलाने तो महिला नहीं जा सकती। छोटे अफसरों को छोटे होटलों में ले जाना भी महिला के वश का नहीं। दूसरी ओर वृहद स्तर पर श्रम के बाजार में स्त्री-श्रम को इसलिए भी लचीला माना जाता है कि उसकी निजी जरूरत कम है, वह अराजनीतिक है, मारपीट नहीं कर सकती, पुरुष की तुलना में कम बेईमान है। श्रम का एक ऐसा हिस्सा है, जो सबसे अधिक नमनीय है, खासकर अविवाहित लड़कियाँ कहीं भी रह लेती हैं। इनमें से कुछेक शादी करके काम छोड़कर चली जाती हैं। उनका कैरियर विवाह है। जब तक शादी नहीं होती, तब तक काम कर रही हैं। अतः वे कोई भी काम अपना मन लगाने के लिए या अपना दहेज जुटाने के लिए या फिर अपने भरण-पोषण के लिए स्वीकार लेती हैं। न वे परिवार की मुख्यधारा में हैं और न खेतिहर मजदूर की तरह खटती हैं। परिवार उनकी आय पर निर्भर करता है, पर अपने असुरक्षा बोध से उभर नहीं पाता। हेल्पर श्रेणी की इन स्त्रियों की पहचान है : मशीन के बगल में खड़ी रहना और ऐसे काम करना जिससे उत्पादन में वृद्धि हो। मगर ये लड़कियाँ कुछ नहीं सीख पातीं। ये लड़कियाँ बड़ी जल्दी सोचने लगती हैं कि शादी के बाद घर बैठकर एक मशीन पर वे जो सिलाई करेंगी या थोड़ा-बहुत कमाएँगी उससे

परिवार को अतिरिक्त आय के साथ बच्चे के भरण-पोषण में सुविधा मिलेगी। विवाहित लड़कियों की तुलना में बाल-बच्चेवाली वयस्क स्त्रियाँ सबसे अधिक असुरक्षित हैं। बच्चों के कारण वे ओवरटाइम या छुट्टियों के दिन काम नहीं कर पातीं। जबकि निर्यातक कंपनियों को बहुधा छुट्टियों के दिन दुहरी पगार पर काम करवाना पड़ता है। पर इन स्त्रियों का कहना है कि घर में बच्चे रहेंगे, पति रहेगा, रिश्तेदार आयेंगे। माना कि पैसा ज्यादा मिलेगा, लेकिन क्या किया जाए, मजबूरी है। प्रबंधन की शिकायत रहती है कि अनुभवी होते हुए भी यह स्त्री-श्रम उत्पादन-गति के साथ समझौता नहीं कर पाता। न ये देर रात तक काम कर सकती हैं। इनके बदले पुरुष श्रमिकों को ज्यादा वेतन देकर भी रखना उचित है ताकि वक्त पर जहाजों पर माल चढ़ाया जा सके। साथ ही ये श्रमिक स्त्रियाँ प्रौद्योगिकी अपनाने में असफल साबित हो रही हैं। इसलिए प्रबंधन ने इनके बदले पुरुषों को रोजगार देना शुरू कर दिया है। चीन में स्त्री-पुरुष के श्रम में कोई भेद नहीं। वहाँ प्रौद्योगिकी को मिलनेवाली चुनौतियों का सामना स्त्रियों ने नई ट्रेनिंग लेकर किया। वे काम करती हैं तो फुर्सत के समय शिक्षा और ट्रेनिंग भी लेना चाहती हैं और इसमें स्त्रियों के समूह के अलावा सरकारी एजेंसी तथा सरकार का भी पूरा सहयोग रहता है। मलेशिया में स्त्रियों ने इस सारी सोफियाना प्रौद्योगिकी को सीखने की पूरी चेष्टा की। श्रीलंका में स्त्रियों की सामान्य शिक्षा का स्तर उन्नत होते हुए भी प्रौद्योगिकीय शिक्षा का स्तर निम्न है। दूसरी ओर भारत जैसे देशों में शिल्प-उद्योगों में प्रौद्योगिकीय शिक्षा का न केवल अवसर कम है, बल्कि स्त्री को सहयोगी पुरुषकर्मियों के प्रतिरोध का सामना भी करना पड़ता है। यहाँ कई ऐसे उद्योग हैं, मसलन बैंकिंग आदि, जहाँ स्त्रियाँ प्रौद्योगिकीय शिक्षा के लिए अग्रसर होना ही नहीं चाहतीं। खदानों के काम में ट्रेड यूनियनें और पुरुष नहीं चाहते कि महिलाएँ आगे आएँ। जहाँ तक असुरक्षा का मुद्दा है, तो वह स्त्री-पुरुष दोनों के लिए लागू होता है। डायनामाइट से पहाड़ उड़ाने के लिए एक पुरुष को भी आखिर कितने श्रम की आवश्यकता है? क्या यह श्रम महिला नहीं कर सकती?

इसके साथ जुड़ी हुई समस्या है स्त्री श्रम की पहचान की। स्त्री पुरुष के बराबर काम कर भी ले तो सवाल है कि क्या उसे बराबरी की पहचान मिलेगी। चीन जैसे देशों की महिलाओं ने वैचारिक स्तर पर संघर्ष किया। मलेशिया और बांग्लादेश में राज्य के स्तर पर हस्तक्षेप किया गया क्योंकि वहाँ बहुराष्ट्रीय पूँजी की माँग थी कि उन्हें सस्ता और विनम्र श्रमिक मिले जो नई तकनीकों को सीखने का इच्छुक हो, और खासकर वह अराजनीतिक हो। इन देशों में राज्य ने स्वयं बाजार के एजेंट की भूमिका निभाई। इन सारे

उदाहरणों से यह स्पष्ट है कि अर्थ-जगत में होनेवाले प्रत्येक परिवर्तन के दौर में स्त्री-श्रम पर सत्ता अपना नियंत्रण रखना चाहेगी और उसका प्रबंधन अपने स्वार्थ में पुरुष श्रमिक भी करना चाहेंगे। कच्चे चमड़े से भरी लारी को पुरुष चलाता है, मगर भारी चमड़ा उतारने का काम औरतें करती हैं। किस मोड़ पर स्त्री-मुक्ति और आंदोलनकर्ताओं को क्या हासिल होगा इसकी भविष्यवाणी असंभव नहीं, तो कठिन जरूर है। तमिलनाडु के वस्त्र-उद्योग में फिलहाल ग्रामीण इलाकों और छोटे शहरों की ओर (जिसमें मदुरै, तंजौर, कांचीपुरम आदि शामिल हैं) फैक्ट्रियाँ लगनी शुरू हो गई हैं। मजदूरों को गिंडी और अम्बातूर की फैक्ट्रियों में काम करना इसलिए रास नहीं आता क्योंकि बस के भाड़े में वृद्धि, खाने-पीने की मँहगाई और अन्य सुविधाएँ कमतर होती जा रही हैं। विशेषकर ओवरटाइम में देर रात तक घर लौटने में असुविधा होती है। हालाँकि बड़ी कंपनियाँ यातायात का प्रबंध भी करती हैं। लेकिन वहाँ तो मुख्य सड़क तक, भीतरी इलाकों में जाने के लिए रात-बिरात लड़कियाँ असुरक्षित महसूस करती हैं।

इन्हीं सब कारणों से सवाल उठता है कि क्या सच में बाजार की ताकत स्त्री-शक्ति का संवर्धन करती है। स्वाभाविक है कि मालिकों की चेष्टा यही रहेगी कि स्त्री-पुरुष के श्रम का यह आपसी भेद बना रहे। इसके बावजूद क्या ये आर्थिक अवसर स्त्री को अनिवार्यतः स्वायत्तता प्रदान करते हैं? क्या इससे जीवन के अन्य क्षेत्रों में स्त्री को सुविधा मिलती है? ये कुछ ऐसे प्रश्न हैं जो सुलझाने की चेष्टा में ज्यादा उलझ जाते हैं। जहाँ तक मालिकान के दृष्टिकोण का सवाल है, यदि प्रत्येक श्रमिक की समान कीमत हो तो भी प्रबंधन अपने निजी स्वार्थ में कुछ ऐसे बाहरी तत्त्वों को शह देता रहेगा ताकि भेदभाव बना रहे। एक ही काम को अलग-अलग दर में अलग-अलग समूहों में बाँटकर रखना उनकी व्यापारिक सूझ तो है पर स्त्री-श्रम के लिए यह एक अमानवीय दृष्टिकोण ही कहलाएगा। यह एक ऐसा अपराध है जिसको देखनेवाला भी समान रूप से पाप का भागीदार है। मैं इस अपराधबोध से कभी मुक्त नहीं हो पायी, जब मेरे ही प्रबंधन में मेरे फैक्ट्री मैनेजर और सुपरवाइजर यह कहते मिले कि मैडम लड़कियों को रखिए, कम पैसा, झंझट नहीं, जब चाहो निकाल बाहर करो। लड़कों को निकालेंगे तो वे गाँव में जाकर हमारी पिटाई कर देंगे या बीच सड़क पर मार बैठेंगे। स्त्रियाँ हिंसक नहीं हो सकतीं, यह तो मैं भी स्वीकारती हूँ, पर यह समाज, हमारी ये व्यापारिक संस्थाएँ, हमारा प्रबंधन इनके प्रति कितना असहिष्णु है, यह सोचकर सिर शर्म से झुक जाता है। मैंने ऐसा व्यापार बंद क्यों नहीं किया, इस माहौल से निकल क्यों नहीं आयी? या फिर अंरूधति राय या

मेधा पाटेकर की तरह एक वृहत्तर संघर्ष का हिस्सा क्यों नहीं बनी। इस पर कभी अलग से चर्चा करना उचित होगा। यहाँ नहीं। भूमंडलीकरण के कारण पृथ्वी एक गाँव है और हम सब अपने-अपने कुल कबीलों में बँटे हुए हैं। इस गाँव में स्त्री की क्या दुर्गति हो रही है यह गहरे सोच एवं लंबे शोध का विषय है।

हड़बड़ी में लिया गया कोई भी निर्णय स्त्री के लिए दोहरा घातक हो सकता है। ज्यादा की चाह में कहीं वह अभी-अभी मिली हुई स्वतंत्रता और अपनी थोड़ी-बहुत आर्थिक उपलब्धियों को ही न गँवा बैठे। इस पर भी गौर करना होगा। यह नारीवादी सोच की रणनीति होनी चाहिए कि श्रमिक आंदोलन की इस विशिष्टता को कैसे दिशा-निर्देश दिया जाए। हो सकता है, इससे यूनियन की भूमिका कमजोर हो, पर अंततः यूनियन भी तो एक पुरुषप्रधान संस्था है। उसी पितृसत्तात्मक समाज का हिस्सा है जो आज भी मालिक और गुलाम, स्त्री और पुरुष के विभाजन पर बँटा हुआ है। स्त्री-पुरुष का यह भेद कम से कम श्रम के परिप्रेक्ष्य में तो हर मायने में मानवद्रोही है। शोषण की ऐसी नंगी तस्वीर है जिसको देखकर भी अनदेखा नहीं किया जा रहा है। हार्टमैन का कहना है: 'पूँजीवादी व्यवस्था में स्त्री कभी अपनी अधीनस्थ स्थिति से मुक्त नहीं हो सकती। धन चाहे कितना भी आ जाए पर वह औरत के लिए नहीं होगा। मालिक वर्ग कई कारणों से स्त्री-श्रमिकों को नहीं रखना चाहते।' दूसरे स्त्री और पुरुष में इसलिए भेद किया जाता है क्योंकि उनकी शिक्षा में भेद है। श्रम का बाजार यदि तेजी पर हो, खासकर जहाँ सूक्ष्मता और सटीकता की जरूरत होगी, वहाँ स्त्रियों की जरूरत पड़ती है। ऐसे मौके पर परिवार को समझाया जाता है कि स्त्री को बाहर निकलने दिया जाए। पहले-पहल जब टेलीफोन ऑपरेटरों की जरूरत हुई तो चूँकि स्त्री ज्यादा मीठा बोल सकती थी, मेज पर बैठी हुई सुंदर लग सकती थी, अतः उसकी माँग बढ़ी। लेकिन केवल माँग ही बढ़ी, पगार नहीं बढ़ी। यदि उन्हें अधिक पगार मिलती ऐसे बहुतेरे क्षेत्र हैं जहाँ स्त्री श्रमिक ही सफल काम कर पाती है लेकिन वहाँ भी स्त्री को कम पैसे दिए जाते हैं। ऐसा क्यों होता है? इसलिए नहीं कि वह कम काम जानती है या कम काम कर रही है या काम पर उसका दखल नहीं है, बल्कि इसलिए कि वह स्त्री है। अतः स्त्री-श्रम के शोषण में, उसके हित में कुछ करने की अपेक्षा, राज्य का भी सहयोग है। बस केवल एक यही कारण है कि वह स्त्री है, उसके हित में कुछ करने की अपेक्षा, राज्य ने भी प्रबंधन के साथ उसके शोषण में सहयोग दिया है। स्त्री के सस्ते श्रम से राष्ट्रीय अर्थतंत्र को डॉलर भले ही ज्यादा मिले हों, पर उसे अधिक सुविधा नहीं मिली। भेद-भाव का नतीजा है

कि सामाजिक असमानता अब भी बनी हुई है। प्रबंधन का कहना है कि मंदी के इस दौर में और अंतर्राष्ट्रीय होड़ के संदर्भ में हम कुल लागत और खर्च को कम रखने पर मजबूर हैं। लेकिन प्रबंधन भी तो उन्हीं पुरुषों का जत्था है, वहाँ कौन बहुत-सी स्त्रियाँ बैठी हैं जो स्त्री के हितों की चर्चा करें। मैं भी अपनी फैक्ट्री के प्रोडक्शन मैनेजर और सुपरवाइजर के सामने मजबूर हो जाती हूँ कि स्त्री-पक्ष को ज्यादा बढ़ावा न दूँ। मैंने जब लड़कियों से पूछा तो सर झुकाकर उन्होंने इतना ही कहा, मैडम हालत ऐसी ही रहने दीजिए, नहीं तो ज्यादा आगे बढ़ने पर हमें भविष्य में दूसरी मुसीबतों का सामना करना पड़ेगा। जिस तरह वे घर में डरती हैं, पत्नी, माँ और बेटी की भूमिका में जितनी विनम्र रहती हैं, फैक्ट्री फ्लोर पर वैसा ही विनम्र भाव मैंने उनमें पाया। यह बात जितनी बंगाल में लागू होती है, उतनी ही तमिलनाडु में भी। उनके सामने अन्य कोई विकल्प नहीं। कुछ का कहना है कि गृहस्थी में नौकरानी की तरह रहने या दूसरे घरों में नौकरानी का काम करने से तो अच्छा है कि हम कुछ कर रही हैं। मेरी नजर में यह कुछ करना बेहद अमूर्त हो जाता है क्योंकि उनका दिशा-निर्देशन पुरुष करते हैं और उनके श्रम को अपने हित में साधते हैं। अतः भूमंडलीकरण के दौर में औरत की ठगाई बढ़ी है, घटी नहीं।

हमारे देश में शहरी मध्यवर्गीय परिवारों में माता-पिता समझने लगे हैं कि स्त्रियों के लिए स्वतंत्र कैरियर होना जरूरी है। इसलिए आज उन पर खर्च भी अधिक किया जा रहा है। इससे पितृसत्तात्मक भाव-भूमि का कमजोर होना और स्त्री-श्रम और उसकी यौनिकता पर नियंत्रण का घटना लाजमी है। लेकिन परिवर्तन स्पष्ट रूप से स्त्री के व्यक्तित्व में मुख्य भूमिका की तरह नहीं घटता। इन जोड़ी गई चिंदियों से हम कौन-सी पतंग उड़ाने चले हैं, इस पर गौर करना होगा। सरकार, प्रबंधक, नौकरशाही, यूनियन के कार्यकर्ता और पार्टी के सदस्य, पितृसत्ता को तो कोई भी चुनौती नहीं देना चाहता। सौ करोड़ के देश में मेधा पाटकर, अरुंधति राय या वृंदा करात या फिर वंदना शिवा, उर्वशी बुटालिया जैसे लोग यदि बोल भी रहे हैं तो मानवाधिकार की इस लड़ाई से राजनीति पर कोई असर आने से रहा। उनके समर्थन में ऐसा तो नहीं घटा कि लोकसभा की सदस्याएँ, वह चाहे सोनिया गाँधी हों या सुषमा स्वराज या फिर रेणुका चौधरी, नजमा हेपतुल्ला, ममता बनर्जी, जयललिता, शीला दीक्षित, मायावती या फिर अंबिका सोनी, स्त्री के हक में अलग से बोलने लगें। आखिर स्त्री के हित में स्त्री-राजनेता क्योंकर एकजुट नहीं, इसे मैं समझ नहीं पाती। मैं यह नहीं कहती कि दृष्टिकोण में कोई परिवर्तन नहीं आया। दृष्टिकोण तो हम स्त्रियों का आमूल रूप से

बदलता जा रहा है। काम करनेवाली स्त्री भी जानती है कि अतीत में जहाँ अपनी अज्ञानतावश वह भूखों मरती थी, आत्महत्या करती थी, वहीं आज वह अपने होने और जीने के नए-नए रास्ते खोलती जा रही है। यह तो उसने सिद्ध कर दिया कि गुलामी की जिंदगी वह नहीं जिएगी और इस चुनौतीपूर्ण रवैये के सामने पितृसत्ता को आज नहीं तो कल भविष्य में सिर झुकाना होगा।

सारे विश्लेषण के समापन पर मैं यही कहूँगी कि मूल्यांकन का यह प्रयास जरूरी था। आज भी हमारा समाज बेटे के जन्म पर खुशी मनाता है और बेटी के जन्म पर रोता है। दहेज की व्यवस्था बनी हुई है। सब कुछ वही का वही है। कहीं कुछ नहीं बदला। भ्रूण-हत्या, बालिका-शिशु की उपेक्षा आम बात है। स्त्री के लिए केवल आर्थिक स्वतंत्रता काफी नहीं। केवल आर्थिक विकास से भारत जैसे देश की स्त्रियों की समस्या नहीं सुलझेगी। आर्थिक परिवर्तन के संदर्भ में राजनीतिक और सामाजिक आंदोलन की जरूरत है। भूमंडलीकरण के बढ़ते हुए प्रभाव के कारण सरकार के पास न पहले जैसे अधिकार हैं और न ही वह पहलेवाली आभा। आज तो केंद्र भी महज एक बिचौलिए की भूमिका में सीमित होता लग रहा है। स्थानीय होड़ के इस दौर में क्या स्त्री-समाज आत्मनिर्भरता की ओर अग्रसर हो पाएगा? आर्थिक मामलों में तो कदम वापसी का दौर नब्बे के दशक में शुरू हो चुका था लेकिन अब राज्य पहले की भाँति अल्पसंख्यकों, पिछड़ों, आदिवासियों, महिलाओं और बच्चों को नए-नए अवसर उपलब्ध कराने की भूमिका नहीं निभा पा रहा। स्त्री को अपनी मदद आप करनी होगी। स्त्री के प्रति राज्य का सरोकार कमजोर पड़ता जा रहा है। इसमें कोई संदेह नहीं कि एक बदलती हुई दुनिया का सामना हम सबको करना पड़ रहा है। हताशा के ऐसे रवैये को व्यवस्था बदलने की माँग के रूप में देखा जा सकता है। एक ऐसे आंदोलनकारी दृष्टिकोण की जरूरत है जो सबको समेटता हुआ, सबका प्रतिनिधित्व करता हुआ आगे बढ़े। केंद्र को जीवन्त उपकेंद्रों के साथ कारगर संतुलन कायम करना होगा ताकि सामासिक संबंध कायम हो सकें।

चूँकि भूमंडलीय बाजार की एक प्रमुख उपभोक्ता स्त्री भी है अत: वह इस भोगवादी संस्कृति का प्रतिरोध बड़ी आसानी से कर सकती है, हालाँकि भूमंडलीय प्रचार-तंत्र धुआँधार प्रोपेगंडा के जरिये स्त्री-आंदोलन को कमजोर एवं अधिकारहीन करने में लगा हुआ है। परिणामस्वरूप ऐसी सामान्योक्तियों की भरमार होती जा रही है जो विचारधारात्मक और राजनीतिक शून्यता की ओर इंगित करती हैं और किसी भी नारीवादी

अवधारणा को खारिज करने पर तुली हुई हैं। यह भी कहा जाता है कि स्त्री को केवल अपने संकीर्ण हितों की ही चर्चा नहीं करनी चाहिए। मगर ऐसे तर्क तो वंचितों को अभिजन समाज ने हमेशा ही दिए हैं। मानती हूँ कि आक्रामक तेवर को संयमित करने की जरूरत है, मगर कहाँ तक और कब तक? क्या संयम शब्द स्त्री के प्रसंग में अधिक रोमानी नहीं? नारी आंदोलन के लिए समतामूलक वितरण, पर्यावरण औचित्य और आरक्षण के प्रति प्रतिबद्धता सुनिश्चित करना जरूरी है। प्रकृति एवं समाज के आग्रह को यूँ खारिज नहीं किया जा सकता। राजनीति के नियंत्रण से पूरी तरह मुक्त आर्थिक विकास का यह मॉडल प्रगति के पश्चिमी विचार पर आधारित आक्रामक और अधिनायकवादी विश्वदृष्टि के विभिन्न आयामों को ही जन्म दे सकता है। परिवर्तन के लिए परिवर्तन तो स्त्री भी नहीं चाहती। इन खयालों से जुड़ने की जरूरत ही क्या है? आत्मसंदेह और अविश्वासों से घिरी स्त्री को अपनी अस्मिता की रक्षा के लिए नए विश्वास, नयी आस्था और नए विचारों की जरूरत है। विकास को प्रगति नहीं माना जा सकता। स्त्री को राजनीतिक प्रक्रियाओं में रुचि लेनी सीखनी होगी ताकि स्त्री समुदाय को आगे बढ़ा सके। बड़े पैमाने पर राजनीतिक सहभागिता की माँग करनी होगी और प्रौद्योगिकीय समाधान पर आधारित बयानबाजी से बचना होगा। अमानवीय विकास के प्रतिमानों को खारिज करना और जनोन्मुख नजरिये को विकसित करना नारीवाद का पहला उद्देश्य होना चाहिए। घिसे-पिटे सरलीकृत नजरिये के बदले वैकल्पिक परिप्रेक्ष्यों और ज्ञान-प्रणालियों पर आधारित हस्तक्षेप के सिद्धांतों पर अमल करना भी स्त्री-समाज को सीखना होगा।

२

स्त्री-लेखन की जगह और आलोचना के भीष्म पितामह

स्त्री-पुरुष एक दूसरे के पूरक जरूर होते हैं पर पूरक प्रक्रिया में पुरुष विधेयक और स्त्रीं निषेधक है। स्त्री की इस निषेधक भूमिका के प्रति पुरुष स्वयं मोहासक्त है। शास्त्रज्ञ स्त्री को माया कहते हैं। स्त्री की अपनी संस्कृति है, उसका अपना इतिहास, उसकी परंपरा है, जो पुरुष से भिन्न है। साहित्य के इतिहास में इसे भिन्न तो माना गया लेकिन भिन्नता को अलग पहचान नहीं दी गई। साहित्य-जगत में भी स्त्री-पुरुष संबंधों पर विवेचन करते वक्त पुरुष की सत्ता स्वीकृत हुई तथा स्त्री के सारतत्त्व की खोज की गई। सत्ता की शक्ति स्त्री को माना गया, लेकिन इस शक्ति का आधार पुरुष था, अलग से स्त्री-शक्ति की सत्ता नहीं थी। चूँकि सत्ता को शक्ति की जरूरत थी इसलिए उसने स्त्री-शक्ति को हथियाना चाहा।

दूसरे, हम किसी भी विचार, संस्कृति और इतिहास को तब तक गंभीरतापूर्वक नहीं समझ पाएँगे, जब तक कि उनके प्रभाव का विश्लेषण न करें। प्रभाव का विश्लेषण करते ही सत्ता की संस्कृति समझ में आती है कि कैसे वह खुद को स्थापित करने के लिए सबको एक ही साँचे में ढालने की चेष्टा करती है। स्त्री-पुरुष का संबंध जटिल मूल्यों के क्रमिक विकास से बना है। वह जाति-व्यवस्था में आधिपत्य के वर्चस्व एवं उसकी निरंतरता को बनाए रखना चाहता है। स्त्रीकरण एक अमानवीय व्यवस्था है, जिसके तहत पुरुष ने अपने विचारों एवं अवधारणा के अनुसार स्त्री का निर्माण किया है। ऐसे निर्माण में स्वाभाविक है कि स्त्री की सहमति नहीं रही होगी। साहित्य-ज़गत में भी लेखक ने अपनी कल्पना के अनुसार स्त्री-स्वरूप का निर्धारण किया है। स्त्री ने स्वयं अपने बारे में, अपनी भावना, अपने इतिहास और अपनी इच्छा-अनिच्छा के बारे में न कभी कुछ कहा है और न ही उससे कभी पूछा गया है। पुरुष की संवर्धित चेतना, आधिपत्य की भावना, स्त्री-देह के प्रति पूँजीकरण की प्रवृत्ति ने न केवल साहित्य-जगत में स्त्री की नुमाइंदगी का प्रयास किया, उसके अनुभवों की प्रामाणिकता पर न केवल

अपना मत-अमत जाहिर किया बल्कि अपने स्त्री-विरोधी दृष्टिकोण एवं लेखकीय विद्वेष से एक ऐसा पाठक वर्ग भी तैयार किया जो स्त्री की कमजोरियों पर चुहलबाजी से बाज नहीं आता। स्त्री-लेखिका या पाठिका से यह अपेक्षा थी कि वह इन फतवों को निष्क्रिय रूप से स्वीकारे। 'टिपिकल औरत' यानी औरतों-जैसा, औरतपन आदि कुछ ऐसे शब्द हैं जो साहित्य-जगत में भी हर कदम पर स्त्री-लेखन को 'अन्या' के रूप में स्थापित करते रहे हैं। ऐसे असंख्य उदाहरण भरे पड़े हैं, जो प्रत्यक्ष या परोक्ष रूप से पुरुषोचित विद्वेष एवं दुराग्रह के परिचायक हैं। आर्य पुरुषों की स्त्री-विरोधी प्रवचन-परंपरा आदिकाल से चली आ रही है।

ऐसा नहीं कि स्त्री-लेखन में अंतर्निहित खामोशी पहचानी नहीं गई है। यह एक ऐसी खामोशी है जो स्त्री के लेखन-संसार में शुरू से आखिर तक छायी रहती है। उसका बहुत कुछ अनकहा रह जाता है। स्त्री का यह अनकहा जगत उसकी अज्ञानता का सूचक नहीं (ऐसा भी नहीं कि वहाँ केवल अभिव्यक्ति की समस्या हो) बल्कि मुझे तो लगता है कि कुछ क्षेत्रों में वह जान-बूझकर खामोश रहती है। स्त्री भली-भाँति जानती है कि पितृसत्ता की दमनकारी शक्ति उसे कितनी छूट दे सकती है, कितनी नहीं। सदियों से उत्पीड़ित होती हुई स्त्री साहित्य-जगत में भी कुंठित है। वह पुरुषों की पैंतरेबाजी से आतंकित है, संपादक मंडल की लाल स्याही के सामने असुरक्षा और हीनता के बोध से ग्रसित है। आज भी तो पुरुष संपादक और पुरुष आलोचक लेखिकाओं से कहता है कि तुम यह लिख सकती हो और यह नहीं। उनका मसीहाई रवैया हर कहीं हावी है।

अब सवाल उठता है कि स्त्री को परिभाषित करने का क्या मतलब है? परिभाषित करने का अर्थ हुआ पूर्वनिर्मित अवधारणाओं को आरोपित करना। जो अंततः चुनाव की स्वतंत्रता को सीमित कर देता है। जरा गौर कीजिए, परंपरा ने स्त्री को परिभाषित करने की चेष्टा की, रीतिकाल ने स्त्री के रूप की परिभाषा दी और भक्तियुग में स्त्री-भाव को परिभाषित किया गया। लेकिन स्त्री की अवमानना वहाँ भी रही। स्त्री की देह और उसका मानस अर्थहीन रहा, 'अन्या' की हैसियत में स्त्री की अपनी आवाज नहीं सुनी गई। आलोचना ईमानदार होनी चाहिए लेकिन होता यह है कि पुरुष को विधेयक रूप में तथा स्त्री को निषेधक रूप में पेश किया जाता है। जो कुछ पुरुषोचित है, वह स्वीकृत है, जो स्त्रियोचित है, वह अस्वीकृत है। एक है तो दूसरा नहीं है। एक उपस्थित है तो दूसरा अनुपस्थित है। पुरुषोचित पूर्वग्रह-दोष से स्त्री-लेखन पर पुरुषों द्वारा लिखी गई आलोचना तो कई मायने में मिथकीकरण का भी शिकार होती है।

स्त्री-संदर्भ में झूठ की इस संरचना को तोड़ना इतना आसान नहीं है। विखंडन-प्रक्रिया के जरिए भी इस मिथक को हम इतनी जल्दी अनावृत नहीं कर पाएँगे। स्त्री-विरोधी वाक्यों और इन विशेषणों से हमारे शास्त्र भरे पड़े हैं। इन जुमलों को सुनना और झेलना औरत की नियति रही है। सामाजिक, आर्थिक और राजनीतिक संस्थाओं के माध्यम से पुरुष-वर्ग की सुदृढ़ता और ठस्से पर भला किसे शक होगा! कारण, पितृसत्ता की इस वैचारिक व्यवस्था का इतिहास बड़ा प्राचीन है जो अपनी प्रामाणिकता और मूल्यों का आधिपत्य बनाए रखने की कोशिश में सामूहिक जनमानस का नियंत्रण करता रहा है। पुरुष-विचारधारा चाहे जितनी भी स्त्री-विरोधी रही हो, कैसी भी हो, मगर है दुर्जेय। स्त्री-विद्वेष कपोल-कल्पना नहीं है बल्कि सिद्धांत और व्यवहार के माध्यम से इस विद्वेष को साहित्य-समाज में भी गूँथा जाता है। राजनीतिक समाज और नागरिक समाज का विश्लेषण करते हुए ग्राम्शी ने स्कूल, परिवार, यूनियन, राज्य-व्यवस्था, मसलन सेना, नौकरशाही, पुलिस आदि के प्रभाव की विशद चर्चा की है।

संस्कृति का प्रचलन नागरिक समाज के माध्यम से होता है और विचारक, आलोचक, संस्थाएँ आदि भी सीधे शासन-प्रशासन से नहीं, बल्कि आम जन-सहमति के माध्यम से प्रभावी होने की चेष्टा करती हैं। किसी भी समाज में एक विशेष प्रकार की संस्कृति दूसरी संस्कृतियों पर हावी होने की चेष्टा करती रहती है। इसी प्रकार विचार-जगत में भी कुछ विचार दूसरे विचारों की तुलना में ज्यादा प्रभावशाली माने जाते हैं। यह वैचारिक महिमामंडन सांस्कृतिक नेतृत्व को स्थापित करता है। ग्राम्शी ने इसे ही 'वर्चस्व' की संज्ञा दी और इसे समझना किसी भी समाज के सांस्कृतिक जीवन के लिए अत्यावश्यक माना है। यह बात पितृसत्ता पर भी लागू होती है। पुरुष का मूल्यबोध, उसका दमन इसलिए भी प्रचलित है क्योंकि पुरुष स्वयं को व्यक्ति, विचार और व्यवस्था का प्रतीक मानता रहा है और स्त्री को अन्या, वस्तु, भोग्या और अज्ञेय। अन्या से भिन्न जो कुछ भी पुरुष को मिला, उसको संगठित करने का पुरुष ने प्रयास किया, उसका महिमामंडन किया। अन्या के माध्यम से पुरुष ने अपने वर्ग का वर्चस्व स्थापित करने के लिए संस्था, व्यवस्था, जाति और समाज बनाया। स्त्री को कम शिक्षा मिली, लेखन के क्षेत्र में उसने डरते-डरते कदम रखा। देह की राजनीति यहाँ भी प्रचलित रही। सृजन-जगत में भी स्त्री का दोहन हुआ। ऐसे और भी कई कारण हैं, जिनसे पुरुष की लेखकीय श्रेष्ठता का निर्माण हुआ। पुरुष की यह श्रेष्ठता उसकी वर्गीय तथा जातीय श्रेष्ठता से भिन्न है। लेकिन इसी के व्यापक प्रभाव के नीचे लेखन के क्षेत्रों में भी स्त्री का अपना दृष्टिकोण उभर नहीं पाया।

ऐसा नहीं कि स्थिति, पद, श्रेणी और मंच की श्रेष्ठता की यह संरचना लचीली नहीं रही या फिर इसके कारण स्त्री–पुरुष के संबंध का स्वरूप नहीं बदलता रहा। नए–नए संबंध बने और उन्हें नए–नए नाम दिये गए हैं। लेकिन प्रत्येक बदलाव में पुरुष की श्रेष्ठता हमेशा बनी रही, उसे चुनौती देने की हिम्मत स्त्री में नहीं रही। प्रत्येक लेखक, आलोचक, विचारक, शब्द-शिल्पी, सचेतन या अर्धचेतन रूप से स्त्री–पुरुष के बौद्धिक स्तर की भिन्नता को स्वीकार करके ही चलता है। पुरुष स्वयं को स्त्री से श्रेष्ठ मानता है। अत: पुरुष–लेखक का अपने आपको स्त्री–लेखक से ज्यादा श्रेष्ठ मानना स्वाभाविक ही होगा। यदि मिलनेवाली सुविधाओं के प्रति वह शुरू से आश्वस्त है तो हम यह भली–भाँति जानते हैं कि इसके पीछे श्रेष्ठता का यही आधार है। अपनी जातीय एवं सामंती सोच और रूढ़िगत विचारों के कारण आलोचक की नजर में भी स्त्री एक अपरिवर्तनीय अमूर्त ख्याल बनकर रह गई है। ऐसे हजारों लेखक हैं जिन्होंने स्त्री के इस अमूर्त रूप की विशद व्याख्या में दो भिन्न दृष्टिकोण स्थापित किये हैं। अच्छा होता कि ये आलोचक स्त्री के संबंध में इन दोनों दृष्टिकोणों को साथ–साथ प्रतिपादित करने की कोशिश करते। किंतु इसके बदले साहित्य में स्त्री संबंधी विमर्श अति-सामान्य या फिर अति–विशिष्ट रूप में अलग–अलग खाँचों में वर्गीकृत होता रहा। परिणामस्वरूप स्त्री–लेखन का स्वरूप या तो विरूपित हुआ या फिर अतिसंक्षिप्तीकरण का शिकार।

पितृसत्ता एक सामाजिक घटना है, हजारों साल से चली आई ऐसी व्यवस्था है, जिसमें स्त्री की अधीनस्थता सर्वविदित है। पितृसत्ता ने स्त्री को अपने ज्ञान की वस्तु बनाया। उसे साधन के रूप में प्रयुक्त किया—उसके नाम, रूप, जाति, गोत्र सब अपने संदर्भ में परिभाषित किये। स्त्री का यह अमानवीकरण दलित के अमानवीकरण से कहीं ज्यादा सूक्ष्म है, क्योंकि दलित पुरुष भी तो पितृ–व्यवस्था सत्ता का सदस्य है और पुरुषोचित अहंकार के कारण स्त्री के शोषण और उत्पीड़न से वह भी बाज नहीं आता। दलित पुरुष अपने दमन से परिचित है। मगर स्त्री चाहे वह किसी भी जाति या वर्ण की हो, अपने उत्पीड़न से परिचित ही नहीं है। पुरुष ने स्त्री–जीवन, उसकी कार्यशैली, उसकी सत्ता को निर्धारित करने की चेष्टा की, जबकि तथ्य तो यह है कि स्त्री भी पुरुष की तरह एक अलग संवर्ग है, उसकी अलग कोटि और अलग सामाजिक स्थिति है, वह अपने जीवन में चुनाव की क्षमता रखती है। मगर स्त्री को चुनाव का न क्षेत्र दिया गया, न अधिकार। पुरुष की सांस्कृतिक सत्ता ने स्त्री को वह सामाजिक सुविधा नहीं दी, जो कि परंपरा से स्वयं पुरुष को मिलती रही। स्त्री ने एक जीव के रूप में जन्म तो लिया,

मगर इसके बाद पुरुष की सभ्यता और सत्ता के प्रति अपना सब कुछ समर्पित करती रही। लोग कहेंगे कि यह तो पुरुष के साथ भी घटता है—क्या वह पिता, पुत्र या भाई की भूमिका नहीं निभाता? क्या सभ्यता में उसकी गुलामी का इतिहास नहीं? क्या वह स्थितिग्रस्त नहीं? यह सत्य है, मगर पुरुष अपनी स्थितियों से परे तो जा सकता है, या फिर परे जाने की क्षमता रखता है, आरोपित सीमाओं का अतिक्रमण कर सकता है और पारंपरिक भूमिका को चुनौती दे सकता है। बल्कि उसके द्वारा दी जानेवाली यह चुनौती क्रांति की भूमिका लिखती है। समाज द्वारा यह अपेक्षित भी है। स्त्री ऐसा नहीं कर पाती। वह अपनी दैहिकता में कैद है। यह तो इतिहास में पहली बार घट रहा है कि स्त्री पितृसत्ता को नकार रही है, उस सत्ता द्वारा आरोपित भूमिकाओं के प्रति सवाल उठा रही है। वह वस्तु से व्यक्ति बनने की प्रक्रिया में है। किन्तु इस प्रक्रिया की मुख्य समस्या है कि स्त्री तो स्वयं एक तरल स्थिति में है, उसका जीवन अनंत संभावनाओं से भरपूर है, वह कुछ भी हो सकती है, अतः उसके प्रति हमारे पास कोई ठोस पूर्वनिर्धारित जानकारी कैसे होगी! और जब जानकारी नहीं, सबूत नहीं, तो प्रतिनिधित्व का अधिकार पुरुष को कैसे मिलेगा? यह सही है कि पुरुष स्त्री के विभिन्न रूपों से परिचित नहीं? क्या स्त्री समस्याओं से वह परिचित नहीं? मगर इसके बावजूद शोषित की राजनीति में ऐसा बहुत कुछ है जो मार्क्सवादी विचारधारा की मौलिक पूर्वनिर्धारित अवधारणाओं के विरुद्ध है। सत्ता की अपनी राजनीति तथा अंतर्विरोध एवं उलझनें हैं, जो अंततः दलित की श्रेणी में कौन-कौन हैं तथा उन्हें किस रूप में वर्गीकृत किया जाए, इसकी उलझन पैदा करती हैं। हमसे यह बात छुपी हुई नहीं है। समस्या के एक सही नामकरण के अभाव में ये तर्क तथा विचार सत्ता के पक्ष में ही जाते हैं।

स्त्री-समस्या के प्रतिनिधित्व की तीन मुख्य बातें हैं: पहली, क्या स्त्री-लेखन द्वारा स्त्री जाति का सही प्रतिनिधित्व संभव है? राष्ट्रीय और अंतर्राष्ट्रीय स्तर पर इसमें निहित तनाव से हम सभी वाकिफ हैं। दूसरी, स्त्री-लेखन अपनी अलग पहचान के साथ समानांतर धारा के रूप में कितनी दूर तक जा पाएगा? विशेषकर इतिहासकार, नृतत्त्वशास्त्री आदि के अध्ययनों के लिए क्या हम प्रामाणिक विषय-वस्तु उपलब्ध करा पाएँगे? स्त्री-लेखन की ग्रंथ सूची के अभाव से भी हम अपरिचित नहीं हैं। तीसरी, पितृसत्ता के बदले क्या अपने लेखन में स्त्री किसी अधिक अमानवीय व्यवस्था को प्रस्तुत करने में सक्षम है? यहाँ स्त्री को विशद रूप से अपने ज़ीवन-संबंधी ज्ञान, मूल्यबोध, परंपरा आदि पर विचार करना होगा, ताकि उसकी राजनीतिक समझ भी गहरी हो सके। दुख की बात तो यह है कि अपने दृष्टिकोण में

स्वयं राज्य-व्यवस्था भी पुरुषप्रधान है, उत्पीड़क है। इस व्यवस्था से भूमिहीन किसान, वन्य जाति या दलित ही नहीं, बल्कि स्त्री भी उत्पीड़ित है। आरक्षण विधेयक पर पुरुषप्रधान लोकसभा की उन्मादी चीख-पुकार अभी भी कानों में गूँजती है। हताशा तो तब होती है जब स्वयं स्त्री-वर्ग भी उनकी हाँ में हाँ मिलाता है।

इस पूरे सामाजिक ढाँचे को तो एक साथ तोड़ा भी नहीं जा सकता, क्योंकि स्त्री इसी संरचना के भीतर वस्तु से व्यक्ति हो रही है। पितृसत्तात्मक सामाजिक संरचना के भीतर वह बनना चाहती है? इस पर सवाल उठाया जाना चाहिए। क्या उसके विकास के प्रति सत्ता अधिक सहिष्णु है? पितृसत्ता का स्वरूप अधिक जनतांत्रिक है? स्त्री के मनोवैज्ञानिक पक्ष पर ज्यादा ध्यान दिया जा सकता है या फिर स्त्री अपनी अलग संस्कृति के निर्माण का प्रयास कर सकती है लेकिन इसके बावजूद स्त्री का उत्पीड़न रुकेगा नहीं। महिलाओं का यह कहना निराधार नहीं है कि 'महिलाओं के लेखकीय अवदान पर फतवा देने का अंतिम अधिकार पुरुषों के पास प्रायः पड़ा रहा। औसत मध्यवर्गीय हिंदुस्तानी पुरुष औरतों को लेकर अपनी मानसिकता के चलते लगभग स्कूल स्तर से ही ठिलठिलाकर या फिर अहम्मन्यता-बोध के मारे दकियानूसी तिलमिलाहट के साथ ही देखते-जाँचते रहे।' *(मृणाल पांडे, साहित्य वार्षिकी, इंडिया टुडे-१९९६)*। और सत्ता का स्वरूप? वह तो आज भी पुरुष-प्रधान है। वेद-वेदांत से लेकर आप चाहे मार्क्स की विवेचना पढ़ें—स्त्री के प्रति हर कहीं दुराग्रह नजर आएगा। उधर हम लेखिकाओं को भी अपने स्त्री-रूप में अवस्थित होने के लिए इसी पितृसत्ता द्वारा पूर्वनिर्धारित पाबंदियों में लिखना और जीना पड़ेगा। गाड़ी में पुरुष पीछे बैठते हैं या वे गाड़ी स्वयं चलाते हैं, मगर गाड़ी तो वही है। हम स्त्रियाँ न इस गाड़ी से उतर पायी हैं और न ही दूसरी गाड़ी में सवार हो पायी हैं। कहने का अर्थ यह है कि संरचना तो वही है और उसी पितृसत्ता की संरचना के दायरे में महिला-लेखन निर्धारित किया जाएगा। सच कहूँ तो बहुत हताशा होती है। मृणाल पांडे फिर लिखती हैं : 'ऐसे बुद्धिविरोधी माहौल' में 'आलोचना के क्षेत्र में निश्चय ही लेखिकाओं की निष्क्रियता हतोत्साहित करती है।'

जरा गौर करें तो पाएँगे कि सबकुछ कितना पूर्वनिर्धारित और पूर्वकल्पित है। ये सारी आरोपित परिभाषाएँ स्त्री-लेखन की प्रोग्रामिंग करती हैं और उसे संचालित भी। परिभाषाओं की यह प्रक्रिया भी अंतहीन है। कृष्णा सोबती के बारे में *(आधी जमीन, पृष्ठ-१६८)* में अश्क ने लिखा है, 'महज चौंकाने के लिए अथवा बोल्ड लेखकों में नाम पाने के लिए या फिर किसी केस-हिस्ट्री को कागज पर उकेरने के लिए उन्हें अपनी प्रतिभा का दुरुपयोग नहीं करना

चाहिए था—'सूरजमुखी अँधेरे के' अपनी तमाम काव्य-क्षमता के बावजूद अन्ततः 'लव-मशीन' जैसा फ़ार्मूलाबद्ध उपन्यास है।'

क्या पुरुष का दृष्टिकोण स्त्री के प्रति कभी उदार होगा? मुझे लगता है कि ऐसा शायद ही हो। अपनी तमाम उदारता के बावजूद साहित्य के क्षेत्र में भी निर्णय का अधिकार पुरुष ने अपने हाथ में रखा है। डॉ. बच्चन सिंह द्वारा रचित 'हिंदी साहित्य का दूसरा इतिहास' में 'लेखिकाओं की दुनिया' के बारे में पढ़ा जाता रहा है: 'लेखिकाओं की दुनिया को अलग से विश्लेषित करने की आवश्यकता इसलिए है कि यह पुरुषों की दुनिया से थोड़ी भिन्न होती है। यही कारण है कि आजकल आलोचना में स्त्रीवादी आलोचना (फेमिनिस्ट क्रिटिसिज्म) का चलन हो गया है। मन्नू भंडारी, उषा प्रियंवदा, कृष्णा सोबती छठे दशक से लिखती चली आ रही हैं और अब भी लिख रही हैं। मन्नू भंडारी की कहानियाँ अपनी सादगी में प्रामाणिक अनुभूति की कहानियाँ हैं। ... मन्नू की जोड़ का दूसरा नाम है उषा प्रियंवदा। उषा में शिल्प की सजगता और विषयवस्तु की व्यापकता है ... कृष्णा सोबती सेक्स को बोल्डनेस के साथ उभारने में सिद्धहस्त हैं। इस अर्थ में मृदुला गर्ग कम नहीं हैं। पर सोबती की भाषा और शिल्प उनके पास कहाँ! अन्य महिलाओं में ममता कालिया, सूर्यबाला, मृणाल पांडे, राजी सेठ, नमिता सिंह आदि उल्लेख्य हैं। सूर्यबाला गहरे यथार्थ और मानवीय रिश्ते की कहानीकार हैं।' डॉ. बच्चन सिंह ने उपर्युक्त कुल जमा उन्नीस पंक्तियों में हिंदी साहित्य की 'आधी जमीन' का जो अनोखा 'दूसरा इतिहास' लिखा है, उसके लिए सारा राष्ट्र उनकी शोध-प्रतिभा का 'सम्मान' करेगा, भावी पीढ़ियाँ युगों-युगों तक उनकी 'ऋणी' रहेंगी। अब देखिए न, साहित्य-जगत में भी स्त्रियाँ गाडफादर तलाश रही हैं या उनका अभिषेक कर रही हैं। लेकिन अच्छा होता कि तलाश करनेवाली लेखिकाएँ यह भी समझ लेतीं कि यह कल्पित गाडफादर आज भी अपने वर्गीय स्वार्थ से ऊपर नहीं उठ पाया है। वह अपनी पुरुषोचित महानता से सम्मोहित जो है! एक ओर पूरी दुनिया के प्रतिनिधित्व का दावा करता हुआ पुरुष कहता है कि मुझे महान मानो, भगवान मानो और मजे की बात यह है कि हम स्त्रियों ने ऐसा मान भी लिया है। वह चाहे टालस्टाय हो, या रवींद्रनाथ या प्रेमचंद या फिर कोई भी समकालीन स्थापित लेखक। स्त्रियों ने कभी नहीं सोचा कि पुरुष अपनी महानता को गढ़ता है, अपने शब्दजाल से वह मसीहा का भ्रम निर्मित करता है। यह पुरुष का अपना नेटवर्क है, जिसकी बदौलत वह स्त्री की प्रोग्रामिंग करता है, उसका संचालन करता है। शोधकर्ता, इतिहासज्ञ, आलोचकवृंद जितनी मेहनत पुरुष-लेखन पर करते हैं, उतनी स्त्री-लेखन पर कभी नहीं करते। कबीर पर

जितने शोधकार्य हुए, मीरा पर नहीं। सार्त्र को फ्रांसीसी साहित्यिक जगत में ज्यादा सम्मान मिला, मगर सीमोन द बोउवार की उपेक्षा की गई। निराला पर चर्चा अधिक है, लेकिन महादेवी श्रद्धा की पात्र होते हुए भी अतीत हो गई हैं। स्त्री के प्रति यह उपेक्षा पितृसत्तात्मक समाज की बुनावट में अंतर्निहित है। मूल्यांकन के ये सारे साहित्यिक प्रतिमान पुरुष समुदाय का वर्चस्व स्थापित करने के लिए ही निर्मित किए गए हैं। लेखन के विभिन्न तत्त्वों की संरचना को तोड़ना और उसके भीतर छिपी हुई उपसंरचनाओं को तथा उनके आपसी प्रभाव को विश्लेषित करना एक कठिन काम है।

यह भी सही है कि महिला-वर्ग का यूँ खाँचे में सिमटना स्वयं स्त्री-लेखन के हित में नहीं जाएगा। जब तक वृहत्तर मानवीय पैमाने से स्त्री को नहीं नापा जाता, तब तक पुरुष स्वयं को हमेशा अग्रज मानता रहेगा। लेखक वर्ग में विशिष्टता का मोह है, स्वयं को श्रेष्ठ साबित क़रने की स्पर्द्धा तथा होड़ में बहुधा हम अपने वर्ग को भूल जाते हैं। लेखक अपने वर्ग से ऊपर उठता जरूर है, किंतु एकदम नहीं। कोई एक महाश्वेता या कृष्णा सोबती हो जाए तो इसका यह अर्थ नहीं कि स्त्री-लेखन की पहचान निर्मित हो रही है या फिर ये लेखिकाएँ भी स्त्री जाति के 'काज' से संबंधित हैं। उत्पीड़ितों में से भी एक-दो को सत्ता हमेशा श्रेष्ठ साबित करती है... ताकि बाकी भीड़ की अवज्ञा की जा सके। कुछ को विशिष्ट कहना सत्ता के हित में जाता है और यह सत्ता की सबसे पुरानी चाल है। स्त्री लेखिकाएँ तो यह भी पूछने का साहस नहीं कर पातीं कि हमारे अनुभवों को सही-गलत कहने का, इनाम देने का अधिकार केवल आप पुरुषों को ही क्यों है? निर्णायक मंडल में कितनी स्त्रियाँ होती हैं?

पुरुष-सत्ता प्राय: सोचती है कि स्त्री-वर्ग में भी यदि वैमस्य या झगड़े करा दिए जाएँ तो वे परिधि पर ही लड़ती रहेंगी, एक-दूसरे को काटती रहेंगी, केंद्र में जाने का उन्हें अवकाश ही नहीं मिलेगा। नतीजतन, स्त्री-पुरुष के बीच का संघर्ष बिना किसी उपलब्धि के केवल उनके आपसी वैमनस्य का द्योतक होता है। समाज की मुख्यधारा में ऐसी बहुत-सी स्त्रियाँ हैं, जो व्यक्तिगत दृष्टिकोण में रूढ़िवादी हैं। आधुनिकीकरण के प्रवाह में स्त्री-वर्ग में भी आर्थिक, सामाजिक और राजनीतिक भिन्नता के कारण न केवल नेतृत्व में दरार है, बल्कि अनुयायियों में भी भेद-विभेद की कमी नहीं। पहचान का संघर्ष भी कम से कम कुछ तो सत्ता के साथ रख ही देगा। मंच पर बैठे हुए पुरुष तथा शीर्ष लेखक के आसपास भी उसकी तरह के बहुत लोग होते हैं—आलोचक, सुधी पाठक, प्रकाशक, इतिहासज्ञ, आदि-आदि। महान लेखकों के साथ तो पूरा का पूरा जत्था चलता रहा है। मगर स्त्री के

अनुयायी नहीं होते। मीरा के पद गाए जाते हैं, मगर मीरा का मंदिर नहीं बनता।

स्त्री जिस विभेद की राजनीति के खिलाफ अपना संघर्ष शुरू करती है, अंततः वह उसी की गिरफ्त में आ जाती है। स्त्री समुदाय को स्वयं इसे झेलना बड़ा पीड़ादायक होता है। अधिकतर विशिष्ट एवं स्थापित स्त्रियाँ, स्त्री-मुक्ति के प्रति उतनी संवेदनशील नहीं रह जातीं, मुख्यधारा से जुड़नेवाली स्त्री अन्य स्त्रियों के साथ तादात्म्य-बोध भी नहीं करती। किसी भी संघर्ष को अनुभूति के स्तर तक झेलने और दूर से निर्णय देने में आधारभूत फर्क होता है।

अधिकतर पुरुष उदारता का मुखौटा भले ही लगा लें, किंतु वे पुरुष पहले हैं, मानवतावादी बाद में। वह चाहे महान लेखक प्रेमचंद हों या अज्ञेय और जैनेंद्र, अपनी रोजमर्रा की जिंदगी में पुरुष पहले थे, मानवतावादी बाद में। पुरुष होने की प्रक्रिया में पुरुष का औदार्य महज एक शारीरिक स्थिति है, एक आकस्मिकता है। वह अपने लेखन में अपने मानवीय मूल्यों को प्रक्षेपित करे या नहीं, यह उसका अपना चुनाव है। अधिकतर लेखकों के अनुसार स्त्री-लेखन की सीमा उसके स्त्री होने में निहित कारणों में है। चूँकि वह स्त्री है, अतः उसकी दृष्टि संकीर्ण होगी, उसके अनुभव का जगत संकुचित होगा, उसकी आलोचनात्मक क्षमता तत्त्वमीमांसीय नहीं हो पाएगी। हिंदी-जगत में कोई जूडिथ, जूलिया क्रिस्टेवा या गायत्री चक्रवर्ती स्पीवाक क्यों नहीं हुई? लेकिन इसके लिए जिम्मेदार कौन है? क्या इस पर विचार किया जाएगा? किस सामाजिक परिवेश में ऐसा घटा? किन-किन जोखिमों से हिंदी समाज की स्त्री को गुजरना पड़ता है? क्या महिला-लेखिकाओं को दोष देने के बदले कोई लेखक-आलोचक इस पर और गहराई से सोचने की चेष्टा करेगा? यहाँ किसी प्रकार का शुद्धतावादी आग्रह नहीं किया जा रहा। यह कहना कि शुद्ध साहित्य जैसी भी कोई चीज होती है, जहाँ अकादमीयता, विद्वत्ता और पक्षहीनता पहली कसौटी है, महज एक बौद्धिक प्रवंचना नहीं। कम-से-कम अब तक ऐसी किसी सृजन-प्रणाली या चिंतन-पद्धति का आविष्कार नहीं हुआ है। नासिरा शर्मा कहती हैं: 'हो सकता है, साहित्य को महिला-पुरुष लेखन में बाँटना बहुतों को पसंद न भी आता हो, परंतु जब इन महिलाओं के लेखन की बात उठती है तो महिलाओं में सबसे आगे कहलाना भी उन्हें बुरा नहीं लगता और न ही महिलाओं के लेखन पर होनेवाले सेमिनारों की बागडोर सँभालने, मुख्य अतिथि बनने में उन्हें झिझक महसूस होती है।' *(नासिरा शर्मा, इंडिया टुडे, साहित्य वार्षिकी-१९९६)*। चित्रा मुद्गल के अनुसार, सिद्धांत रूप से 'लेखन लेखन होता है, नर-मादा

नहीं। उसे नर-मादा के खाँचों में बाँटकर देखनेवाली दृष्टि पूर्वग्रहग्रस्त है।' प्रश्न यह है कि क्या साहित्य और समाज में एक अलग स्थान की माँग करना संकीर्णता का परिचायक है? क्या इसे अलगाववादी दृष्टिकोण की संज्ञा दी जाएगी? क्या किसी लेखिका से यह कहा जा सकता है कि पुरुषों द्वारा स्थापित आलोचना के प्रतिमान ही श्रेष्ठ हैं? तुम चेष्टा करो, अभ्यास करो, ताकत लगाओ, ताकि तुम भी हमारी इन ऊँचाइयों तक पहुँच सको? यदि उत्तर में हम कहें कि आपकी यह अकेली ऊँचाई हमें आकर्षित नहीं करती, आपके इस विशुद्ध सौंदर्यशास्त्र और कला-माध्यम के बदले हमारी अभिव्यक्ति का यह अनगढ़ कच्चापन ही हमारा सौंदर्य है और अच्छा हो कि आप इसे स्वीकारें—तो क्या इसे कुतर्क की संज्ञा दी जाएगी या यह हमारी जीवन जीने की अधकचरी समझ मानी जाएगी? 'आखिर विद्वत-समीक्षा मृदुला गर्ग के 'चित्तकोबरा', राजी सेठ के 'तत्सम', मंजुला भगत के 'अनारो', मन्नू भंडारी के 'आपका बंटी' पर क्यों रुक जाती है ... आलोचना के भीष्म पितामह लोग भी नारी-लेखन पर चुप्पी क्यों साधे रखते हैं?' एक और 'भयानक सत्य' यह है कि 'हिन्दी साहित्य में कोई किसी को नहीं पढ़ता, यदि पढ़ लेता है कभी-कभार तो तारीफ नहीं करता।' *(कुसुम अंसल, इंडिया टुडे, साहित्य वार्षिकी-१९९६)*

बात यह है कि स्त्री की जिंदगी के बारे में पुरुष-लेखन ज्यादा से ज्यादा अर्धसत्य का ही दावा कर सकता है। पुरुष की यह कैसी अजीब दुर्भावना है कि परंपरा से मिले हुए ज्ञान में उसकी यही इच्छा छुपी है कि स्त्री-वर्ग पर वह जैसे-तैसे अपना वर्चस्व बनाए रखे। स्त्री के शोषण-उत्पीड़न पर चर्चा की गई, आँसू बहाए गए, मगर समाज की इस भेद-भाव वाली संरचना के विकल्प में बिल्कुल नहीं सोचा गया। या फिर येन-केन प्रकारेण कुछेक लेखिकाओं को बहला-फुसलाकर, थोड़ी-बहुत सहूलियत देकर, अपवादस्वरूप एक-दो को अपने समकक्ष बैठाकर बाकी सबको तिरस्कृत कर दिया गया। यह कहना कितना आसान है कि 'आखिर साहित्य के इतिहास के बारे में तुम स्त्रियाँ कितना जानती हो? तुम लोग पढ़ती-लिखती कहाँ हो? एक-दो उपन्यास लिख दिए, दो-पाँच कहानियाँ छप गईं और बस बन गईं लेखिका और लगीं मिमियाने। अरे इन साहित्यिक अखाड़ेबाजियों, लड़ाइयों और गाली-गलौज के माहौल में बिल्कुल चीरकर रख दी जाओगी।' आखिर इन हिंसक धमकियों का, हमलेबाजी का स्त्री-लेखन पर असर पड़ता ही है। आप यह बात भली-भाँति जानते हैं कि लेखिकाएँ भी अपनी दोयम दर्जे की भावना से ग्रसित हैं, तथा इस स्थिति से निकलने के बदले, स्वयं को 'मानव' कहलाना पसंद करती हैं, स्त्री नहीं।

स्त्रियों की दुनिया में पुरुषों को विशेष रुचि नहीं है। अधिकांशत: पुरुष-लेखक स्त्री-रचनाओं को पढ़ते ही नहीं, मगर इन लेखकों पर अज्ञानता का आरोप नहीं लगाया जा सकता। भला किसकी हिम्मत है कि इन बड़े-बड़े दिग्गज साहित्यकारों को असाहित्यिक कह दे! लेकिन यदि स्त्री ने इन्हें नहीं पढ़ा, पुरुष-सच से प्रभावित प्रेमचंद, अज्ञेय, निराला को नहीं पढ़ा, तो स्त्री की साहित्यिक अभिरुचि पर प्रश्नचिन्ह लग जाएगा, उसे साहित्यिक दुनिया में स्थान नहीं मिलेगा। यहाँ स्त्री-पुरुष का विवाद नहीं खड़ा किया जा रहा। संबंधों की आंतरिकता में लेखिकाएँ बहुधा पुरुषों के साथ होती हैं। अलगाववादी दरारों का पाटना जरूरी है और रचनाकार से एक बृहत्तर मानवीय कसौटी की अपेक्षा करना गलत नहीं। स्त्री से यह माँग कि वह पुरुष की दुनिया का हिस्सा बने, उसके तौर-तरीके सीखे, उसकी दुनिया के साथ संलग्न हो, एकपक्षीय माँग है, स्त्री भी पुरुषों से यही पारस्परिकता चाहेगी। यदि पुरुष स्त्री को व्यक्ति रूप में नहीं स्वीकारना चाहता तो स्त्री-मानस में पुरुषों के प्रति जिम्मेवारी की भावना कैसे उत्पन्न होगी? वह पुरुष की दुनिया में कैसे अपनी भागीदारी निभाएगी? तब क्या स्त्री यह मान ले कि उसने सोचना सीखा नहीं। चिंतन करने में वह अक्षम है। लेकिन स्त्री-पुरुष की परिस्थिति समान नहीं तो रचनात्मक परिणाम भी समान कैसे होंगे? आखिर स्त्री-लेखन कब स्वतंत्र होगा? पुरुषों द्वारा इस आरोपित संस्कृति को सीखकर भला स्त्री अपना कितना विकास कर सकती है? स्त्री को तो उप-पुरुष जैसा बनना नहीं। वह तो अपनी पहचान चाहती है।

इसके बावजूद उसका लेखन कम या अधिक अपने वर्गीय दुराग्रह से ग्रसित है। लेखन चाहे जितना स्थूल से सूक्ष्म की ओर यात्रा करने का दावा करे, मगर शुद्ध ज्ञान, कला, सृजन-क्रिया या आलोचना कर्म जैसी चीज नहीं हुआ करती। स्त्री-संबंधी पुरुष का ज्ञान भी अराजनीतिक नहीं हो सकता। वह चाहे स्त्री हो या पुरुष, उसके किसी भी कथन में राजनीतिक अभिप्राय को अनदेखा करना यथास्थिति के दमनकारी स्वरूप को बनाए रखना है। क्या हम यह कहें कि स्त्री के संबंध में पुरुष ने जो कुछ भी लिखा, कहा और समझा है, वहाँ राजनीति नहीं थी? क्या गाँधी राजनीति से विमुख थे, या तालस्ताय या शंकराचार्य? स्त्री का हित सोचते हुए भी तो उन्होंने स्वयं को ही गद्दी पर आसीन किया था।

आज यह जरूरी हो गया कि पुरुष-आलोचना के स्थापित प्रतिमानों के संदर्भ में स्त्री प्रश्न उठाए। सत्ता के प्रतिमानों को अपनाने से उत्पीड़ित की स्थिति नहीं बदल जाती। आलोचना की एक अलग पृष्ठभूमि तैयार करना जरूरी है ताकि स्वस्थ परंपरा का निर्माण किया जा सके। किंतु 'अधिकतर

पुरुषों की नजर में महिला-लेखन जड़, नीरस, भावुक, लिजलिजा, आत्मकेंद्रित रहा है।' *(राजेंद्र यादव, हंस)*। यानी पुरुषों के स्तर का नहीं, उनके लायक नहीं। साहित्य-संसार में पुरुषों को स्त्रियों की जरूरत नहीं थी, यह तो महिलाएँ ही हैं जो जबर्दस्ती अपनी लेखकीय महत्त्वाकांक्षा से ग्रस्त मंच की ऊँचाइयों तक लपकने लगीं। कोई पारो थी, कोई सुनीता, जो अपनी बात कहना चाहती थी, मगर ठीक से कभी कह नहीं पाई। शरत ने देवदास की पीड़ा के बदले यदि पारो के ऊपर कुछ अधिक लिखा होता, या फिर उस बूढ़े पति को फेंककर देवदास के साथ नहीं तो किसी और के साथ पारो का ब्याह कर दिया होता तो शायद किसी अन्य 'पारो' को भी प्रेरणा मिलती। उसमें साहस जगा होता। यानी कुल मिलाकर उनके भीतर जिंदगी जीने की एक अंधी जिद पैदा हुई होती। मगर ऐसा हुआ नहीं। शरतचंद्र लेखक बाद में थे, पुरुष पहले और पुरुष-व्यवस्था से अनुकूलित उनका मानस, स्त्री-समस्या की गहराई में बहुत दूर तक नहीं जा पाया। वे गृहदेवी और वेश्या के द्वैत में ही फँसे रह गए। पारो कभी नहीं कह सकी कि इस दुनिया का चुनाव मैने नहीं किया, यह दुनिया मुझ पर आरोपित है। लेखक अपनी कलम से मेरे लिए विकल्प में एक और दुनिया का निर्माण क्यों नहीं करता? वह वेश्या और गृहदेवी के द्वैत का अतिक्रमण क्यों नहीं कर पाता?

आज भी महिला-लेखन में स्त्री-वर्ग की शिकायतों, उसके प्रकट और अप्रकट क्रोध, छुपे हुए आक्रोश तथा जीवन के प्रति उसके विशिष्ट दृष्टिकोण को ज्यादा शिद्दत से अभिव्यक्त किया जा सकता है। रोजमर्रा की जिंदगी, निजी घटनाओं का सटीक वर्णन जितना महिला-लेखन में प्रस्तुत किया जा सकता है उतना पुरुष-लेखन में नहीं। मगर पुरुष-आलोचकों को स्त्री-लेखन की विषय-वस्तु बहुत ही सीमित लगती है। माना कि लेखकीय निखार अभ्यास और साधना पर आधारित है, मगर यह एक सवाल भी है कि क्या केवल अभ्यास करने से ही औरत प्रेमचंद, अज्ञेय हो जाएगी? क्या वह वर्गीय द्वेष, उपेक्षा की शिकार नहीं होगी? एकलव्य कभी भी अर्जुन नहीं हो सका। गुरु द्रोणाचार्य वर्ग-द्वेष से ग्रसित थे और रहेंगे। शंबूक को तपस्या का दुस्साहस नहीं करना चाहिए था। या फिर गार्गी बिना वजह सवाल पर सवाल उछालती क्यों रही थी? आखिर याज्ञवल्क्य को कहना पड़ा न कि 'बस! अब और नहीं। अब यदि कुछ भी कहा-सुना-पूछा तो गार्गी, तुम्हारा सर लुढ़कता नजर आएगा।' पुरुष किसी को 'बालकटी' कहता है तो किसी को फैशनपरस्त एवं कैरियरपरस्त। साहित्य की दुनिया में चरित्र-हनन तो एक साधारण बात है। पुरुष अपनी शॉवनिस्ट प्रवृत्ति के कारण बड़ी सूक्ष्मता से लेखिका के जीवित अनुभवों का अवमूल्यन कर देता है। आलोचना के

इतिहास में क्या डॉ. रामविलास शर्मा, नामवर सिंह ने इन लेखिकाओं को कभी ध्यान से पढ़ा भी है? स्वयं नामवरजी महिला-लेखन के प्रति अपनी अनभिज्ञता स्वीकारते हैं। मगर क्या यह आत्मस्वीकृति ही काफी है? उनके जैसा व्यापक फलकवाला व्यक्ति स्त्री-जीवन तथा उससे संबंधित समस्याओं और लेखन के प्रति भला इतना उदासीन कैसे रहा? दलित के प्रति तो नहीं रहा, फिर स्त्री के प्रति ही क्यों रहा! अब हम इसे एक पुरुष-लेखक का दुराग्रह मानें या रचनाओं का आलोचनात्मक मूल्यांकन? किंतु मूल्यांकन की यह कैसी भाषा-परिभाषा है? लिंग-भेद की इस राजनीति या अनचाहे उत्तराधिकार में मिली ऐसी ऐतिहासिक-सांस्कृतिक विरासतों का हम स्त्रियाँ क्या करें? नारी अब कालिदास की नायिका, तुलसी की सीता, सूर की राधा, जायसी की पद्मावती, निराला की रत्नावली, पंत की ज्योत्स्ना या अप्सरा, प्रसाद की श्रद्धा और भारती की कनुप्रिया नहीं है। सामाजिक, आर्थिक, राजनीतिक तथा सांस्कृतिक स्थितियाँ, संदर्भ, संविधान—सभी तो बदल गए हैं, बदल रहे हैं। यह 'सत्य' है कि 'आलोचना' का क्षेत्र नितांत मर्दों का क्षेत्र है। हिंदी साहित्य में मर्दों की भाषा और साहित्यशास्त्र का इतना वर्चस्व है कि यह सोच पाना कठिन है कि हिंदी में अपनी कोई गायत्री चक्रवर्ती स्पीवाक या जूलिया क्रिस्टेवा या सैला बेतहाबीन या जूडिथ बटलर हो सकती है जो बताए कि औरतों का सबसे पहला काम उस सौंदर्यशास्त्र की तत्त्वमीमांसा को खत्म करना है जिस पर आलोचना टिकी होती है। 'सब जगह 'मर्दों के जाल' पड़े हैं, परंतु दुर्भाग्यपूर्ण यह भी है कि हमारे यहाँ 'महिला' लेखिकाओं ने स्वयं भी कोई बड़े जोखिम नहीं उठाए। न बीहड़ की यात्राएँ कीं, न अनजाने अनुभवों के समक्ष प्रस्तुत हुईं, न अपनी विशाल साहित्यिक संपदा का ही ठीक से अध्ययन किया।' और 'जो दो-चार प्रबुद्ध, प्रतिभासंपन्न वरिष्ठ आलोचक स्त्रियाँ हैं, वे भी नई पीढ़ी के लेखन को ठेंगे पर लेती हैं।'

स्त्री पितृसत्ता द्वारा अपने इस उत्पीड़न को किस भाषा में अभिव्यक्त करे? क्या स्त्री की अपनी कोई अलग भाषा है? फिलहाल तो स्त्रियों को पुरुषों की भाषा का ही प्रयोग करना पड़ता है, उसी के माध्यम से स्त्री अपने अनुभवों को संप्रेषित करती है। आखिर इसका विकल्प है भी कहाँ? सबसे पहले पुल्लिंगवादी भाषा एवं स्त्रीलिगंवादी भाषा के भेद को समझने की चेष्टा करनी होगी। भाषा स्वयं में एक समस्या है। भाषा में अंतर्निहित लिंगवादी भेद और उसके पूर्वग्रह से सभी परिचित हैं। किसी भी समुदाय का अनुभव-जगत उस समुदाय के भाषायी अभ्यास द्वारा ही निर्मित होता है। प्रत्येक अभिव्यक्ति अपनी अलग अर्थ-संरचना द्वारा अलग यथार्थ अभिव्यक्त नहीं

कर पाती। अभिव्यक्ति का संकट स्वाभाविक है। दलित साहित्य ने अपना भाषायी जगत स्वयं रचा है। फिर स्त्री-साहित्य में ऐसा क्यों नहीं घटा? साहित्यिक जगत में सत्ता की स्थापित अभिव्यक्ति का विखंडन अर्थों की बहुलता को संप्रेषित करता है। हेबरमास ने इसे आदर्शवाची स्थिति की संज्ञा दी थी, किंतु साहित्य में पुल्लिंगवादी भाषा, स्त्री-सत्य को हमेशा एकांगी और अपूर्ण रूप से ही संप्रेषित कर पाएगी। इरिगारे के अनुसार 'भाषा अंतहीन रूप से अर्थ का स्थगन करती है। भाषा भाव और अभाव के बीच के संबंध को अभिव्यक्त करते हुए एक ओर जहाँ किसी एक विशेष अर्थ को प्रस्थापित करती है, वहीं उससे संबंधित प्रत्येक दूसरे अर्थ को स्थगित भी।' स्त्री के पास उसकी अपनी भाषा नहीं है। अपनी भाषा के अभाव में स्त्री-लेखन कुंठित हुआ है। इरिगारे के अनुसार भाषा के अभाव में स्त्री अपनी भिन्नता को कभी संपूर्ण रूप से अभिव्यक्त नहीं कर पाई है। इरिगारे लिखती हैं : 'लेखन, अभिव्यक्ति एवं पाठ अपने आप में विरोधाभासी शब्द हैं। तर्क के दृष्टिकोण से उलझनों एवं वाक्-वितंडाओं से भरे हुए, मुहावरों में बिखरे हुए, न समझे जाने लायक, मानो इनको सुनने के लिए हमें अलग से कान लगाने की जरूरत है। मानो भाषा की बुनावट में छिपा हुआ कोई दूसरा अर्थ भी है। पाठ के शब्दों से भय लगने लगता है कि कहीं मूल अर्थ ही व्यर्थ में इन गैर-जरूरी शब्दों से चिपके न रह जाएँ। जूलिया क्रिस्टेवा भाषा की सीमा पर विचार करते हुए भाषायी संरचना को तोड़ने की सलाह देती हैं। स्त्रियों ने पुरुष-व्यवस्था द्वारा संप्रेषित अर्थों को तोड़ा है तथा इस प्रक्रिया के दौरान वे मुक्ति की ओर अग्रसर भी हुई हैं।' भाषा के संबंध में सुधीश पचौरी लिखते हैं : 'इस अर्थ में देखें तो हिन्दी साहित्य का इतिहास पुल्लिंग-केंद्रित भाषा का इतिहास है, चाहे वह रामचंद्र शुक्ल का ही क्यों न हो या हजारीप्रसाद द्विवेदी का मध्यकालीन विमर्श ही क्यों न हो। हिन्दी का स्त्री-लेखन यदि एकदम हाशिए पर है तो इसीलिए कि प्रचलित वर्चस्ववादी भाषा स्त्री की वाणी नहीं बन पाती और बहुत कम लेखिकाएँ स्त्री की निजी भाषा खोजने की चिंता करती हैं।' यह केवल हमारे यहाँ की समस्या नहीं, बल्कि हर जगह है। वे फिर लिखते हैं 'दुनिया की तमाम बड़ी लेखिकाओं को प्रचलित भाषा अपूर्ण और लिंगभेदी लगी है और नई भाषा वे आसानी से बना नहीं सकी हैं।' *(स्त्री लेखन : एक उत्तर-आधुनिक एकांत की तलाश)*

हो सकता है, भविष्य में साहित्य-जगत में स्त्रियों की लेखकीय परिस्थिति बदल जाए, किंतु बदलाव की ये संभावनाएँ तभी पैदा होंगी जब स्त्री के संदर्भ में पुरुषों के सोच और चिंतन में बदलाव आए। एक बात और, पुरुष-सत्ता के प्रति स्त्री में मोह तथा लगाव है। उसका यह मोह एवं

आसक्ति, उसकी लेखकीय संभावना और दमन के खिलाफ उसके प्रतिरोध की शक्ति को कुंद करती है। हम स्त्रियाँ पुरुषों का चाहे जितना विरोध करें, किंतु अंत में वह हमारा पिता, भाई या दोस्त है। हम कहाँ तक उसकी शिकायत करें? ज्यादा भलमनसाहत के कारण परेशानी होती है। इसके बदले स्त्री यदि और अधिक आक्रामक दृष्टि अपनाती तो अच्छा होता।

स्त्री द्वारा दुनिया को देखने-समझने का दृष्टिकोण भी पुरुष से भिन्न है। चूँकि औरत पुरुष से भिन्न प्रकार की प्रतीकात्मक व्यवस्था के भीतर अपना स्थान तय करती है, अत: उसकी यौनिकता और उसका इतिहास पितृसत्तात्मक व्यवस्था को पुन: परिभाषित करेगा। अपने से भिन्न को दोयम की स्थिति में अधिकृत रखना पितृ-समाज की विशेषता रही है। स्वामित्व की यह भावना अपने से भिन्न को स्वीकारना नहीं चाहती। जबकि स्त्री-लेखन मानवीय संबंधों, दृष्टिकोण और अनुभव के क्षेत्र में विकल्प देने की चेष्टा करता है। स्त्री किसी को गौण नहीं बनाती, जनतांत्रिक मूल्यों में उसकी आस्था है और इस प्रसंग में स्त्री-लेखन ज्यादा क्रांतिकारी होने की संभावना रखता है। स्त्री के सम्मुख साहित्य की तमाम व्यवस्थाओं को स्वीकारने की बाध्यता नहीं, या फिर उन तमाम पारंपरिक अपेक्षाओं से समझौता करना उसकी अंतिम परिणति। या फिर पितृसत्तात्मक परंपरा के सांस्कृतिक तथा राजनीतिक अवदान के प्रति वह अपनी कृतज्ञता ज्ञापित करती रहे बल्कि इस बाध्यता से स्त्री-लेखन को मुक्त होना होगा ताकि वह स्वयं को नयी शैली में अभिव्यक्त करे। व्यवस्था से मुक्ति की चाहना को अपने लेखन में जितनी शिद्दत से वह महसूस करती है या जितनी गहराई से तन्मय होकर अपने उत्पीड़न और शोषण को वह अभिव्यक्त कर पाती है उतना पुरुष-लेखन द्वारा संभव नहीं। पितृसत्तात्मक दमन जितना करीब से स्त्री ने देखा और झेला है, उतना अन्य किसी ने नहीं। स्त्री के सोच, चिंतन तथा सृजन की प्रक्रिया में लेखन की ये बहुआयामी विभिन्न संभावनाएँ अंतर्निहित हैं। स्त्री-लेखन के संबंध में सीजियस लिखती हैं: 'स्त्री के लेखन में दमन के खिलाफ सब कुछ कितना अनंत, विस्तृत, नई संभावनाओं से भरपूर, शाश्वत, शक्तिशाली होकर उभरता है!' यदि स्त्री-लेखन पुरुष-लेखन से प्रभावित होता है, तो क्या ऐसी अपेक्षा पुरुष-लेखन से भी की जानी चाहिए. क्या आज तक कभी किसी पुरुष-साहित्यकार ने यह स्वीकारा है कि वह किसी स्त्री-लेखिका से प्रभावित है—साहित्यिक कृति में सन्निहित स्त्री-चिंतन और साहित्यिक चिंतन में किस आधार पर भेद किया जाए? इस पर गौर करना होगा। एक लेखिका को स्थापित करने का श्रेय पुरुष को ही मिलता है। सुधीश पचौरी के ही शब्दों में : 'आज भी एक लेखिका को मान्यता लेखक देता है, तो

लेखिका स्वयं को 'लेखिका' समझ धन्य होती है।' *(स्त्री लेखन : एक उत्तर-आधुनिक एकांत की तलाश)*। तब क्या हिंदी साहित्य में स्त्री-चिंतन जैसी कोई चीज है ही नहीं, जो महिला-लेखन में अंतर्निहित समूची साहित्यिक प्रवृत्तियों का निर्देशन करे? आज जरूरत है उस तलाश की, उस जीवंत जिज्ञासा की जो स्त्री के जीवन, उसकी अनुभूति, उसकी सृजनात्मक शक्ति को अभिव्यक्त करने वाले माध्यम को सामने लाए।

स्त्री-लेखन का एक और महत्त्वपूर्ण उद्देश्य स्त्री की विभिन्न भूमिकाओं का मानव-समाज को परिचय देना है, जीवन के उन अँधेरे कोनों पर प्रकाश डालना है जिसकी पीड़ा स्त्रियों ने सदियों से झेली है। जरूरत है कि स्त्री अपनी मानवीय गरिमा और अधिकार को समझकर संरचनात्मक, सांस्कृतिक तथा मानवीय दृष्टिकोण के मूल तत्त्वों का विश्लेषण करे, अपने लेखन से उन तमाम स्त्रियों को शक्ति दे, जो संघर्षरत हैं तथा जो स्त्री-समाज के विकास में सक्रिय हैं, वे जो समाज की नजरों से दूर, कहीं किसी कोने में सुबक रही हैं, जिनके पास मानवीय गरिमा के नाम पर केवल अपना शरीर है, उन्हें जीने की प्रेरणा दे और साहित्य के विकास के नए दृष्टिकोण तथा वैकल्पिक अवधारणाओं को विकसित करे। एक और बात, साहित्यिक जगत में स्त्री की अधीनस्थ स्थिति को कैसे समझा जाए? क्या विखंडन द्वारा? परंपरा, व्यवस्था, संस्था एवं परिवार तथा संबंधों के प्रति स्त्री ने जो भी सवाल उठाया है, उसके कारण व्यवस्था टूटी जरूर है, इसके बावजूद नारीवाद और विखंडन एक नहीं हैं, नारीवाद का संबंध स्त्री-मुक्ति से है। यह एक राजनीतिक परियोजना है जबकि विखंडन एक दार्शनिक और साहित्यिक प्रक्रिया। नारीवाद विखंडन की प्रक्रिया को काम में लेता है, वह सिद्धांत और व्यवहार-जगत के संबंध का विखंडन करता है, तथा जीवन के केंद्रीय संबंधों को विस्थापित करने की प्रक्रिया में व्यक्ति की राजनीतिक समझ को झकझोरता है। अतः पुरुष-संस्कृति के विकल्प में नारीवाद एक निरंतर विकासमान व्यवस्था को प्रतिपादित करना चाहता है।

३

बौद्धिक सरोकार, राष्ट्रवाद और नारीवाद की जमीन

ग्राम्शी के अनुसार ज्ञान के उत्पादन और वितरण में लगा हुआ व्यक्ति बुद्धिजीवी कहलाने का हकदार है। ग्राम्शी ने बुद्धिजीवियों को दो श्रेणियों में विभक्त किया। पहली श्रेणी पारंपरिक बुद्धिजीवी की है जिन्हें समाज में शिक्षक, पुरोहित, प्रशासक के रूप में जाना जाता है, और परंपरा से जिनकी भूमिका अपरिवर्तित रही है। बुद्धिजीवियों की दूसरी श्रेणी वह वर्ग है जो विशिष्ट व्यावसायिक निगमों एवं संस्थानों से जुड़ा है। जिसका मुख्य उद्देश्य अपनी वर्गीय सत्ता और नियंत्रण के लिए बुद्धि का प्रयोग करना है। ग्राम्शी इन्हें आंगिक बौद्धिक कहते हैं। ग्राम्शी अपने प्रिजन में पहली बार ऐसे बुद्धिजीवियों की चर्चा करते हैं जो न केवल किसी विशिष्ट विषय पर चिंतन करते हैं बल्कि समाज में जिनकी सक्रिय भूमिका भी है।

ग्राम्शी ने शायद पहली बार अपनी प्रिजन नोटबुक्स में सामाजिक अभिजन बुद्धिजीवी के बदले समूहगत बौद्धिकी के समाज में निर्णायक हस्तक्षेप को स्वीकारा है। पूँजीवादी उद्यम अपने अलावा बुद्धिजीवियों का एक ऐसा वर्ग पैदा करता है जो औद्योगिक और राजनीतिक अर्थशास्त्र के विशेषज्ञ होते हैं। नई संस्कृति के प्रबंधन और नई कानून-व्यवस्था के ज्ञाता होते हैं। समकालीन विज्ञापन या सार्वजनिक क्षेत्रों के विशेषज्ञ भी इसी श्रेणी में आते हैं। उनकी मुख्य भूमिका उपभोक्ता वस्तुओं को बेचना और बाजार पर नियंत्रण है। कंपनी के मुनाफे में इनकी भागीदारी रहती है, उपभोक्ता के जीवन में वस्तु के प्रति रुझान, स्वाद और ललक पैदा करना इनका उद्देश्य है, चूँकि जनतांत्रिक समाज में बिना वोटरों की सहमति के कुछ करना संभव नहीं, अत: सक्रिय रूप से जनमानस को प्रभावित करना इनका पहला उद्देश्य है। पुराने पूँजीपतियों के बदले यह एक ऐसा नया वर्ग है जो किसी व्यापक सार्वजनिक क्षेत्र का प्रतिनिधित्व करने के बजाय एक आलोचनात्मक विमर्श की संस्कृति का निर्माण करते हैं। इसमें सम्मिलित लेखक, संपादक, प्रकाशक, अनुवादक, यहाँ तक कि सैनिक रणनीति के विश्लेषक, अंतर्राष्ट्रीय

कानून विशेषज्ञ आदि सभी लोग अपनी-अपनी विशिष्ट शैली में जिस विशिष्ट ज्ञान को सम्प्रेषित करते हैं, उसे साधारण आम आदमी शायद ही समझ पाता हो। यहाँ फूको की चर्चा अप्रासंगिक नहीं। फूको ने सार्वभौम (जिसमें सार्त्र प्रमुख है) के ख़िलाफ़ जंग छेड़ी थी। सार्त्र ताउम्र हर प्रकार की बौद्धिक विशिष्टता का विरोध करते रहे। फूको ने इस विशिष्ट बौद्धिकता को ही पहचान देनी चाही। फूको के अनुसार यह बौद्धिकता अपने विशिष्ट ज्ञान की सहायता से एक निश्चित दायरे में सक्रिय है। भारत के राष्ट्रपति अब्दुल कलाम का उदाहरण सर्वथा उपयुक्त होगा। मिसाइल के निर्माता डॉ. कलाम जब विज्ञान के क्षेत्र से बिल्कुल भिन्न, राजनीतिक क्षेत्र में प्रवेश करते हैं, तो सवाल उठते हैं। क्या वे संविधान और राजनीति का विज्ञान समझ पाएँगे या फिर सबकुछ उन्हें प्रारंभ से सीखना होगा?

कुछ लोगों के अनुसार नारीवाद एक 'दृष्टिकोण' और एक जीवन-शैली है। तो क्या किसी भी क्षेत्र का कोई भी विशिष्ट बुद्धिजीवी इस जीवन-शैली को अपना सकता है यानी नारीवाद ऐसी किसी सार्वभौमिकता का दावा कर सकता है? ऐसा संभव नहीं है। दुनिया में कई राष्ट्र हैं, विभिन्न प्रकार की सत्ताएँ हैं, नियंत्रण के अलग-अलग तरीके हैं, परंपराएँ, क्रांति, बनता-मिटता हुआ भूगोल, राष्ट्रीयता की सीमा-रेखाएँ हैं, जिनसे स्त्री भी प्रभावित होती है और जिनके प्रति नारीवाद एक भिन्न दृष्टिकोण रखता है। सभी स्त्रियाँ इन घटनाओं में रुचि न भी रखें मगर कुछ स्त्रियाँ तो हैं ही जो सत्ता से जुड़ी हैं। वे सत्ता के निर्णय को प्रभावित करने में समर्थ हैं और यह भी सच है कि ऐसी स्त्रियों की संख्या दिन-प्रतिदिन बढ़ती जा रही है जो नित नयी घटनेवाली घटनाओं के प्रति एक विशेष दृष्टिकोण ही नहीं रखतीं बल्कि स्त्री-जीवन पर इनके प्रभावों की चर्चा भी करती हैं।

समाज में नारीवादी बौद्धिकता की भी एक विशिष्ट भूमिका है। इस नई स्त्री को पहचान मिल चुकी है, वह हर कहीं, हर जगह नजर आती है। हर जाति और वर्ग में ऐसी स्त्रियाँ सक्रिय हैं। व्यक्ति होने के नाते उनमें प्रतिनिधित्व की क्षमता है। अपना मत-अमत जाहिर करने कीं भाषा उनके पास है। आज स्त्री ने सदियों की खामोशी तोड़ी है। उसकी नियति में बदलाव है। उसके व्यक्तिगत जीवन का उद्देश्य, दर्शन, उसका मन-मिजाज सभी तो बदल रहा है और इस नई भूमिका की अपनी धार है। उसका अपना वजूद महसूस किया जा सकता है। न केवल अपने हक के लिए वह सत्ता से सवाल करती है, बल्कि औरों के लिए भी वह रूढ़िवादी परंपरा और वैचारिक दुराग्रहों को खँगालती है, खुरचती है। वह समझ चुकी है कि जिसे वह अपना यथार्थ समझती रही वह महज एक पितृसत्तात्मक सामाजिक

निर्मिति है। वह केवल घर का सामान नहीं, भोग की चीज नहीं, भेड़-बकरियों से उसकी तुलना करना भी उचित नहीं। न वह सत्ता के बदन से लिपटी हुई माधवी-लता है। स्त्री बौद्धिकता उन मुद्दों को उठा रही है, जिन्हें बड़ी आसानी से मिथकीय तहों में लपेटकर रखा गया था और फिर जिनका उपयोग सत्ता के स्वार्थ में किया गया। स्त्री उन सवालों को उठाती है, उन मुद्दों पर बहस छेड़ती है, जिनका स्त्री-जीवन में महत्त्व है और ऐसा तभी संभव है जब नारीवादी चिंतन के ठोस सिद्धांतों को अभिव्यक्त किया जाए। सीमोन द बोउवार अपनी डायरी में लिखती हैं: 'मैं ब्रह्मांड में भटकने और तैरने की अपेक्षा सीमित किंतु ठोस पकड़ को महत्त्व देती हूँ।' नारीवाद स्वीकारता है कि हर स्त्री को सत्ता से न्याय मिलना चाहिए। अभिव्यक्ति, जीवन और चुनाव की स्वतंत्रता मिलनी चाहिए। स्त्री-नागरिक के प्रति राष्ट्र की जिम्मेदारी भी यही है। अंतर्राष्ट्रीय स्तर पर भी स्त्री की यही माँग रही है। सीमोन द बोउवार ने ८ मार्च, १९८३ को अंतर्राष्ट्रीय महिला दिवस पर 'ला मोंद' को दिए साक्षात्कार में कहा था: 'मानव अधिकार उतने विश्वव्यापी नहीं है जितना उन्हें होना चाहिए और अब भी मानव अधिकारों में महिलाओं के विशेष अधिकारों का विवरण नहीं है। महिलाओं के शोषण को समाप्त करने की माँग अधिकतर संस्थाएँ केवल अनसुनी ही नहीं कर रहीं बल्कि महिलाओं पर होनेवाले अत्याचारों की ओर ध्यान भी नहीं देतीं।'

एक नारीवादी की हैसियत से मैं अपना उदाहरण देना चाहूँगी। मैं किसके लिए और क्यों लिखती हूँ? क्या मैं न्याय और स्वतंत्रता को अपने लेखन के माध्यम से व्यक्त नहीं कर रही? क्या बहुत सोच-समझकर मैंने नारीवादी विषयों का चयन नहीं किया? मेरी हर कविता, हर उपन्यास, हर यात्रा-वृत्तांत के केंद्र में स्त्री है। मैं दुनिया के जिस किसी कोने में गई हूँ, मैंने स्त्री को खोजा है। उसे जानने की चेष्टा की है। उस देश की स्त्री कैसी है? वह कैसे कपड़े पहनती है? उसकी सामाजिक भूमिका का कितना महत्त्व है? क्या स्त्री अधिकारों के प्रति वह सजग है? क्या उसके देश में भी स्त्री-मुक्ति की गुहार लगाई जा रही है? क्या वहाँ की लेखिकाएँ, वहाँ की विशिष्ट बुद्धिजीवी महिलाएँ स्त्री का प्रतिनिधित्व करने की चेष्टा करती हैं? अत: मेरे लेखन में व्यक्तिगत और सार्वजनिक वस्तु और विचार सब गड्डमड्ड रहे हैं। मेरे अनुभवों पर आधारित मेरा लेखन, मेरा मूल्यबोध, मेरा व्यक्तिगत इतिहास इसी 'कॉज' के प्रति समर्पित रहा। मैने यह भी जानने की कोशिश की कि कैसे स्त्री से संबंधित व्यक्तिगत मुद्दे सामाजिक जीवन में घुल-मिल जाते हैं! कल तक जो निहायत व्यक्तिगत था उस पर आज सामाजिक मंचों पर बहस छिड़ी हुई है। इन मंचों से सत्ता, न्याय, स्वतंत्रता, शांति और निरस्त्रीकरण के

मुद्दों पर निर्णय होता है। अपने बारे में लिखे हुए हर शब्द के प्रति मैं जिम्मेदार हूँ। सार्वजनिक जीवन से मैं अलग नहीं। आज ये वर्गीकरण मिटते जा रहे हैं। नए बाजारों की खोज में घर की देहरी मिट गई है, घर में बाजार है और बाजार में घर सजाया जाता है। घर की मालकिन को विज्ञापन में दिखाया जाता है। व्यक्तिगत चोट है, जख्मी मन है और संवेदना मरी नहीं। स्त्री के प्रति यह लगाव मेरे कथन और लेखन को अर्थ प्रदान करता है। मैं तहेदिल से स्वीकारती हूँ कि स्त्री को अपनी खामोशी तोड़नी होगी, उसे वह सब लिखना होगा जो अब तक लिखा नहीं गया। उन पुरुषप्रधान मंचों पर जाना होगा जहाँ औरत को एक कुर्सीनुमा चीज दे दी जाती है और माइक थमा दिया जाता है। आदेश दिया जाता है : बोलो, अपने बारे में, हर औरत के बारे में। मगर वह क्या बोले? कौन-सा प्रलाप करे? क्या यही कि अब भी औरत मरती है, मर रही है, हिंसा की शिकार है, चाहे तंदूर में उसकी बोटियाँ सिंकें या फिर गुजरात में उसे जिन्दा आग में झोंक दिया जाए?

अब वह वक्त आ गया है जब स्त्रियों को अपना दृष्टिकोण बना लेना चाहिए। स्त्री को कम से कम यह तो कहना ही चाहिए कि वह किसके साथ है। जिनके वह साथ है, वे कौन-से वर्ग की स्त्रियाँ हैं, किस जाति की हैं? किसके प्रतिनिधित्व का दावा वे कर रही हैं? यदि स्त्री व्यक्ति है, अपना अलग सोच और चिंतन रखती है तो अभिव्यक्ति की कला में उसे महारत हासिल करनी होगी। लिखना-पढ़ना, बोलना—जो लड़ाई उसकी निजी जिंदगी से शुरू हुई थी वह कहाँ जाकर रुकेगी, इस पर एक बार फिर सोचना होगा। उच्चारित किए जा चुके शब्दों को फिर से छानना होगा, क्योंकि आज का जनतंत्र दिन-प्रतिदिन सीमित उद्देश्यों का जनतंत्र होता जा रहा है। सत्ता के विरोध में जोखिम है, मगर प्रतिबद्धता का आश्वासन स्त्री भी चाहेगी। वैचारिक लगाव का सुख वह भी खोज रही है। कब पढ़ा था सिमोन को? १९६५ में। कितना समझी थी उस वक्त, यह पता नहीं। पर आज मैं समझ पाती हूँ कि सिमोन के शब्द, यदि सीमोन द बोउवार ने 'सेकेंड सेक्स' में *(स्त्री उपेक्षिता, मेरे द्वारा हिन्दी में अनूदित)* स्त्री-मुक्ति के प्रसंग में ठोस और ऐतिहासिक विवेचना न की होती तो एक आंदोलन के रूप में नारीवाद कभी इतना प्रभावशाली न रहा होता। कोई भी आंदोलन स्थिति की सुसंगत और गंभीर विवेचना के बिना बुनियादी रूप से असफल रहेगा। सफलता के लिए सैद्धांतिक विवेचना की जरूरत है जिसे सिमोन द बोउवार की 'सेकेंड सेक्स' एवं अन्य कृतियों ने अंजाम दिया। वर्जीनिया वुल्फ को पढ़े हुए एक लंबा अरसा गुजर गया। उनकी पुस्तक 'ए रूम आफ वंस ओन'—अपने आपमें यह नारीवादी बौद्धिकता के लिए सबसे गहन

संदेश लिये हुए है। मेरे जीवन में इस पुस्तक का अपना खास स्थान है। सात भाई-बहनों वाले परिवार की आखिरी संतान होने की वजह से परिवार सें स्थान की कमी हमेशा रही है। मुझे कभी अपना कमरा नसीब नहीं हुआ और न ही आर्थिक सुरक्षा। मेरे जीवन का पहला उद्देश्य यही था कि मैं आर्थिक रूप से स्वतंत्र हो सकूँ। वर्जीनिया के इन शब्दों से मैं पूरी तरह सहमत हूँ : 'मुझे किसी मर्द से नफरत करने की जरूरत नहीं, वह मुझे चोट नहीं पहुँचा सकता। मुझे किसी मर्द की चापलूसी करने की जरूरत नहीं, वह मुझे कुछ दे नहीं सकता।' अगोचर रूप से मैंने अपने-आपको इस आधी दुनिया के प्रति एक नया दृष्टिकोण अपनाते हुए पाया है। वर्जीनिया की समकालीन महिला लेखिकाओं को वह भी उपलब्ध न था—जेन आस्टिन ड्राइंगरूम में सबके बीच बैठकर लिखती थीं, बाहर से यदि कोई अतिथि आ जाता तो अपने लेखन को वे मेज की दराजों में कहीं छुपा देती थीं। आखिर पुरुष-समाज स्त्री का निजी जीवन, मूल्यबोध, विचारधारा, उसका रुपया-पैसा, उसकी देह—इन सभी पर क्यों इतना आधिपत्य रखना चाहता है? तब क्या इस आधिपत्य से मुक्ति के इस प्रयास को स्त्री की हठधर्मिता कहा जाएगा? इसीलिए जरूरत है कि स्त्री अपने नारीवादी विचारों को थामे रहे। इसके अलावा उसके पास विकल्प भी नहीं है।

ऐसे बहुत से नारीवादी मुद्दे हैं जिन्हें उठाते ही बहस के बजाय उलझनें ज्यादा पैदा होंगी। और अच्छा होगा कि पाठकों एवं श्रोताओं को निर्णय लेने दिया जाए ताकि वे वक्ता की सनक, उसके पूर्वग्रह और सीमा को समझ सकें। यह एक जोखिम-भरा खेल है। नारीवादी बौद्धिकता को जहाँ सीधे स्पष्ट रूप से कहने की सुविधा दी जा रही है, वहीं उससे एक व्यक्तिगत जिम्मेदारी की भी अपेक्षा है। जिस 'स्त्री उपेक्षिता' के प्रतिनिधित्व का दावा किया जा रहा है, उसके लेखन से यह अपेक्षा गलत नहीं कि वह पुरुष-सत्ता की भाषा से स्वयं को मुक्त करे और जैसा कि वर्जीनिया वुल्फ की माँग है कि, 'इस पुरुषकेंद्रित भाषा के बदले ऐसी भाषा को गढ़ना होगा जो अधीनस्थ की संवेदना को व्यक्त करने में समर्थ हो।' स्त्री में वह क्षमता है। हिन्दी में पिछले सालों में प्रकाशित महिला-लेखन को पढ़ने से यह बात और स्पष्ट हो जाएगी कि महिला-लेखन ने बार-बार उस दबाव का जिक्र किया है जिसे कलम उठाते ही वह महसूस करती है। स्वतंत्र होते हुए भी सबकुछ कहने की मनाही है, अत: दोयम रह जाना उसकी नियति है। व्यक्त मूल्यों एवं विचारों के इर्द-गिर्द सत्ता का संजाल पहले से मौजूद है और सबसे बड़ी परेशानी तो यह है कि नारीवादी बौद्धिकता द्वारा उठाए गए मुद्दों में पुरुषों को रुचि नहीं। आडवाणी की रथयात्रा हो या फिर नरेंद्र मोदी की गौरव यात्रा, ये

विजेता के प्रतीक-चिन्ह हैं। इनके रथों के पहिए में औरत उलझी हुई है, वह चक्के के नीचे कुचली गई एवं लहूलुहान है: कुछ भी कहने में असमर्थ। चक्के की धुरी में जो अपनी उंगलियाँ फंसाए हुए हैं, वे कैकेयी हैं, मन ही मन यह सोचती हुईं कि इस त्याग को कैसे भुनाया जाए। अभिजात स्त्रियों से महाकवि की भी सहानुभूति है कि उन्होंने बेचारी कुबड़ी मंथरा को बलि का बकरा बनाया। ऐसी गंदी बात तो सती स्त्रियाँ कर ही नहीं सकतीं, अब कोई घरफोड़ मंथरा कैकेयी का माथा घुमा दे तो क्या उपाय! यह तुलना नाटकीय जरूर लग सकती है पर इतिहास को याद कीजिए तो पाएँगे कि आम स्त्री के साथ यही घटता आया है। जैसा कि ग्राम्शी कहते हैं: 'सामाजिक यथार्थ स्वयं सत्ता और शासित में बँटा है।' नारीवादी बौद्धिकता को भी चुनाव करना है—वह विजेताओं का साथ निभा सकती है, इससे उसे जीवन में स्थिरता, सुरक्षा सभी कुछ मिलेगा, महत्त्वाकांक्षा की सीढ़ियों पर चढ़ते हुए सत्ता की बगलगीर हो सकेगी। मगर वह ऐसा भी सोच सकती है कि नहीं यह पितृसत्ता ही है जो पूँजीवादी, फासीवादी, उपनिवेशवादी, मनुवादी मुखौटे लगाती रही है। ये मुखौटे न कभी स्त्री के पक्षधर हुए हैं और न ही होंगे। सत्ता है जो स्त्री के लिए हमेशा घातक रही है। इतिहास में पीछे लौटकर नारीवाद को एक बार फिर से स्त्री का इतिहास लिखना होगा। अतीत पर दृष्टिपात करने का अर्थ उस अतीत का महिमामंडन ही नहीं, बल्कि इन नए फासीवादी मुखौटों को पहचानना और उनके रेशों को उधेड़ना है।

मैंने सार्त्र पर शोध किया था, इसलिए उनकी प्रेमिका, उनकी जीवन-मित्र को भी पढ़ा। सिमोन को पढ़ने से नारीवादी विचारधारा, चिंतन और जीवन-मूल्यों के प्रति मेरा आग्रह बढ़ता गया। सिमोन द बोउवार, वर्जीनिया वुल्फ, केट मिलेट, जर्मेन ग्रीयर के प्रसंग में यह कहना अनुचित होगा कि जो कुछ भी ये महिलाएँ कहती रहीं, उसका संबंध केवल पश्चिमी स्त्री से है। क्या इन महान पुरोधाओं को राष्ट्रीय सीमाओं में बाँटा जाना चाहिए? क्या सिमोन द बोउवार को फ्रेंच, वर्जीनिया वुल्फ को इंग्लिश और केट मिलेट को अमेरिकन भर माना जाए और कहा जाए कि अत: भारतीय समाज के प्रसंग में वे महत्त्वपूर्ण नहीं हैं? क्या इन्हें भाषा, संस्कृति और राष्ट्रीयता में कैद करना उचित होगा? क्या टाल्स्टाय का प्रभाव गांधी पर नहीं पड़ा, हमारा संविधान, हमारे ये बड़े-बड़े शहर, विज्ञान की ये उपलब्धियाँ कहाँ से आईं? किस सभ्यता से? नारीवाद को बार-बार परिभाषित करने की चेष्टा की जाती है, पर ऐसी किसी स्पष्ट परिभाषा में इसे व्यक्त करना संभव नहीं है। कुछ विचारकों के अनुसार केवल पश्चिमी नारीवाद के बजाय भारतीय नारीवाद पर जोर दिया जाना चाहिए। इसमें समस्या यह आएगी कि फिर यह नारीवाद

केवल भारतीय भी नहीं रह पायेगा। इसे और तोड़ा जाएगा। हिन्दू और मुसलमान, अमीर-गरीब, सवर्ण और दलित नारीवाद में। इन विकल्पों में स्त्री की छवि, उसके हस्ताक्षर, इतिहास में हस्तक्षेप पर चर्चा कम होगी और उसे अलग-अलग खेमों में बाँटने की कोशिश ज्यादा होगी। अगर पूरा जायजा लिया जाए तो नारीवादी विचारधारा के हाड़-माँस का पता लगाना मुश्किल नहीं है। जब हम विचारधारा की चर्चा करते हैं तो उसमें किन-किन विचारकों का योगदान है, इस पर भी सोचना होगा। कौन थीं सिमोन द बोउवार? क्या था उनका जीवन-दर्शन। नाओमी द वुल्फ पहले मॉडल थी, और फिर स्त्री-विचारक के रूप में उभरी। बेट्टी फ्रीडेन, एक सफल नृतत्त्वशास्त्री थीं मगर अमेरिकन महिला जीवन में उनका अकथनीय योगदान है। सीमोन द बोउवार, क्या वे केवल सार्त्र की प्रेमिका थीं जो बिना विवाह-बंधन के उनके साथ रहती थीं जिन्होंने 'सेकेंड सेक्स' जैसी विश्व- प्रसिद्ध पुस्तक लिखी? क्या वे मात्र सार्त्र की छाया थीं या फिर उनकी अपनी स्वतंत्र विचारधारा थी? उर्वशी बुटालिया, कुमकुम संगारी, रूपरेखा वर्मा ... अंतहीन है यह सूची। स्त्री विचारक और चिंतक किस विचार और वाद से ग्रस्त होने का जोखिम समझती है, वह कहाँ-कहाँ किन-किन मुद्दों पर बोलना चाहती है, वे कौन से लेखक-आलोचक हैं, जिनका लेखन स्त्री-विद्वेष से ग्रसित है, वह कौन सी राजनीतिक पार्टी है जो स्त्री विरोधी मानसिकता का प्रचार करती है— इस पर चर्चा-परिचर्चा होती रहती है। नारीवादी बौद्धिकता अपने दोस्तों और दुश्मनों को पहचानने लगी है। जब मैं 'एम आई नाट ए वूमेन' पढ़ती हूँ तो मुझे न जाने क्यों विवेकानंद की याद आ जाती है। शिकागो कांफ्रेंस में उन्होंने 'हिन्दू कौन है?' पर अपने विचार संप्रेषित किए थे।

निस्संदेह नारीवादी बौद्धिकता भी बौद्धिकता के इस जमावड़े में अपना स्थान घेरती रही है। क्या सिमोन, वर्जीनिया वुल्फ, केल मिलेट, बेट्टी फ्रीडन के साथ-साथ स्वयं हमारे देश में रोमिला थापर, महाश्वेता देवी, मेधा पाटेकर और अरुंधति राय तक के ऐतिहासिक और सामाजिक हस्तक्षेप से हम परिचित नहीं? वे जो मानवाधिकार के लिए संघर्षरत हैं, स्त्री-विरोधी कैसे हो सकती हैं? समग्र की बुनावट में छोटे स्थान का भी अपना महत्त्व है—यहाँ सवाल केंद्र और परिधि का नहीं, सवाल उस समूची बुनावट का है, जिसका यदि एक भी धागा ढीला रह जाए तो पूरी कसावट में फर्क आ जाता है। बुनावट की गुणवत्ता पर सवाल उठ खड़े होते हैं। नारीवाद एक तंतु ही सही पर वह मानवाधिकार की रस्सी के बलेटे में कसा गया है, उससे अलग नहीं। अपनी अलग पहचान रखते हुए भी वह अलग नहीं है।

राष्ट्रवाद के दायरे में स्त्री अपनी तमाम विशिष्टताओं के बावजूद 'हम

लोग', 'हमारी संस्कृति', 'हमारी जाति' और 'हमारा भारतवर्ष' जैसी समग्रता का हिस्सा हो जाती है। उस वक्त वह यह सवाल करना भूल जाती है कि इस समग्रता में वह कहाँ और किस स्थिति में है? क्या अब भी अपने बारे में बोलने और सोचने का वह हक रखती है? क्या यह सांप्रदायिक-जातीय सोच इस बात का भी ध्यान रखता है कि स्त्री अस्मिता, अधिकार, आंदोलन की अलग आवाज को इतिहास में पीछे न ढकेल दिया जाए, विस्मृत न कर दिया जाए? जिन अधिकारों को उसने हासिल किया है, जिस स्वतंत्रता के अँखुए बस अभी-अभी जमीन फोड़कर हँसते-खिलखिलाते हुए निकले हैं, जिन अँधेरी जड़ों का अवलोकन करना उसने बस अभी-अभी सीखा है, क्या उन सारी उपलब्धियों को पारिवारिक, जातीत, राष्ट्रीय संकट के नाम पर कुर्बान कर दिया जाए? स्त्री पीछे छूट जाए, उसकी समस्याएँ, उसके आंदोलन, उसकी उपलब्धियों का सारा ब्यौरा, वहीं का वहीं धरा रह जाए? भला सत्ता को दमन का इससे अधिक सुख और क्या मिलेगा कि दुश्मन खत्म भी हो जाए और सत्ता अपराधी भी न कहलाए! समाज को धवल-स्वच्छ रखने के अभियान में वह गौरव-यात्रा करे, उसके रथों के पहिए अनवरत चलते रहें और स्त्री, उसका घर और उसके बच्चे धूल होते रहें! स्त्री जब अपना स्त्री होना भूल जाती है, तब वह दूसरी स्त्री का हक भी भूल जाती है। मगर जरा गौर से इस तर्क पर ध्यान दीजिए—गोधरा में ट्रेन में जब कोई हिन्दू स्त्री मर रही थी, तब वह स्त्री पहले थी और हिंदू बाद में। व्यक्ति-स्त्री के अस्तित्व का सवाल पहले है और उसका धर्म और जाति बाद में। यहाँ स्त्री होने के कारण वह उत्पीड़ित, शोषित, हिंसा की शिकार है और आततायी पुरुष है। यह पुरुष-तंत्र है, उसकी सत्ता जो अपना नाम, धर्म और जाति बदलता रहता है मगर हमेशा उसके पास सत्ता रहती है, ताकत रहती है, हथियार रहते हैं जिसका उपयोग वह अधीनस्थ स्त्री के खिलाफ करता है।

आज स्त्री हर विषय पर लिख रही है—स्त्रीविषयक शोधकार्यों की कमी नहीं। हजारों छोटे-छोटे मुद्दे और उन पर किया गया विश्लेषण आँखों के सामने तैरते रहते हैं। औरत की कहानी का अंत नहीं। औरत पर लिखे गए हजारों विमर्श हैं। सत्ता, परंपरा और इनके खिलाफ की गई व्यक्तिगत लड़ाइयों का लेखा-जोखा, उसका अपार संग्रह पुस्तकालयों में भरा पड़ा है। दुनिया के हर देश में, हर कोने में औरत अपने बारे में बोल रही है। स्त्री बौद्धिकता दार्शनिकों, राजनेताओं से लेकर धर्मगुरुओं तक, उनके द्वारा संस्थापित सिद्धांतों, मतों और सचों के धागे उधेड़ रही है। वह चुप नहीं बैठेगी, क्योंकि उसमें वही आग है जो कभी अश्वेत गुलामों के हृदय में

धधका करती थी। स्त्री भी अपनी गुलामी से भली-भाँति परिचित है। वह इतनी भोली और मासूम नहीं रही कि सत्ता के दमन को न समझे। यह अलग बात है कि व्यक्तिगत महत्त्वाकांक्षा के चलते कभी-कभी वह सत्ता से हाथ मिला बैठती है और सोचती है कि बिना सत्ता से हाथ मिलाए वह कुछ करने में असमर्थ है। क्या अब तक सत्ता ने हमारा संरक्षण किया? क्या हम सत्ता का हाथ पकड़कर ही चलते रहे थे? क्या सत्ता नहीं मिलने से संघर्षकर्ताओं का वजूद खतम हो जाता है? क्या स्त्री संबंधी मुद्दों पर बहस उठाना, उनको समेटना इतना असंभव है कि सत्ता से अर्जित सुविधा के बिना स्त्री एक कदम भी नहीं चल पाए? क्रांति और प्रतिक्रांति की अवधारणा से नारीवाद भी परिचित है। यह एक बिल्कुल भिन्न बात है कि नारीवाद को अकादमियों और पाठ्य-पुस्तकों में कैद कर दिया जाए और यदि ऐसा घटता भी है तो सत्ता के महल में रहकर, उनके साथ चलकर भी स्त्री संबंधित योजनाओं को कार्यान्वित किया जा सकता है। डॉ. लक्ष्मी सहगल राष्ट्रपति न बन पाई हों, पर एक प्रतीक के रूप में स्त्री के संदर्भ में पुरुष-समाज (मार्क्सवादी कम्युनिस्ट पार्टी) ने इतनी दूर तक सोचने का जोखिम लिया, यह सराहनीय है। हो सकता है कि अन्य मर्दवादी राजनेता उन पर हँसे हों। किसी ने कहा हो लक्ष्मी सहगल कितनी बूढ़ी हैं, कैसी लगती हैं। पर डॉ. कलाम, आडवाणी, वाजपेयी को देखिए, पता नहीं क्यों बूढ़े पुरुषों पर किसी का ध्यान नहीं जाता।

जिंदगी को एक उपन्यास, एक नाटक समझिए। जहाँ केवल मंचीय अभिनेता ही नहीं, बल्कि वे सब भी शामिल हैं जो पर्दे के पीछे, पूरी खामोशी से अपना काम कर रहे हैं। कहने का आशय सिर्फ इतना है कि मंच पर, सभा-सोसायटी में सत्ता के साथ हाथ मिलाती हुई स्त्री के साथ वे तमाम स्त्रियाँ और उनकी अक्खड़ जीवन-शैली, सामाजिक सक्रियता जुड़ी हुई है जो इन विशेष स्त्रियों के प्रतिनिधित्व को सफल बनाती है। उन्हें भी असंख्य परेशानियों, लोभ और आराम के फंदों का सामना करना पड़ता है। उनकी बात सुननेवाला कोई नहीं है। किसी स्थायी उद्देश्य के अभाव में निरंतर उन्हें जिंदगी के मंच पर अँधेरे पक्षों से जूझना पड़ना है। जब वे अपने बारे में बोलती हैं, अपनी लंबी खामोशी को तोड़ना चाहती हैं तो इसका मतलब कोई अहम घोषणा नहीं समझना चाहिए। न ही वह कोई व्यक्तिगत उत्सवधर्मिता होती है। बल्कि वह तो समर्थ एवं शक्तिशाली सरकार, नौकरशाही, प्रबंधन के बीच रहकर आलोचनात्मक दृष्टिकोण की चर्चा करने की इच्छा-भर होती है। दरअसल मुद्दों के विश्लेषण की शुरुआत ही अपने आप में एक आंदोलन है। और इस अभिव्यक्ति के लिए जो भी तैयारी होनी

चाहिए, स्त्री के पास वह है। उसे सत्ता की नीयत पर शक है। दिखाए गए सपनों को अपना मानने से वह इंकार करती है। वह युक्तिसंगत खोजबीन एवं नैतिक मूल्यों के प्रति समर्पित है। वह जगत में स्थित है, उसके प्रति लगाव से भरी है, मगर यह एक ऐसा लगाव है जो उसे नट की रस्सी पर चलते रहने का साहस देता है। वह भाषा का प्रयोग अपने लिए करती है। कब भाषा में हस्तक्षेप करना चाहिए, यह भी वह जानती है। पर नारीवाद किन स्त्रियों का प्रतिनिधित्व करना चाहता है? ईमानदार उत्तर तो होगा कि 'परिधिकरण के कारण स्त्री या तो अपनी शक्तिहीनता, दमनजनित निराशा, अवसाद का सामना करती है या फिर इस अकेली लड़ाई से जान छुड़ाकर सत्ता, निगमों एवं संस्थाओं के सहारे अपना दामन बचाती है।' अगर कोई स्त्री सत्ता के करीब है तो यह उसकी जवाबदेही है कि वह स्वयं को सत्ताजनित सुविधाओं से और भ्रष्ट होने से कैसे बचाए और कैसे जमीनी स्तर पर अन्य दूसरी स्त्रियों से अपना संवाद जारी रखे। प्रभावी संप्रेषणीयता उसका बहुत महत्त्वपूर्ण जरिया है जिसके अपहरण से सत्ता बाज नहीं आएगी। अतः सत्ता के संसर्ग में रहनेवाली स्त्रियों को अपनी प्रतिरोध क्षमता को बचाए रखना है, समाज पर वर्चस्व के जारी उन तमाम दावों को उधेड़ते हुए धीरे-धीरे सत्ता को समझा देना है कि स्त्री के पास समस्याओं को समझने का अपना दृष्टिकोण है। ढाँचागत प्रतिनिधित्व को उधेड़ते रहना ही नारीवाद की असल राजनीति है। राजनीति के क्षेत्र में स्त्री यदि एक बार बहनापे की अवधारणा को और अधिक विकसित कर पाती, अपनी ताकत को समेटती तो शायद वह मायावती की भूमिका अपनाने से बाज आती। राजनीतिक संघर्ष से पहले वैचारिक स्तर पर समझ जरूरी है ताकि स्त्री जीवन के उन तमाम अनुभवों का लेखा-जोखा तैयार किया जा सके।

वैसे क्रांति और प्रतिक्रांति का दौर चलता रहेगा। इससे कोई भी समाज बच नहीं सकता। अतः झूठे प्रलाप से, आरक्षण की भीख माँगने से कुछ होने-जानेवाला नहीं। स्त्री को तो प्रतिरोध की भाषा सीखनी होगी। उन पारंपरिक तस्वीरों को धो-पोंछ डालना होगा जो अब तक दफ्तरी बयानों में छपता रहा। उसे निरंतर और अधिकाधिक शक्तिशाली मीडिया के संपादकों और प्रोफेसरों के गढ़ पर वैचारिक हमला करना होगा, जो यथास्थिति को बचाये रखने की जद्दोजहद में व्यस्त हैं। यदि स्त्री केवल वहीं तक विरोध करती है जहाँ तक सार्वजनिक मानव को स्वीकृत हो, कल्पना की उतनी ही ऊँची उड़ान भरती है जितने की उसको छूट मिली हो, तो वह कुछ नहीं कर पाएगी। उसे तो विकल्प में बोलना और सीखना होगा। ऐसा करना आसान नहीं है। आतंकवादी हमलों की विनाशलीला, सांप्रदायिक हिंसाजनित

लूटमार और आगजनी के दौरान किसी के प्रति पक्षधरता होना कठिन है। किसी भी सोचने-समझनेवाली स्त्री से यह तथ्य छुपा नहीं है। वह किसका पक्ष ले, कौन उसके हितों की चर्चा कर रहा है, कौन उसके आँसू पोंछ रहा है, व्यर्थ के राजनीतिकरण से वह कैसे अपने-आपको बचाए, इस पर निरंतर चिंतन करना होगा, क्योंकि व्यक्ति होते हुए भी स्त्री जन का हिस्सा है, वह सत्ता के चाहे जितना करीब रहे (विशेषकर यह बात पढ़ी-लिखी शहरी उच्च मध्यमवर्गीय स्त्रियों पर ज्यादा लागू होती है) लेकिन निर्णय का अधिकार उसे अब तक नहीं मिला है। वह चाहे सुषमा स्वराज हो या फिर ममता बनर्जी, आडवाणी और वाजपेयी के हाथों एक राजनीतिक खिलौना-भर हैं। विचित्र बात तो यह है कि पार्टी का हवाला पुरुष राजनेता कम देते हैं, स्त्री कार्यकर्ता ज्यादा देती हैं। माना कि एक पुरुष भी राज्यसत्ता, प्रशासन एवं निगमों की सामूहिक शक्ति के सामने खुद को असहाय पाता है: उसे भी झुकना पड़ता है। मगर निचली गहराइयों में, अल्पसंख्यक जाति, निम्नवर्ग की स्त्री, वे जिनकी संस्कृति को अब तक पहचान नहीं मिली, घुटनों के बल चलना जिनकी मजबूरी है, उनके लिए व्यर्थ के रोमान से कोई नतीजा नहीं निकलेगा। सच्चाई तो यह है फिलहाल स्त्री न तो जनमत को अपने हक में मोड़ पा रही है और न ही हिंसा और दमन से छुटकारा पा रही है। आलोचनात्मक तेवर को बनाए रखना ही सबसे पहला काम है—क्योंकि सरल फार्मूलों, चालू मुहावरों या फिर चिकनी-चुपड़ी जी-हजूरियों से स्त्री को लाभ के बदले नुकसान अधिक होगा। इन नकाबों को नोच फेंकना पहला काम है, दूसरा काम है असल चेहरों को पहचानना, उनसे बातचीत और तीसरा सबसे महत्त्वपूर्ण काम है कि ये नग्न होते हुए चेहरे कहीं फिर नए नकाब न चढ़ा लें। शक्तिशाली वर्ग के पास नकाबों की कमी नहीं और मेकअप के प्रति स्त्री की आसक्ति से सभी परिचित हैं।

यहाँ स्त्री को अराजक होने की सलाह नहीं दी जा रही है। घर-परिवार और व्यवस्था में जीती हुई स्त्री को सबकुछ उठा फेंकने का संदेश भी नहीं दिया जा रहा है। बस इतना-भर कहा जा रहा है कि हक की लड़ाई लड़नेवाले को निरंतर चौकस रहना होगा। लगातार सजग ताकि अर्धसत्य और निर्मित सत्यों से उनका दिमाग ठूँस-ठूँसकर न भर दिया जाए। एक स्थिर संतुलित यथार्थबोध की जरूरत है जिससे युक्तिपरक ऊर्जा मिल सके ताकि वह सामना तो करे पर चोट खाकर संतुलन न खोए। इससे वह समृद्ध जरूर होगी, प्रसिद्धि चाहे उसे न मिले।

और नारीवाद की जमीन? क्या यह सच में इतना विशाल और व्यापक आंदोलन है—एक ऐसा आंदोलन, ऐसी वैचारिकता जो न राष्ट्र की सीमा को

स्वीकारती है और न ही साम्प्रदायिक पहचान में सीमित होकर रहना चाहती है? क्या यह एक पश्चिमी प्रभाव है जिससे भारतीय स्त्रियों को बचकर रहना चाहिए। क्या भारत में फेमिनिज्म शब्द से शहरी पढ़ी-लिखी स्त्रियाँ भी कतराती हैं? बहुत-सी स्त्रियाँ कहेंगी—मैं नारीवादी तो नहीं पर स्त्री के खिलाफ भी नहीं। मगर यदि आप स्त्री के खिलाफ नहीं जाना चाहतीं, तो क्या स्त्री अधिकारों के प्रति आप सजग हैं? नारीवाद की आपसे यही तो अपेक्षा है कि आप स्त्रियोचित सोच और लगाव रखें। तब क्या फर्क पड़ता है कि आप स्वयं को नारीवादी कहें या न कहें। आप फिर कहना चाहेंगी, नहीं, नारीवाद में हमारी रुचि नहीं। उन स्त्रियों का साथ हम नहीं दे सकतीं, जो सड़कों पर नारे लगाती हैं, धरनों पर बैठती हैं। हमारी घर-गृहस्थी है, हमारे बाल-बच्चे हैं, हमें उनका शादी-ब्याह करना है, उन्हें स्थापित करना है और मेरे पति तो खुद स्त्री की आजादी के हिमायती हैं। हमें तो समाज के नाम के इसी चौखटे में फिट होना है। क्या करें मजबूरी है। नहीं, बाबा नहीं। नारीवाद का बिल्ला चिपकाए हम अपने समाज में नहीं घूम सकतीं। पड़ोसी सोचेंगे, हम घर में अपने पतियों से मारपीट करती हैं। उद्दंड हैं, मर्दों से जलती हैं और उनकी बराबरी करना चाहती हैं। आफिस में बॉस गलत समझेगा, अरे वह भी तो किसी का मर्द है। थोड़ी-बहुत माँगों का सामंजस्य संभव है मगर हमें किसी आंदोलन के पीछे सती नहीं होना। मैं सोचती हूँ कि तोता-मैना के इस किस्से पर कितना लिखना संभव है? मानवाधिकार की घोषणा करना और स्त्री को यथार्थ में उसके हक दिलवाना बिल्कुल दो अलग-अलग बातें हैं। अधिकार पाने के लिए लंबा संघर्ष करना पड़ता है। उसके लिए वक्त चाहिए? नारीवाद केवल पश्चिमी प्रभाव नहीं, हालाँकि यह पश्चिम से आया जरूर है। और न ही समूची दुनिया की स्त्रियाँ अपना चुनाव पश्चिम की श्वेत स्त्री के संदर्भ में करती हैं। कम से कम भारतीय स्त्रियों ने तो ऐसा नहीं किया है। एक बात और, भारत में नारीवाद सत्तर के दशक का आंदोलन है, जबकि द्वितीय विश्वयुद्ध के बाद तक पश्चिम की वैचारिक व्यवस्था में भारी परिवर्तन आ चुका था। औपनिवेशिक विचार-व्यवस्था को नई-नई चुनौतियों का सामना करना पड़ रहा था। स्वयं अमेरिकी स्त्री को अश्वेतों की चुनौती झेलनी पड़ी। फिर वहाँ हिस्पानिक स्त्रियाँ हैं जो अलग से पहचान की माँग कर रही थीं। भला हम भारतीय स्त्रियाँ अपनी मुक्ति के लिए पश्चिम की स्त्रियों के हाथ क्योंकर मशाल देना चाहेंगी! प्रेरणा लेना, वैचारिक आदान-प्रदान का पर्याय आंदोलन की मशाल तो नहीं और केवल पश्चिमी स्त्री अन्य दूसरी जाति की स्त्रियों की मुक्ति का दावा भला कैसे कर सकती है? क्या दो-चार अंग्रेजी किताबों को पढ़कर, सड़कों पर ब्रा-पैन्टी

जलाकर वहाँ की स्त्रियाँ मुक्त हो गईं? अपना-अपना संघर्ष है, व्यक्तिगत लड़ाइयाँ हैं, जिन्हें सबको अलग-अलग स्तर पर झेलना पड़ता है, इससे कोई बच नहीं सकता।

दूसरे संचार-व्यवस्था के दूरगामी प्रभाव के कारण एक नई भूमंडलीय मानसिकता तैयार हुई है जो अपने से दूसरे को, जो कि भिन्न है—पहचान देने में सहायक है। माना कि भारतीय स्त्री का प्रतिनिधित्व पश्चिम नहीं कर सकता मगर तब क्या एशियाई स्त्रियों में आपसी संवाद की संभावना है? लेकिन हमारे देश में दलित और गैर-दलित का मुद्दा भी है। दलित-स्त्री जाति से हीन और गरीब होने के अलावा पितृसत्ता के अधीनस्थ भी है। उसका इतिहास और उसकी जीवन-शैली एक गैर-दलित स्त्री से बिल्कुल भिन्न है। अतः स्त्री-मुक्ति की चर्चा करते ही प्रतिनिधित्व से संबंधित सवाल उठ खड़े होते हैं। उसकी जाति, धर्म और वर्ग क्या है, वह किस प्रांत की है? क्या वह अंग्रेजी या हिंदी समझती है? स्त्री-मुक्ति के प्रसंग में इनमें से किसका प्रतिनिधित्व किया जा रहा है? इनकी भिन्नताएँ हैं और हर भिन्न की समस्याएँ अलग-अलग हैं। वे भिन्न हैं—चाहे वह अमीर, शिक्षित, शहरी ही क्यों न हो, क्या स्त्री होने के नाते वह शोषित नहीं, उत्पीड़ित नहीं, क्या उसकी समस्या पर विचार नहीं किया जाना चाहिए? कालाबाजारी पति ने की होगी, उसने नहीं। जिस धन को उसने कमाया नहीं, जिस पर उसका अधिकार नहीं, उसके लिए उसे सजा क्यों मिले? वह तो उस पति के घर की देख-रेख करती रही है। उस पुरुष के बच्चों को पालती है। ऐसी स्त्री से द्वेष से किसका हित सधता होगा? हर जाति, वर्ग की स्त्री का अपना इतिहास है, उसकी अपनी समस्याएँ हैं, विशेषताएँ हैं, स्मृतियाँ हैं। कुछ हद तक उनकी विशिष्ट समस्याओं पर ध्यान दिया जाना चाहिए। इससे समाजशास्त्रीय ज्ञान का विकास होता है। आंदोलन का क्षेत्र व्यापक होता है और रोजमर्रा की जिंदगी में भी यह स्पष्ट होता है कि स्त्री-मुक्ति के प्रसंग को नजरअंदाज करना पुरुष-समाज के हित में नहीं। स्त्री-विमर्श पर आए दिन सारी दुनिया में प्रकाशित होनेवाली किताबें, इस बात की द्योतक हैं कि स्त्री अपने बारे में कितना व्यापक सोच रखती है। एक भारतीय स्त्री की मुक्ति-कामना के साथ उसकी अपनी परंपरा का प्रसंग जुड़ता है, एक आधुनिक बुद्धिजीवी पश्चिमी स्त्री से। ऐसा नहीं कि केवल हम उन्हें पढ़ती हैं, वे भी हमें पढ़ती हैं। हमारे बारे में जानना चाहती हैं। भाषा के संकट का सामना स्त्री को सबसे अधिक करना पड़ता है। किसी भी घटना के प्रसंग में, जहाँ तुरंत संवाद स्थापित करने की जरूरत है, बहुधा भाषा की समस्या के कारण एक से दूसरे तक पहुँचना संभव नहीं हो पाता। दूसरों की इन भिन्नताओं के बावजूद स्त्री प्रसंग

में तमाम सार्विक अवधारणाओं की वजह से नारीवाद की तस्वीर स्पष्ट जरूर हुई है। और मेरे इस विमर्श का मकसद भी यही है कि विशिष्ट बौद्धिक इकाइयों का आपसी संवाद संभव हो सके ताकि ज्ञान के स्थानीय विनियोजन से कुछ और अधिक हासिल किया जा सके। पूर्व की तुलना में पश्चिम की चर्चा नहीं, एक की कीमत पर दूसरे का महिमामंडन नहीं, बल्कि एक के साथ दूसरे को जोड़ना है। यानी आधिक्य की वह ऊर्जा उत्पन्न करना जो किसी भी नई विचारधारा को गति देती है।

इस प्रसंग में पहले राष्ट्रीयता की चर्चा करना जरूरी है। नारीवाद को क्या राष्ट्र की सीमा स्वीकारनी चाहिए? राष्ट्र से राष्ट्रवाद विकसित होता है, स्त्री समस्या को किस भाषा में अभिव्यक्त किया जाए? नारीवादी विचारधारा को किस भाषा में व्यक्त करें? भाषा की पहचान राष्ट्रीय है। हिंदी, अंग्रेजी, बांग्ला, गुरुमुखी, तमिल, तेलगु, कन्नड़ फिर जर्मन, फ्रेंच, अरबी...। एक बात और—समस्याओं को क्षेत्रीय एवं प्रांतीय भाषाओं में भी अभिव्यक्त किया जाना चाहिए, तथा सुविधा के लिए हिंदी के साथ अंग्रेजी को भी स्वीकारना होगा क्योंकि जनसंख्या का एक बड़ा हिस्सा अंग्रेजी से ज्यादा परिचित है और हिंदी से कम। हिंदी चालीस करोड़ लोगों की भाषा है, मगर साठ करोड़ लोग और भी हैं जो हिंदी को पढ़ना नहीं जानते। भाषा के द्वंद्व में नारीवाद न उलझे तो ठीक है, क्योंकि उत्पीड़ित और दमित, अपनी खामोशी में भी बहुत कुछ व्यक्त करता है—एक मूक ध्वनि, एक भाव-भंगिमा काफी होती है।

समस्या तो यह है कि प्रत्येक समुदाय की भाषा और उस भाषा में अभिव्यक्त तथ्य परंपरा से विकसित होते रहे हैं। यथास्थिति के समर्थक लोग भाषागत ढाँचे को बरकरार रखना चाहेंगे। ढाँचे का संक्रमण इतना सरल भी नहीं—और फिर यह तो पुरुष के हक में है कि अपनी बनायी व्यवस्था को चिकना-चमकीला रखे, अपरिवर्तनशील रखे, चुनौतियों से दूर रखे। भला चुनौती किसे अच्छी लगेगी! जार्ज ऑरवेल ने अपने निबंध 'पालिटिक्स एंड इंगलिश लैंग्वेज' में लिखा था: 'भाषा के ह्रास का परिचय घिसे-पिटे मुहावरों से मिलता है। कोई कुछ नया लिखना नहीं चाहता। सबकी यही मंशा रहती है। पारंपरिक नियमों को जस का तस रख दो और परंपरा के नाम पर नए घुसपैठियों को गोली मार दो या लँगड़ा कर दो ताकि भय से औरों का दिमाग भी सुन्न हो जाए।' क्या स्त्री से भी ऐसी ही निष्क्रियता की अपेक्षा नहीं कि वह बस मुग्ध भाव से पुरुष के बनाए तर्कों के जाल में उलझती चली जाए?

राजनीति तो इस षड्यंत्र में सबसे अधिक शामिल है। राजनीतिक भाषा

झूठ को सच और सम्मानित एवं एकजुटता और संघटन को वायवीय बना देती है। भाषा का झुकाव हमेशा सत्ता की तरफ ही रहता है। इसका उदाहरण देखना हो तो पत्रकारिता में देखा जा सकता है। प्रसिद्ध अखबारों या पत्रिका और संपादकीयों के संपादकों का दावा रहता है कि वे जनसाधारण की समस्या को अभिव्यक्त करने में अधिक समर्थ हैं। अत: उनका संपादकीय केवल कुछ लोगों का अभिमत व्यक्त नहीं करता बल्कि वह तो राष्ट्रीय सच है। इलेक्ट्रॉनिक मीडिया तो और भी नए तेवर लेकर सामने आया है। स्टार न्यूज जब 'वी द पीपुल' पेश करता है तो उसके जरिये कहता है। हम लोगों में न केवल उस प्रोग्राम में उपस्थित लोग शामिल हैं, बल्कि स्टार टीवी एक समान्तर पहचान भी गढ़ रहा है, यह अलग बात है कि इस 'हम लोग' का व्यक्तित्व खंडित दिखाई पड़ता है। बहरहाल न केवल टीवी बल्कि प्रकाशित खबरें न केवल हमें और हमारी राष्ट्रीयता को स्थापित करती हैं बल्कि वे हमें गढ़ती भी हैं। इस 'हम लोग' में राजनेता, मीडिया, सैनिक अधिकारी से लेकर साधारण व्यक्ति तक शामिल होता है। स्त्री भी इसमें शामिल है। लेकिन स्त्री इस हम लोग जैसे संबोधन में निर्णय के सवाल पर शामिल नहीं है। पाकिस्तान से हमें खतरा है लेकिन क्या यह खतरा केवल हिन्दू स्त्री को है या फिर खतरा मुसलमान स्त्री को भी है? कारगिल के युद्ध से लेकर गुजरात के नरसंहार तक बहुत से लोग मरे। इनमें स्त्री-बच्चे भी शामिल थे। सत्ता का यह कहना था कि हम लोगों ने स्थिति पर नियंत्रण पा लिया है। क्या सच में सत्ता की इस भूमिका में स्त्री भी शामिल होना चाहेगी? अपनी माँग सूनी कर, अपनी कोख उजाड़कर या फिर गांधारी की तरह वह भी कृष्ण को शाप देगी?

भाषा में अभिव्यक्त राष्ट्रीय अस्मिता और राष्ट्रीय संस्कृति सारे समाज यानी स्त्री-पुरुष दोनों पर लागू होती है। ऐसे समय में नारीवाद किस पर विचार करना चाहेगा? क्या स्त्री सामूहिक राष्ट्रीय पहचान से हटकर अलग पहचान की माँग करेगी? अपना अलग दृष्टिकोण सम्प्रेषित करना चाहेगी? ऐसे विचार की पैरोकार बनेगी जो राष्ट्र के स्वार्थ में न भी जाए मगर स्त्री-हितों की रक्षा जरूर करे। सत्ता शांति और निरस्त्रीकरण का मुद्दा उठाती है। बार-बार समग्र की चर्चा करते हुए सामूहिक पहचान की माँग करती है। दूसरी तरफ समाज जितना अधिक जनतांत्रिक होगा, जितने अधिक लोगों को वोट का अधिकार मिलेगा, जितनी अधिक वैयक्तिक स्वतंत्रता की माँग की जाएगी, उतना ही झूठी सार्विकता को खतरा पैदा होगा। प्रत्येक संप्रदाय सर उठाएगा, प्रत्येक आदमी नयी पहचान माँगेगा और प्रशासन को भी उतनी ही समस्याओं का सामना करना पड़ेगा। स्त्री के संबंध में भी यही कहा जाएगा

कि राष्ट्रीय अस्मिता का सवाल पहले है और स्त्री की समस्या बाद में। राष्ट्र से ऊपर कोई नहीं। यदि राष्ट्र पर संकट है, यदि हिंदुत्व खतरे में है तो नारीवाद को यथासंभव अपने इस अलग राग का त्याग करना होगा। तब क्या स्त्री-मुक्ति के समर्थक अपने आंदोलन को सीमित कर लें? हिंदुत्व और भारतीयता जैसी अमूर्तता में नारीवादी विचारधारा भी सीमित हो जाए? राष्ट्र की सीमा पर ठहरकर अपने-अपने मुद्दों की पोटलियों को समेट लें, सत्ता का निर्देशन स्वीकार लें? बस यहीं तक इससे आगे और नहीं गार्गी! यहाँ तक तो हमने तुम्हें पूरी छूट दी, पर देखो आगे खतरा है—मानव अधिकार के लिए किए जानेवाले आंदोलन की सीमा है, तुम क्या समझोगी गार्गी कि हमें देश की रक्षा के लिए कितने अणुबम चाहिए, कि कितने हथियारों को हमें खरीदना है, कि कैसे हमारा भारत भी एक दिन विश्व-मंच पर महाशक्तियों में से एक होगा।

क्या राष्ट्र की सीमा से परे नारीवाद को नहीं जाना चाहिए? क्या आधी दुनिया को भूमंडलीय स्तर पर नहीं सोचना चाहिए? क्या भाषा, संस्कृति, धर्म और राष्ट्र की दीवारें विभेदीकरण की वे स्थायी लक्ष्मण-रेखाएँ हैं जिन्हें लाँघने का अर्थ अशुभ से सामना करना होगा? हर देश की अपनी सोच है, जीने की आदतें हैं, परंपरा है। अफ्रीका में यदि एक अश्वेत लड़की को 'भगशिश्न' के वेधन की पीड़ा से गुजरना पड़ता है तो यह कहना कि भला इससे श्वेत स्त्रियों को क्या लेना-देना? वे क्यों किसी जाति की परंपरा में हस्तक्षेप कर रही हैं? उनके बारे में उन्हें सोचने का अधिकार किसने दिया? या फिर हमारे देश में यदि मध्यप्रदेश की कंजड़ जाति में स्त्री को अपना सतीत्व, अपनी शुचिता प्रमाणित करने के लिए जलते अंगारों को हाथ में लेना पड़े तो यह कहना कि यह एक जाति-विशेष की परंपरा है, इससे ईसाइयों और मुसलमानों को क्या मतलब? और भला आप जैसी शहरी विशिष्ट वर्ग की पश्चिमी मानस की स्त्रियों को इससे क्या लेना-देना? सतीत्व और सारतत्त्व आप लोग क्या जानें आपसे यौन शुचिता के महत्त्व पर चर्चा करनी बेकार है। मुसलमान स्त्री, दलित स्त्री जैसे शब्द रंगीन बुलबुलों की तरह उछलते रहते हैं। सबकी अपनी विशेषता है, अपना रंग, अपनी बुनावट, भारतीय संस्कृति का हिस्सा होते हुए भी उनका रुझान अलग-अलग है। नारीवाद की चर्चा करते ही सौ करोड़ की जनसंख्या वाला यह मेरा इंडिया अलग-अलग जातियों में, संविधान से मान्यताप्राप्त सोलह प्रमुख भाषाओं और करीब तीन सौ उपभाषाओं तथा अनगिनत बोलियों में बँटा हुआ नजर आता है। यह मेरा इंडिया जो इंग्लिश भी बोलता है और पूरब से पश्चिम तक फैला हुआ है। इस तरह भारतीय स्त्री इतना सरल-सहज शब्द नहीं रह

जाता जिसे इतनी आसानी से सामान्यीकृत किया जा सके और जिस पर भारतीय संस्कृति और स्त्री या हिन्दू जाति और स्त्री या मार्क्सवाद और स्त्री जैसे लेबल चिपका दिए जाएँ। भारतीयता हमें इससे रोकती है, भारतीयता स्त्री को मजबूर करती है कि वह भी उसकी गौरव यात्रा में शामिल हो।

काश, यह सब कुछ इतना आसान होता, और स्त्री अपने आप को, अपने जेंडर को भूलकर निर्भय हो पुरुष की इस गौरव-यात्रा में शामिल हो पाती! सोचती हूँ कि स्त्री को अभी और कितनी ठगई से गुजरना होगा? राष्ट्र के नाम पर पितृसत्ता उससे और कितना बलिदान माँगेगी? कब तक स्त्री को भेड़-बकरियों के झुंड की तरह हाँका जाएगा। आखिर कब तक स्त्री आँगन में खड़ी गाय की तरह भूखी-नंगी रँभाती रहेगी? आखिर क्यों वह खाई में पड़ी भैंस की तरह छटपटाती रहे और कसाइयों से दया की भीख माँगे? राष्ट्रीय पहचान को कायम रखने का यह नुस्खा नारीवाद किस हद तक प्रयोग में लाना चाहेगा, इस पर जरा गौर करना होगा। नारीवादी बौद्धिकता के सामने दो विकल्प हैं—या तो वह कमजोर, उपेक्षित, समाज में प्रतिनिधित्व से वंचित को साथ लेकर पहचान की माँग करे और राष्ट्रीय सीमा के भीतर या फिर भूमंडलीय स्तर पर वैचारिक समानता का आह्वान करते हुए अपने जैसे लोगों से संवाद स्थापित करे या उन मुद्दों को समेटने की चेष्टा करे जो राष्ट्रीय होने के साथ-साथ अंतर्राष्ट्रीय भी हैं। ध्यान रहे कि स्त्री केवल विरोध के लिए विरोध नहीं कर रही। उसका ऐसा कोई इरादा भी नहीं है। वह भी नागरिक की हैसियत से राष्ट्रीय गौरव की हकदार है। लेकिन क्या इसीलिए वह सत्ता से सवाल करे? अपनी स्मृतियों में चुभते काँटों को निकालकर दुनिया के सामने न रखे? मर्यादा के नाम पर मूक रहे? सामूहिकता की आड़ में सबसे अधिक उपेक्षा स्त्री मुद्दों की होती है। हर बहस की आखिरी कड़ी स्त्री ही होती है और उसकी चिंता सबसे अंत में की जाती है।

बौद्धिकता किसे कहा जाए? क्या है उसकी परिभाषा? हर समाज में कुछ लोग काफी संवेदनशील होते हैं—वे नियम-कानून और मूल्यबोध पर चिंतन करते हैं। रोजमर्रा की घटनाओं में उलझने के बदले वे दूरगामी प्रभावों पर चिंतन करते हैं। परिणामस्वरूप समृद्ध संवेदनाएँ अभिव्यक्ति की आकांक्षा के साथ वाणी या लेखन में प्रकट होती हैं। इसी तर्ज पर नारीवाद की आंतरिक इच्छा है कि वह स्त्री जीवन के ठोस तात्कालिक अनुभवों की परतों को खोले। यह एक सामान्य-सा वर्णन है—स्त्री बौद्धिकता से सामान्यजन की अपेक्षा यही रही है कि या तो वे सर्वाधिक प्रचलित आदर्शों का विरोध करें या फिर व्यवस्था को बनाए रखने के लिए इन्हें अनिवार्य मानें। अब स्त्री सत्ता का साथ तो नहीं दे सकती। दमनकारी मूल्य-व्यवस्था

का वह विरोध करना चाहेगी। समर्थन इसलिए भी अनुचित है क्योंकि राष्ट्र की आड़ में वर्चस्वकारी मूल्यों का प्रबंधन पुरुष-सत्ता ही करती आई है। सत्ता में बैठे कुछ लोगों का यह निजी स्वार्थ है जिसे राष्ट्रीयता का कलेवर चढ़ाकर वे पेश करते रहते हैं ताकि विरोध करनेवालों को भी जरा रुककर सोचना पड़े। भला कौन स्त्री राष्ट्रविरोधी कहलाना चाहेगी? नारीवाद का विरोध जरूर करना चाहेगी, मगर अराजकता को प्रश्रय तो नहीं दिया जा सकता। नारीवादी बौद्धिकता तो अनुशासन का महत्त्व समझती ही है। हालाँकि प्रभावी वर्ग हमेशा विजयी मुद्रा में मूल्यों की घोषणा करेगा, अपना हित साधना चाहेगा मगर नारीवाद सत्ता से सीधा सवाल करेगा। उसे किसी प्रतीक के माध्यम की जरूरत नहीं, वह अब भी पार्टी की राजनीति से दूर है। यदि राजनीति में पक्षधरता अनिवार्य है तो जो स्त्री के हितों का पक्षधर है और जो पार्टी निरंतर स्त्री हितों को जगह देती रही है, किसी भी नारीवादी स्त्री का फर्ज बनता है कि वह उस पार्टी का साथ दे। देशभक्ति के प्रति स्वीकृति एवं समर्थन के बदले सत्ता में बैठे लोगों की नीयत पर शक करना, उन्हें चुनौती देना किसी मायने में गलत नहीं। राष्ट्र के नाम पर मासूमों की जान जाए या फिर राष्ट्रीय सुरक्षा के लिए अणुबम का परीक्षण किया जाए, क्या स्त्री इसका समर्थन करेगी? ऐसी देशभक्ति से स्त्री को क्या मिलनेवाला है?

बात यह है कि जिन परंपराओं और मूल्यों को कभी बेहद पवित्र माना गया था, प्रतीक के रूप में जिनकी पूजा की गई थी, स्त्री वर्ग द्वारा उसी को पाखंड और ढोंग कहकर आज चुनौती दी जा रही है। इन स्त्री-विरोधी सांस्कृतिक प्रतिमाओं और स्थापित मूल्यों को बचाए रखने के पीछे पुरुष वर्ग का आत्मसम्मोहन अधिक है, स्त्री का लाभ कम। अब नारीवाद को ये कर्णकटु प्रवचन सुहाते नहीं, यही कहने को दिल चाहता है। बहुत हो चुका महाराज, आप बहुत कह चुके। ... अब आपकी स्त्रीविरोधी किस्सागोई में हमारी रुचि नहीं। पुरुष-सत्ता का दुहरा मूल्यबोध, राष्ट्रीय प्रतीकों के प्रति आपका अस्थिर दृष्टिकोण, खोखली परंपरा और तर्कों से हम बाज आए। किसी भी देश की संस्कृति को उठाकर देख लीजिए, नारीवाद ने जब भी कोई आंदोलन छेड़ा तो सबसे पहले संस्कृति के नाम पर उस आंदोलन की प्रचलित परंपरा को दबोचने की कोशिश करती है। मगर यहाँ सवाल तो इसी परंपरा के प्रसंग में उठाया जा रहा है। पितृसत्ता द्वारा पोषित आधारभूत मान्यताओं को, 'गे' और 'लेस्बियन' आंदोलनों से भी तगड़ी चुनौती मिली है, विशेषकर लेस्बियन स्त्रियों ने नारीवादी राजनीति को एक स्पष्ट दिशा-निर्देशन तो जरूर दिया है। उनकी तरफ से सत्ता को चुनौती देना इसलिए भी संभव था क्योंकि पुरुष पर उनकी भावनात्मक और यौन-निर्भरता न होने की

वजह से एक बाहरी व्यक्ति की हैसियत से वे सत्ता की चालों को ज्यादा समझ पाती हैं। प्रतिक्रिया में पितृसत्ता का अतीत राग, पारिवारिक मूल्यों के विघटन का विधवा-विलाप तथा बार-बार राष्ट्रभक्ति की दुंदुभी के राजनीतिक छलावे की बौद्धिकता स्त्री जरूर समझती है।

धर्मनिरपेक्ष पार्टियाँ अब अपने-अपने निजी गुटों में बँट गई हैं। निजी स्वार्थ ही उनका चरम लक्ष्य है। स्वाभाविक है कि वोट की राजनीति के लिए कोई भी दल किसी भी समूह से हाथ मिला लेगा। भारतीय जनता पार्टी और बहुजन समाज पार्टी का गठजोड़ एक बेमिसाल उदाहरण है। निजी स्वार्थ के लिए पार्टियों के नेता कितने संकुचित दृष्टिकोण के और वैचारिक रूप से कितने सतही एवं समझौतापरस्त हो सकते हैं इस पर गौर करने से हताश होना स्वाभाविक है। दलितवाद और नारीवाद समकक्ष रहे हैं। समाज ने दोनों का शोषण और दमन किया। दोनों वर्गों के बुद्धिजीवी निरंतर इस पर चर्चा करते रहे हैं पर जिस दलित स्त्री की समस्या पर स्त्री बौद्धिकी सबसे अधिक विचार एवं चर्चा कर रही थी वही फासीवादी ताकतों के साथ हाथ मिला बैठा। अल्पसंख्यक स्त्रियों का विरोधी हो जाए यह बात जरा कम समझ में आने योग्य है। कम से कम एक बात स्पष्ट है, गलत हाथों में नेतृत्व की बागडोर किसी भी आंदोलन की उपलब्धि और मुक्ति की नई वैचारिकता को अवरुद्ध कर देती है। इसके पीछे सत्ता के मूल्यों से निर्मित छवि में आत्मसम्मोहन की भावना अधिक है, जनकल्याण कम।

आमतौर पर कहा जाता है कि हिंदुत्व एक जीवन-शैली है—अतः इसके विरोध की गुंजाइश ही कहाँ है। नारीवादी बौद्धिकता को इससे क्या लेना-देना? हिंदुत्व का विश्लेषण करने का अधिकारी नारीवाद भला कैसे हुआ? क्या स्त्रियों का अपना कोई अलग इतिहास है? क्या उनके द्वारा शास्त्र और संहिता रचे गए? एक गार्गी, मैत्रेयी का नाम, आखिर आप कब तक भुनाती रहेंगी? हमारे ऋषि-मुनियों ने कुछ कहा है तो सोचकर कहा होगा। जनहित के लिए विश्वामित्र ने कितनी बड़ी तपस्या की, व्यास ने महाभारत रचा। आप स्त्रियों ने क्या किया, हद से हद उमा द्वारा शिव को पाने की तपस्या को ही महिमामंडित करती रहीं। जनहित में कुछ और भी अवदान करना होता है। आप तो घोर व्यक्तिवादी हैं। द्रौपदी अपने व्यक्तिगत मान-अपमान के द्वंद्व में पड़ी रही। उससे किसने कहा था कि दुर्योधन को गालियाँ सुनाए। सीता मइया लक्ष्मण-रेखा नहीं लाँघतीं तो भला रावण की हिम्मत होती। ... हिंदू अतीत में एक से एक कथानक जुड़े हैं जो न केवल बहुलतावादी चयन को बढ़ावा देते हैं बल्कि प्रत्येक मिथकीय पाठ को व्यक्तिगत रुचि के अनुसार गढ़ने की सुविधा भी। हिन्दुत्व के अनेकार्थी भाष्य

और टीकाएँ घोषित रूप में स्त्री-विरोधी न भी प्रतीत हों, अघोषित रूप से निस्संदेह स्त्री-विरोधी हैं। हिंदूवाद एक संस्कृति और एक धर्म है और बार-बार एक ऐसी अखंडता का दावा करता है जो किसी भी प्रकार के विषयांतर, अनुगामियों के पथ-विचलन और अस्वीकृत मतों की भिन्नता को स्वीकारना नहीं चाहता और जब स्वीकारता है तो अपने से भिन्न को खा जाता है, अपने पुष्टिवर्द्धन में उसे पचा लेता है। अद्भुत है हिंदूवाद की यह पाचन-शक्ति—कुछ भी कहो, विरोध की एक भी भंगिमा को जगह नहीं देगा। विरोध करनेवाला या तो इतिहास में पीछे उठाकर फेंक दिया जाता है या फिर आप अस्वीकृत रहते हैं—जैसा कि दलित और स्त्री रहते आए हैं। जहाँ तक आस्था और विश्वास का सवाल है, हिंदूवाद का महात्म्य है, इसके करोड़ों प्रवर्तक हैं। मगर बुद्धिजीवी स्त्री से यह अपेक्षा कि वह समवेत स्वर में हिंदुत्व का गुणगान करती रहे, समझ में नहीं आती। नारीवाद तो सबसे पहले हिंदूवाद की जटिल एवं धर्म-विरुद्ध प्रवृत्ति का आख्यान निर्मित करना चाहेगा। ऐसा तो नहीं कि इतने प्राचीन धर्म का स्वरूप कभी बदला न हो, या फिर भविष्य में कोई नया तीर्थंकर पैदा न हो। हिंदू शास्त्रीय मानस को नई चुनौतियों का सामना करना होगा और सबसे अधिक चुनौती उसे स्त्री वर्ग से ही मिलेगी। क्या कोई और कबीर नहीं होगा, एक और मीराबाई नहीं होंगी? जो लिखा गया, कहा गया, क्या वही अंतिम सच रहेगा? आज यदि फिर से मनु महाराज जन्म लें तो क्या इतने स्त्री-विरोधी श्लोकों की रचना उनके द्वारा संभव है? क्या आज मारपीट के डर से गार्गी चुप हो जाएगी? उलटकर मारेगी नहीं? गंडासा लेकर सत्ता का सर काटने पर उतारू नहीं होगी? आज की मैत्रेयी पति से ज्ञान का आग्रह नहीं करेगी। वह ज्ञान की खोज में सात समंदर पार चल देगी। हस सभी स्त्रियाँ किसी न किसी धर्म-जाति और संप्रदाय से संबंधित हैं, विरोध का यह अर्थ कदापि नहीं कि स्त्री, स्नेह और प्रेम पर आधारित संबंधों को नकार देगी और अपने राष्ट्रीय गौरव की उपेक्षा करेगी। स्त्री के लिए ऐसी सोच वे ही रखते हैं जिनका मानस यह या वह, हाँ या ना, अच्छा या बुरा जैसे द्वित्व में सोचने का आदी हो चुका है। अस्वीकृति में उठा हुआ हाथ दोस्ती के लिए भी होता है, वह संवाद चाहता है, मानव-मुक्ति के लिए किए गए प्रयासों में शामिल होना चाहता है। फ्रांज फेनन ने अल्जीरिया के मुक्ति संग्राम को पूरा समर्थन देते हुए क्रांतिकारियों से यह भी पूछा : 'अब आगे तुम्हारी मंशा क्या है? स्वतंत्र होने के बाद मिलनेवाली संभावनाओं में से तुम किसका चुनाव करोगे, क्या ऐसी किसी संभावना का तुमने विश्लेषण किया? तुम इसलिए युद्धरत हो क्योंकि उपनिवेशवाद से मुक्ति चाहते हो पर जब आखिरी श्वेत पुलिस अल्जीरिया

की जमीन छोड़कर चली जाएगी तब उस रिक्त स्थान पर तुम किसे खड़ा करोगे—तुम्हारे अल्जीरियाई पुलिस बल में किन्हें शामिल किया जाएगा? क्या उसी विशिष्ट वर्ग को जिसका तुम विरोध कर रहे थे?' फेनन के अनुसार देशज बौद्धिकता यानी जो सत्ता का हिस्सा नहीं है, वह कभी सत्ता में शामिल नहीं हो पाती। महज स्थान-परिवर्तन नहीं कि श्वेत पुलिस के बदले अब देशी पुलिस को बैठा दिया जाए बल्कि इन देशज क्रांतिकारियों को नए मूल्यों से परिचित कराना भी बुद्धिजीवियों का काम है। विशेषकर समाज में जब फासीवादी ताकतें सर उठा रही हों, साम्प्रदायिक विचारधारा को सांस्कृतिक अस्मिता का पर्याय माना जा रहा हो तब नारीवाद से पक्षधरता की अपेक्षा अनिवार्य है, मगर यह पक्षधरता किसके प्रति होनी चाहिए? एक निष्ठावान स्त्री, यदि वह बुद्धिजीवी की भूमिका में है तो कम से कम अपनी आलोचनात्मक क्षमता को सुन्न करने से रही, उसे तो इस सारी आपाधापी में, सत्ता की उठापटक में अपने स्त्री-हित पर पहले सोचना होगा। हिंदू होना गर्व की बात है। पर यह भी तो याद रखना है कि इसी धर्म में स्त्री को जिंदा जला दिया जाता था और आज भी वह जल रही है। अतः आलोचनात्मक क्षमता को कुंद करना या फिर मुक्ति के आंदोलन को अप्रासंगिक बनाना, हम भारतीय स्त्रियों की नासमझी होगी। नारीवादी बौद्धिकता का पहला मुद्दा होगा राजनीतिक स्वतंत्रता की माँग करना। बात यह है कि सत्ता के विमर्श में सुझाए गए विकल्प को शामिल करना तो दूर रहा, बड़ी चालाकी से उन्हें परिधिकृत कर दिया जाता है, या फिर प्रमुख जरूरी मुद्दों से गैर-जरूरी ठंडे बस्ते में डाल देना एक आम घटना है। आंदोलनों की भी बहुलता है, अलग-अलग समूहों के अपने-अपने विरोध के मुद्दे हैं, नारीवाद बहुतेरे आंदोलनों में से एक आंदोलन है। आंदोलनों की भीड़ में कुछ आंदोलन ज्यादा सफल हैं तो कुछ ने अभी-अभी विरोध की भाषा सीखी है। स्त्री एक शोषित वर्ग है पर इस वर्ग में भी कुछ स्त्रियाँ विजेता हैं, तो कुछ पिछड़ी हुई स्त्रियाँ भी हैं। अतः स्त्री समूह की माँग और स्त्री बौद्धिक-व्यक्तित्व में हमेशा द्वंद्व रहा। नीत्शे से प्रभावित हिटलर ने जर्मन जाति की श्रेष्ठता गढ़नी चाही थी और जापान में बुद्धिजीवियों ने राजा को सूर्यपुत्र कहकर स्वीकारा था। परिणामस्वरूप जापानी जाति को इतना श्रेष्ठ घोषित किया गया कि १९३० तक यह एक फासीवादी विचारधारा के रूप में चीनी जाति के नरसंहार पर उतर आया। द्वितीय विश्वयुद्ध के पश्चात जापानी बुद्धिजीवी यह स्थापित कर चुके थे कि वे सामाजिक रूप से विचारधारा को खत्म करना चाहते हैं ताकि वे एक उदार व्यक्तिवाद गढ़ सकें ताकि पश्चिमी व्यक्तिवाद से टक्कर लेना संभव हो। मगर परिणाम त्रासद हुआ। विचारधारा-विरोध के

नाम पर जो कुछ संगठित हुआ वह एक उपभोक्तावादी शून्यता के अलावा और कुछ न था। और अगर व्यक्ति ही सबसे महान है तो इतिहास की दुर्घटना के लिए भी वही जिम्मेदार है। मारूआमा मसाओ ने अपने लेखन में बड़ी दक्षता से बुद्धिजीवी समुदाय से प्रायश्चित की अपील की है। (वे जापानी राज्य की समतावादी अवधारणा के सशक्त आलोचक हैं और पश्चिमी बुद्धिजीवी प्रतिमाओं और सौंदर्यबोध को ज्यों का त्यों स्वीकारने की कड़ी आलोचना करते हैं।)

जर्मन कवि होल्डरनीन के अनुसार ऐसे अँधेरे समय में जनता मार्गदर्शन के लिए बुद्धिजीवियों की ओर देखती है। उनसे राष्ट्रभक्ति की अपेक्षा की जाती है। आस्कर वाइल्ड के अनुसार, प्रमुख बुद्धिजीवी अपने वक्त के साथ प्रतीकात्मक रूप से जुड़े होते हैं। यानी वे इतिहास से बाहर नहीं होते। श्रेष्ठ जन का आचरण ही जन के लिए अनुकरणीय है। अतः समाज पर छाए संकट को मिटाने की प्रेरणा भी इस अभिजन बुद्धिजीवी को देनी होती है। इतिहास के ऐसे अँधेरे वक्त में नारीवादी बुद्धिजीवी कौन सी भूमिका अपनाना चाहेगा? इस पर जरा गौर करना होगा। क्या करे स्त्री? अपना परिवार बचाए, जातीय प्रतीकों की रक्षा करे, राष्ट्रीय हित का ध्यान रखे या फिर केवल स्त्री जाति की मुक्ति का सपना देखे? ऐसा नहीं कि फासीवादी विचारधारा से वह अछूती रहेगी, सत्ता और वह भी पुरुष-सत्ता का विरोध करने के सामाजिक तिरस्कार और कलंक को झेल पाएगी? खासकर उस वक्त तो यह और भी जोखिम का काम है जब आप के लिखे हुए एक-एक शब्द को फासीवादी ताकतें अपने स्वार्थ में भुनाने पर तुली हों। माँग का समर्थन करते हुए भी सत्ता अपनी बंद मुट्ठी नहीं खोलती। सत्ता सिर्फ देने का छद्म बोध ही पैदा करती है, देती कुछ नहीं। तब क्या नारीवाद द्वारा उठाए गए मुद्दे सरकारी दफ्तरों में बंद होकर रह जाएँगे? या फिर स्त्री के हितों को यदि दलितों के हित से अलग रखा गया तो क्या स्त्री बहुत गलत हो जाएगी? क्या किसी भी हिंदू धार्मिक स्त्री के उदार संयमित मानस की प्रशंसा करते ही आपकी धर्मनिरपेक्ष नीयत पर शक हो जाएगा? यह कहते देर नहीं लगेगी कि इन औरतों का दिमाग स्थिर नहीं होता, वे अपनी ही बात पर नहीं टिकतीं, वे किसी भी तर्कसंगत रणनीति को समझना नहीं चाहतीं। स्त्री स्वयं अपना नेतृत्व करने में समर्थ है पर जिन स्त्रियों के हाथ में नेतृत्व की बागडोर थमाई जाती है, उनकी भी तो कोई जिम्मेदारी है! उनका अंतिम उत्तरदायित्व किसके प्रति होना चाहिए? खासकर जब राष्ट्रीय हित के नाम पर विश्व हिंदू परिषद और बजरंग दल जैसी ताकतें सक्रिय हों?

यह एक कठिन काम है, पक्षधरता अनिवार्य है। मगर पक्षधर होते हुए

भी आप नट की रस्सी पर चल रहे होते हैं। कदम-कदम पर सोचना, सँभलना और इन सबके बावजूद हर स्त्री की पीड़ा और संत्रास में शामिल होना, उसके घोर परिश्रम और जीवन-संघर्ष को समझना, सत्ता में स्त्री की उपस्थिति की माँग, स्मृति की खोज, ऐसा बहुत कुछ है जो एक नारीवादी बौद्धिक की भूमिका में शामिल है, जिसे वह पूरा करना चाहेगी। अपनी बौद्धिक हैसियत में वह जानती है कि अपने साथ उसे उन तमाम लेखिकाओं, कलाकारों, चित्रकारों, फिल्म अभिनेत्रियों, गृहणियों को शामिल करना है जो स्त्री मुक्ति के प्रसंग में स्पष्ट चिंतन रखती हैं। स्त्री बौद्धिकी का काम है कि वह आंदोलन को भूमंडलीय स्तर पर विस्तृत करे, व्यापक बनाए ताकि राष्ट्र और जाति का मानवीय पक्ष अभिव्यक्त हो, किसी भी आंदोलन का यही मानवीय पक्ष है जो दूसरी संघर्षरत स्त्रियों से संबंधित होने की क्षमता रखता है।

नारीवादी बौद्धिकता केवल दमन की चर्चा में ही संलग्न नहीं रहेगी, वह केवल परिधिकृत रह जाने का विलाप ही नहीं करती रहेगी बल्कि अपनी मुक्ति का आयाम सामूहिक शक्ति के रूप में सम्प्रेषित करेगी। स्मृतियों को दोहराते और समझते हुए अनुभवगत तथ्यों के अलावा साकार भविष्य की कल्पना से भी जुड़ना चाहेगी। स्त्री-मुक्ति का प्रयास न केवल पश्चिमी तर्ज पर चलना है और न केवल हिंदुत्व की प्रतिक्रियावादी ताकतों से हाथ मिला बैठना है बल्कि उसे तो उस विराट जनमानस का हिस्सा बनना है जो अब तक अपनी निजता, अपने विचार और मूल्यबोध को संप्रेषित करने में असफल रहा है। टैगोर, प्रेमचंद, रेणु, महादेवी से लेकर राजेंद्र यादव, मन्नू भंडारी और कृष्णा सोबती, मैत्रेयी पुष्पा, चित्रा मुदगल ने अपने वक्त को पहचाना है। मुक्तिबोध, शमशेर, नागार्जुन और त्रिलोचन अपने यथार्थ के साथ जीवंत रूप से जुड़े हुए थे। उनके लेखन में, उनके सौंदर्यबोध में जनसंघर्ष की स्मृतियाँ बोलती हैं। क्या नारीवादी बौद्धिकता का आज फर्ज नहीं बनता कि महिला लेखन के अवदान की अलग से चर्चा की जाए? क्या हिंदी साहित्य जगत में महिला पाठक वर्ग को प्रेरित करने में समर्थ लेखिकाओं का दृष्टिकोण इतना संकुचित है और स्त्री समाज को देने के लिए उनके पास कोई विचार-संदेश नहीं? आखिर कोई भी स्त्री क्यों लिखती है, किसलिए और किनके लिए? कभी हमने सोचने की चेष्टा की? महिला लेखन के मूल में दमन के छुटकारे की प्रवृत्ति सबसे अधिक है। वह राजनीतिक आंदोलन में हिस्सा ले, तो भी अपना स्त्री होना नहीं भूलती। क्या आलोचक वृंद महिला लेखन के जोड़-तोड़ में लगे रहेंगे, सत्ता की चाल यहाँ भी चली जाएगी, एक को पुरस्कार दे दो, कुछ को मंच पर बैठा दो, बस बात खत्म! खेमों की सच्चाई तो यह है कि हर खेमे का मजबूत पाया

महिलाएँ हैं। मगर हम सभी (इसमें मैं भी शामिल हूँ) यह भ्रम पालती हैं कि मैं ही अकेली विजेता, नंबर वन बनकर रहूँगी, मगर क्या लेखन का बस इतना भर मिशन है? क्या इसलिए हम लोगों ने साहित्यिक मंचों पर अपने-आपको अनावृत किया, तहें उधेड़ती रहीं, बोल्ड बनने का तमगा लगाती रहीं? मुझे नहीं लगता कि हिंदी जगत में प्रतिभा की कमी है पर सांप्रदायिक मानसिकता उन्हें खा रही है। हमारा सबसे बड़ा फर्ज है कि जिस क्रांति से स्त्री गुजर रही है उसे व्यापकता दें, सार्विक बनाएँ, स्त्री का जो वैयक्तिक उत्पीड़न रहा है उसे अभिव्यक्त करें।

केवल शोषण और दमन की चर्चा से कुछ नहीं होगा। नारीवादी आंदोलन को अन्य जनआंदोलनों से संवाद स्थापित करना होगा। इससे नारीवादी आंदोलन की पहचान नहीं मिट जाएगी, आंदोलन की ऊर्जा का क्षय नहीं होगा, हासिल की गई उपलब्धियाँ धूमिल नहीं होंगी बल्कि दमन के व्यापक दुष्चक्र को स्त्री-वर्ग समझ पाएगा। एक आंदोलन को दूसरे से जुड़ने न देने के पीछे सत्ता का दुष्चक्र है। आंदोलन जितना अलग रहेगा सत्ता द्वारा उसका दमन उतना ही आसान होगा। केवल व्यक्तिगत मुक्ति से कुछ नहीं मिलनेवाला। एक मुक्त स्त्री को भी औरों के साथ, औरों की मुक्ति के लिए संघर्षरत होना है। उसके भी भाई हैं, पिता हैं, बेटे हैं, प्रेमी और पति हैं, वे भी अपनी-अपनी भूमिका में, हो सकता है, संघर्षरत हों। जिस उत्पीड़न को स्त्री ने झेला, उसका बदला वह केवल उत्पीड़नकर्ता से ले सकती है। उत्पीड़क एक व्यक्ति हो सकता है, या फिर एक जातीय समूह, मगर इसका यह अर्थ कदापि नहीं कि सारा पुरुष समाज स्त्री-भक्षी हिंसक पशु है, बोटियाँ नोंचनेवाले चील-कव्वे हैं। बदला चुकाना, द्वेष रखना, हिंसा का बदला हिंसा से देना तभी तक जायज है जब तक वह सामूहिक स्तर पर घटित हो, व्यक्तिगत द्वेष को प्रश्रय नहीं दिया जा सकता। केवल पुरुष को दोष देना व्यर्थ है। अधिकांश लोग जो करते हैं उसके लिए उन्हें जिम्मेदार नहीं ठहराया जा सकता, क्योंकि उनका अपने ऊपर नियंत्रण नहीं। उन पितृसत्तात्मक विचारकों, प्रोफेसरों को भी अनंत कठिनाइयों, भयानक अभावों से जूझना पड़ता है। उनकी भी शिक्षा एक तरह से उतनी ही गलत रही है जितनी हमारी। इसने भी उनके भीतर बड़े विकारों को जन्म दिया है और हम स्त्रियाँ विकारयुक्त हैं। यह सही है कि उनके पास अब पैसा और ताकत दोनों हैं, लेकिन आदमी को उसकी कीमत देनी पड़ती है। वर्जीनिया वुल्फ के शब्दों में: 'अपनी छाती में ऐसे गिद्ध को पनाह देना हुआ जो हमेशा आपको भीतर से नोंचता रहता है।' स्वामित्व की सहज दृष्टि, अधिग्रहण का उन्माद उसे हमेशा दूसरे लोगों को अपनी खुराक बनाने के लिए उत्प्रेरित

करता है। जिंदगी ही जब गलत हो जाए तो उसे आप सही तरीके से नहीं जी सकते। वर्जीनिया वुल्फ लिखती हैं: 'वसंत की खिली धूप में पैसा और पैसा कमाने के लिए आफिसों में जाते हुए सटोरियों और भारी-भरकम वकीलों को देखिए। जबकि यह तथ्य है कि जिंदा रहने के लिए पाँच सौ पाउंड सालाना पर्याप्त हैं।'

तब क्या नारीवादी बौद्धिकता समाज के झरोखे से ही सारा जीवन देखती-परखती रहेगी? क्या सत्ता से मिलनेवाले सुख से वह हमेशा-हमेशा वंचित ही रहेगी। यानी निरंतर संघर्षरत, कुछ भी स्थायी रूप से हासिल न कर पाने का व्यर्थताबोध? सामाजिक लकीर से हटकर चलनेवाले, विशेषकर पुरुष-सत्ता को चुनौती देनेवाली स्त्री से पुरुष वर्ग चिढ़ता है। उस औरत को जाने कितने अलग-अलग तरीकों से समझा दिया जाता है कि जो तुम कर रही हो यह समाज का सच होना तो दूर अन्य स्त्रियाँ भी शायद तुम्हारी इन बातों को न स्वीकारें। उस स्त्री को न जाने किन-किन मनोवैज्ञानिक ग्रंथियों का शिकार बताया जाता है—'अरे यह औरत तो कुंठित मानसिकता की शिकार है, एक बार इसे ठंडा कर दो।' बड़ी जल्दी असफल और अतृप्त यौन-जीवन के ताने सुना दिए जाते हैं। अस्वीकृति में उठा हुआ यदि एक भी हाथ हो तो सत्ता का अदृश्य हथौड़ा उसे लहूलुहान करके रहेगा। हो सकता है कि यह पुरुष का सच हो। लेकिन स्त्री का सच है कि वह जानती है कि परिधि पर रहकर भी केंद्र को चुनौती देना संभव है। परिधि का अपना सुख है, क्योंकि आपको अपनी तरह से अपनी जिंदगी जीने का सुख है, मेरी बहुत-सी महिला मित्र, जो कि नानी-दादी हो गईं, मेरी अकेली जिंदगी से बेहद रश्क करती हैं—यार तुम अच्छी हो, आराम से हो। अपनी ही तरह की ऐसी बहुतेरी स्त्रियों को मैं जानती हूँ जो अपनी अकेली स्थिति में खुश हैं, अपने परिवेश से जुड़ी हैं।

मौलिक रूप से स्त्री बौद्धिकता भी ज्ञान और स्वतंत्रता ही चाहती है। इसी को वह खोज भी रही है। यह कोई अमूर्त खोज नहीं है बल्कि एक जी हुई जिंदगी है, भोगा हुआ सच है, मानस को निरंतर समृद्ध करती हुई जीवन-यात्रा है। आप लहरों के उतार-चढ़ाव के साथ जीने लगते हैं, आप पानी के साथ बहते हैं, पानी में रहते हैं, पानी के ऊपर आप अपनी नाव नहीं खेते। लहरों के साथ डूबते-उतराते हुए बिना किसी उपकरण के, सीधे-सीधे परिस्थितियों के साथ जिंदगी जीने की चेष्टा, स्त्री के लिए तो यह और भी बड़ा दुस्साहस है क्योंकि अब भी उसका इतिहास लिखा जाना बाकी है। उसके सामने कोई उदाहरण नहीं, पर ऐसी अकेली यात्रा में मजा भी आता है, आकस्मिकता उसे लुभाती भी है, वह जमीन से जुड़ना चाहती है, वह

अन्य से प्रेम करती है। वह न किसी पर बोझ है और न किसी से कुछ छीनना चाहती है, न उसे किसी पर आधिपत्य साबित करना है। जीवन के प्रति स्त्री का यह दोहरा दृष्टिकोण उसे समृद्ध करता है। राजेंद्र यादव के शब्दों में: 'स्त्रियों और दलितों को अपना इतिहास लिखना बाकी है।' अतः जो पीछे छूटा उस पर चिंतन और जो कल घटेगा, नए अंकुर फूटेंगे, उसका स्वागत वह दोनों को स्वीकारती है। एक विचार के उत्तर में दूसरा विचार, उत्तर का प्रति-उत्तर, जिसे नई रोशनी में उद्‌भासित करना, यही तो सबसे बड़ा बौद्धिक कर्म है। इससे जिस बेहतरी का एहसास होता है, मानवीय अधिकारों का, परिस्थिति का जो तुलनात्मक विवेचन प्रस्तुत करे, कहती रहे कि जो उसने सहा वह किसी ने नहीं सहा, दमन का जैसा वर्णन वह कर रही है, वैसा अन्य किसी की जुबान से व्यक्त नहीं हुआ। बल्कि स्त्री को अब कहना चाहिए कि जैसे हम अपने अधिकारों के लिए संघर्षरत हैं, वैसे अन्य लोग भी हैं। स्त्री हर कहीं, हर आंदोलन में मौजूद है, क्योंकि पितृसत्ता उसकी दुश्मन है। वह हर तरह की सांप्रदायिकता के खिलाफ है। सांप्रदायिकता / जातिवाद / मनुवाद / उपनिवेशवाद इन सबके विरुद्ध स्त्री को खड़ा होना है और स्त्री यदि नारीवादी चिंतन रखती है तो इनके खिलाफ किए जानेवाले आंदोलनों को वह और भी मुखर कर पाएगी, यानी हर तरह की उन्मादी नीयत के खिलाफ स्त्री एक धर्मनिरपेक्ष स्थिति के निर्माण में सहयोग दे पाएगी।

दूसरे, केंद्रीय सत्ता से स्त्री की दूरी इसलिए भी जरूरी है क्योंकि चीजों को जस का तस न स्वीकार कर उनकी बुनावट का अन्वेषण करना उसके लिए ज्यादा सार्थक काम है। यह समझना जरूरी है कि जिस जमीन पर हम खड़े हैं वहाँ पहले कोई और था। अतीत में उनके द्वारा किए गए चुनावों का हम प्रतिफल हैं। हाँ, चुनाव की संभावना से इंकार नहीं किया जा रहा। स्थिति को बदलना संभव है। स्त्री भी एक अच्छे जीवन के लिए प्रयासरत है। वह क्यों दूसरों के ओढ़ाए हुए सच में जिए? सामाजिक सत्य को जानने के लिए यथार्थ के उत्स तक जाना होगा और ऐसा तभी संभव है जब वह भौतिक विकास को भी उसी रूप में देखे, जैसे माँ के रूप में उसने अपने बच्चे का जन्म लेना और बड़ा होना देखा है। धर्मनिरपेक्ष जगत ऐतिहासिक है, इसके अपने नियम और विकास की अपनी प्रक्रिया है। भगवान ने इन नियमों को नहीं बनाया, अतः बात-बेबात जब नियति की, ईश्वरीय देन की चर्चा की जाती है तो बड़ी कोफ्त होती है। मगर मेरी धार्मिक बुद्धि में यह बात कभी नहीं आई कि क्या ईश्वर ने पुरुषों से कहा था कि औरत को तुम अधीनस्थ रखो, यौन शुचिता के लिए उसकी अग्नि-परीक्षा लो। क्या भगवान

ने चाहा था कि औरत-मर्द असमान स्थिति से अपनी जीवनयात्रा शुरू करें? शास्त्र और ईश्वर में फर्क है—पूरे ब्रह्मांड में हमारे जैसी लाखों-करोड़ों धरतियाँ हैं। यह कैसा गुमान कि हम सोचें कि बस हमारा समाज किसी खास 'ईश्वर' ने निर्मित किया है। हो सकता है कि हमसे और उन्नत मानव समाज ब्रह्मांड के कहीं किसी छोर में और भी हो जिससे अब तक हमारा परिचय न हुआ हो। लौकिकता और ऐतिहासिकता, इनसे परे आदमी नहीं। सारे नियम-कानून, जीवन जीने की प्रक्रिया कुछ आदमियों के चुनाव का परिणाम है। उन्होंने बहुतेरी संभावनाओं में से कुछ को स्वीकारा, कुछ को नकारा। जो नकारे गए क्या वे अपने होने और जीने के लिए फिर से अपने सामूहिक अवचेतन को, दमित संस्कारों को नहीं टटोल सकते? क्या हम उस नकार की राजनीति को नहीं समझना चाहेंगे? और इसका यह अर्थ तो नहीं कि मानव समाज विशेषकर पुरुष समाज की अवज्ञा की जा रही है? उनका अपमान हो रहा है या फिर आपसी घृणा के बीज बोए जा रहे हैं! मानव समाज के लिए स्त्री के मन में भी उतना ही आदर है जितना कि एक पुरुष के मन में है, महान से महान विचारधारा का भी आदि इतिहास होता है, उसकी दिशा पहचानी जाती है, पर महानता से हमारी आँखें झुलस जाएँ या हमारी बोलती बंद हो जाए या प्रश्न पूछनेवाली खामोशी का शिकार होना पड़े तो यह किसका अपराध हुआ? सत्ता या शासित का? ठीक है स्त्री बौद्धिकता को यदि परिधिकृत होना पड़ता है तो इसे सामाजिक विडंबना ही कहा जाएगा। नियम-निर्देशन के प्रति स्त्री शंकालु तो होगी ही, विनोदप्रिय होना भी स्वाभाविक है, क्योंकि सत्ता की चूल जब हिलती है तो शासित इसे अपनी विनोदप्रियता में शामिल करेगा ही। पर वह कभी सनकी नहीं होगी। स्त्री पुरुष नहीं हो जाना चाहती पर पुरुषों को मिली हुई सुविधाओं को सबमें बाँटना चाहती है जैसा कि रिल्के ने कहा था : 'तुम अपनी जिंदगी के प्रारंभकर्ता बन सकते हो, बिल्कुल एक नई शुरुआत से, लकीर से हटने से नए का सुख भी मिलता है।' क्या इस नएपन की चाहत को सनक कहा जाए? चूँकि निर्धारित पथ का चुनाव स्त्री वर्ग ने नहीं किया, अतः केंद्र से विस्थापित होना स्त्री की नियति है, पर स्त्री बौद्धिकता इसे यदि आत्मविनाश न मान, वंचिता का बोध न रखकर नएपन के अन्वेषण का आनंद ले तो इससे उसका हित होगा, जीवन की अंतहीन संभावनाओं से उसका परिचय होगा। सारी बाधाओं को पार कर विकास की जो नई राहें खुलती हैं, अपने आप में यह एक अप्रतिम आनंद है। सबसे अच्छा है कि स्त्री निर्भय हो जाए, लोग क्या कहेंगे, इससे वह मुक्त हो जाए। घरवाले नाराज होंगे, दुखी होंगे, बवंडर होगा, इन ख्यालों से वह निजात पा ले। मैं यहाँ कोई गैर-

जिम्मेदाराना दृष्टिकोण अपनाने को नहीं कह रही। आज मुझे लगता है कि नारीवादी विचारों से स्त्री पाती ज्यादा है, खोती कम है। उसे तो बस भयमुक्त होकर एक लंबा रास्ता तय करना है। सारी भूमिकाओं के सफल निर्वाह के बावजूद वह छोटे-छोटे सुखों के लिए तरस जाती है, क्योंकि पुरुष-समाज बड़ा परपीड़क रहा है। जो चला आया है, उन पारंपरिक तर्कों को अपनाने के बजाए यदि स्त्री बदलाव की अपेक्षा रखे, यदि वह रुके नहीं बस चलती रहे, नए मुकामों से आगे और आगे, तो इसे ही मुक्ति का अभियान कहा जाएगा।

४

संस्कृतिवाद के छल-कपट और स्त्री का मानस

स्त्री के मानस को अनुकूलित करनेवाले संस्कृति से जनित घोषित और अघोषित मूल्यबोध, पाठ्यक्रम की विषय-वस्तु, संस्कृति के प्रति स्त्री का दृष्टिकोण और समाज में स्त्री का प्रस्तुतीकरण, पाठों के चयन और उनकी व्याख्या पितृसत्तात्मक दृष्टिकोण का एक अभिन्न अंग है। इस नवऔपनिवेशिक काल में संस्कृतिवाद स्त्रियों पर नियंत्रण बनाए रखने का प्राचीनतम माध्यम है।

रोजमर्रा की सामान्य पारंपरिक क्रिया और सांस्कृतिक सौहार्द आदि को निभाने में साहित्य की महती भूमिका रहती आई है। स्त्री को अधीनस्थ स्थिति में बनाए रखने में पितृसत्ता संस्कृति का इस्तेमाल करती है। ऐसा नहीं कि स्त्री-जीवन में संस्कृति महत्त्वपूर्ण नहीं है या फिर स्त्री-मुक्ति के समर्थक संस्कृति की अवज्ञा करना चाहते हैं। स्त्री केवल उस संस्कृति को नहीं चाहती जहाँ संस्कृति दमनकर्ता के हाथ में एक हथियार की तरह हो। संस्कृति व्यक्ति की सचेत क्रिया का फल है। शासित भी अपनी मुक्ति का प्रसंग संस्कृति में खोजता है। संस्कृति खुद को सामाजिक संबंधों में व्यक्त करती है। स्त्री इसलिए इन सांस्कृतिक मूल्यों को अपनाना चाहेगी क्योंकि इन प्रतीकों और चिन्हों के माध्यम से जगत में उसका होना प्रतिफलित होता है। लिखने की क्रिया खुद-ब-खुद एक सामाजिक संबंध है। एक लेखक शब्दों और बिंबों के जरिए किसी भी समुदाय के अस्तित्व और उसके सदस्यों के जगत में होने की प्रक्रिया के बीच चलनेवाले तनावों, द्वंद्वों, अंतर्विरोधों को मूर्त में व्यक्त करना चाहता है। रोटी, कपड़ा और मकान जैसी बुनियादी जरूरतों को पूरा करने के लिए भी व्यक्ति को अपने परिवेश के साथ संघर्षरत होना पड़ता है। यही संघर्ष मानवीय संबंधों की अभिव्यक्ति के रूप में सांस्कृतिक कल्पनाशीलता और सौंदर्यबोध में प्रतिबिंबित होता है। जबकि आमतौर पर साहित्य कला और राजनीति का सरोकार अतियथार्थवादी दुनिया से या फिर वायवीय जगत से ही माना जाता है। किन्तु संस्कृति केवल सामाजिक यथार्थ का यांत्रिक प्रतिबिंबन मात्र नहीं है। यह इससे आगे की

चीज है। प्रकृति के साथ संघर्षरत मनुष्य के भीतर एक आत्मबोध भी जागता है। इसी आत्मबोध को व्यक्ति की रचनाशीलता कहा जा सकता है। ऐतिहासिक प्रक्रिया के रूप में व्यक्ति का समाज में होना आदमी के कलात्मक श्रम का ऐसा अंतिम परिणाम है जो उसके अंदर आनंद का भी संचार करता है। व्यक्ति का जगत में होना, अन्य एवं प्रकृति के साथ संघर्ष तथा खुद व्यक्ति के भीतर होनेवाले द्वंद्व और तनावों के बीच दैनिक संघर्ष के प्रति उसके दृष्टिकोण को ही संस्कृति बचाए रखना चाहेगी। अपने इसी सामाजिक स्वरूप के कारण संस्कृति एक ओर जहाँ सामाजिक प्रक्रिया से संबंधित है वहीं दूसरी ओर एक साध्य के रूप में सामाजिक और ऐतिहासिक दबावों द्वारा निर्देशित होती है। मगर किसी भी हालत में संस्कृति निष्पक्ष नहीं, संस्कृति के लिए पक्षधरता अनिवार्य है, देश, काल, वर्ग, जाति और भूगोल से स्वतंत्र होने का दावा संस्कृति नहीं कर सकती। कारण संस्कृति भी अपने समय का उत्पाद है, परंपरा एवं समय से परे नहीं। हम जिसे शाश्वत मूल्य कहते हैं उसे भी व्यक्ति अपनी ऐतिहासिकता में ही समझता और अर्थ प्रदान करता है। आदमी भी स्थितिग्रस्त है, अपनी ऐतिहासिकता में कैद है। यह अलग बात है कि इन सीमाओं का अतिक्रमण वह सांस्कृतिक मूल्यों के माध्यम से करना चाहेगा। मगर सीमा या संरचना का संदर्भ तो रहेगा ही। संरचना में रहे या उससे परे जाने की कोशिश करे। सीमा में रहनेवाला ही सीमा का अतिक्रमण करने में समर्थ भी होता है। स्वयं लेखक भी एक सामाजिक प्रक्रिया का अंग है। उसने भी इन सारी गतिविधियों के प्रति एक खास तरह का वर्गीय दृष्टिकोण विकसित किया है और उसकी अपनी गतिविधियाँ भी उसके अपने दृष्टिकोण से ही संचालित होती हैं। चूँकि संस्कृति समुदाय के सदस्यों के दृष्टिकोण को प्रभावित करने का प्रयास करती है और ऊपरी तौर पर देखने पर यह एक सहज स्वतंत्र प्रयास भले ही लगे, मगर लेखक के ऊपर भी समाज और राष्ट्र का प्रभाव है। अतः स्त्री लेखक भी एक जातीय या वर्गीय उत्पाद है—कोई क्यों लिखता है? क्यों सांस्कृतिक मूल्यों को चुनौती देता है? इसका सहज उत्तर तो यह होगा कि लेखक का उद्देश्य ही है कि वह यथास्थिति का विरोध करे और नई स्थिति का निर्माण। पाठक, दर्शक या श्रोता को कुछ करने के लिए अभिप्रेरित करना, इच्छाशक्ति और संकल्प को जागृत करना लेखक का उद्देश्य है। कोई भी लेखक महज अपनी निजी भावनाओं को अभिव्यक्त करने के लिए नहीं लिखता। वह अपनी संस्कृति से संबंधित होना चाहता है। पढ़ने की प्रक्रिया के दौरान स्वयं पाठक भी अपना पाठ रचता है, मगर कुछ ऐसा भी है जो निरंतर लेखक और पाठक के बीच विद्यमान है, कुछ कहे बिना भी पाठ

कुछ कहता है, बदलाव में भी पाठ उपस्थित है, उसकी उपेक्षा नहीं की जा सकती। यह कहा जा सकता है कि रामायण की रचना तुलसीदास ने की या कालिदास ने की, इससे क्या फर्क पड़ता है! रचना का अपना काल-सापेक्ष सामाजिक संदर्भ है। हमने जीवन में इनका कैसे उपयोग किया, वह किस प्रकार उससे संबंधित हुआ, रचनाकर्म के दौरान कोई और भी हो सकता था। माना कि यह एक संभावना है मगर हम केवल संभावना तक सीमित नहीं। कारण जो निरंतर घट रहा है, जो घट गया है, व्यक्ति उससे विनियमित होते हैं। अतः केवल भावनाओं की अभिव्यक्ति या फिर यथार्थ का शानदार चित्रण ही काफी नहीं। केवल शब्दों का संजाल ही नहीं, बल्कि इसके दायरे में वे सांस्कृतिक मूल्य भी आ जाते हैं, जिनका इनसे तादात्म्य है। कलाकार इन मूल्यों की अर्थमयता को कभी सत्ता तो कभी सामाजिक संरचना या फिर किसी वित्तीय वर्ग, किसी चर्च या पार्टी की सेवा में लगा देता है। कभी-कभी संस्कृति और साहित्य के माध्यम से स्त्री-वर्ग से अपील भी करता है तो कभी स्त्री के मनोभावों, कल्पनाशक्ति आदि को प्रभावित करता है। संस्कृतिवादियों का यह अप्रत्यक्ष या सूक्ष्म प्रयास हो सकता है कि स्त्री समझ न पाए। वे स्त्री के दृष्टिकोण को, जगत में अपने होने को स्त्री कैसे व्यक्त करे, जगत को देखने के उसके दृष्टिकोण को प्रभावित करते हैं। संस्कृति किसी लेखक या पाठक को जो दृष्टिकोण प्रदान करती है उसकी उपयोगिता स्वयं लेखक और पाठक पर निर्भर करती है। पाठक यदि मूर्ख है और जड़ है तो सारा प्रयास ही व्यर्थ हो जाएगा। साहित्य अंधे को वह दृष्टि नहीं दे सकता किन्तु जिसके पास दृष्टि है, समझ है नजरिया है उसे प्रभावित करने की क्षमता जरूर रखता है। संस्कृति में हमेशा एक पक्षधरता इसलिए दिखाई देगी क्योंकि इसकी कोशिश आलोचनात्मकता को प्रभावित करने की रहती है। किस समुदाय, वर्ग, नस्ल अथवा समूह विशेष ने खुद को ऐतिहासिक रूप से किस प्रकार परिभाषित किया है, इसका आकलन वह करती है।

कोई भी सांस्कृतिक आकलन महज एक घटना है, इतिहास से उसका संबंध नहीं। यह केवल आवेग और उच्छ्वास नहीं, बल्कि इसके दायरे में वे शक्तियाँ भी सक्रिय हो जाती हैं जिनका उद्देश्य अपने से भिन्न का दमन है। स्त्री पुरुष से भिन्न है और पुरुष संस्कृति के माध्यम से स्त्री का दमन करता है और यह तभी संभव होगा जब किसी भी सांस्कृतिक परिवेश के अधिक से अधिक केंद्र में ये संस्कृतिवादी बने रहें, अपने मूल्यों का ढोल पीटकर निनाद करते रहें।

मानव समुदाय का अर्थ स्त्री-पुरुष दोनों ही समझा जाता है केवल पुरुष नहीं। वर्ग या जाति के आधार पर स्त्री-पुरुष की भिन्नता बनती है।

यही कारण है कि सांस्कृतिक परंपरा में स्त्री को अलग से संबोधित किया गया है। जैविक और दैहिक रूप से स्त्री-पुरुष एक दूसरे से भिन्न हैं और इस भिन्नता को नकारा नहीं जा सकता। तब सवाल उठता है कि इतिहास में ऐसा क्या घटा और क्यों घटा कि सांस्कृतिक धरातल पर स्त्री पुरुष के संदर्भ में ही परिभाषित होकर रह गई, हालाँकि उसका वर्ग, जाति और समुदाय पुरुष से भिन्न स्तर पर था। मनुष्य प्रकृति एवं अन्य जानवरों से भिन्न है। उसने प्रकृति को अपने अनुरूप और प्रकृति के अनुरूप स्वयं को ढालने की कोशिश की, प्राकृतिक परिवेश को बदलने की कोशिश की और इस कोशिश के दौरान पहले-पहल सामाजिक समुदाय निर्मित हुआ और इसी समुदाय ने खुद को आर्थिक प्रबंध के संदर्भ में व्यक्त भी किया। श्रम और फिर उत्पादन की प्रक्रिया में अलग-अलग समूह भिन्न-भिन्न स्थितियों में अवस्थित हुए, परिणामस्वरूप समाज का आर्थिक-राजनीतिक ढाँचा विकसित हुआ। मानव समूह अपने होने और जीने के लिए निरंतर नए से नया ढाँचा निर्मित करता रहा ताकि इस सारी प्रक्रिया के दौरान खुद को सांस्कृतिक रूप से व्यक्त करता रह सके। यानी आर्थिक और राजनीतिक प्रक्रिया के दौरान भिन्न-भिन्न समुदायों ने एक ऐसे सांस्कृतिक परिवेश का विकास भी किया जो एक ओर न केवल इन प्रक्रियाओं का उत्पाद बना बल्कि आर्थिक और राजनीतिक ढाँचे के संबंधों को प्रगाढ़ बनाने का साधन भी। साधन के रूप में समुदाय शिक्षा, नीति, धर्म की विभिन्न प्रणालियों को, भाषा और साहित्य, नृत्य और संगीत के विविध रूपों को विकसित करता है। मनुष्य को इन सबों की जरूरत है। संस्कृति एक शक्ति है, यानी उत्पादन के सामाजिक संबंधों का (जिसे हम समाज कहते हैं) एक विशिष्ट स्वरूप। संस्कृति में ही लोगों के मूल्यों का समावेश होता है। अतः संस्कृति एक ऐसी चीज है, जिसमें किसी समुदाय-विशेष के मूल्यों का, उसके वैश्विक दृष्टिकोण का और अन्य समुदायों के साथ उसके संबंध का परिचय अंतर्निहित है। कुल मिलाकर समुदाय की समग्र गतिविधियों की वैचारिक अभिव्यक्ति का नाम ही संस्कृति है।

व्यक्ति या तो प्रकृति को अपने अनुरूप ढालता है या फिर खुद प्रकृति के अनुरूप ढलता है, किन्तु सामंजस्य या विरोध की इस प्रक्रिया के दौरान प्रकृति के बारे में उसकी सूचना और ज्ञान में नए उपकरण का विकास अंतर्निहित है, तथा इन नए उपकरणों के विकास के कारण उत्पादन संबंध बदलते जाते हैं, जिसका असर संस्कृति पर भी पड़ता है। सांस्कृतिक क्षेत्र में भी बदलाव आता है और जिन मूल्यों को अब तक आधार के रूप में स्वीकारा जाता रहा था, वे भी बदलने लगते हैं। यह कोई यांत्रिक प्रक्रिया

नहीं है। लोग किस दृष्टि से इन मूल्यों को देख रहे हैं इसका असर उनकी संस्कृति और उनके आर्थिक एवं राजनैतिक ढाँचे पर भी पड़ता है। यह मिट्टी का संबंध है, जो क्रमश: तकनीक के रूप में विकसित होता चला जाता है। व्यक्ति का मिट्टी के साथ यानी जमीन के साथ बड़ा सहज और साधारण संबंध था। पर जमीन पर खड़े होने के साथ-साथ और से भी और अधिक की माँग ने तमाम संबंधों को जटिल से जटिलतर बनाकर रख दिया। कुछ ने इस जटिलता को यांत्रिक रूप से विश्लेषित करना चाहा, तो कुछ ने इसे पराशक्ति की अभिव्यक्ति माना। संस्कृति को वायवीय ढाँचा प्रदान करना चाहा। सांस्कृतिक मूल्य सतत हैं। मगर सातत्य को शाश्वत का पर्याय नहीं माना जा सकता। कारण सातत्य भी इतिहास में है, सातत्य एक द्वन्द्वात्मक प्रक्रिया है, जो इतिहास से परे समाज की हर चीज को प्रभावित कर रही है। अत: सतत होते हुए भी संस्कृति शाश्वत नहीं।

एक बात और। प्रकृति के नियमों की जानकारी हमें समान रूप से नहीं होती और न ही प्रकृति को प्रभावित करनेवाले उपकरणों का समान विकास ही होता है। साथ ही प्रकृति पर मनुष्य की अभिक्रिया हमेशा एक जैसी नहीं होती। आदमी किसी भी बँधे-बँधाए नियम और विधि से प्रकृति का इस्तेमाल नहीं करता। यही कारण है कि हम एक असमान सामाजिक परिवेश को पाते हैं क्योंकि मनुष्य का सामाजिक परिवेश भी असमान विकास के नियमों से प्रभावित होता है। यह आदमी की कमी और उसकी शक्तियों की असमर्थता रही है कि उसने अपने समुदाय के सभी सदस्यों की सभी जरूरतों को समान रूप से पूरा नहीं किया। क्यों नहीं किया, यह एक अलग सवाल है, पर इतना विदित है कि असमान विकास के कारण असमान स्थितियाँ पैदा हुईं और असमान स्थितियों के कारण ही वर्ग और जातियाँ बनीं। एक वर्ग सत्ता का बना, तो दूसरा शासितों का बना। प्रत्येक शासित शोषित नहीं, लेकिन प्रत्येक स्त्री शासित भी है और शोषित भी।

पितृसत्ता का यह वर्ग परम शक्तिशाली होता गया। इसके पास वह क्षमता थी जिसके आधार पर इसने उत्पादन का नियमन और वितरण किया। भगवान नहीं बल्कि कुछेक पुरुषों ने यह निश्चय किया कि स्त्री की स्थिति कैसी होनी चाहिए, उसे कब और कितना मिलेगा। सत्ता के इस वर्ग के पास जर्बदस्त भौतिक आधार है। यह वर्ग समस्त बौद्धिक और वैचारिक शक्तियों—शिक्षा, भाषा, साहित्य आदि को विकसित और नियंत्रित कर सकता है और इस प्रकार यह विशिष्ट पुरुष वर्ग समाज को शेष हिस्सों, जिसमें स्त्री भी शामिल है, को एक विश्व-दृष्टिकोण दे सकता है। किन्तु इसी कारण संस्कृति की चर्चा उस प्रभुत्वशाली वर्ग की चर्चा तक सीमित होकर

रह जाती है। पितृसत्ता के विचारों-मूल्यों में स्त्री सीमित होकर रह जाती है। ईमानदारी तो होती कि दो अलग-अलग संस्कृतियों की चर्चा की जाती। सत्तारूढ़ और शासित की, दो भिन्न संस्कृतियों का जायजा लिया जाता ताकि शासित ने अपने आपको जहाँ और जिस भाषा में अभिव्यक्त किया है, जिन अनुभवों के आधार पर उसने अपनी संस्कृति को निर्मित किया है, उन्हें महत्त्व दिया जाता। शासित अपने मूल्यों को प्राथमिकता दे पाता। अतः सत्ता की संस्कृति अल्पमत की संस्कृति है। शोषितों की संस्कृति बहुमत में है मगर शोषितों के समुदाय में भी जाति, वर्ग एवं नागरिकता के स्तर पर स्त्री सबसे अधिक शोषित है क्या इससे हम इंकार कर सकते हैं? बुर्जुआ होते हुए भी स्त्री किसी भी रूप में बुर्जुआ नहीं। सत्ता के करीब रहते हुए भी सत्ताधारी नहीं। स्त्री को इस प्रभुत्वशाली वर्ग ने वह स्वीकृति प्रदान नहीं की। किसी भी महत्त्वपूर्ण मुद्दे पर निर्णय का अधिकार नहीं। यह बात जितनी चीन जैसे देशों में लागू है उतनी ही अमेरिका में भी। हमारे देश में भी ये दो परस्पर विरोधी संस्कृतियाँ मौजूद हैं। हालाँकि यह भी सच है कि स्त्री के सांस्कृतिक मूल्य शोषित वर्ग के संघर्ष से उत्पन्न हुए हैं और इसलिए आज स्त्री संघर्ष की चर्चा की जा रही है ताकि एक भावी समाज का निर्माण किया जा सके। स्त्री-पुरुष की इस सांस्कृतिक भिन्नता की अभिव्यक्ति कोई आज की घटना नहीं। यह भेद हमेशा विद्यमान रहा है।

पितृसत्ता को समझने के लिए सबसे पहले हमें सत्ता के स्वरूप और उसकी प्रक्रिया को समझना होगा। सत्ता का होना शासित पर निर्भर करता है। यानी शासक और शासित, मालिक और गुलाम दोनों को एक दूसरे की जरूरत है, मगर दोनों की हैसियत यानी धरातल अलग-अलग हैं। यह और बात है कि सत्ता चाहेगी कि शासित अपनी यथास्थिति में बना रहे। सत्ता का अर्थ ही हुआ—वह जो हमसे भिन्न है, उसे अधिकृत करना, उस पर शासन करना। सत्ता का आंतरिक स्वरूप ही ऐसा है कि वह शासन-प्रक्रिया द्वारा दूसरे का शोषण करना चाहती है, ताकि अपने से भिन्न को हीन एवं कमजोर बनाकर रखा जा सके। पितृसत्तात्मक समाज में स्त्री और पुरुष दोनों ही उत्पादन में लगे हुए हैं लेकिन पुरुष सत्ता ने एक खास उत्पादन पद्धति को अपनाया हुआ है। वह जो कुछ करता है उसकी कीमत आँकी जाती है, और इसीलिए उसकी पहचान और अस्मिता विशिष्ट मानी जाती है। जबकि स्त्री अप्रत्यक्ष रूप से जगत में कार्यरत है, वह श्रम तो करती है मगर उसके श्रम का मूल्य नहीं है। इसी कारण स्त्री-श्रम के प्रति सामाजिक दृष्टिकोण द्वियर्थक है। ऐसा नहीं कि समाज में स्त्री-श्रम का मूल्यांकन नहीं हुआ है मगर यह मूल्यांकन पुरुष ने मनमाने ढंग से किया है। इसके कारण स्त्री की

उत्पादन शक्तियों के विकास के विभिन्न चरण रहे हैं। इनके बीच एक ऐतिहासिक संबंध पर चर्चा करने से हम पाते हैं कि दोनों का धरातल समान नहीं। पुरुष जहाँ से जीना शुरू करता है, स्त्री को वह शुरुआती जमीन कभी नहीं मिली। बल्कि इतिहास उठाकर देखें तो पाएँगे कि पुरुष ने बाह्य जगत में स्त्री को अविकसित चरण में ही रखा हुआ था, यह तो स्त्री है जिसने आधुनिक युग में संघर्ष किया और अपने-आप को विकसित किया। महाजनी पूँजी के समय से स्वतंत्र पूँजीवाद के युग तक स्त्री का शोषण ही होता रहा है। पण्य की तरह वह पहले भी बिकती रही और आज भी बिक रही है। यह केवल भावनात्मक उच्छ्वास नहीं। स्त्री का शोषण एक ऐसी घटना है जो पितृसत्तात्मक पूँजीवाद के विकास का अभिन्न अंग है जिसका आर्थिक, राजनीतिक, और सांस्कृतिक क्षेत्रों पर गहरा असर पड़ा।

स्त्री के ऊपर किया जानेवाला शासन वास्तव में पितृसत्तात्मक कार्यजगत का एक व्यापक हिस्सा है। बिना किसी मूल्य के मानव श्रम के इतने बड़े हिस्से पर सत्ता ने मालिकाना कायम किया, यह जरा गौर करने की बात है। घोषित आदर्शों की आड़ में पितृसत्ता ने अपने असली इरादों को छिपाया। पितृसत्ता अपने आर्थिक और राजनीतिक नियंत्रण को ज्यादा से ज्यादा मुकम्मिल रूप देने के लिए सांस्कृतिक परिवेश पर अपना नियंत्रण बनाने की कोशिश करती है। स्त्री को दी जानेवाली शिक्षा-दीक्षा, उसके जीवन के विभिन्न पक्षों पर, अभिव्यक्ति की प्रत्येक दिशा पर अपने नियंत्रण से पितृसत्ता स्त्री-जीवन के समग्र मूल्यों पर नियंत्रण रखती है और इसी के अधीन स्त्री खुद को परिभाषित भी करती रही है। पुरुष-वर्ग ने ऐसी ही गुलाम मानसिकता वाली स्त्रियों को पसंद किया तथा अधिकतर स्त्रियों ने भी इसी गुलामी को अपनी नियति कहकर स्वीकार लिया। कारण स्त्री ही एक ऐसी गुलाम है जो अपने मालिक के प्रति कृतज्ञ रहती आई है। जिसने अपनी इस गुलामी को प्रसादस्वरूप कृपा के रूप में अपना लिया है, अपनी गुलामी को उसने एक तथ्य के रूप में स्वीकार लिया है।

घर वह दायरा था और गर्भावस्था वह स्थिति जहाँ स्त्री पर पुरुष के लिए अपना अधिकार और प्रभुत्व स्थापित करना ज्यादा आसान होता है। इतिहास हमें बताता है कि स्त्री की गुलामी को तभी बरकरार रखा जा सकता है जब स्त्री के सांस्कृतिक जीवन का स्थायी तौर पर और संगठित रूप से दमन कर दिया जाए। हथियारों से ज्यादा कारगर तरीका है कि उसके सांस्कृतिक जीवन को लकवाग्रस्त कर दिया जाए। उसकी संस्कृति को उभरने ही नहीं दिया जाए। पुरुष जानता है कि किसी भी क्षण सांस्कृतिक प्रतिरोध पितृसत्तात्मक प्रभुत्व का पूरी तरह मुकाबला करने के लिए नया रूप

(राजनीतिक, आर्थिक, हथियारबंद) ग्रहण कर सकता है। अतः क्यों नहीं सांस्कृतिक गतिरोध की संभावना को ही खत्म कर दिया जाए! व्यक्ति में अपनी निज की संस्कृति का बोध ही नहीं जागने दिया जाए। (जैसा कि हम पाते हैं, स्त्री पुरजोर शब्दों में सत्ता की संस्कृति की पोषक है)। ऐसी एकल और सर्वव्यापक संस्कृति को आरोपित किया जाए ताकि स्त्री को प्रतिरोध की कोई जगह ही न मिले। यानी स्त्री-पक्ष अपनी बात कहते हुए सत्ता के हित की रक्षा करने लगे। उसकी प्रतिरोध की भाषा उसके अनजाने सत्ता की भाषा में परिवर्तित हो जाए। सत्ता ने अपने आर्थिक और राजनीतिक प्रभुत्व में तथा स्त्री के सांस्कृतिक व्यक्तित्व के साथ गहरा सामजंस्य बैठा दिया और आज भी वही प्रयास जारी है। किन्तु स्थायी रूप से ऐसा संभव नहीं। मानव इतिहास से पता चलता है कि ऐसा सामजंस्य कभी व्यावहारिक नहीं रहा। ऐसा नहीं हो सकता कि आर्थिक एवं राजनीतिक अधिनायकत्व रहे और शासितों की अपनी संस्कृति भी बची रहे। शायद इसीलिए स्त्रियों के जीवन में सांस्कृतिक प्रतिरोध के संदर्भ में दुविधा के क्षण अधिक होते हैं।

स्त्री को स्वभाव से चंचल एवं पुरुषों के मुकाबले काफी हीन कहा गया। हीगेल, शंकराचार्य, नीत्शे के अनुसार स्त्री एक अनैतिहासिक और अविकसित इकाई है, जो महज प्राकृतिक अवस्था में अपनी उपस्थिति दर्ज कराती है। अपनी आदिम अवस्था में वह अंध प्रकृति है। मनु महाराज को पक्का भरोसा है कि स्त्री को नियंत्रण में रखा जाना चाहिए क्योंकि उसकी कामना को संतुष्ट किया ही नहीं जा सकता। स्त्री के प्रति विद्वेष से भरी ऐसी ढेरों उद्घोषणाएँ उद्धरण हैं जिनसे यह स्पष्ट है कि पुरुष-सत्ता ने किस तरह स्त्री-वर्ग का सांस्कृतिक संहार करने के लिए अपनी मेधा का उपयोग किया। आर्य भाषा की मूल बनावट में स्त्री-विद्वेष अभिव्यक्त होता है। ढेर सारे ऐसे शब्द मिल जाएँगे जिनसे मूल्य के स्तर पर औरतपने की भाषात्मक नकारवादी परिभाषा सामने आती है। पुरुषों की इन चालों को धर्म ने और भी ज्यादा मजबूती दी। उपनिषदों और संहिताओं से प्राप्त धार्मिक सिद्धांतों के आधार पर स्त्री की हीनावस्था को, धार्मिक आख्यानों में स्त्री के दमन और उत्पीड़न को तर्कसंगत ठहराया गया। संस्कृतिवादियों की पूरी सहानुभूति उस आर्य व्यवस्था से है, जहाँ वर्ण और जाति के आधार पर स्त्री सबसे निचली सीढ़ी पर है क्योंकि पिता या पति द्वारा ही उसकी जाति और वर्ग भी पहचाना जाता है। कहने को वह अमीर वर्ग की है पर वह एक पैसा भी अपनी मर्जी से खर्च नहीं कर सकती। चूँकि आर्य जाति खुद बाहर से आई थी (हालाँकि इस पर इतिहासकार एकमत नहीं हैं) अतः अपने स्थापित होने और जीने के लिए उन्होंने वर्णवादी और जातिवादी सामाजिक व्यवस्था का

निर्माण किया, स्त्री एवं शूद्रों को हीनावस्था में रखा। आर्यों के हाथ में संस्कृति का यह बड़ा हथियार रहा है, जो वर्ण-व्यवस्था के जरिये समाज में वर्गीय शोषण करता रहा है। सत्ता के प्रति स्त्री की कल्पनाशीलता एवं मनोभावों को अपने स्वार्थ में प्रयुक्त करने में सफल रहा है। और यह काम संस्कृति, भाषा और साहित्य के जरिये बखूबी संभव भी हुआ।

चूँकि पितृसत्ता का अपना सामाजिक परिवेश इस तरह संगठित नहीं है कि स्त्री की जरूरतें पुरुष के संदर्भ में समान स्तर पर पूरी हों, इसलिए पुरुष वर्ग ने स्त्री-वर्ग की जरूरतों को इस प्रकार परिभाषित किया कि उसकी अस्मिता का ह्रास होता रहे। स्वाभाविक है कि स्त्री अपने बारे में खामोश रही, उसकी बहुतेरी जरूरतों को अनदेखा किया गया। वर्गीय ढाँचा ही जातिगत ढाँचा है, सवर्ण पुरुषों का एक ऐसा प्रभुत्वकारी वर्ग है, जिसके पास राजनीतिक सत्ता है और जिसके हितों की रक्षा राज्य तथा राज्य-सत्ता का समूचा तंत्र करता है। (मसलन पुलिस, सेना और कानूनी अदालतें)। स्त्री के पास राजसत्ता नहीं। यदि वह खुद को सवर्ण कहे तब भी क्या फर्क पड़ेगा? उसका वर्ग एवं वर्ण तो पुरुष के संदर्भ में परिभाषित होता है, उसकी जाति तो विवाह के बाद स्थापित होती है। संतान भी पिता के नाम से जानी जाती है। ब्राह्मण कन्या यदि शूद्र से विवाह करे और शूद्र संतान की माँ बने तो संतान शूद्र ही कहलाएगी, ब्राह्मण नहीं। स्त्री-गर्भ को एक साधन के रूप में देखा जाता है, जिस पर सत्ता नियंत्रण चाहती है। महत्त्व तो बीज का है जिसका रक्षक पुरुष है। पुरुष के पास बीज का होना प्राकृतिक घटना है मगर इसको महत्त्वपूर्ण और श्रेष्ठ मानना ऐतिहासिक घटना है। इसी कारण यह वर्ग इतना शक्तिशाली है। (इसमें सवर्ण स्त्रियाँ कतई शामिल नहीं, उन्हें अपने स्वामित्व और अधिकार का भ्रम नहीं पालना चाहिए।) रोजमर्रा की जिंदगी में ऐसे हजारों क्षण उत्पन्न होते हैं जब सवर्ण स्त्री को अपनी हीनावस्था का एहसास होता है। वह जानती है कि वह अपनी दमित बहनों से ज्यादा सुविधासंपन्न स्थिति में है। लेकिन सुविधा को सत्ता का पर्याय नहीं माना जा सकता। किसी भी हालत में वह सत्ताधारी नहीं, उसके पास मालिकाना नहीं। हो सकता है कि अज्ञानवश बहुतेरी स्त्रियों में जातीय श्रेष्ठता का भाव विद्यमान रहे, वे खुद को संस्कृति की रक्षक समझें, किंतु यह एक भ्रम है, ऊँची जाति का पुरुष ही तय करता है कि कब, किन सांस्कृतिक मूल्यों को बचाए रखना है। किस चीज का उत्पादन करना है और इसका किस प्रकार वितरण करना है। यही विशिष्ट पुरुष-वर्ग समस्त बौद्धिक और वैचारिक शक्तियों—शिक्षा, भाषा, साहित्य आदि को विकसित और नियंत्रित करता है, और इस प्रकार समाज के शेष हिस्सों को तथा खासकर, स्त्रियों को, वैश्विक

दृष्टिकोण दे सकता है। अतः जब हम संस्कृति, भाषा, साहित्य, विचार और मूल्यों की बात करते हैं तो इसी प्रभुत्वकारी पितृसत्तात्मक वर्ग की संस्कृति, विचार और मूल्यों के जिक्र तक ही सीमित होकर रह जाते हैं। आर्य जाति बाहर से आई या फिर सिंधु घाटी में पहले से ही मौजूद थी, इस बहस के परिप्रेक्ष्य में यह भी गौर करना चाहिए कि इतिहास में स्त्री को किस स्थान पर रखा गया है। कुछेक अपवादों को छोड़कर संपूर्ण स्त्री जाति को जरा भी प्रतिनिधित्व नहीं मिला है। वे स्त्रियाँ जो अपवाद हैं, वे सांस्कृतिक संघर्ष का प्रतीक तो जरूर हैं मगर श्रेष्ठता की नहीं। पुरुष स्थापित है और स्त्री अब भी स्थापित होने की प्रक्रिया में लगी हुई है। अतः दोनों की हैसियत में तो फर्क होगा ही। इसलिए संस्कृति की चर्चा करते हुए यह भी जानना चाहिए कि हम किस संस्कृति की चर्चा कर रहे हैं। (वह चाहे कैसी भी महान संस्कृति हो, क्या वह खास संस्कृति समग्र मानवीय मूल्यों की अभिव्यक्ति है?)। संस्कृति में शाश्वत प्रतीत होनेवाले तत्त्व किसी विशिष्ट समुदाय ने बनाए हैं, तब सवाल उठता है कि जिस समुदाय ने इन सांस्कृतिक मूल्यों को निर्मित किया उस समुदाय में क्या स्त्री भी शामिल थी, क्या निर्णय का अधिकार स्त्री को दिया गया था? क्या एक पुरुष की तुलना में स्त्री अधीनस्थ स्थिति में नहीं थी? मिथकीय दृष्टिकोण से भी देखें तो पाएँगे कि जिस पराशक्ति की चर्चा करते हुए हमारा हिंदू धर्म अघाता नहीं वह पराशक्ति भी तो ब्रह्म की शक्ति है। पुरुष ब्रह्म के माध्यम से सृष्टि अवतरित होती है। यहाँ इसकी विपरीत क्रिया जैसा कुछ नहीं है। स्थिर ब्रह्म अभिव्यक्त ब्रह्म का आकार ग्रहण करता है। अपनी शक्ति के माध्यम से, शक्ति उसमें निहित है। मगर यह शक्ति क्या है, कहाँ है, यह कब प्रकट होती है? बिना इस ऊर्जा के जड़ से चेतन की यात्रा संभव नहीं। यह सही है मगर फिर भी, साधारण स्त्री-पुरुष की दैहिक, मानसिक प्रेरणा एवं आध्यात्मिक उपलब्धि के स्तर पर पहले बीज है और फिर प्रकटन है। और बीज पुल्लिंग है, पुरुष है, वह पहले है, अतः पुरुष आधार है। शक्ति वायवीय है, किन्तु शक्ति का सहारा न भी मिले तो पुरुष की उपस्थिति चेतन न सही जड़ तो है। सुप्तावस्था में, अपने-आप में और अपने उद्देश्य हेतु उसका अस्तित्व तो है। तर्क का आधार यहाँ प्रचलित विचार एवं प्रत्यय ही है। कुल मिलाकर जीवनदायिनी शक्ति अपने लिए नहीं बल्कि दूसरे की शक्ति में परिवर्तित हो जाती है। क्या इससे हम यही मानें कि मातृसत्तात्मक समाज का विलयन पितृसत्तात्मक समाज में होकर रह गया? सामाजिक अनुभव तो यही बताता है कि स्त्री पितृसत्तात्मक संस्कृति का ही अभिन्न अंग है और ऐसी संस्कृति की परंपरा आज भी जारी है। स्त्री के साथ हुई यह सबसे बड़ी दुर्घटना है। सांस्कृतिक महत्त्व एवं चर्चा

के प्रति निर्धारित दृष्टिकोण आज भी पितृसत्तात्मक दृष्टिकोण का ही अभिन्न अंग है। फर्क बस इतना है कि पितृतंत्र आज स्वयं अपनी सुविधा के लिए इस नव-औपनिवेशिक दौर में स्त्री को थोड़ी छूट देना चाहता है, क्योंकि अब वह स्त्री का सहयोग चाहता है। अलग-अलग देशों में स्त्री का शोषण करनेवाली इन सत्तात्मक ताकतों की नीतियाँ अलग-अलग प्रतीत हो सकती हैं। स्त्री द्वारा इनका प्रतिरोध भी समान स्तर पर नहीं किया जा रहा लेकिन अब भी संस्कृति के माध्यम से ही पुरुष-सत्ता इस नव-औपनिवेशिक काल में स्त्री पर नियंत्रण बनाए रखने में सफल है। आर्थिक मंदी के दौरान संस्कृति की चर्चा ज्यादा की जाएगी, इससे भी हम परिचित हैं। अर्थ यानी धन सीमित है। सार्त्र के अनुसार जिस जमीन पर पुरुष खड़े हैं वह किसी और की जमीन हो सकती है।

अब निम्नलिखित शर्तों पर गौर करें:

☐ समाज में संस्कृति का स्थान और खासकर उस समाज की स्त्रियों को दी जानेवाली सांस्कृतिक शिक्षा, रोजमर्रा की सामान्य पारस्परिक क्रिया में तथा अन्य लोगों के साथ संपर्क कायम करने में पितृसत्तात्मक संस्कृति की भूमिका क्या है, इसका उल्लेख।

☐ स्त्री को अधीनस्थ स्थिति में लाने के लिए सत्ता किस तरह संस्कृति का इस्तेमाल करती है।

☐ उपनिवेशवादविरोधी सांस्कृतिक मुक्ति की प्रक्रिया में स्त्रियों की भूमिका। और अंत में केवल एक सवाल, खुद से और अन्य सबसे, जब फासीवादी संस्कृति अपने चरम पर हो तब स्त्री को क्या करना चाहिए?

स्त्री-पुरुष के इस संघर्ष के मूल में हजारों साल से चली आई श्रेणीबद्ध विश्व की कल्पना है, जिसमें सबसे ऊपर ब्रह्म, ईश्वर, अल्लाह है, उसके बाद सवर्ण, फिर शूद्र, तब स्त्रियाँ एवं जानवर हैं। इस संदर्भ में ऐसे अनेकानेक मनीषी और विद्वज्जन लेखक हैं, जिन्होंने शास्त्र एवं संहिताओं में संस्कृति एवं साहित्यिक क्षेत्रों में स्त्री के प्रति सहानुभूति प्रदर्शित करते हुए स्त्री का ऐसा चित्रण किया जो या तो उदार पुरुषों को प्रभावित करे अथवा पुरुष समाज के सामने स्त्रियों की मात्र एक व्याख्या प्रस्तुत कर दे। उनकी नजर में स्त्री आज भी वही अर्द्ध-प्रकृति है जो प्रत्येक सभ्य एवं सुसंकृत स्त्री की खाल के नीचे मौजूद है। पुरुष समाज की भी अपनी कल्पना है, उसने भी ऐसे सपने बनाए हैं। वह भी कल्पना कर रहा है कि इस उथल-पुथल संघर्ष का अपना कोई अर्थ नहीं। स्त्री-पुरुष समान हैं, दोस्त हैं और एक-दूसरे को प्यार करते हैं। मगर संस्कृतिवादियों की यह उदारतावादी विचारधारा शोषण के शिकार लोगों के अंदर इस भ्रम को मजबूत करती है कि एक दिन स्त्री-

पुरुष में शांतिपूर्ण समझौता हो जाएगा और एक ऐसा सभ्य एवं सांस्कृतिक माहौल तैयार होगा जो स्त्री को हिंसा से छुटकारा दिला ही देगा। तब वह पितृतंत्र जिसे कानून और व्यवस्था का नाम दिया गया है, वह व्यवस्था और अधिक सुदृढ़ हो जाएगी। सांस्कृतिक सौहार्द की चर्चा शत्रुतापूर्ण वर्गीय अंतर्विरोधों को धुँधला करती है, स्त्री-मुक्ति के लिए चल रहे संघर्षों के सभी अंतर्विरोधों को ढक देती है। और यह भी सही है कि स्त्रियों द्वारा अपनाए गए मुक्ति-आंदोलन के तेवर पुरुषों को अच्छे नहीं लगते। सत्ताधारी पुरुष वर्ग को हर जगह केवल संस्कृति और समाज का पतन ही पतन दिखाई पड़ता है।

संस्कृतिवादी उदारता की आड़ में वैचारिक संघर्ष से इंकार करता है और एक सिद्धांतहीन शांति के पक्ष में खड़ा होता है। इसलिए वह स्त्री के उत्पीड़न को यह कहकर स्वीकारता है कि ऐसा तो हमेशा से घटता आया है। वह तर्क देता है कि एक बार उस स्वर्णिम अतीत को लौटा लिया जाए तो सब ठीक हो जाएगा। बस थोड़े धीरज की जरूरत है। स्त्री साथ दे तो हमें उस अतीत को और सुंदर तरीके से गढ़ने में सुविधा मिलेगी। वस्तुगत तौर पर देखें तो इसका प्रभाव पितृतंत्र की यथास्थिति को ही मजबूत करता है। क्या वजह है कि संस्कृति हमेशा उत्पीड़ित स्त्री को विनम्र बने रहने, क्षमा करने और अहिंसा के मार्ग पर चलने का उपदेश देती है? आखिर क्यों मानवीय मूल्यों की प्रतीक स्त्री ही बनी रहती है? क्यों कहा जा रहा है कि मानवीय मूल्यों को तो स्त्री ही बचा पाएगी। क्या यह भी कभी सोचा गया है कि जिनसे इन मूल्यों को बचाने की बात कही जा रही है वे स्वयं मनुष्य की श्रेणी में हैं भी क्या? मानती हूँ कि पुरुष का भी हृदय-परिवर्तन करने की चेष्टा की जाती है, मगर फिर भी पुरुष का उद्देश्य यहीं बेहद साफ है। दरअसल संस्कृति का उद्देश्य उत्पीड़ित वर्गों (स्त्री एवं शूद्र) की प्रतिरोध शक्ति को कमजोर करना है। इसके लिए हर संभव प्रयास किए जाते हैं। इस तरह एक आम स्त्री का मानसिक अनुकूलन किया जाता है कि वह विश्वास करने लगे कि उसकी समस्याएँ पहले कभी थी नहीं, यह तो महज आज की समस्याएँ हैं। स्त्रीविरोधी जुमलों से वैदिक साहित्य भरा पड़ा है और स्त्री को गरियाने में देव-भाषा का भी उपयोग धड़ल्ले से किया गया है। स्त्री के खिलाफ इससे बड़ी हिंसा और क्या होगी? कहाँ है स्त्री की परंपरा? निष्पक्ष रूप से किन संहिताओं में दर्ज हैं स्त्री के अनुभव? स्त्री के पास अपनी कविता और दर्शन नहीं हैं। सांस्कृतिक उदारतावाद की अभिव्यक्ति जितने स्पष्ट रूप में स्त्रियों के खिलाफ शास्त्र और संहिताओं में दर्ज है स्त्री के अनुभव? स्त्री के पास अपनी कविता और दर्शन नहीं हैं। सांस्कृतिक

उदारतावाद की अभिव्यक्ति जितने स्पष्ट रूप में स्त्रियों के खिलाफ शास्त्रों और संहिताओं में हुई, वह अन्यत्र नहीं मिलती।

संस्कृत की पुस्तकें, उपनिषद और स्मृति ग्रंथों को पढ़ें। इन पुस्तकों में स्त्री को एक ऐसे प्राणी के रूप में दिखाया गया है जो रीढ़हीन, विनम्रतापूर्ण सात्विक गुणों से भरपूर है। जिसकी एकमात्र इच्छा अपने पति का प्यार पाने की है और पति से प्रेम न मिलने पर उसका जीवन विफल है, उनका सारा मानस ही आत्मघृणा, आत्महिंसा के नकारात्मक तत्त्वों से युक्त है। ऐसा नहीं कि यह बात अन्य धर्मों में हम नहीं पाते। पितृतंत्र एक बड़ी पुरानी परंपरा है और धर्म भी इससे ऊपर नहीं। या फिर धर्म को परिभाषित और विनियोजित करनेवाला पुरुष वर्ग का मानस स्त्री-विद्वेष से अछूता नहीं। स्त्री के चारों ओर पितृसत्ता द्वारा की जानेवाली शारीरिक, धार्मिक और बौद्धिक हिंसा दिखाई देती है जिसे धर्माचार्यों एवं शंकराचार्यों की परंपरा ने पूरी स्वीकृति दी है। जो हिंदू मानस अपनी उदारता और महानता को बघारने से नहीं थकता उसी हिंदू ने अतीत में या फिर आज भी अधिकतर स्त्रियों की जिंदगी को नर्क बना रखा है। फ्रैंज फैनन ने कहा था कि उपनिवेशवाद से मुक्ति एक हिंसात्मक प्रक्रिया है। तो क्या मुक्ति के लिए स्त्री को भी हिंसा का सहारा लेना होगा? स्त्री को इस नव-उपनिवेशवाद का मुकाबला, तथा प्रतिक्रियावादी हिंसा का मुकाबला क्या क्रांतिकारी हिंसा से करना होगा? स्त्री के लिए आखिर क्योंकर बीमार मानसिकता और पवित्र कातरता से भरे स्वप्नों को रचा जाता है? क्यों उसके सामने दुर्बल आशाओं का उदाहरण प्रस्तुत किया जाता है? बहुत से उदारतावादी लेखकों को पढ़ते समय आखिर विद्वज्जन क्यों नहीं खुद से सवाल करते, आखिर क्या वजह है कि धर्म, संस्कृति और परंपरा ने उत्पीड़ित स्त्री को हमेशा विनम्र बने रहने, क्षमा करने और अहिंसा के मार्ग पर चलने का उपदेश दिया? आखिर क्यों संस्कृतिवादियों ने भलाई, विनम्रता, दयालुता और दब्बूपन आदि की शिक्षा समाज के दबे-कुचले वर्गों के साथ-साथ स्त्री-समाज को ही दी? क्यों नहीं पुरुषों ने अपने जुल्मों पर ध्यान केंद्रित किया और अपनी नस्ल को सुधारने का प्रयास किया? आखिर यह पितृसत्ता ही तो है जिसने स्त्री को अपनी बर्बरता का शिकार बनाया, उसे लूटा और हर तरह से प्रताड़ित किया।

सत्ता का उद्देश्य बहुत साफ है। दरअसल संस्कृतिवादियों का उद्देश्य स्त्री की प्रतिरोध शक्ति को कमजोर करना है और सत्ता यहाँ संस्कृति एवं साहित्य तथा भाषा का इस्तेमाल स्त्री-मानस को अनुकूलित करने के लिए करती है। वह स्त्री को घोषित रूप से यह विश्वास दिलाना चाहती है कि उसकी समस्याओं और समाधानों की जड़ें अतीत के स्वर्णिम इतिहास में,

वैदिक स्थितियों में निहित हैं। यानी आर्य धर्म हमेशा से स्त्री का पक्षधर रहा है। यह तो अनार्यों, राक्षसों, मुसलमानों और ईसाइयों के कारण स्त्रियों पर कहर टूट पड़ा। इस तरह की शिक्षा आज भी स्त्रियों को दी जाती है। अधिकतर स्त्रियाँ पितृसत्तात्मक संस्कृति के मूल्यों को सहज मान लेती हैं। स्त्री का अपना क्या है? न धर्म, न संस्कृति और न साहित्य, वह स्वीकारी गई जब अपने से भिन्न जाति और वर्ग की उसने सेवा की, स्त्री के कानों में जो मंत्र फूँका गया, वह पुरुषों द्वारा रचा गया। या तो वह अदीक्षित और अमंत्रवत् रही या फिर उसे जो दीक्षा दी गई वह उसी संस्कृति और इतिहास का गुणगान करनेवाली? राष्ट्र का स्वर्णिम इतिहास भी स्त्री की बरबादी से रँगा है। जब पुरुष अपनी विजय का गीत गाता है तो उसमें स्त्री के अपमान की कहानी रहती है। यह तो स्त्री का दुर्भाग्य है कि वह राष्ट्रवादी परंपरा को स्वीकारे और उसी राष्ट्रवादी संस्कृति को अपनाए जिसने उसका दमन किया और फिर कहे कि अब मैं शक्तिशाली हूँ। यह ऐसा सांस्कृतिक साम्राज्यवाद है जो बचपन से स्त्री के मानस का अनुकूलन करना शुरू करता है। जिनके प्रति उपजी चिढ़ के बावजूद उम्र बढ़ने के साथ-साथ हम स्त्रियाँ इसी वाहियात शिक्षा को ग्रहण करने के लिए अभिशप्त हैं। स्कूली शिक्षा के बाद ये सारी बातें अखबारों, समीक्षाओं, उपन्यासों और अर्धवैज्ञानिक कृतियों तथा हर कहीं दिखाई देती हैं। और कुछ दिनों बाद स्त्री को लगने लगता है कि स्त्री होने के नाते, उसके बारे में जो कहा जा रहा है, संस्कृति की जो अपेक्षा उससे की जा रही है, वह ठीक है, सही है। जिन्हें शुरू में स्त्री ने गलत समझ कर विद्रोह किया उसी को अब वह स्वीकारने लगी। किसी बात को बार-बार दोहराते रहने से उसका प्रभाव पड़ना स्वाभाविक है। झूठ, दुराग्रहों एवं स्त्री-विद्वेष पर आधारित इन विवरणों को आत्मसात करने के बाद स्त्री यही मान लेती है कि समाज में सम्मानित स्थान पाने के लिए उसे साम्राज्यवादी सांस्कृतिक अपेक्षाओं को पूरा करना है और खुद इस तरह वह अपने स्त्री समुदाय के हित से और अपनी मूल जरूरतों से अलगावित हो जाती है।

सांस्कृतिक राष्ट्रवाद के अंतर्गत, साहित्य के प्रभाव से स्त्री को एक ऐसे रूप में पैदा करना था जो स्थायी तौर पर हीनभावना से ग्रस्त हो, पूर्ण मुक्ति के लिए उसे न अपनी क्षमता पर विश्वास हो और न अपने वर्ग पर आस्था। कुल मिलाकर इस सांस्कृतिक नजरिये ने स्त्री समुदाय के एक तबके के अंदर (यह तबका उच्च कुल और पूँजीवादी स्त्रियों का है) पितृसत्ता के मूल्यों को स्थापित किया है और अन्य सभी वर्गों एवं जाति की स्त्रियों को यह मानने को मजबूर कर दिया कि यही मूल्य सार्वजनीन महत्त्व के हैं। आखिर क्या कारण है कि आज भी हमारे सार्वजनिक जीवन के सभी क्षेत्रों

में ऐसे सलाहकार रखे और सम्मानित किए जाते हैं जो स्त्री विद्वेष को बुरा नहीं मानते बल्कि जाने-अनजाने ऐसी भावनाओं को प्रश्रय देते हैं। मूल्यों के इस पुरातन ढाँचे को तो अब तक उठाकर फेंक दिया जाना चाहिए था, मगर क्या वजह है कि घुमा-फिराकर सत्ता के उसी ढाँचे को स्त्रियों पर लाद दिया जाता है? स्त्री-विद्वेष वाली शिक्षा एवं दृष्टिकोण सोच-समझकर बनाई गई नीतियों का हिस्सा हैं जिसके कारण आजाद ख्यालों के उदारपंथी लेखक और विचारक भी शोषण के इन पुराने मूल्यों से चिपके रहते हैं।

यह सांस्कृतिक उपनिवेशवाद मुसलमानों और अंग्रेजों के समय से शुरू हुआ या फिर हमें इतिहास में और पीछे लौटना होगा? एक बार फिर से आर्यों के द्वन्द्व पर ताजा बहस खड़ी करनी होगी? संस्कृति के क्षेत्र में यह भी देखना होगा कि सांस्कृतिक साम्राज्यवाद का प्रमुख वाहक कौन रहा है? आज फिर से संस्कृति की नई व्याख्याएँ शुरू कर दी गई हैं। सांस्कृतिक प्रतीकों के नए मिथकीकरण का प्रयास किया जा रहा है ताकि हम राष्ट्रीय स्वयंसेवक संघ के हिंदी, हिंदू, हिंदुस्थान तक ही रुके रहें? राष्ट्र का अर्थ क्या हम यहीं तक रखें? इससे भी अधिक दुख की बात तो यह है कि वर्तमान शासन-पद्धति स्त्री के बारे में वही पुराना दृष्टिकोण अपनाए हुए है। उनके पास भी मानवीय स्थितियों, जाति, वर्ग, अर्थशास्त्र, राजनीतिशास्त्र तथा आम आदमी की आम गतिविधियों के प्रति विश्वजनीन मूल्यों के वही पुराने घिसे-पिटे मुहावरे हैं।

स्त्री को भी इस नव-उपनिवेशवाद को समझना होगा। इसमें सांस्कृतिक साम्राज्यवाद, जिसमें सांस्कृतिक नारीवाद भी शामिल है, अपेक्षाकृत ज्यादा खतरनाक कैंसर की तरह है। वह बड़े महान तरीके से, बड़ी बारीकी से ज्यादा नए-नए रूप ग्रहण कर लेता है और भारतीय राष्ट्रवाद के लबादे के अंदर अपने को छुपा लेता है। अचानक हम पाते हैं कि स्त्री-समस्या का भी राजनीतिकरण हो रहा है और बहुतेरे विचारक और महिला लेखिकाएँ पितृसत्ता के पतनशील मूल्यों के पक्ष में पूरी तरह दलीलें पेश करने में लग गई हैं। इसी सत्ताधारी वर्ग के लिए कभी फैनन ने 'रेचेड आफ अर्थ' में कहा था: 'यह वही इजारेदार पूँजीवादी बूर्जुआ है जो नवउपनिवेशवाद के अधीन साम्राज्यवाद द्वारा विश्व की आर्थिक और राजनीतिक घेराबंदी करने के अभिन्न अंग के रूप में सांस्कृतिक साम्राज्यवाद को बनाए रखने का प्रचारक बन जाता है।'

तब क्या करना चाहिए? स्त्री का सबसे पहले अपनी जमीन पर नियंत्रण होना चाहिए। (स्त्री का भी अपनी जमीन पर हक बनता है।) साथ ही अपनी कोख, अपनी श्रम-शक्ति के परिणामों पर उसका नियंत्रण रहना

चाहिए। (पितृसत्ता ने स्त्री की उत्पादक शक्तियों के विकास की स्वतंत्रता का बड़े हिंसात्मक तरीके से अपहरण किया। इतिहास की यह सबसे पुरानी खूनी जंग है, जिसके द्वारा अधीनस्थ स्त्री-समुदाय की ऐतिहासिक प्रक्रिया का निषेध किया गया।) जब हम स्त्री-मुक्ति की चेष्टा करते हैं तो ऐसा हो सकता है जिससे एक खास वर्ग उभरकर सतह पर आएगा। स्त्री-मुक्ति संघर्ष से स्त्री के उस व्यक्तित्व को फिर से हासिल करना है ताकि साम्राज्यवादी शक्तियों का विनाश किया जा सके। उस संस्कृति को नकारना होगा जो नवउपनिवेशवाद की पोषक हो। जो भी धर्म हो, उसके मूल्यों का सामजंस्य स्त्री के संघर्ष की आकांक्षाओं से हो। सिर के बल खड़े द्वन्द्ववाद को जमीन पर सीधा खड़ा करना होगा। दूसरे शब्दों में हमें व्यापक स्त्री समुदाय के विश्व-दृष्टिकोण को बदलना है ताकि वह खुद को परिभाषित करने की पहल करे और उस पर अपना अधिकार समझे।

साहित्य में स्त्री-लेखन का महत्त्व हम कैसे स्थापित करें क्योंकि हमारी संस्कृति पारिभाषिक रूप से साहित्य की पितृसत्तात्मक परिभाषा ही प्रस्तुत करती है। आज भी साहित्यिक परंपरा में स्त्री को या तो भोग्या या फिर देवी के रूप में रखा जाता है। यदि कोई मानवीय रूप में रखने का प्रयास भी करता है तो उससे छिपा हुआ दाताभाव स्त्री के उभरते हुए मानवीय स्वरूप का नुकसान ही करता है। हमें यह देखना है कि इस प्रकार के काल्पनिक सच स्त्री-लेखन को कैसे प्रभावित करते हैं। राजा बात करता है, निर्णय देता है और रानी उसके बगल में बैठी हुई सिर्फ अपने चश्मे के आर-पार देखती रहती है। क्या रानी हमेशा प्रमुख वक्ता की हाँ में हाँ मिलाती रहेगी? राजा के दृष्टिकोण को अपनाना चाहेगी, उसके शब्दों को दोहराना चाहेगी? या वह अपने शब्दों में अपने दृष्टिकोण को प्रस्तुत करना चाहेगी? नारीवादी साहित्यिक आलोचना के संदर्भ में ये कुछ आधारभूत प्रश्न हैं, जिनका हमें उत्तर देना होगा। ये ऐसे प्रश्न हैं जो सैद्धांतिक और व्यावहारिक स्तर पर बार-बार स्त्री-साहित्य के संदर्भ में उठते रहे हैं। लेखक आपस में मिलते हैं, सोच-विचार करते हैं और अपने पूर्वजों की उपलब्धियों को या तो स्वीकारते हैं या नकारते हैं। मेरा मतलब उस साहित्यिक परंपरा से है जिसकी हमेशा चर्चा होती रही है। चर्चा में अंतर्निहित तनाव, आक्रामकता, परेशानियों का सामना लेखक को करना पड़ता है। केवल उपलब्धि की परंपरा नहीं बल्कि शैली, तथ्य और रूपकों की भी परंपरा है जो पूर्वजों से विरासत में मिलती है। बहुधा एक साहित्यिक पाठ में पिछले कई पाठों की उपस्थिति, ध्वनि, प्रतिध्वनि और गूँज निहित होती है। साहित्यिक वंशावली की संरचना पर चर्चा करने से साहित्यिक इतिहास की गति को समझा जा सकता है। किसी

भी लेखक में यह तनाव होना लाजिमी है कि वह सही अर्थों में अपना सृजन-कर्म करे और उसकी पिछली पीढ़ी का लेखन-कर्म भी अपना महत्त्व बनाए रखे। लेखक अपनी परंपरा को नकारता नहीं बल्कि परंपरा में उस पिता को, गुरु को खोजता और स्थापित करता है। इस संबंध को काफी महत्त्व दिया गया है और इसी में उसकी साहित्यिक शक्ति है। लेखन उस परंपरा का हिस्सा होना चाहता है, किंतु यह तभी हो सकता है जब वह परंपरा से मिली हुई सहज अनुभूति को नकार पाए। अतः साहित्य का इतिहास, वह चाहे रामचन्द्र शुक्ल हों या हजारीप्रसाद द्विवेदी, रामविलास शर्मा हों या नामवर सिंह, एक प्रकार से अपने दृष्टिकोण में पितृसत्तात्मक है। इसी कारण वे नारीवादी आलोचकों को कई जगह यौनवादी लगते हैं। साहित्य का इतिहास यदि परंपरागत रूप से पिता और उसके पुत्रों में चलनेवाला युद्धक्षेत्र है तो स्वाभाविक है कि स्त्री वहाँ परिधिकृत रही है और रहेगी। फिर प्रश्न उठता है कि महिला-लेखन को कहाँ रखा जाए। क्या उसकी परंपरा में मातृत्व को स्थापित किया गया है? क्या उनके पास अपने उदाहरण हैं? उनके पूर्ववर्ती हैं? क्या स्त्री-रचनाकार की अपनी प्रेरणा है और उसका सामना उनकी अपनी सेक्सुअलिटी से होता है? हिंदी साहित्य की इतिहास-रचना पितृसत्तात्मक शैली में हुई है। हो सकता है कि लिखनेवाले विचारकों के अनुसार साहित्य को पुरुषोचित ही होना चाहिए था और यदि यह पुरुषोचित है तो महिला-लेखन इस पारंपरिक पुरुषोचित प्रभाव के प्रति तनावग्रस्त होगा। यहाँ कुछ प्रश्नों को उठाना लाजिमी है जिसे प्राय: पुरुष लेखक या पाठक अनदेखा करते हैं। सच्चाई तो यह है कि पहली नजर में महिला लेखन पहचानरहित, अलगावित, अपरिभाषित एवं अपने आप से अजनबी है। स्त्री का साहित्यिक परंपरा से वैसा सामना नहीं होता जैसा कि पुरुष का होता है। यहाँ एक प्रकार से साहित्यिक सत्ता लेखन के व्यक्तित्व को पूर्वानुमानित रूप से परिभाषित करके चलती है, और उसकी संभावना बनाती है। फलस्वरूप स्त्री के मन में अपने व्यक्तित्व, अपनी स्वायत्तता और अपने सृजन में विरोध एवं द्वन्द्व होता है। स्त्री लेखिका के सामने जो पुरुष अग्रज हैं, वे सत्ता के प्रतीक हैं और अपनी विशिष्टता के बावजूद भी वे स्त्री के अनुभव और उसकी पहचान को एक लेखक की तरह परिभाषित नहीं कर पाते। जिस प्रकार वे अपने साहित्यिक व्यक्तित्व को संरचित करते हैं और उस संरचना के दौरान परंपरा से जितने तीखे संघर्ष से वे जूझते हैं, स्त्री वैसा नहीं कर पाती। अतः पुरुष लेखक को जहाँ अपने पर पड़नेवाले प्रभाव की चिंता होती है, या फिर वह इस प्रभाव से बचना चाहता है वहीं स्त्री अपने लेखकत्व के प्रति ही आश्वस्त नहीं हो पाती। वह बार-

बार सोचती है कि शायद वह और नहीं लिख पाएगी। वह कभी भी मील का पत्थर नहीं हो सकती। कारण ऐसा लेखन कर्म उसे अलगावित करेगा या उसको मिटा देगा। यह घबराहट न केवल इस डर से है कि वह अपनी शर्तों पर अपने समकालीन पुरुष लेखकों से संघर्ष नहीं कर पाएगी और न ही उनसे जीत पाएगी और न ही वह अपनी प्रेरणा से, जो कि नारीत्व का ही स्वरूप है, कुछ लिख पाएगी।

बच्चे जब समाज में रहते हुए बोलना सीखते हैं तो वे पिता का स्थान लेना चाहते हैं। एक दिन पिता की गद्दी पर लड़का ही बैठता है, लड़की नहीं। हालाँकि सांस्कृतिक विरासत में वह माँ के भी करीब है किन्तु संतान के प्रति माँ की इच्छा का संदर्भ भी लिंगवादी है। यानी वह पति के संदर्भ में ही संतान को चाहती है। यही कारण है कि बच्चे माँ के लिए पिता का स्थान लेना चाहते हैं और यहाँ भी माँ की इच्छा में, चाहना में लड़के को ही स्थान मिलता है। अतः चाहे लड़का हो या लड़की, अन्ततः दोनों ही स्त्री सच को खारिज करते हैं। पिता के संदर्भ में लड़की उन नियमों के अधीन रहना चाहती है जो पिता द्वारा निर्मित हैं यानी पिता उसे जिस रूप में देखते हैं। इसीलिए पुरुष-लेखक अपनी परंपरा के साथ अपने समकालीन लेखकों से संघर्षरत है वहीं स्त्री-लेखक केवल पुनर्सृजन की प्रक्रिया में लीन है। वह पुरुष परंपरा को बढ़ाती है उसके खिलाफ नहीं जाती। जबकि खुद को लेखक की तरह परिभाषित करने के लिए उसे अपने समाजीकरण की पुनः परिभाषा करनी होगी। पुनर्आकलन यानी पीछे पलटकर देखना होगा या पुराने पाठ को नए आलोचनात्मक दिशा-निर्देश देने होंगे। किन्तु स्त्री के पास अपनी साहित्यिक परंपरा नहीं। उसकी पूर्व की पीढ़ी ऐसी कोई सत्ता नहीं रखती जिसके खिलाफ स्त्री-लेखन को संघर्षरत होना है। अतः स्त्री-लेखन को पुरुषों की तरह इडिपस संरचना में नहीं रखा जा सकता। स्त्री अब भी उन पूर्ववर्ती उदाहरणों को खोज रही है ताकि अपने विरोध को वह न्यायोचित ठहरा सके। यानी कह सके कि जैसा मेरे पूर्ववर्तियों ने किया, वैसा ही मैं भी कर रही हूँ। अतः पितृसत्तात्मक समाज में यदि वह अपने स्त्री वर्ग के अनुभवों को अभिव्यक्त करना चाहे तो उसे उन सारे बंधनों और अनुकूलनों से लड़ना पड़ता है जिससे उसकी पूर्ववर्तियों ने लड़ा था। पितृसत्तात्मक समाज के भीतर आज भी स्त्री मानस 'अन्य' की स्थिति में है। अपनी इस स्थिति में लेखिका अकेली है। वह अपनी समकालीन लेखिकाओं से मिलना चाहती है। वह स्त्री पाठकों तक पहुँचना चाहती है। लेकिन सांस्कृतिक रूप से वह कायर है, वह सत्ता से डरती है, इतिहास में हस्तक्षेप करने से डरती है। सत्ता के द्वारा उसके व्यक्तित्व के ह्स्वीकरण और लघुता

की प्रक्रिया से परिचित है। शायद इसीलिए स्त्री-लेखन को एक भिन्न प्रकार की साहित्यिक उपसंस्कृति में रहना पड़ता है। ऐसा नहीं कि इस उपसंस्कृति में उसके साथ पुरुष लेखक नहीं है। इन निचली गहराइयों की अपनी साहित्यिक परंपरा रही है किन्तु यह उपधारा पुरुषप्रधान साहित्यिक संस्कृति की मुख्यधारा के संदर्भ से ही परिभाषित होती है। हो सकता है कि हममें से कुछ लेखिकाएँ उपधारा के रूप में अपनी इस पहचान से खुश भी हों, किन्तु समकालीन वर्षों में, स्त्री आज भी एक नई परंपरा की शुरुआत करने में असमर्थ है।

इस उपसंस्कृति से स्त्री साहित्य का नुकसान हुआ है। सृजन के दौरान जब वह संघर्षरत होती है तो अपनी परंपरा खोज नहीं पाती। यहाँ अभिव्यक्ति की जो व्याकुलता है वह स्त्री की अपनी देह के कारण सत्ता द्वारा निर्धारित है। पिता-पुत्र के संघर्ष की पुरुष-परंपरा की तुलना में स्त्री का साहित्यिक संघर्ष काफी कमजोर है, क्योंकि पहले की पीढ़ी की लेखिकाओं ने विरासत में दूसरी पीढ़ी को कुछ सौंपा ही नहीं है। यहाँ परंपरा को सौंपने का काम सत्ता में बैठे हुए पिता करते हैं। वे पूर्वानुमानित रूप से स्त्री को हीन मानते हैं और अपने द्वारा स्थापित साहित्यिक मूल्यबोध को स्त्री के ऊपर आरोपित करते हैं जो कि हर मायने में उनकी एक रुग्ण मानसिकता का परिचायक है। साझेदारी के बदले एक तरह का टूटा हुआ क्रम है, आपसी संदेह है। ऐसा तनाव है जो स्त्री-लेखन की शैली और संरचना में शुरू से आखिर तक व्याप्त है। यदि समकालीन स्त्री पूरी तैयारी के साथ कुछ लिखना भी चाहे, तब भी उसकी आँखों के सामने उन स्त्रियों के चेहरे घूम जाते हैं जिन्होंने अकेले संघर्ष किया, स्थापित सामाजिक मान्यताओं से लड़ती रही। हालाँकि आज नारीवाद विधेय उदाहरणों को सामने रखने की चर्चा कर रहा है किन्तु हम सभी जानते हैं कि सृजनात्मक रूप से इस उपसंस्कृति से निकलना या फिर इसे केंद्र के साथ जोड़ना कितना कठिन है।

बार-बार स्त्री का सामना उस परंपरा से होता है, जिसे वह नकारना चाहती थी। वह समझती है कि पाठ को बनानेवाले उसी पाठ में कैद हैं। पाठक उसे बताता है कि वह कितनी दूर तक जा सकती है। मैंने जब लिखना शुरू किया तो सबसे पहले स्वप्न में आपनी माँ को देखा। वह मुझे डाँट रही थी, और मैंने चीखते हुए कहा: 'माँ तुम नहीं जानती कि तुम मेरा कितना नुकसान कर रही हो? तुम मेरे नारीत्व को, मेरी स्त्री-शक्ति को, जिसकी मुझे जरूरत है, नकार रही हो। मातृत्व के रूप में अपनी प्रेरणा को खोजने का अर्थ है कि स्त्री-लेखन को इससे घुटन हो, उभरती हुई स्त्री की अपनी संस्कृति का ह्रास हो। ऐसे समाज में लिखना खतरे से खाली नहीं जो

गाहे-बगाहे निर्देश देना चाहे कि आपका लेखन-कर्म कैसा होना चाहिए और किस विषय पर आप लिख सकती हैं, किस पर नहीं। स्त्री भी पुरुषों की तरह वैचारिक प्रेरणा तो चाहती है किन्तु इन विचारों से निर्देशित होना नहीं चाहती। आज पश्चिम में बहुत-सी लेखिकाओं ने पितृसत्तात्मक समाजीकरण और साहित्यीकरण का अध्ययन-विश्लेषण करना शुरू कर दिया है। कोई भी युवा लड़की विशेषकर यदि वह जिंदादिल है तो अपने शिक्षा के अनुभव के दौरान नरमाई एवं समर्पण को नहीं अपनाना चाहेगी। क्योंकि त्याग करने की भी आदत पड़ जाती है और इसी कारण हम आत्मदया की बीमारी को भी स्वीकारने लगते हैं। वह युद्धरत है मगर उसके हथियार भोथरे हैं, वर्जीनिया वुल्फ के शब्दों में वह झालरों से और चमचियों से लड़ती है। १९वीं शताब्दी के उत्तरार्द्ध तक हम पाते हैं कि स्त्रियों को उच्च, उच्च-मध्यवर्ग तथा श्रमिक वर्गों में बाँट दिया गया और यह कहा गया कि उच्चवर्ग की स्त्री बीमार तथा कमजोर है।

देवी के रूप में स्त्री ने जिस भावनात्मक मुखौटे को लगाकर चलना चाहा, जिस सात्विकता को अपनाया, उस पर भी प्रहार किया गया। लेकिन न वह शूर्पणखा बन सकती थी और न कामदेव की रति। ऐसी बहुत-सी कहानियाँ थीं जिनसे वह जुड़ती चली गई। ऐसा भी कहा गया कि उसने लिखा तो है मगर लिखने की इस ग्रंथि के कारण उसने पति तथा घर की पूरी उपेक्षा की जो कि उचित नहीं था। बहुत-सी लेखिकाओं ने यह सोचा कि वह औरत की तरह नहीं, बल्कि पुरुषों की तरह लिखेगी और ऐसी स्थिति में वह खुद अपनी दुश्मन बनी क्योंकि उन्होंने अपनी देह को नकारा। दूसरे शब्दों में या वह निष्क्रिय परी बनी या फिर सक्रिय चुड़ैल। संस्कृति द्वारा प्रदत्त इस साहित्यिक परंपरा में स्त्री आज भी, अँधेरे में अपनी जड़ों को टटोलती है और पारंपरिक अनुकूलन से निकलने को छटपटाती है। वह अब भी अपने स्वरूप को निर्धारित नहीं कर पा रही है। यों टुकड़ों में टूटना और निराश होना स्त्री की नियति रही है। जो उसे मिलता है उसे वह स्वीकार नहीं पाती। शायद उसकी भूख मर जाती है। क्योंकि विरासत और परंपरा के छल-कपट और विषाक्त अवदान से वह परिचित है। कभी वह निराश होकर यह कहती है कि चुप रहने में हम सबका भला है। अपनी जड़ों से कटी हुई वह प्रायः स्मृतिभ्रम का शिकार होती रहती है। वह अपना इतिहास भूल चुकी होती है।

५

नारीवादी ज्ञान-मीमांसा के उद्देश्य

नारीवाद का संबंध स्त्री के अनुभव और उसकी स्थति से है। इसे कुछ शब्दों में परिभाषित करना कठिन है, क्योंकि स्त्री को ऐसे बहुत-से मुद्दों का सामना करना पड़ता है जो प्रत्यक्ष रूप में नारीवादी न भी लगें लेकिन परोक्षत: नारी-मुक्ति से उनका संबंध होता है। स्त्री-लेखन के लिए नई ऐतिहासिक चुनौतियाँ और राजनीतिक अनिवार्यताएँ पैदा हो गई हैं। अनुभवों की जटिलता बढ़ी है और स्त्रियों की एक पीढ़ी से दूसरी पीढ़ी के बीच उम्र के आधार पर भिन्नता स्थापित हुई है। कम से कम दो प्रकार की स्त्रियाँ सामाजिक मंच पर जरूर दिखाई देती हैं। एक वे जो सक्रिय आंदोलनकर्ता हैं, और दूसरी वे जो अकादमियों और बौद्धिक जगत में कार्यरत हैं।

नारीवादी विमर्श तथा शास्त्रीय दर्शन में हमेशा विरोध रहा है। इस विरोध के सही उपयोग से साहित्य की मौलिक अवधारणा प्रभावित हो सकती है। साहित्य हमारी संस्कृति और अनुभव के गहनतम पक्षों का पुनर्विवेचन है। गायत्री चक्रवर्ती स्पीवाक लिखती हैं: 'कौन नहीं जानता कि ये शास्त्रार्थ हमें द्वंद्वों, उलझनों से और अधिक निम्नवर्गीय (सवालों) सच्चाई से भर देते हैं। लेकिन दलगत उलझनों की समझ के लिए हमें नारीवाद की जरूरत पड़ती है। दर्शन की अवधारणा के पुष्टीकरण और पारंपरिक अनुशासन से अलग हटकर ऐसे विचारकों, विखंडनवादी सांस्कृतिक मनोविश्लेषकों, उत्तर-उपनिवेशवादी, मार्क्सवादी आदि और तरह-तरह के नारीवाद ने एक बार फिर मानवीय क्रिया-कलाप के विषय में पारंपरिक दृष्टिकोण को बदलने के लिए मजबूर किया है।' दर्शन सोच और चिंतन की वह प्रक्रिया है जो हमारे सामने यथार्थ जगत की वास्तविक चुनौतियों को प्रस्तुत करती है। साहित्यिक संस्थानों और बौद्धिक संरचनाओं में अंतर्निहित विरोधाभास ही नारीवाद की वास्तविक चुनौतियाँ हैं। नारीवाद का यह क्रांतिकारी पक्ष आज भी अपनी गति को बनाए हुए है और किसी भी प्रकार की वैचारिक स्थिरता से परहेज करता है।

नारीवाद सत्ता संबंधों के पारंपरिक खयालों, सरलीकृत व्यवस्थाओं तथा पारंपरिक रुझानों को चुनौती देते हुए वैश्विक बहनापे का दावा भी पेश

करता है। वह विश्वविद्यालयों और बौद्धिक जगत की स्थापित व्यवस्था स्वीकारने से इंकार करता है। बीसवीं सदी में ७० और ८० के दशक में पश्चिम की नारीवादियों ने पारंपरिक संस्थानों और सामाजिक संरचनाओं का खुलकर विरोध किया था जबकि आज नारीवाद इन संस्थाओं में ही पनप रहा है। उन्हें सत्ता के साथ ही संबंध स्थापित करना पड़ता है, संस्था के विचारों को अपनाना भी पड़ता है। नारीवादी इसके साथ अपनी पहचान भी खोजती रहती हैं। यदि वे विरोध न करें तो यथास्थिति में फँसकर रह जाएँगी जिसके कारण उनकी वैचारिक धारा अवरुद्ध हो जाएगी।

मेरी समझ में नारीवाद जगत में अवस्थित होने का तरीका है। यह व्यवहार अधिक है और सिद्धांत कम। कौन स्त्री कब और कैसे नारीवादी विचारों और सक्रियता का हिस्सा हो जाती है, यह कहना कठिन है। हाँ, बुद्धिजीवी स्त्रियों से इस बात की अपेक्षा जरूर रहती है कि वे समाज के मूलाधार में प्रयुक्त अवधारणाओं के प्रति आलोचनात्मक रुख रखेंगी। सामाजिक आंदोलन ऐतिहासिक और सांस्कृतिक रूप से परिवर्तनशील रहा है। प्रत्येक स्त्री-समाज की अपनी ऐतिहासिक पृष्ठभूमि है जिसे अनदेखा नहीं किया जा सकता। कहीं न कहीं सारी स्त्रियाँ एक होते हुए भी अपनी विशेष परिस्थिति एवं घटनाओं से निर्मित हैं। राजनीति उन्हें प्रभावित करती है। ऐसे कई आंदोलन हैं, मसलन फासीवादी ताकतें, मंदिर-मस्जिद विवाद, अस्थिर केंद्र आदि जो स्त्री की स्थिति को प्रभावित करते हैं। स्त्री होने का यह सजग बोध ही है जो प्रत्येक स्त्री को नारीवादी आंदोलन से जोड़ता है। विरोधाभास से स्त्री बच नहीं सकती। आज की स्त्री को ऐतिहासिक रूप से अनेक अंतर्विरोधों को साथ लेकर चलना पड़ता है। इसीलिए उसके लेखन में यदि हम इस अंतर्विरोध को पाते हैं तो गलत क्या है? उसके लेखन में निहित व्यावहारिक, राजनीतिक, सैद्धांतिक और आत्मालाप जैसे सभी स्वर मिले-जुले ही रहेंगे। २१वीं सदी में नारीवाद को नए दृष्टिकोण से समझना होगा। नारीवाद में अंतर्विरोधों और विरोधाभासों को समझने से हम यह भी समझेंगे कि नारीवाद में कितना बिखराव है, कैसे यह सत्ता और व्यवस्था के स्वर से अलग है। भाषा, जाति, वर्ण और स्थिति को समेटकर भी स्त्री स्वयं को एक राजनीतिक पहचान देना चाहती है। वह स्वयं को अलग व्यक्ति के रूप में स्थापित करना चाहती है।

१९७० के दशक में जहाँ स्त्री के हक में कुछ बोलना या लिखना संदेह की दृष्टि से देखा जाता था वहीं आज स्त्री का पक्षधर होना सम्मान की दृष्टि से देखा जाता है। ऐसे कई बौद्धिक अनुशासन हैं, विशेषकर ऐसी बहुतेरी पत्र-पत्रिकाएँ हैं, जो नारीवाद से संबंधित कुछ न कुछ प्रकाशित करती रहती हैं।

इस हालात के इतर हिंदी बौद्धिक जगत में आज भी पितृसत्तात्मक सवर्ण मानसिकता और वर्गीय आग्रहों का बोलबाला है। नारियाँ जिस संस्था मे काम कर रही हैं, उसी की जमीन पर उन्हें ऐसे भेद-भाव का सामना करना पड़ता है जिसे वे अभिव्यक्त तक करने में असमर्थ हैं। स्त्रियों को भी पितृसत्तात्मक ज्ञान और विचार के माध्यम से ही स्वयं को संस्था में नियोजित करना है। नारीवादी सिद्धांतों के अध्ययन का प्रमुख विषय वे सारे अंतर्वैयक्तिक संबंध हैं जिनका नियमन पितृसत्तात्मक संरचनाओं के हस्तक्षेप से ही संभव है। पितृसत्ता संबंधों का ताना-बाना बुनती है—छात्र / शिक्षक / अफसर / सैनिक, श्रमिक / प्रबंधक, आदि जो हीगेल के मालिक-गुलाम के सिद्धांत से मेल खाता है। व्यावहारिक स्तर पर इन तमाम रिश्तों को तोड़ना या इनके औचित्य पर सवाल उठाना नारीवाद का पहला उद्देश्य है। अत: जरूरी नहीं कि बौद्धिक जगत में नारीवादी सिद्धांतों को सही पहचान मिले। शिक्षक अपने छात्र को शोषण और दमन के खिलाफ समझाना चाहता है बिना इस बात से अवगत हुए कि कहीं वह स्वयं भी छात्र-छात्राओं के प्रति दमनकारी भूमिका तो नहीं अपना रहा है। विश्वविद्यालय और बौद्धिक जगत वास्तव में पितृसत्ता की सबसे मजबूत भावभूमि है। यह क्षेत्र कभी नहीं चाहेंगे कि नारीवादी अपने प्रयास में सफल हो। उसका प्रयास होगा कि स्त्री स्वयं अपने खिलाफ बोले और लिखे।

बहुत-सी स्त्रियों ने इसके उत्तर में बाह्यकरण की नीति अपनायी है। वे खुद की सामाजिकता और वैयक्तिकता को इन संबंधों से जितना दूर रखती हैं उतनी ही मानो वे सत्ता से विरोध-प्रदर्शन कर पाती हैं। इसके बावजूद उन्हें छात्र-छात्राओं को बहुत कुछ ऐसा पढ़ाना पड़ता है जो खुद स्त्रियों के हित के खिलाफ है। संस्कृत साहित्य और रीतिकाल में स्त्री-विरोध भरा पड़ा है। यह भी हो सकता है कि नारीवाद से जुड़ी कुछ महिलाएँ बौद्धिक कैरियरपरस्ती अपना बैठें, हालाँकि इसमें सत्ता की चाल समझने का बोध है। सारांश यह है कि हिंदी साहित्य की शास्त्रीय बौद्धिक संस्थाएँ क्रांतिकारी नारीवादी विचारधाराओं को कुंद करती हैं।

मुझे हिंदी लेखन और आलोचना का क्षेत्र हमेशा से पुरुषकेंद्रित लगा है। साहित्य क्षेत्र भी यौनवाद से अछूता नहीं है। इसीलिए आलोचना की प्रणाली का विश्लेषण करना ज़रूरी है। क्या साहित्य की परंपरा में स्त्री-मुक्ति का भी स्थान है? क्या स्त्री की अधीनस्थ स्थिति पर साहित्य विचार करता है? क्या आलोचकवृंद का नजरिया सेक्स, वर्ण, जाति, लिंग के पूर्वग्रहों से ग्रस्त नहीं? इसी संबंध में कुछ प्रश्न उठाना चाहूँगी:

☐ *साहित्य का उद्देश्य क्या है? कोई क्यों लिखता है? निस्संदेह प्रत्येक*

लेखक का उद्देश्य है सत्य, मानवीय समाज, अनुभव की संरचना। नए अनुभवों के क्षेत्रों को खोजकर उन मूल्यों का संप्रेषण जो मानव-मुक्ति में सहायक हो सकें। तब क्या साहित्यकार के लिए यह उचित होगा कि वह उन समकालीन दुराग्रहों को परंपरा के नाम पर जीवित रखे, जो हाशिये के लोगों को मानवीय गरिमा और पहचान देने में कोताही बरतते हैं और यदि वह ऐसा करता है तो क्या समाज में परिवर्तन संभव हो सकेगा?

☐ आलोचना के प्रतिमान निर्धारित करते समय क्या स्त्री के दृष्टिकोण को शामिल किया जाता है? क्या जीवन की विभिन्न रुचियाँ, अनुभव, भाषा और मूल्यबोध स्थापित करने में स्त्री के दृष्टिकोण की कोई भूमिका नहीं है? साहित्य जगत में ज्ञान, भाषा, नैतिकता आदि का निर्धारण भी पुरुष के हाथों में क्यों है?

☐ क्या समस्याओं के निदान में, प्रश्नों के उत्तर देने में और अपनी रणनीति में हम उन सिद्धांतों को विनियोजित करते हैं जिनका सामंजस्य लेखन के विभिन्न पहलुओं से है?

☐ क्या आलोचना की मौलिक अवधारणाएँ और प्रतिमान पितृसत्ता के दुराग्रहों के परिचायक नहीं और क्या अब भी इनकी उत्पत्ति में पुरुष दुराग्रह काम नहीं कर रहा?

☐ क्या यह जीवन के विभिन्न क्षेत्रों एवं समुदायों के व्यक्तियों का प्रतिनिधित्व करता है? और यदि ऐसा दावा करता भी है तो क्या बाद में सत्ता के साथ समझौतापरस्ती के चलते उन्हीं लोगों को अकादमी, विश्वविद्यालयों और साहित्यिक मंचों पर हाशिये पर नहीं धकेल देता?

☐ साहित्य के मौजूदा इतिहास के चलते हमें क्या नारीवादी शोधकार्य में सहायता मिलेगी, यानी क्या इनकी सहायता से हमारे शोधकार्य वैज्ञानिक हो सकेंगे?

☐ क्या आलोचना करते समय हम मानवीय जीवन में प्रचलित राजनीति, सत्ता, सामाजिक, आदि लैंगिक संदर्भों से बनी पहचान की भूमिका को अनावृत करते हैं?

☐ सारी आलोचनाएँ वर्गद्वेष के बदले आपसी समझौते को बढ़ावा देती हैं। क्या इससे साहित्य केवल उत्पाद बनकर नहीं रह जाता?

☐ कालजयी रचना हम किसे कहेंगे? सफल लेखक कौन है? पुरस्कारों की राजनीति के पीछे सत्ता की कौन-सी मनोवृत्ति काम करती है? ऐसा क्यों है कि हम अब भी महिला लेखिकाओं में महज दो-एक को स्थापित कर अपने कर्तव्य की इतिश्री मान लेते हैं।

☐ ये सारे तर्क और आरोप कमोबेश साहित्य के प्रत्येक 'वाद' और

'विचारधारा' पर लागू होते हैं। क्या न केवल पारंपरिक साहित्य बल्कि आधुनिक और उत्तर-आधुनिक सभी ने स्त्री-लेखन की कमोबेश उपेक्षा की है और स्त्री जीवन के विभिन्न पहलुओं को अनदेखा नहीं किया?

मैं यहाँ नारीवादी आलोचना के किसी नए प्रतिमान की चर्चा नहीं कर रही। मुझे आलोचना के स्थापित प्रतिमानों को स्वीकारना होगा। कोरे कागज पर बिल्कुल एक नया शब्द लिखने में मैं असमर्थ हूँ लेकिन स्थापित आलोचना प्रणाली का मूल्यांकन तो करना ही होगा। इसके साथ ही यह भी स्पष्ट करना होगा कि यह प्रणाली न पूरी तरह सही है और न ही एकदम गलत।

प्रायः तीन तरह के आलोचक हमारे सामने हैं:

☐ *जिनका स्त्री-लेखन के प्रति निषेधक रुख है। बड़ी शान से वे कहते हैं कि मैं महिला-लेखन पढ़ता ही नहीं या उसकी चर्चा में भाग नहीं लेता। यही लोग परंपरा का रोमानीकरण भी करते हैं। इनके अनुसार ये सारी बातें पश्चिमी हैं और हमारी परंपरा तो गार्गी, महादेवी, कृष्णा सोबती और मन्नू भंडारी की है। इन लोगों ने आज तक अलग से स्त्री-लेखन की माँग नहीं की।*

☐ *दूसरे वे हैं जो स्त्री-लेखन में रुचि रखते हैं, पढ़ते भी हैं मगर उनका दृष्टिकोण अपने लैंगिक और वर्गीय स्वार्थ से ऊपर नहीं उठ पाता।*

☐ *तीसरे वे लोग हैं जो आज स्त्री-लेखन के प्रति सहानुभूति के साथ पेश आ रहे हैं। यानी कुल मिलाकर हम कह सकते हैं कि काले और सफेद के बीच कई तरह के धूसर रंग हैं। इनके बीच हम तुलना तो नहीं कर सकते लेकिन यह तो कह ही सकते हैं कि स्त्रियों को साहित्य में कौन-सा स्थान चाहिए।*

ज्ञान एक प्रकार की दृष्टि ही होता है। दृष्टि से मेरा मतलब सार्वभौमिकता का बौद्धिक आदर्श नहीं, बल्कि यथार्थ जगत में वास्तविक लोगों को सुदृढ़ होने से दृष्टि मिलती है। जगत में प्रत्येक वैज्ञानिक दृष्टि समान रूप से स्पष्ट नहीं होती। अधीनस्थ लोगों की सामाजिक परिस्थिति जगत का वह हिस्सा भी देखती है जो सार्विक और वैश्विक ज्ञान का दावा करनेवाले भी नहीं देख पाते। जमीन से जुड़े लोग जितनी खूबसूरती से मंच पर बैठे हुए लोगों की सत्ता का विश्लेषण करते हैं, उनकी आपसी दरारों को समझते हैं, उतनी स्पष्टता से ये विशिष्ट लोग जन की भाषा और संबंध को नहीं समझ पाते। हम क्रमशः प्रगतिशील ज्ञानशास्त्र में विश्वास करते हैं जो किसी भी एकांगी विरोधाभास से उत्पन्न वैज्ञानिक ज्ञान को नकारकर चले। निष्पक्षता के बदले हम सीमित दृष्टिकोण की बात करते हैं ताकि इस पर चलकर एक बड़ा

परिप्रेक्ष्य हासिल कर सकें। हम अब भी उस आनेवाली पीढ़ी पर आशा रखते हैं जो इस जगत का और अधिक सुस्पष्ट विवेचन करने में समर्थ होगी। मूल्यों की निष्पक्षता का दावा महज एक छलावा है। हमारे दिए गए विवरणों को विकल्प की हमेशा संभावना बची रहती है और एक बार जब ज्ञान के संदर्भ में मूल्यों को लागू करने की अनिवार्यता स्वीकार लेते हैं तो यह हमारे अनुसंधान पर निर्भर करता है कि हम किन मूल्यों को स्वीकारें या फिर किनका परित्याग करें। हमारा परिदृश्य और पूर्वपीठिका भी नारीवादी मूल्यों के अनुसार ही होनी चाहिए। लांगिनों १९८९ में कहती हैं: 'अमूर्त उद्देश्य के प्रति प्रतिबद्ध होते हुए भी हम सामाजिक और राजनीतिक उद्देश्य की प्राप्ति कर सकते हैं कि हम किन लोगों के प्रति जवाबदेह हैं? ऐसा करने से प्रभावी वर्ग के पुरुषकेंद्रित मूल्यों की हम अवहेलना कर सकते हैं।'

व्यवहार में सारतत्त्ववाद का विरोध

सवाल उठता है कि नारीवादी चिंतन व्यवहार-जगत में सारतत्त्ववादी दृष्टिकोण का कैसे विरोध करे। अ-बहुलतावादी विमर्श सार्वभौम नारीवादी दावों को खारिज करते हुए किसी भी स्पष्ट भेदक रेखा को स्थापित करने से इंकार करता है। पर बहुत सी नारीवादी राजनीतिक परियोजनाओं, अवधारणात्मक साधनों से वंचित होने के कारण अपने व्यवहार में सारतत्त्ववादी रुझानों को नहीं रोक पातीं। सारतत्त्ववादी नारीवाद नारीवादी राजनीतिक सिद्धांत और व्यवहार में सामंजस्य की चेष्टा करता है। १९७० के दशक में नारीवाद जहाँ राजनैतिक आंदोलन के माध्यम से विश्वविद्यालय में होनेवाले भेदभाव के खिलाफ संघर्षरत था, वहीं आज के दौर में नारीवादी चिंतक अपनी इस आक्रामकता के प्रति सवाल उठा रहा है। अहेतु की आक्रामकता और क्रोध के बदले युक्तिसंगत बात व्यावहारिक और परिपक्व मानसिकता का द्योतक होगी, हालाँकि नारीवादी विचारकों में हम ऐसा स्पष्ट विभाजन नहीं देख पाते। फिर भी, पीढ़ियों के अंतराल को हमें व्यक्त करना होगा। अपने असारवादी विमर्श से परे जाकर किसी व्यवहारवादी राजनीतिक परियोजना को हम अब तक नहीं देख पाए हैं। नारीवाद मध्यवर्गीय स्त्रियों की देन है। लेकिन विश्वविद्यालय और अकादमी से बाहर ही उनका राजनीतिक अनुभव ज्यादा संवर्धित हुआ है। सवाल उठता है कि हम क्या सारतत्त्ववाद को सार्विक रूप से अपने लेखन में नकार सकते हैं। चाहे कोई भी कारण रहा हो लेकिन एक यही शब्द बहुत-से नारीवादी मुद्दों को खारिज करने की क्षमता रखता है। कारण सार्विकता की आड़ में कोई भी स्त्रियोचित सिद्धांत यदि स्त्री की भिन्नता को न समझ पाए, यदि व्यर्थ ही साधारणीकरण के मोह में

पढ़कर नारीत्व की जड़ीभूत व्यवस्था स्वीकारने की चेष्टा करे, तो हम यही कहेंगे कि अधिकतर नारीवादी सिद्धांतों ने कुछ विशिष्ट स्त्रियों की पहचान और अनुभव का समूचे नारी समाज के अनुभव की तरह प्रतिनिधित्व किया है। लेकिन यह उचित नहीं। एक की आवाज को सबकी आवाज के रूप में कैसे स्वीकारा जाए? असारवादी दृष्टिकोण का उद्देश्य केवल इतना ही है कि वह सहज स्वाभाविक रूप से स्त्रियों की भिन्नता पर प्रकाश डाले और यह दिखाने की कोशिश करे कि उसका अन्य लेखकों पर क्या प्रभाव पड़ता है। स्त्री और स्त्री के बीच सत्ता की भिन्नता है लेकिन नारीवाद के मुद्दे उठाने के कारण बहुतेरी स्त्रियाँ समाज की नजरों में आयी हैं और विशिष्ट रूप से स्वीकृत हुई हैं। प्रत्येक स्त्री के बारे में कुछ कहने का दावा हमें अपने प्रतिनिधित्व के अधिकार के बारे में सोचने पर मजबूर करता है।

आज बहुत-सी स्त्रियाँ लिख रही हैं और उनके लेखन की उपेक्षा नहीं की जा सकती। स्त्री-लेखन द्वारा की गई आलोचनाएँ और विश्लेषण जिस प्रणाली पर आधारित हैं क्या वह साहित्य की आलोचना करने में सक्षम है? क्या इससे हम साहित्य को प्रोत्साहित करते हैं जो जीवन के हाशिये से संबंधित है: यानी स्त्री और दलित? क्या सामाजिक परिवर्तन की दिशा में इन आलोचनाओं का योगदान है? यहाँ तुरंत एक बात कही जा सकती है कि साहित्य तो मानव-मुक्ति का ऐलान करता है। वह प्रत्येक प्रकार के शोषण और दमन के खिलाफ आवाज उठाता है। फिर साहित्य के क्षेत्र में यह कौन-से भेद की बाद उठाई जा रही है? मेरा उत्तर है कि सबसे पहले साहित्य के क्षेत्र में पुरुष-वर्चस्व है (हालाँकि बहुत-से लोग मेरे इस आरोप को फैनेटिज्म या स्त्रियोचित जिद और दुराग्रह की संज्ञा देंगे या फिर इन चर्चाओं को साहित्येतर कहेंगे। कम से कम इसे साहित्य की मुख्यधारा का विवाद या बहस का मुद्दा तो नहीं ही मानेंगे)। इसके बावजूद मैं यह स्पष्ट करना चाहूँगी कि यदि हम किसी विशिष्ट साहित्यिक भाषा या कलाविदों के शब्दाडंबर को न अपनाएँ तो अपनी साहित्यिक परिचर्चा में ज्यादा लोगों को शामिल कर सकेंगे।

हम यह भी पूछना चाहेंगे कि साहित्य के इन उद्देश्यों को किसने स्थापित किया? क्या ये मौलिक धारणाएँ पितृसत्तात्मक समाज की देन नहीं हैं? इन प्रतिमानों को साहित्य में लागू करने के पीछे हमारा उद्देश्य क्या है?

चूँकि पितृसत्ता अपनी यथास्थिति को कायम रखना चाहती है और स्त्री चूँकि माँ भी है इसलिए ये प्रतिमान हमें इन अवधारणाओं को और गहराई से अनावृत करने से रोकते हैं। यह कहने से रोकते हैं कि आप जिनके प्रतिनिधित्व का दावा कर रहे हैं, आलोचना की जिस प्रणाली को विनियोजित कर रहे हैं

उसमें हम शामिल क्यों नहीं हैं। मेरा विरोध आपके उद्देश्य से नहीं है। आपकी विश्लेषणात्मक प्रणाली और नियोजित प्रतिमान कहीं स्त्री-लेखन को उभरने नहीं देते। आपके प्रतिमान शाश्वत नहीं, उन्हें बदलिए। अब निम्न बातों पर गौर करें:

□ *बहुत से विवाद और समस्याओं का जन्मदाता वह शास्त्रीय लेखन है, जिसे बहुत कम लोग समझते हैं।*

□ *साहित्य के क्षेत्र में जिन समस्याओं को उठाया जाता है, बहस के जिन मुद्दों को स्थापित किया जाता है, प्रश्न पूछे जाते हैं उनमें क्या स्त्री-पक्ष के विभिन्न दृष्टिकोण, प्रतिमान और सिद्धांत शामिल किए गए थे? उदाहरण के लिए भाषा, मूल्यबोध या यथार्थबोध के बारे में स्त्रियों के अनुभव पुरुष से बिल्कुल भिन्न हो सकते हैं। क्या अनुभव की इस भिन्नता को अलग पहचान देने की कोशिश की जाती है?*

□ *स्त्री-लेखन को अलग से मान्यता मिले या न मिले, इस पर बहुतेरी लेखिकाओं में भी मतभेद हो सकता है लेकिन स्त्री-पक्ष को भी शामिल किया जाए, उसके दृष्टिकोण को, लेखन को, भाषा की समस्या को, इस पर तो स्त्रियों में कोई विरोध नहीं। भाषा की समस्या को कम से कम सभी महान लेखिकाओं ने स्वीकारा है। पुरुष-सत्ता की भाषा के कारण ऐसे बहुतेरे अनुभव हैं, जिनका स्त्रियाँ वर्णन नहीं कर पातीं। स्त्री-पक्ष को स्थापित करने के लिए स्त्रियों ने सहज और स्वाभाविक ज्ञान-पद्धति का इस्तेमाल किया है। नारीवादी सिद्धांतों की रूपरेखा खींचने में हम पारंपरिक अनुशासन की सीमा-रेखा ज्यादा नहीं स्वीकार पाएँगे। कारण ज्ञान-प्राप्ति के दौरान ज्ञाता, भोक्ता, कर्ता स्वयं को एक आयातित श्रेष्ठ स्थिति में रखता है जबकि निरंतर वस्तुवाद को झेलती हुई स्त्री ज्ञाता के रूप में उभरने और स्थापित होने में समय लेती है। आत्मविश्वास के लिए भी उसे वक्त चाहिए।*

इसके उत्तर में मैं बस इतना ही कहना चाहूँगी कि आत्मविश्वास आए कहाँ से? हम तो उस परंपरा से निकले हैं जहाँ अधिक प्रश्न पूछने पर लुढ़कते हुए सिर दिखाने की रीति है। हमारे सामने कभी पश्चिम का उदाहरण दिया जाता है, कभी रूस का तो कभी भारतीय लेखिकाओं के शौर्य का। परिवर्तन तभी संभव है जब लेखन सहज हो, सरल हो। उसकी प्रणाली जितनी प्राकृतिक होगी, वह समाज के सभी वर्गों और जातियों को समेटकर चलेगा। एक स्त्री का ज्ञान-प्राप्ति का तरीका पुरुष से भिन्न है। उसके ज्ञान का संदर्भ भिन्न है। वह पुरुष की तरह जगत-अवस्थित नहीं। यहाँ पर हम उन तमाम जातीय, आर्थिक भिन्नताओं को नजरअंदाज करें तो भी स्त्री-पुरुष भिन्नता को नकार नहीं सकते। इस भिन्न स्त्री की आवाज सुनने की आदत

डालनी होगी। साहित्य समाजविज्ञान नहीं, मगर समाज से कटकर भी नहीं। समाजविज्ञान के क्षेत्र में भी जातीय और लैंगिक दुराग्रहों का बोलबाला है। हम पर यह आरोप भी आ सकता है कि हम ज्ञाता के रूप में व्यक्ति के ऊपर ज्यादा ध्यान केंद्रित कर रहे हैं और ज्ञान-प्राप्ति, अनुभव तथा लेखन की उन सामाजिक संरचनाओं के प्रभाव की उपेक्षा कर रहे हैं जो वास्तव में किसी भी रचना की पृष्ठभूमि होती है। ऐसा नहीं कि ज्ञाता के साथ ही उसकी संरचना भी सक्रिय हो उठती है? सवाल तो ये है कि हम इन पर ध्यान दें या न दें।

इन प्रश्नों का उत्तर देते हुए यह प्रश्न भी उठता है कि केवल कविता, कहानी, उपन्यास को ही साहित्यिक विधा माना जाए या मानवीय अभिव्यक्ति की अन्य विधाओं को भी स्त्री साहित्य? स्त्री की पढ़ने-लिखने और निर्णय की क्षमता की अलग शैली है और ये भिन्नताएँ स्त्री की वर्गीय और जातीय सोच का परिणाम हैं। उसकी यौनिकता से परिचालित हैं। अतः इस पर ध्यान दिया जाना चाहिए। अपने-आप में शास्त्रीय आलोचनाएँ प्रायः झगड़ालू, वैमनस्यकारी, क्लिष्ट भाषा तथा आक्रामक शैली में अभिव्यक्त होती हैं। इनका उद्देश्य होता है अपने तर्क में विपक्ष को धराशायी करना। आपको यह महसूस करवाना कि उसने जितनी भी बातें कहीं, सब व्यर्थ हैं। नतीजा है कि उनके द्वारा प्रतिपादित शैली और रणनीति साहित्यिक जगत से न केवल स्त्रियों को बल्कि दलितों को भी बहिष्कृत करती हैं। इस पर ओमप्रकाश वाल्मीकि का कहना है: 'हम उस समूचेपन को नहीं अपनाते जो अंतर्विरोधों को भी साथ लेकर चलता है।'

साहित्य के क्षेत्र में यह आपसी द्वेषभाव उचित नहीं। ठीक है, कोई कभी-कभी अपने तर्क की श्रेष्ठता और पारदर्शिता स्थापित करना चाहता है किंतु क्या हमेशा वही श्रेष्ठ और स्थापित रहेगा, केंद्र में रहेगा? प्रत्येक दूसरे की कीमत पर अपने-आपको संवर्धित करता और यदि ऐसा करता है तो क्या आपका ऐसा दृष्टिकोण साहित्यिक कहलाने का हकदार है? अपनी लेखन-शैली को स्वीकारने की बाध्यता सब पर लागू नहीं हो सकती। जहाँ तक भाषा का सवाल है बहुत से लेखक अपने दृष्टिकोण में बड़े दकियानूसी और पारंपरिक लग सकते हैं। उनकी रुचि यथास्थिति को बनाए रखने में है और वे उसी भाषा का इस्तेमाल करते रहना चाहते हैं जिसका प्रयोग किसी श्रेष्ठ लेखन ने किया है। भाषा का उद्देश्य है संपर्क स्थापित करना और संपर्क दो प्रकार का होता है:

- ☐ समान स्तर के लोगों का आपसी संपर्क।
- ☐ स्तरीकृत सत्ता का शासितों से संपर्क का प्रयास।

साहित्यिक संवाद में हाशिये के लोगों की भी भागीदारी होनी चाहिए। हम जन की बात करते हैं पर अपने संवाद में जन को शामिल नहीं करते, और जब शामिल करते हैं तो उस पर अज्ञानी होने, अस्पष्टता और विरोधाभास का आरोप लगाते हैं। मगर जरा कल्पना कीजिए कि देह का व्यापार करनेवाली स्त्री के लिए क्या यह संभव है कि वह अपनी समस्या को सही तौर पर सम्प्रेषित कर सके? अब तक वह खामोश रहती आई है। लिखने-बोलने का उसे अभ्यास नहीं। समाज में वह कभी शामिल नहीं हुई। जिन शाश्वत मूल्यों की चर्चा की जाती है उन्हें न तो वह जानती है और न उन्हें निर्मित करने में उसकी कोई भूमिका रही है। स्त्री आज भी मूल्यों की खोज कर रही है लेकिन जरूरी नहीं कि वह पितृसत्ता की भाषा, उसके द्वारा व्यवहृत शब्दों के माध्यम से ही हस्तक्षेप करे। सिद्धांत निर्मित करे। सिद्धांतीकरण करे। सबसे पहले इस बात का स्पष्टीकरण किया जाना चाहिए कि साहित्यकार किसे कहते हैं और शीर्षस्थ लेखकों की तुलना में कितनी स्त्रियाँ रही हैं। बहुतेरे ऐसे क्षेत्र हैं जिन पर आज के साहित्यकार को लिखना चाहिए था। लेकिन ऐसा नहीं हुआ। कारण उनका जन-जीवन से कटकर केवल अलग विश्वविद्यालयों में सिमटकर रह जाना है। नारीवादी लेखन का क्षेत्र स्त्री का जीवन है। इसका यह अर्थ नहीं कि स्त्री केवल स्त्री पर ही लिखेगी और किसी और विषय के अनुभव पर कुछ नहीं कहेगी।

क्या साहित्य के इतिहास से हमें नारीवादी दृष्टिकोण के अनुसंधान में कुछ मदद मिलेगी? यह उस शोधकर्ता पर निर्भर करता है कि वह साहित्यिक कृति पर कैसा मूल्यांकन करना चाहता है। स्त्री नहीं चाहती कि नारीवादी शोध पर पुरुषोचित राजनीतिक दृष्टिकोण या मूल्य आरोपित किए जाएँ। साहित्यिक आलोचनाओं में क्या जीवन के विभिन्न पक्षों की भूमिका को प्रस्तुत किया जाता है? क्या हम संदर्भ से निकालकर किसी आदर्श स्थिति की कल्पना करते हैं? समस्या तो यह है कि नारीवाद उत्तर-आधुनिकतावाद के साथ भी समझौता नहीं कर पाता क्योंकि स्त्री अपनी राजनैतिक प्रतिबद्धता को नहीं छोड़ना चाहती, बल्कि वह तो यथार्थ को अपनी तरह अभिव्यक्त करना चाहती है। केवल वैश्विक दृष्टिकोण अपनाना सत्ता का दुराग्रह नहीं, और न ही सत्ता कुछ लोगों के हित में बोलती है। बल्कि दुःख यह भी है कि सत्ता झूठ बहुत अधिक बोलती है। अतः नारीवाद का उद्देश्य है कि वह दमन के यथार्थ का ऐसा वर्णन करे कि लोग उस पर ध्यान देने के लिए बाध्य हों। दो व्यक्तियों के बीच जब संवाद होता है तो वहाँ वक्ता कौन है, इस पर गौर करना होगा।

किसी भी कृति की सफलता या विफलता का मूल्यांकन नारीवादी

उद्देश्यों से होना चाहिए। बहुधा साहित्यिक उपलब्धियों से ऐसी रचनाओं की अपेक्षा की जाती है जो सबको चौंका दें। नारीवादी लेखन से अब भी यही अपेक्षा है कि वह स्त्री-जीवन के उन गहनतम पक्षों को अभिव्यक्त करे और उन अवधारणाओं का ढाँचा प्रस्तुत करे, जो उसके राजनीतिक उद्देश्यों को न्यायोचित ठहरा सकें और स्त्री की भावना तथा ज्ञान में सामंजस्य स्थापित करने के लिए विभिन्न तौर-तरीकों की समझ प्रदान करें। हालाँकि इस विषय पर अब भी बहुत कुछ कहना बाकी है लेकिन इतना जरूर है कि स्त्री-लेखन अलग से पहचान चाहता है। पहचानने का पर्याय सत्ता की महत्त्वाकांक्षा नहीं, स्थापित होने की चाह भी नहीं। पहचानने का अर्थ हुआ कि बिना किसी पूर्वग्रह के स्त्री-लेखन की संभावना और सीमा दोनों को समझा जा सके ताकि उसका सही मूल्यांकन संभव हो। यहाँ किसी दरार की चर्चा नहीं की जा रही, विभाजन रेखां की बात नहीं उठाई जा रही, बल्कि सेतु-निर्माण का ही प्रयास है। संवाद का सेतु अगर सफल हो तो आनेवाले वर्षों में स्त्री-लेखन को अलग से पहचान की शायद जरूरत न रहे, स्त्री भी मुख्यधारा में घुल-मिल जाएगी।

हम इंकार नहीं कर सकते कि साहित्य का भी संस्थानीकरण हुआ है और इन संस्थाओं का नियंत्रण तथा संचालन पुरुषों के हाथ में है। संस्थाओं में यदि स्त्रियाँ हैं भी तो या तो वे इन पुरुषों की तरह हो गई हैं या अंतर्द्वंद्व को झेलती हुई खामोश हैं। ऐसा भी नहीं कि कुर्सी पर बैठकर वे खुश हैं और या फिर कोई बदलाव नहीं चाहतीं। किंतु बहुत-सी जगह उन्हें समझौता करना पड़ता है जिसका उनके लेखन पर असर पड़ता है। आलोचक की अपनी संस्थागत ताकत है। किसे साहित्य कहा जाएगा और क्या साहित्येतर है, इसका निर्णय भी वह करता है। इन सिद्धांतों को व्यवहारवादी जगत में कैसे विनियोजित करें, व्यक्तिगत जीवन में और संबंधों में इनका क्या महत्त्व होगा, इसमें स्त्री की भूमिका ज्यादा नहीं मानी गई है। शिशु के लालन-पालन के लिए स्त्री को किसी सिद्धांत की जरूरत नहीं पड़ती। मगर क्यों? इसे असैद्धांतिक क्षेत्र कहा गया। किंतु स्त्री-जीवन के अनेक अनुभव हैं, ज्ञान की ऐसी कई विषय-वस्तु हैं जिनका विश्लेषण किया जाना चाहिए तथा जिनके आधार पर अवधारणाओं तथा सिद्धांतों की रचना संभव थी। मगर वे किए नहीं गए। पारंपरिक ज्ञान-मीमांसा को ये बातें बेहद परेशान करनेवाली प्रतीत हो सकती हैं। हो सकता है कि उन्हें सीधे-सीधे यह तर्क बेतुका लगे लेकिन इसके विपरीत हम जानते हैं कि सहजकृत अनुभववादी 'स्त्रियोचित ज्ञान' की एक और अलग शाखा है। स्त्रियोचित ज्ञान-विज्ञान की परियोजना इन सिद्धांतों में दो प्रमुख उद्देश्य रखती है—पहला, यह विज्ञान की नारीवादी

आलोचना पुरुषकेंद्रित (शिश्नकेंद्रित) मूल्यों को आगे बढ़ाने में सहायक होती है।

दूसरा, नारीवादी ज्ञान-मीमांसा का उद्देश्य है कि स्त्रियोचित वैज्ञानिक प्रयासों को बचाकर चलें क्योंकि उन प्रयासों का उद्देश्य स्त्री की मुक्ति तथा सामाजिक-राजनीतिक समानता है। ऐसी नैतिक-राजनीतिक प्रतिबद्धता से संबंधित शोध-परियोजना वास्तव में आनुभविक स्तर के औचित्य का वर्णन करेगी। मेरा तर्क होगा कि सहजकृत सामाजिक ज्ञान का संबंध साधारण अनुभव से है, यानी स्त्रियोचित ज्ञानवादियों के लिए आवश्यक है कि वे अनुभव विज्ञान के प्रति मौलिक आंतरिक प्रतिबद्धता से अलग हटकर कुछ सोचें। हो सकता है कि स्त्री की स्थापित अवधारणाओं में वे कोई परिवर्तन करना चाहें या खोजबीन की अपनी प्रणाली को वह और अधिक सुदृढ़ करना चाहें, किन्तु ये सभी परिवर्तन तर्क की अवधारणा पर आधारित होंगे और इनका सामाजिक तथा मनोवैज्ञानिक विश्लेषण भी करना पड़ेगा ताकि अच्छे शोध के लिए सामाजिक और भौतिक व्यवस्था की जा सके। सबसे पहले अनुभववाद से हम क्या समझते हैं इस पर प्रकाश डालना होगा? अनुभववाद वह दृष्टिकोण है जो जगत के बारे में ज्ञान-प्राप्ति का माध्यम व्यक्तिगत अनुभव को मानता है। बिना आनुभविक साक्षी के जगत के बारे में कोई भी चिंतन-प्रक्रिया स्वतंत्र रूप से समझने योग्य नहीं हो सकती। स्त्रियोचित ज्ञान-मीमांसा के अनुमान के अनुरूप अनुभवों की व्याख्या करते हुए दो बातें सामने आती हैं—पहली, हम सभी जानते हैं कि कुछ भी किसी घटना होने का कारण हो सकता है और किसी अन्य घटना को प्रकाशित करने के लिए कोई भी फलदायी उदाहरण हम स्वीकार करते हैं। पूर्वानुमानित रूप से अवधारणाओं पर कोई प्रतिबंध नहीं। इनका प्रयोग हम जगत की व्याख्या करने में करते हैं।

ऐसा नहीं है कि साहित्य में दलित और स्त्री-लेखन को प्रोत्साहित नहीं किया जा रहा है। स्त्री पर हुए अन्याय की पूरी चर्चा है। साहित्य तो स्वयं दीन-हीन और वंचित लोगों के जीवन से संबंध रखता है। फिर ऐसा क्यों हुआ कि स्त्री-लेखन को जो स्थान मिलना चाहिए था तथा जैसा दिशा-निर्देश होना चाहिए था, वह नहीं हुआ? ऐसा लगता है मानो आधी मानवता की कहानी को हमने पर्दे के पीछे रखा। इसके पीछे कहीं हमारे मानस का स्त्री-विद्वेष तो नहीं है? कहीं हम जीवन को व्यक्ति और सार्वजनिक क्षेत्रों में बाँटकर देखने के आदी तो नहीं हैं? किंतु समाज से कटकर निजी और व्यक्तिगत कुछ होता नहीं। यदि हम मानव-समुदाय को दो टुकड़ों में तोड़ें तो आधी दुनिया की कहानी, उनके रीति-रिवाज, जीवन को देखने का

नजरिया, सब कुछ अलग दिखेगा। उसका इतिहास विस्मृति के गर्भ में समाया हुआ है। किन्तु विस्मृति से भला क्या साहित्य समृद्ध हुआ है, साहित्य को संवर्द्धित करने के लिए हमें तो अनजाने अँधेरे कोनों में दबी-घुटी चीख को अभिव्यक्ति और स्वर देना पड़ता है, जो केवल पितृसत्ता द्वारा मनोनीत लोगों की चीख न हो। यदि वह किसी अन्य की आवाज है, तो उसको नकारा नहीं जा सकता। एक लंबे समय तक स्त्री खामोश रही और आज जरूरत है कि उसे मानवीय विकास की यात्रा में पूरा स्थान मिले। मनुष्य की संवेदना, कमजोरी, यौन जीवन, असहाय होना, आश्रय माँगना आदि कुछ ऐसी जरूरतें हैं जिनका निदान हमें करना होगा। स्त्रियोचित कहकर उन्हें नकारने से काम नहीं चलेगा। हम सामान्य मानवीय रिश्तों के नाम पर प्रभावी वर्ग के बनाए सब चौखटों में फिट होने और समाने के लिए, कब तक अपने अंगों को काटते-छाँटते रहेंगे। प्रभावी वर्ग को महत्त्व देने का अर्थ हुआ उनके शोषण और दमन को, दूसरों को मिटा देने की हिंसक प्रवृत्ति को स्वाभाविक मानना। अपनी गलती को छुपाने के लिए यह हमेशा प्रभावित लोगों में झूठी अपेक्षाएँ पैदा करने की चेष्टा करता है। ऐसे झूठे आदर्शों को सामने रखता है कि स्त्री उस ओर लपकती रहे और इन साजिशों से अनभिज्ञ रहे।

६

स्त्री का सारतत्त्व

स्त्री आरक्षण के लिए चल रही बहस उदारतावादी विचारधारा के नए-नए आयाम की देन है जिसे बहुसंस्कृतिवाद कहा जाता है। यह राष्ट्र-राज्य की अवधारणा में निहित एकरूपता के आग्रह की एंटीथीसिस है। बहुलतावाद राष्ट्र का निषेध नहीं करता। वरन वह विविधता और भिन्नता को पूरी तरह कायम रखने के आधार पर एक नए तरह के राष्ट्रवाद की परंपरा शुरू करता है। इसके विपरीत सांस्कृतिक राष्ट्रवाद एकरूपता का नया नाम है और नारीवाद के क्षेत्र में वह संस्कृतिवाद की राजनीतिक अभिव्यक्ति बनकर उभरता है। संस्कृतिवादी नारीवाद घूम-फिरकर स्वयं को अनैतिहासिक, सारवादी और द्वैतवादी बना देता है। वह पितृसत्ता का विरोध करते-करते उसे पुष्ट करता है। इसी तरह पर्यावरणवाद भी स्त्री के उसी सारतत्त्व पर जोर देता है जिसे पितृसत्ता ने निर्धारित किया है। ब्राह्मणवाद की संस्कृति स्त्री के जिस सारतत्त्व की संरचना करती है, समकालीन नारीवाद उसका विखंडन करते हुए संस्कृतिवादियों के मानचित्रों को लाँघ जाता है।

आज स्त्री की मुक्ति न तो स्वयं को प्रकृति का पर्याय समझने में है, न ही हिंदू समाज की अन्य सवर्ण स्त्रियों की भाँति अपनी दलित बहनों की मुक्ति को सर्वथा भिन्न प्रसंग कहने में है, और न ही आज की स्त्री सिर्फ अपनी देह को एक प्रौद्योगिक उपादान मानकर समलैंगिकता जैसे प्रत्ययों में सीमित हो सकती है। अतः स्त्री के लिए शोषण के विभिन्न रूपों को समझना एवं उनके खिलाफ संघर्ष में व्यापक भागीदारी करते हुए उसी का झंडा बुलंद करने की प्रक्रिया को सूत्रबद्ध करना है। हाल ही में 'सांस्कृतिक राष्ट्रवाद' के नवोदित प्रत्यय ने एकरूपता को नए आवरण में पेश किया है। हिंदुत्ववादी विचारधारा की यह नई देन अपने सारतत्त्व में एकरूपता की पर्यायवाची ही है। राष्ट्र-राज्य की परियोजना सभी विविधताओं को ठोक-पीठकर एक सांस्कृतिक इकाई में फिट करने से संबंधित है। इसी तर्ज पर सांस्कृतिक राष्ट्रवाद का अर्थ है हिंदू संस्कृति के दायरे में अन्य संस्कृतियों को भी समाहित मान लेना। यह समरसता केवल अलग पूजा-पद्धति की अनुमति देती है और वह भी इस शर्त पर कि हिंदुओं से भिन्न पूजा-पद्धति

अपनानेवालों को अघोषित रूप से अधीनस्थ की श्रेणी में आ जाना होगा। इसके विपरीत बहुसंस्कृतिवादी धारा किसी भी तरह की एकरूपता अथवा समरसता का विरोध करती है। समरूपता के मुकाबले बहुसंस्कृतिवाद अपेक्षाकृत नया दर्शन है। राष्ट्र-राज्य की एकरूपता अगर आधुनिकता की देन है तो बहुसंस्कृतिवाद के आधार पर बना राष्ट्र-राज्य उत्तर-आधुनिक चिंतन की उपलब्धि है। यह उदारतावादी लोकतंत्र के अभी तक उपलब्ध सभी रूपों में सर्वाधिक उदात्त है। समकालीन नारीवाद को यह तय करना है कि वह इन दोनों प्रत्ययों में से किसे अपनाएगा।

यह फैसला जरूरी है। नारीवादी चिंतन कहीं बहककर पुरुषों की तर्ज पर विकसित न होने लगे, इसलिए भी यह निर्णय आवश्यक है। निर्विवाद है कि राष्ट्र-राज्य की समरूपतावादी विचारधारा का सूत्रीकरण पुरुष प्रधान-समाज के बौद्धिक यथार्थ को ध्यान में रखकर किया गया है। इसके पीछे समता के विचार की आकर्षक निष्पत्ति भी है। जैसे ही कहा जाता है कि सब लोग समान हैं, वैसे ही जो वास्तव में समान नहीं हैं अर्थात जिनके पास कम ताकत है, उनके अधिकारों के हनन की अनुमति उन लोगों को मिल जाती है जो दूसरों के मुकाबले अधिक सबल हैं। ऊपर से सार्वभौमिक लगनेवाली समता की विचारधारा अपने निष्कर्षों में विषमता को प्रोत्साहन देती है। समता का आग्रह अपने से भिन्न श्रेणियों और विभाजनों की जान-बूझकर अनदेखी करता है। यह एक ऐसा अति सरलीकरण है जो पहले से वंचित चले आ रहे समुदाय को और भी नुकसान की स्थिति में पहुँचा देता है। सवर्ण / अवर्ण, पूँजीपति / मजदूर, मालिक / नौकर, बहुसंख्यक / अल्पसंख्यक और इसी क्रम में पुरुष / स्त्री के सामाजिक युग्मों में अधीनस्थता का शिकार पक्ष समता के इसी भौंडे विचार का मुकाबला करने के लिए विशेष अधिकारों का सिद्धांत प्रतिपादित करता है। लोकप्रिय भाषा में इसे ही आरक्षण कहा जाता है।

बहुसंस्कृतिवाद स्त्री-पुरुष की समता के आग्रह से ऊपर उठकर समग्र नारी समाज को समझने की दृष्टि विकसित कर सकता है। बहुसंस्कृतिवाद का आग्रह हमें मजबूर करता है कि स्त्री के संदर्भ में लिखते-पढ़ते समय उठाए जानेवाले मुद्दों से आखिर हमारा उद्देश्य क्या है और हम किन स्थितियों की चर्चा कर रहे हैं? महिलाएँ अपना प्रतिनिधित्व किस प्रकार कर सकती हैं? क्या स्त्री स्वयं अपना प्रतिनिधित्व करते हुए इतिहास की मुख्यधारा में हस्तक्षेप करने में समर्थ हो सकती है? आरक्षण के लिए चलनेवाली बाह्य (पुरुषों के बीच) और आंतरिक (स्त्रियों के बीच) बहस में स्त्री को मिलनेवाली सहानुभूति का उसके आंदोलन पर क्या असर होगा?

हिंदूबहुल भारत में स्त्रियों द्वारा संस्कृतिवादी अर्थात प्राचीन हिंदू ग्रंथों के प्रति पुनरुत्थानवादी दृष्टिकोण अपनानेवाली प्रवृत्ति के खिलाफ कैसे संघर्ष किया जाए?

प्रतिनिधित्व की परिभाषा

संसद और विधायिकाओं में स्त्री को मिलनेवाले आरक्षण पर हो रहे विवाद ने समरूपता बनाम विविधता के द्वंद्व को काफी तीखा कर दिया है। अगर यह मसला नारी के पक्ष में सुलझा तो संसदीय लोकतंत्र की शक्ल आमूल-चूल बदल जाएगी और दुनिया-भर में उदारतावादी विचारधारा में भारी परिवर्तन आ जाएगा। इस समय उदारवाद की कोख से ही जन्मे विचारों में राष्ट्र-राज्य का समरूपीकरण संबंधी विचार बहुसंस्कृतिवाद पर हावी है। भारत की धरती पर स्त्री आरक्षण का प्रश्न अपने निष्कर्षों में बहुसंस्कृतिवाद को समरूपीकरण पर हावी कर सकता है। स्त्री के प्रतिनिधित्व के प्रश्न को इसी संदर्भ में देखना चाहिए।

दार्शनिकों-विचारकों ने स्त्री-विषयक मुद्दों पर जो भी विश्लेषण प्रस्तुत किया है वह स्त्री की अनैतिहासिक और सार रूप में व्याख्या करता है। नारीवाद ऐसी किसी परिभाषा को पेश करने में असमर्थ है। मगर व्याख्या की असमर्थता का अर्थ यह तो नहीं कि स्त्री अपरिभाषित ही रह जाए। पहचान-रहित व्यक्ति प्रतिक्रियात्मक हो सकता है और अपनी पहचान की माँग भी कर सकता है, मगर इतिहास में प्रत्यक्ष हस्तक्षेप नहीं कर सकता। स्त्री को अपनी रणनीति स्वयं निर्धारित करनी होगी। मगर कैसे? पारंपरिक तर्क की परिभाषा यदि स्त्री-अधिकार को व्यक्त करने में असमर्थ है तो इस पर नई बहस होनी चाहिए। परिभाषा की कमजोरी का खामियाजा परिभाषित स्त्री क्यों भोगे? स्त्री इस मर्दवादी तर्क-व्यवस्था का सहारा लेकर नहीं चल सकती। पुरुष यदि पीछे हटे तो भी उसके द्वारा तयशुदा स्थानों पर स्थापित होकर स्त्री अपना पूरा परिचय देने में असमर्थ हो जाती है। जाहिर है जब तक स्त्रियाँ राजनीतिक दलों में प्रतिनिधित्व की परिभाषा को बदलने के लिए दबाव नहीं डालेंगी तब तक वे प्रतिनिधित्व प्राप्त करके भी वास्तविक जन-प्रतिनिधि नहीं हो पाएँगी।

विचारों की दुनिया में पुरुष की स्थापना व्यक्ति के रूप में हुई है और स्त्री की वस्तु के रूप में। इसी कारण स्त्री अपने संदर्भ के बदले पुरुष के संदर्भ में परिभाषित होती रहती है। स्त्री का होना महज आकस्मिक घटना की तरह मान लिया गया है। पुरुष व्यक्ति के रूप में संपूर्ण है। स्त्री तो बस अन्या है। नारीवादी दर्शन ने इस पर अच्छा-खासा विमर्श प्रस्तुत किया है

और इसी कारण यह समझ बनी है कि प्रतिनिधित्व के प्रसंग में संरचनात्मक तौर पर स्त्री दोयम हैसियत में है। हमारे सामाजिक, राजनैतिक और आर्थिक विचार तात्त्विक दृष्टि से पुरुष-केंद्रित हैं। स्त्री और पुरुष का यह भेद ही अंततः व्यक्ति / वस्तु, तर्क / भावना, ज्ञान / अज्ञान और अस्तित्व-निषेध आदि के द्वैत की सृष्टि करता है। इस द्वैत में एक की कीमत पर दूसरे का महिमामंडन किया गया है। इन विपर्ययों के सहारे हम स्त्री और उसकी दोयम सामाजिक और राजनैतिक हैसियत को आसानी से समझ पाते हैं। हम यह भी समझ सकते हैं कि कितने नियोजित तरीके से स्त्री को हमारी विचार-व्यवस्था में निषेधक रूप में प्रस्तुत किया गया है। बराबरी के तमाम दावों के बावजूद पारिभाषिक रूप से स्त्री व्यक्ति हो ही नहीं सकती, बल्कि तर्क के आधार पर पुरुष कर्त्ता / भोक्ता / ज्ञानी और महत्त्वपूर्ण हो जाता है। पुरुष कर्ता का अस्तित्व स्त्री को वस्तु के रूप में निर्धारित करता है। लेकिन इस रूप में भला स्त्री को पुरुष के लिए पूरक क्यों होना चाहिए? अब स्त्री जानने लगी है कि एक को गैरजरूरी बनाने से ही दूसरा जरूरी और महत्त्वपूर्ण हो जाता है। इसी कारण पुरुष द्वारा निर्मित संस्थाएँ चाहे संसद हो, नौकरशाही हो या पुलिस, स्त्री की सांस्कृतिक-सामाजिक और यौनजनित भिन्नता को व्यक्ति के स्तर पर महत्त्व देने से इंकार करती हैं। ये संस्थाएँ भिन्नता को तब तक व्यक्त नहीं कर पाएँगी जब तक भिन्नता के प्रसंग में हम अपने सोच में परिवर्तन नहीं लाएँगे।

दूसरी तरफ यह मुद्दा नारीवादी जमातों को यह सोचने पर मजबूर कर सकता है कि उनके विमर्श की मौलिक परियोजना में प्रतिनिधित्व में राजनीति का प्रश्न कहाँ स्थित है? पहली चुनौती का जवाब तरह-तरह से देने की कोशिश हो रही है। राजनीतिशास्त्री धीरूभाई शेठ और योगेंद्र यादव ने मधु किश्वर जैसी विख्यात नारीवादी के साथ मिलकर स्त्री-आरक्षण का एक वैकल्पिक विधेयक तैयार किया है। संसद में प्रस्तुत किए गए विधेयक और इस वैकल्पिक विधेयक का तुलनात्मक अध्ययन संसदीय प्रणाली के नियामकों को नई अंतर्दृष्टि प्रदान कर सकता है।

बहुतेरी स्त्रियाँ, खासकर जो कार्यकर्ता हैं, रणनीतिक चतुराई के चलते परिभाषाओं को अपनाने से बचती हैं। लेकिन तब उन्हें इस आक्षेप का सामना करना पड़ता है कि स्त्री होने की कोई भूमिका या विशेषता है या नहीं? रोजी ब्रेडोटी ने स्त्री के लिए कहा है कि वह 'एकल-बहुलता' की द्योतक है। डोना हार्वे ने कहा है कि नारियों का गठजोड़ उनकी समता और मैत्री पर आधारित होना चाहिए। दरअसल, भिन्न स्थितियों में यह जिन समस्याओं का सामना करती है उनका समुचित निदान प्रतिनिधित्व के एक

उपयुक्त सिद्धांत के जरिए करना होगा। अन्यथा नारीवाद इस समस्या का सामना करने से नहीं बच सकता। ऐसे सिद्धांत के बिना दलित और पिछड़े वर्ग की स्त्रियों को साथ लेकर नहीं चला जा सकता। नारीवाद को सोचना होगा कि व्यक्ति होने और फिर राजनीतिक व्यक्ति होने के लिए स्त्री को क्या करना होगा, किन व्यवहारों को अपनाना होगा। राजनीति में रँगी नारियों की हमारे बीच कमी नहीं है। भारतीय उपमहाद्वीप तो राष्ट्राध्यक्षों और प्रधानमंत्रियों के रूप में एक के बाद एक महिलाओं को पेश करता रहा है लेकिन ये तमान नारियाँ मर्दवादी उसूल के तहत आचरण करती रही हैं। उन्होंने प्रतिनिधित्व के नारीवादी सिद्धांत की रचना के लिए कोई प्रयास नहीं किया है। हमें ध्यान रखना होगा कि स्त्री के संदर्भ में दी गई परिभाषाएँ ठोस और ऐतिहासिक नहीं हो सकतीं, न ही राजनीतिक परिभाषाओं को दार्शनिक अमूर्तीकरण पर आधारित किया जा सकता है। कोई भी अमूर्त संदर्भ तमाम भिन्नताओं को अपने में समेटने में असमर्थ होगा। अत: नारीवाद को कहीं रुकना होगा। इसके लिए कुछ भिन्नताओं को समेटना होगा और कुछ को ज्यों का त्यों रहने देना होगा। नारीवाद महिलाओं की आपसी भिन्नता को कितना समेटेगा और कितना छोड़ेगा, बहस का एक मुद्दा यह भी होना चाहिए। नारीवाद के तत्त्वमीमांसक, संज्ञानात्मक और राजनीतिक आयाम भी इसी संदर्भ में अभिव्यक्त होने चाहिए। हम जब कहते हैं कि स्त्री अपने निर्णय स्वयं ले तो वह एक वर्ग के रूप में, एक स्वायत्त व्यक्ति के रूप में परिभाषित होती है। इसमें तनाव प्रतीत भी होना स्वाभाविक है। भारतीय स्त्री के राजनीतिक आरक्षण का ये वैश्विक आयाम है जिसका प्रभाव आधी दुनिया पर पड़ना लाजिमी है।

आरक्षण पर हुई बहस ने एक तरह से नारीवादी आंदोलन का बड़ा कल्याण किया है। स्त्री की स्थिति, उसकी अस्मिता का प्रश्न, पुरुषवादी चिंतन, उसकी आंतरिक बहुलता आदि प्रश्नों पर नारीवादी पुनर्विचार करने को बाध्य हुए हैं। समरूपता का आग्रह हम सब स्त्रियों को एक रूप में ढालने की कोशिश करता है, लेकिन यह संभव नहीं है। आरक्षण से जुड़े विवाद ने स्पष्ट कर दिया है कि स्त्रियों की जातीय, वर्गीय, सांस्कृतिक और सांप्रदायिक भिन्नताएँ हैं और रहेंगी। इसी बहुलता के कारण उनकी समस्याएँ एक नहीं हैं और न ही इन समस्याओं को किसी एक भाषा में अभिव्यक्त किया जाना चाहिए। बहुसंस्कृतिवाद सिखाता है कि हमें किसी भी ऐसे प्रयास से बचना चाहिए। सबको एक नाम और रूप में ढालना उचित नहीं होगा। यह इसलिए भी अनुचित है क्योंकि एकल सत्य या यथार्थ जैसी कोई चीज नहीं होती। एकमेव सत्य एक दार्शनिक मिथक है और इस एकत्व की

आड़ में अब तक न केवल भिन्नता की उपेक्षा हुई है बल्कि उन सारी विभिन्नताओं और विशिष्टताओं का दमन किया गया है जो व्यक्ति को अलग पहचान देती हैं।

ध्यान रखना चाहिए कि बहुसंस्कृतिवाद बहुलता और भिन्नता को एक नकारात्मक नहीं बल्कि सकारात्मक रूप में चित्रित करता है। भिन्नता का अर्थ केवल परिधिकृत या विस्थापित, खारिज और उपेक्षित होना नहीं होता बल्कि भिन्नता एक अलग स्थिति है। भिन्न का भी अपना अस्तित्व है। अत: अस्तित्व में अंतर्निहित विधेयक बाह्य होने के बावजूद भी व्यक्ति का अस्तित्व निर्धारित करता है। परिधि पर स्थित होते हुए भी स्त्री केंद्र की आलोचना करने में सक्षम है। वास्तव में सोचने, बोलने और चिंतन का यह तरीका खुलेपन और बहुलता को प्रोत्साहित करता है। लेकिन इसी जगह एक नई समस्या आ जाती है। किसी स्थापित सिद्धांत के बिना स्त्री अपनी बात और समस्या कैसे प्रस्तुत करे? क्या स्थापित एकल सिद्धांत के अभाव में और महज बहुलता की भीड़ में सब कुछ बिखरा हुआ नहीं लगेगा और क्या इससे बौद्धिक एवं राजनीतिक विघटन नहीं होगा? बिना किसी स्थापित उद्देश्य और दृष्टिकोण के स्त्री न तो संघर्ष का कोई मुद्दा उठा सकती है और न ही अपने हित में सक्रिय राजनीति से संलग्न हो सकती है। अत: समकालीन नारीवाद के सम्मुख सबसे बड़ी चुनौती यह है कि स्त्रियों की बहुलता और भिन्नता के बावजूद उन्हें एक साथ कैसे किया जाए? वह रास्ता कौन-सा हो जिस पर चलकर स्त्री अपनी सामूहिक शक्ति का विकास भी कर पाए और इस समस्त संघर्ष में उसकी अपनी बहुलतावादी पहचान भी बने।

संस्कृतिवादियों के मानचित्र

यहाँ यह स्पष्ट कर देना जरूरी है कि बहुसंस्कृतिवाद अपने सारतत्त्व में संस्कृतिवाद का विरोधी है। 'संस्कृति' नामक शब्द का दोनों प्रत्ययों में प्रयोग हुआ है इसलिए कुछ भ्रम होता है और इसीलिए यह सफाई दी जा रही है। वस्तुत: संस्कृतिवाद समरूपीकरण की सर्वाधिक जघन्य किस्म का प्रतिनिधित्व करता है। जैसे ही सांस्कृतिक परिदृश्य की चर्चा की जाती है, वैसे ही बहुसंस्कृतिवाद को सबसे पहले बहुलता की उत्तर-आधुनिक अवधारणा की रक्षा 'स्त्रीत्व की चर्चा' से करनी पड़ती है। संस्कृतिवादियों को स्त्रीत्व की यह अवधारणा बड़ी प्रिय है। वे इसी आधार पर 'स्त्रीत्व का मानचित्र' बनाने में लगे रहते हैं। स्त्रीत्व के इस मानचित्र का असली नाम सांस्कृतिक राष्ट्रवाद है जिसकी राजनीतिक प्रवक्ता वे हैं, जिन्हें हिंदुत्ववादी

कहा जाता है। आवश्यक नहीं कि स्त्रीत्व का प्रत्येक व्याख्याता इन संगठनों से जुड़ा हो। यह एक वैचारिक प्रवृत्ति है जो अनजाने में ही सदिच्छा रखनेवाले व्याख्याताओं को भी प्रभावित कर लेती है। स्त्री को स्त्रीत्व के मानचित्र में सीमित करना उसी भाववादी अमूर्तन की कोशिश है जिससे आज की स्त्री बचना चाहती है। चाहे स्त्री का मानचित्र बनाया जाए या उस मानचित्र में अपने आपको खोजा जाए—ये मानचित्र किसी भी जीवित स्त्री, उसके संघर्ष, उसकी व्यथा का लेखा-जोखा प्रस्तुत करने में असमर्थ रहेंगे। मानचित्र का अर्थ ही होता है स्त्रीत्व को एक पूर्वानुमानित एवं पूर्वकल्पित संरचना के भीतर टटोलने की कोशिश, जब तक स्त्री स्वयं इन संरचनाओं को तोड़ना चाहती है, वह पारंपरिक पाठ का विखंडन चाहती है। लेकिन हुआ यह है कि मानचित्र बनानेवाले व्याख्याता उन्हीं पुराने सपनों को देखने लगे हैं और उन्हीं आदर्शवादी कथनों को दोहराने लगे हैं, 'जब यह भारत देश हमारा था, हम आर्य नारियाँ थीं, और सबकुछ बड़ा सुखद था।' सपने कभी भी यथार्थ के प्रतिनिधित्व का दावा नहीं कर सकते।

हमें यह नहीं भूलना चाहिए कि पारंपरिक हिंदू दर्शन को नारीवाद इसलिए शक की निगाह से देखता है, क्योंकि वह पितृसत्ता की परंपरा में पूरी तरह रँगा हुआ है। जिस भाषा को स्त्री-लेखन स्वीकारता है वह स्त्री की नहीं बल्कि पुरुष वर्ग की विशिष्ट भाषा है। अतीत की जाँच-पड़ताल की तुलना में वर्तमान का संघर्ष स्त्री के लिए ज्यादा महत्त्वपूर्ण है। परंपरा में ऐसा कुछ लुभावना नजर नहीं आता। यदि कुछ अच्छा दिखता भी है तो वर्तमान में दिखता है। तमाम कठिनाइयों के बावजूद आज की स्त्री की दृष्टि में उसका भविष्य जितना सुखद और रोचक है, उतना उसका अतीत कभी नहीं रहा। वर्तमान के आधार पर ही कहा जा सकता है कि स्त्री का अतीत सुखद नहीं था। समाज के नियम इतने कठोर थे कि विरोध में स्त्री का एक शब्द भी बोलना नामुमकिन था। हममें से कुछ ने मुक्ति के संदर्भ में बहुतेरी सुविधाओं को लड़कर हासिल किया है और इसीलिए स्त्री के वृहत्तर समाज के प्रति हमारी जिम्मेदारी कहीं ज्यादा है। भीड़-भरी सड़कों पर नजर डालते ही लगता है कि पहले की तुलना में आज की स्त्री ज्यादा सुखी है। सारे बोझ को लिये हुए वह कम से कम चल तो पा रही है। खुले आकाश और मुक्त आँगन को देख तो पा रही है। धरनों और जुलूसों में शामिल तो है। संस्कृतिवादी जिस स्वर्णिम अतीत की चर्चा करते हुए नहीं अघाते उसमें एक भी मेधा पाटकर, किरण बेदी या धर्मा कुमार नहीं थीं। अतीत में स्त्री ने विरोध की भाषा नहीं सीखी थी। आज की स्त्री सही मायने में प्रतिरोध की भाषा समझती है। वह जानती है कि स्त्री-समस्या को वृहत्तर सामाजिक

संरचनाओं से जोड़कर देखना और समझना चाहिए। वह यह भी जानती है कि शोषणकारी संरचनाओं के खिलाफ होनेवाले संघर्षों से जुड़े बिना उनका संघर्ष आगे नहीं बढ़ सकता। स्त्री पहले इन संघर्षों से एकाकार होगी और फिर दमन के खिलाफ संघर्ष कर रही संरचना के अंदर लैंगिक प्रश्न उठाएगी। चूँकि वह जातीय या उप-राष्ट्रीय संघर्ष का प्रमुख स्तंभ बन चुकी होगी, इसलिए लैंगिक मुद्दों को समझाने में और उनके परिवर्तनकारी नतीजे निकालने में आसानी होगी।

संस्कृतिवाद के संदर्भों में परंपरा को याद करने या उसके उदाहरणों की खूबियाँ बघारने के बजाय उसकी मिथकीय तहों को उधेड़ना ज्यादा अच्छा होगा। वैदिक संस्कृति चाहे जितनी भी उदात्त हो (यद्यपि वह है नहीं), अपने दृष्टिकोण में पितृसत्तात्मक ही है। यह संस्कृति स्त्री के प्रति बेहद वर्चस्ववादी है। इस संस्कृति में जरूर ऐसा कुछ रहा होगा जिसके आधार पर या जिसकी आड़ में मनुवाद जन्म ले सका और फलता-फूलता रहा। यह सवाल पूछा जाना चाहिए कि वेदों की उदारता और मानव-मुक्ति की कामना से स्त्रियों को क्या लाभ होगा? निश्चित रूप से हमारी परंपरा में ऐसे संत हुए हैं, जिन्होंने बार-बार दीन और दलितों के हित में संघर्ष किया है। यह भी माना जा सकता है कि शंकर, महावीर, विवेकानंद से लेकर कबीर और गांधी तक सबकी यात्रा इसी ओर थी। ये महापुरुष भारतीय समाज को बदलना चाहते थे और स्वाभाविक था कि इस प्रक्रिया में स्त्री की स्थिति में भी परिवर्तन आता। संतों ने जातिवाद और धार्मिक अंधविश्वास पर प्रहार किया था। लेकिन ये तमाम प्रयास और उनकी निरंतरता में बहुप्रशंसित राष्ट्रीय आंदोलन कुल मिलाकर परिधिकृत स्त्री के हक में नहीं गए। ये संत भी स्त्री के प्रति उतने उदार एवं मुक्तिकारक नहीं थे।

स्वतंत्रता आंदोलन की अपनी कमियाँ थीं। वह विशिष्ट वर्ग की सत्ता को केंद्रीभूत करना और उन्हें ही महत्त्वपूर्ण बनाना चाहता था। परिणामस्वरूप दलित और शोषित वहीं के वहीं रह गए। उपनिवेशवाद का विरोध करनेवालों के मन में भी एक हद तक अतीत की सामंती और तत्कालीन मानसिकता मौजूद थी। राष्ट्रीय पूँजीपति वर्ग ने उपनिवेशवाद का विरोध किया पर विरोध के दौरान औपनिवेशिक ताकतों के मूल्यबोध को भी आत्मसात कर लिया। उसकी सवर्ण मानसिकता को ये औपनिवेशिक मूल्य लुभाते थे। इसीलिए स्त्री-मुक्ति के प्रसंग में कुछ आंदोलन राष्ट्रीय फलक पर उभरने के बावजूद अपने मूल्यबोध में विशिष्ट वर्गीय स्त्रियों के पक्षधर रहे। यही कारण है कि आज बार-बार जिस संस्कृति और परंपरा की दुहाई दी जा रही है वह अब भी सत्ता के संदर्भ में पुरानी ब्राह्मण संस्कृति ही है, जिसने

स्त्रियों और दलितों का शोषण किया है। अपने ऐतिहासिक उद्देश्य में ये लोग अब भी चाहते हैं कि संस्थाओं पर उनका वर्चस्व बना रहे। ये शक्तियाँ शहरी पूँजीवाद और सांस्कृतिक विमर्शों के बीच भी श्रम का विभाजन बनाए रखना चाहती हैं। नौकरशाही के साथ जुड़ी हुई अकादमियों की राष्ट्रवादी बौद्धिकता ने बदलाव के लिए न कभी कुछ किया था, और न ही आज कुछ कर रही है। यह वर्ग दो नावों पर सवार होकर सत्ता और शासित के बीच बिचौलिए की भूमिका निभाने में सक्षम है। इसी कारण बार-बार उसके लेखन में उपनिवेशवाद ही व्यक्त होता है। नारीवादी विचारधारा को इससे कोई लाभ नहीं होनेवाला। यहाँ 'छद्म राष्ट्रीयता' का विरोध नहीं किया जा रहा। अपने से भिन्न दृष्टिकोण को पेश करने का विरोध करनेवाली सुविधावादी राष्ट्रीयता की आलोचना की जा रही है। ध्यान रहे कि राष्ट्रीय धारा में केवल बुर्जुआ राष्ट्रवाद ही नहीं है, इसमें साम्राज्यवादी ताकतों का विरोध तथा क्रमशः विकसित हो रहा अंतर्राष्ट्रीयतावाद भी है। फासीवादी विचारधारा एक ओर जहाँ विकसित होती हुई अंतर्राष्ट्रीयता की आलोचक है वहीं जमीन से जुड़े लोगों के संघर्ष की भी उपेक्षा करती है जबकि यही स्त्रियों के मानस को नए आयाम भी दे सकती है। राष्ट्रीय स्तर पर अपने मुक्ति संग्राम में संलग्न होते हुए भी अंतर्राष्ट्रीय चेतना का अर्थ कभी भी ब्राह्मण संस्कृति और ब्राह्मण चेतना का पर्याय नहीं हो सकता।

राष्ट्र-निर्माण में दलितों की भूमिका महत्त्वपूर्ण है। लेकिन आर्य ग्रंथों में व्यक्त सूत्र उन्हें महत्त्व नहीं देते। पितृसत्ता द्वारा स्त्री दमन के विरोध को खुलकर व्यक्त करनेवाली व्याख्याओं को पढ़कर ही स्त्री को प्रेरणा मिल सकती है। अपनी ओर से नए अर्थों को आरोपित करना एक प्रकार से पारंपरिक टीकाकारों के हाथ में नए अस्त्र देने जैसा होगा। वे फौरन बड़े गर्व से कहने लगेंगे कि सीता और सावित्री के इस देश में नारीवादी विचारों की कोई जरूरत नहीं है। संस्कृतिवादियों द्वारा जोड़े गए क्षेपकों से सामाजिक प्रशंसा मिल भी जाए लेकिन परंपरा द्वारा ये क्षेपक वापस निगल लिये जाएँगे, यानी जो गंगा में गया वह गंगा का हो जाएगा। ये क्षेपक यदि दलित स्त्रियों का समर्थन करते, उनकी पीड़ा को अभिव्यक्त करते तब भी ठीक था, स्त्री-दमन, स्त्री-उत्पीड़न को अभिव्यक्त करते तो ठीक था। स्त्री-उद्धार और मानव-मुक्ति को खोजना ही हमारा उद्देश्य होना चाहिए।

भगिनीवाद और बहुसांस्कृतिकता

मानव-मुक्ति के व्यापक संदर्भ के साथ मुक्ति को जोड़ने से जो सबसे बुनियादी सवाल उठता है, वह स्त्री को परिभाषित करने का है। हमारे समाज

की तरह ही भारतीय स्त्री भी एक बहुसांस्कृतिक संरचना है। स्त्रीवादियों को सोचना चाहिए कि वे किस स्त्री को संबोधित कर रही हैं। दफ्तर में काम करनेवाली औरतें, फैक्ट्री में काम करनेवाली औरतें, होटल की लाबी साफ करनेवाली औरतें, अपनी भाभी, बहनों, चाची, मामी किसे? किन औरतों की वे बात करती हैं? आखिर विविधता-भरी इस आधी दुनिया को कैसे समझा जाए? क्या भारतीय स्त्री के प्रसंग में केवल हिंदू स्त्री की चर्चा की जानी चाहिए? तब यह सवाल भी उठेगा कि शास्त्रों में वर्णित ये स्त्रियाँ सवर्ण हैं या दलित? वे किस प्रांत की हैं? शहर की हैं या गाँव की? अमीर हैं या गरीब? बिना इस प्रश्न का जवाब दिए स्त्री के प्रसंग में उसकी सामान्य और विशिष्ट समस्या को कैसे समझा जाए? ऐसा न करने पर हम व्यर्थ के रोमानीकरण में नहीं उलझे रह जाएँगे? जहाँ तक भगिनीवाद का सवाल है उससे आधी दुनिया को जोड़ने की बात की जा सकती है। भगिनीवाद के वैश्विक संदर्भ को नकारना भी नहीं चाहिए लेकिन इतना तो हमें जानना ही चाहिए कि हमारी ये बहनें कौन हैं? और क्या वास्तव में इनके बारे में कुछ जानने का प्रयास जोखिम-भरा नहीं होगा? जिसे हम जानते ही नहीं, जो हमसे भिन्न है, उसके बारे में हम कैसे कोई निर्णय लें? अत: पूर्वानुमानित रूप से भिन्नता को जानने का प्रयास और उस भिन्नता की पहचान को स्थापित करने के लिए आवश्यक वैचारिक औजारों को काफी घिसने-माँजने की जरूरत है। कोरे सिद्धांतीकरण के बजाय सिद्धांतों का यथार्थ से संपर्क जरूरी है। हमें यह स्थापित करना होगा कि इन सिद्धांतों की स्त्री-मुक्ति के प्रसंग में उपयोगिता क्या है? जिंदा रहने की लड़ाई लड़नेवाली और दिन-रात भूख, गरीबी और हिंसा की शिकार स्त्रियों के लिए भी ये सिद्धांत उपयोगी होने चाहिए। सिद्धांतों का महत्त्व केवल वहीं तक है जहाँ तक उन्हें धरती पर उतारा जा सके। नारीवाद के अनुसार प्रत्येक सिद्धांतकार एवं चिंतक अपने आप में एक सक्रिय कार्यकर्ता है, बिना सक्रियता के सिद्धांत भी नहीं बनाए जा सकते। सिद्धांत संबंधी चर्चाओं को एक कार्यकर्ता के दृष्टिकोण से तौला जाना चाहिए ताकि अलगाव एवं अमूर्तन की स्थितियों से बचा जा सके।

संस्कृतिवादियों से सवाल पूछा जाना चाहिए कि आर्य ग्रंथों को कितनी प्रतिशत स्त्रियाँ समझ पाएँगी? अंग्रेजी भाषा तो शायद फिर भी समझ लें क्योंकि अंग्रेजी एक संपर्क भाषा का दर्जा पा चुकी है। मगर संस्कृत के श्लोकों, सूक्तियों और उद्गारों को अधिकतर स्त्रियाँ न तो समझ पाएँगी और न इससे उन्हें कोई लाभ होनेवाला है। ब्रह्मवादिनों के विराटत्व की चर्चा सुनकर स्त्री भी यह सोचने को बाध्य हो सकती है कि क्या उस समय कोई

आम स्त्री नहीं थी? संघर्षरत दलित स्त्री या किसी संघर्षरत आम स्त्री की भी तो यह आकांक्षा हो सकती थी कि घर-गृहस्थी और खेत-खलिहानों की कमरतोड़ मेहनत के बदले वह भी राजकुमारी घोषा की तरह सत्यम् शिवम् सुन्दरम् का वर्णन करे और लोकभाषा के बदले संस्कृत में बोले। मगर वह कभी ऐसा नहीं कर सकी। स्त्री हमेशा से ही अमंत्रवती और अदीक्षित ही रही।

आज जरूरत इस बात की है कि नारीवादी लेखिकाएँ उन स्त्रियों के बारे में भी चर्चा उठाएँ जिन्हें शिक्षा-दीक्षा से वंचित रखा गया। होता यह रहा कि मठाधीश पुरुष रहे और सेविकाएँ स्त्रियाँ। याग्रिक वे रहे और यज्ञ की लकड़ी बीनने का काम स्त्रियाँ करती रहीं। एक पत्नी के मरते ही दूसरी पत्नी की उन्हें जरूरत होती थी, कारण यज्ञशाला को साफ-सुथरा रखने में स्त्री की जरूरत थी। कहीं किसी भोजपत्र पर लिखा वह अधूरा वाक्य तो नहीं मिला, जिसे पितृसत्तात्मक इतिहास ने प्रकाशित किया। प्रकाशन की छोड़िए, बल्कि उसे लोक-स्मृति से ही मिटाकर रख दिया। ऐसा नहीं कि ये दलित स्त्रियाँ आज हैं और उस समय नहीं थीं। वर्ण-व्यवस्था तो पितृसत्तात्मक व्यवस्था की देन है। यह एक बड़ी प्राचीन व्यवस्था है। ये सारे संवर्ग और संस्थाएँ पहले भी हिंदू पितृसत्ता की अभिव्यक्ति के रूप में मौजूद थीं। केवल राजकुमारियों का इतिहास जानकर क्या होगा? हमारे पास ब्रह्मवादिनों का इतिहास ही क्यों है? इतिहास तो उनका लिखा जाना चाहिए जिन्होंने परंपरा के दलदल से निकलने की चेष्टा की। कोई समकालीन स्त्री अतीत के उन उदाहरणों से प्रेरणा नहीं लेना चाहेगी जिन्हें पितृसत्ता ने संवर्धित किया। स्त्री की सारी छटपटाहट तो इसी पितृसत्तात्मक व्यवस्था से मुक्ति की है। स्त्रियों की आनेवाली पीढ़ी को सबसे अधिक इन्हीं मिथकीय दबावों के प्रति सजग रहना चाहिए। ये सत्ता के वे दबाव हैं जो नए-नए रूप बदलकर हमें लुभाने की कोशिश करते हैं। स्त्री इसे जितना समझेगी उतना ही अधिक अपने भीतर एक ठंडे क्रोध को धीरे-धीरे सुलगता हुआ पाएगी। परंपरा के खिलाफ उद्दंड होने की बयाय विनम्र होना चाहिए, पर विनम्रता का यह अर्थ नहीं है कि जिस परंपरा ने स्त्री का दोहन किया उसी परंपरा को महिमामंडित किया जाए और ब्राह्मणवादी संस्कृति की जूठन के रूप में स्त्री-विरोधी पुराणगाथाओं और स्मृतियों के श्लोकों की नई-नई व्याख्याएँ परोसी जाएँ। नारीवाद जैसी आधुनिक अवधारणा को अतीतोन्मुखी करने की चेष्टा आत्मघाती होगी।

पुराण स्त्री-मुक्ति का कोई उदाहरण हमारे सामने नहीं रखते। सीता और सावित्री की चर्चा करते हुए संस्कृतिवादी अघाते नहीं, पर माधवी की व्यथा पर वे खामोश रहते हैं। माधवी गालव ऋषि के हाथों पण्य की तरह

बिकती रही। सत्ता के लोभ में उसे पण्य में बदलकर रख दिया गया। अच्छा होता कि स्त्री अपने पूरे कद में अपनी बात कह सकती कि हाँ, हमारे साथ अन्याय हुआ है, हम पर अत्याचार हुआ और आज भी सत्ता द्वारा हमारा शोषण जारी है। उपनिवेशीकरण के दौर में जहाँ स्त्री बाहरी ताकतों से शोषित थी, वहीं आज वह अपने घर में अपने ही कहे जानेवाले रिश्तेदारों, भाइयों और बंधुओं से उपेक्षित और पीड़ित है।

स्त्री-समस्या को व्यर्थ के सिद्धांतीकरण में उलझाकर रखना सत्ता, शास्त्र और अकादमियों की चाल है। बेहतर यह होगा कि आनेवाले समय में छोटे-छोटे गुट बनाए जाएँ, कुछ आपसी समझौते किए जाएँ और उन गुटों की नेटवर्किंग करके एक बड़ी लड़ाई लड़ी जाए। छोटी संस्थाओं और दलगत राजनीति में अपने-अपने दृष्टिकोण और स्वार्थों के कारण, शायद किसी एक समग्र नीति या विचारधारा को अपनाने की प्रवृत्ति का अभाव हो सकता है, हममें से प्रत्येक समूह या व्यक्ति अपने से भिन्न समूह और व्यक्ति को संसाधन की तरह प्रयुक्त कर सकता है। स्त्रियाँ इस लायक तो हो ही जाती हैं कि एक-दूसरे के सहयोग से अपनी मंजिल पा सकें। इन पारंपरिक रेखाओं को मिटाना आसान नहीं है किंतु इससे भयभीत होने के बदले स्त्रियों को इनका सामना करना चाहिए और उन्हें समझना चाहिए। स्त्री को उन सीमाओं को लाँघना होगा जिनका सामना रोजमर्रा की जिंदगी में होता है। दो व्यक्तियों की भिन्नता के बीच भी एक अंतराल होता है और उस अंतराल की अनन्त संभावनाएँ होती हैं। इन्हें समझना और समेटकर चलना कठिन कार्य नहीं है।

आज की नारी और उसका विचार

सिद्धांत और व्यवहार में तारतम्य लाने के लिए हमें व्यक्तिगत साक्ष्यों को महत्त्व देना होगा। यह बहुसंस्कृतिवादी वैचारिक रणनीति का एक महत्त्वपूर्ण अंग है। नारीवादी सिद्धांतों का सबसे अच्छा आधार स्त्रियों के अपने जीवंत अनुभव हैं, भले ही इन अनुभवों में विरोधाभास हो। शायद इन्हीं विरोधाभासों को साधुओं ने रेजर एज (क्षुरस्य धार) की संज्ञा दी थी। विरोधाभासों का संश्लेषण एक बौद्धिक चुनौती है। इसी से वह वैचारिक आधार निकलेगा जो एक-दूसरे को छोटा-बड़ा, कम या ज्यादा स्थापित करने के बदले एक-दूसरे की भिन्नताओं को सम्मान की नजरों से देखेगा। यदि हम अपने व्यक्तिगत सत्यों को अभिव्यक्त करते हुए, दूसरी स्त्री की कहानी सुनें तथा साझे जगत में विश्वास और आस्था रखें तो पाएँगे कि जिसे हम अब तक व्यक्तिगत कहते रहे, वही स्त्री-मुक्ति आंदोलन का सबसे मजबूत सार्वजनिक पक्ष है।

गार्गी को याज्ञवल्क्य ने धमका दिया और वह चुप हो गई। याज्ञवल्क्य को वह चुनौती नहीं दे पाई। वह नहीं कह पाई कि वह खुद एक नई संस्कृति तथा तर्क-व्यवस्था को रचने में समर्थ है। अतीत में स्त्री यदि विरोध भी करती थी तो उन्हीं स्थापित संरचनाओं के भीतर, मगर आज की स्त्री तो उन्हीं संरचनाओं को चुनौती दे रही है, क्योंकि यह आज का युग है, वैदिक युग नहीं। यहाँ यह स्पष्ट करना जरूरी है कि हम न व्यक्ति को समष्टि में समाना चाहते हैं और न ही सिद्धांतविहीनता की कोई वकालत कर रहे हैं। हम तो सिद्धांतों को व्यक्तिगत स्तर पर आजमाना चाहते हैं। यह प्रक्रिया शुरू होते ही मानवीय आचरणों में बदलाव आना शुरू हो जाएगा। सिद्धांत पहले नहीं बनाए जाते, वे जीवन के साथ-साथ विकसित होते जाते हैं। अत: सिद्धांत और व्यवहार का द्विभाजन हमें अस्वीकार्य है। लूसी इरिगारे अपनी पुस्तक 'इथिक्स आफ सेक्युलर डिफरेंस' में बताती हैं कि यौन भिन्नता को समझने के लिए यह जरूरी हो जाता है कि हम अपने विचारों और नीतिशास्त्र में क्रांति लाएँ। हमें 'माइक्रो कास्मिक एंड मेक्रो कास्मिक' के आपसी संबंधों की पुनर्व्याख्या करनी होगी। गायत्री चक्रवर्ती स्पीवाक लिखती हैं कि स्त्री-मुक्ति के प्रसंग में हमने अकादमिक जगत में अध्यापन की जो राजनीति सीखी, वह एक गलत रणनीति थी। हम या तो सत्ता का अनुसरण कर रही थीं या उसका विरोध। मगर हमारे जीवन का संदर्भ-बिंदु हमेशा सत्ता ही थी। वास्तविक जरूरत तो यह थी कि हम पाठ के उन क्षणों को पकड़तीं जो सच में हमें स्तंभित करता है, किंकर्तव्यविमूढ़ करता है, ताकि उन स्तंभित क्षणों का विखंडन हो पाता और असमंजस के उन क्षणों को पकड़ा जा सकता।

यह दार्शनिक पुनर्चिंतन अभी हाल में ही शुरू हुआ है। समस्या यह है कि एक ओर जहाँ नारीवाद जमीनी स्तर पर सक्रियता की माँग करता है वहीं अकादमियों में भी बराबरी का स्थान पाना चाहता है। नारीवाद जहाँ संस्थाओं की विशद आलोचना प्रस्तुत करता है वहीं उन संस्थाओं का हिस्सा भी होना चाहता है। सत्ता के जिन पारंपरिक संबंधों को नकारता है, घूम-फिरकर खुद सत्ता के उन्हीं मंचों पर स्थापित होना चाहता है। रणनीति की खातिर रणनीति के विरोधाभासों को स्वीकार कर और नित नए तरीकों से अवधारणाओं को पुन: अवधारणाकृत करके ही हम वैचारिक तरलता के वेग के जरिये नई ऊर्जा पैदा कर सकेंगे। नारीवाद को किसी निश्चल अथवा जड़ मतवाद की जरूरत नहीं है।

संस्कृतिवाद के शिकंजे में फँसे हुए नारीवादी मानते हैं कि नारीवाद को केवल निरे प्रक्रियावाद से जोड़कर देखना उचित नहीं है। चुनने के पहले

फटकना चाहिए, इसलिए वे कहना चाहती हैं कि नारीवाद क्या नहीं है? इस 'नहीं है' की तुलना ऋग्वेद के आचार्यों द्वारा प्रतिपादित 'नेति-नेति' की परंपरा से की जा सकती है। जब शिष्य ने गुरु से पूछा कि ब्रह्म क्या है तो गुरु ने कहा कि ब्रह्म क्या नहीं है, तुम पहले वह सुनो। इसका वर्णन कुछ इस तरह है:

> असत नहीं था। सत भी नहीं था। न ही उसके पार का आकाश था। क्या ऊँचा और नीचा था? गहन गंभीर पानी कहाँ था? और ब्रह्मांड कहाँ था? मृत्यु नहीं थी। अमरता भी नहीं थी। न तो रात का कोई चिन्ह था, न दिन का। अपनी आंतरिक शक्ति से परमेश्वर ने वायुहीन निःश्वास लिया। उससे परे और कुछ भी न था।

सृष्टि-सूक्त से प्रेरणा लेने की स्त्री आंदोलन को क्यों जरूरत पड़ी? इस पर सवाल उठाना जरूरी है। क्या हम अक्सर एक बौद्धिक फैशन के चलते या अपनी विद्वत्ता से दूसरों को प्रभावित करने के लिए इन उदाहरणों की सहायता नहीं लेते हैं? संस्कृतिवादी भारतीय स्त्रीवादी चिंतन की चर्चा करते हुए चिपको आंदोलन से सती तक के स्त्रीवादी आंदोलनों की समीक्षा का भी यत्न करते हैं। इतिहास, दर्शन, साहित्य, अर्थशास्त्र, कानून, पर्यावरण संबंधी तमाम पश्चिमी और पूर्वी स्त्रीवादी विमर्शों को महज छू-भर देने से काम नहीं चलेगा। आम पाठिका तो इससे भ्रमित अधिक होंगी। निस्संदेह पाठक कोई शब्दकोष नहीं उलट रहे और न ही महज कुछ अवधारणाओं की कुंजी टटोल रहे हैं। संस्कृतिवादियों को अपना दृष्टिकोण स्पष्ट करने की चेष्टा करनी चाहिए। बहुतेरी मान्यताओं में से वे खुद किन-किन मान्यताओं को स्वीकार रहे हैं, इसे भी स्पष्ट किया जाए तो पाठक को कोई दिशा-बोध होगा। उनकी इच्छा है कि स्त्री के अनुभूति मंडल के आलोक में घटनाओं के विश्लेषण के जरिए पुरुष में स्त्री का नजरिया विकसित कर उसे अर्द्धनारीश्वर की गरिमा दी जाए। फेमिनिस्ट का अर्थ हुआ नारीवादी सत्ताशास्त्र। स्त्री-सत्ता का ज्ञान हमें अनुभूति के स्तर पर हो सकता है। अतः इस संदर्भ में अर्द्धनारीश्वर की अवधारणा का प्रयोग उचित नहीं है। अर्द्धनारीश्वर की भारतीय अवधारणा का अर्थ है पुरुष में स्त्री-गुणों का विकास और स्त्री में पुरुष-गुणों का विकास। किंतु यह तो एक प्रकार का अमूर्तन हुआ। एक अमूर्त आदर्श, जिसकी तरफ हमें चलते रहना है। उत्तर-आधुनिकतावाद या उत्तर-संरचनावाद जब स्त्री या पुरुष को महज सामाजिक-सांस्कृतिक या साहित्यिक निर्मिति कहता है तो वह ठोस स्थिति की उपेक्षा करता है। जबकि ठोस स्थितियों से ही जुड़कर स्त्री एक दृष्टिकोण अपनाती है। उसका जीवन जीने का नजरिया विकसित होता है। अर्द्धनारीश्वर की भारतीय अवधारणा के तहत स्त्री और पुरुष गुणों का एक ही देह / अस्तित्व / चेतना में समन्वय होता है। इसके ध्रुवीकरण को दूर करने की असमर्थता

बताते हुए यह कहना कि नेति-नेति की अवधारणा के मुताबिक स्त्री पुरुष नहीं है, यह अपने आप में एक विरोधाभास है। तब क्या है स्त्री? वह निषेध है, मोह, माया, अभाव है या फिर अबौद्धिकता है? यह तो स्त्री को निषेध के रूप में स्टीरियोटाइप करना हुआ। संस्कृतिवादी लेखन के संदर्भ में महज इसी नीति को अपनाते हैं। हमारी परंपरा ने इसी नेति-नेति को, निषेध / माया / अबौद्धिकता / आसक्ति आदि निषेधक गुणों को स्त्री से जोड़कर देखा और परंपरा में स्त्री इन्हीं गुणों का पर्याय भी रही है। हमारी हिंदू विचारधारा, परंपरा इसी सामान्य स्टीरियोटाइप को वैधता प्रदान करती रही है। इसी का प्रभाव हमारे समाज और संस्कृति पर पड़ा है। यह कहना गलत है कि दार्शनिक स्त्री-विषयक अन्याय नहीं करते।

संस्कृतिवादी लेखक विभिन्न आर्य ग्रंथों से श्लोक उद्धृत करते हैं। वे उस प्राचीन देवीपूजक संस्कृति में प्रचलित स्त्री-विषयक मान्यताओं की चर्चा करते हुए कहते हैं:

> मैं, राजकन्या घोषा, सर्वत्र वेद की घोषणा करनेवाली, वेदों का संदेश सर्वत्र पहुँचानेवाली स्तुति-पाठिका हूँ। हे देव, मैं सर्वत्र आपका ही यशोगान करती हूँ और विद्वानों में आपकी चर्चा करती हूँ। आप सदा मेरे पास रहकर मेरे इंद्रियरूपी अश्वों से युक्त शरीर रूपी रथ के साथ मेरे मनरूपी अश्व का दमन करें।

आर्य ग्रंथों में स्त्री के देवी रूप पर जितनी चर्चा है उतनी ही भोग्या के रूप पर भी। मगर कोई श्लोक ऐसा नजर नहीं आता जहाँ स्त्री अपने मानवीय गुणों, कुंठाओं और जीवन के विरोधाभासों का उत्सव मनाते हुए दिखती हो। यदि स्त्री आध्यात्मिक रूप से सृजनशील थी और यदि ब्रह्मवादिनों की एक पूरी परंपरा थी तो सवाल यह उठता है कि वे ब्रह्मवादिनें इतिहास के किन अँधेरे कोनों में गुम हो गईं। वे कहाँ गईं जो अपने जीवन के बारे में, अपने पति के बारे में स्वयं चुनाव करती थीं, सास-ससुर के साथ एक थाली में खाती-पीती थीं? इतनी तेजस्वी थीं कि सृजन कार्य करते समय उनकी गति वायु की भाँति होती थी और अपने महत्त्वपूर्ण कार्यों से महिमामयी होकर आकाश और पृथ्वी की सीमा को लाँघ जाती थीं, वे जो इतनी सर्वशक्तिमान और सर्वव्यापी थीं? आखिर क्यों नहीं वे अपनी स्त्रीसम्मत भावनाओं को महत्त्वपूर्ण बना पाईं और उच्च स्तर पर रख पाईं? यदि मोह, माया और ममता ही स्त्री सम्मत गुण हैं तो इन्हें भी पुरुषों के गुणों के साथ समान स्तर पर स्वीकृति मिलनी चाहिए थी। इसके बदले स्त्री को अपनी इन समस्त स्त्री सम्मत भावनाओं का परिलंघन क्यों करना पड़ा? शास्त्रों द्वारा स्थापित द्वित्व समास वह जोड़ है जिसमें एक शब्द दूसरे से

हीनतर और द्वितीयक अर्थ रखता हो। स्त्री–पुरुष ऐसे ही जोड़ हैं जिनमें एक परम पद भाव और दूसरा अभाव का द्योतक है। महत्त्वपूर्ण बात तो यह है कि ये अर्थ परंपरा द्वारा आरोपित किए हुए हैं। सरमा वर ऋषिका है जो किसी भी भाईचारे को नहीं मानती। सवाल उठता है कि क्या इसे हम स्त्री का जीवन-मूल्य कहें और उद्धृत करें? पुरुरवा से उर्वशी कहती है कि स्त्री का हृदय भेड़िये के समान होता है यानी वह किसी भी संबंध में विश्वास नहीं करती। इस कटूक्ति को भले ही ऊँचे मन्तव्य का द्योतक मानें किंतु हम नहीं मान सकते। अपनी अन्य सभी बहनों को गरियाकर हो सकता है उर्वशी राजा भर्तृहरि के मन में वैराग्य पैदा करने में समर्थ हो, मगर ऐसा करके वह कौन-सा महत्त्वपूर्ण काम कर रही है? यह बड़ा स्पष्ट है और इसे मेरा नारीवादी मानस स्वीकार नहीं पाता। वस्तुतः ये मंत्रद्रष्टा पितृसत्ता के किन सामाजिक उद्देश्यों को पूरा कर रही थीं, इस पर भी हमें सोचना होगा। स्त्री–जीवन में इन सामाजिक उद्देश्यों की स्थापना किसने की? देवताओं की भीड़ ने?

सम्यक सामाजिक दृष्टि से हम क्या समझते हैं? यह माना जा सकता है कि सती प्रथा का अस्तित्व नहीं था। विधवा–विवाह कर सकती थी लेकिन यह कैसे नजरअंदाज किया जा सकता है कि ऋग्वेद में काव्यात्मक ढंग से स्त्री की तुलना काँपती हुई पृथ्वी के साथ की गई है। संस्कृतिवादी कभी धरती को स्थिर मानते हैं, कभी काँपती हुई। इसके बाद वे मनुस्मृति में वर्णित आठ तरह के विवाहों का उल्लेख करते हैं। मनुस्मृति के प्रसंग में कहा जाता है कि उसमें विवाह–विच्छेद की चर्चा तक नहीं है। यह भी कहा जाता है कि गर्भधारण करना और घर चलाना स्त्री के मुख्य कर्तव्य थे और पुरुष का कर्तव्य था कि एक कुशल सेनापति की भाँति पहले तो स्त्रीरूपी सेना पर प्रभुत्व स्थापित करे और बाद में उस सैन्यवाहिनी की सहायता से बाहरी शक्तियों पर अपना वर्चस्व स्थापित करे:

> हे भार्ये, तुम गृहस्थ संबंधी समस्त कार्यों की संचालिका हो। मैं तुम्हारा पति हूँ और राजा के राज में सेनापति। मेरा कर्तव्य है कि मैं अपने शत्रु की सेनारूपी स्त्री पर अधिकार करते हुए आक्रामकों का वध करूँ।

शास्त्रों में ऐसे ढेरों उदाहरण भरे पड़े हैं जो पुरुष की सामंती मनोवृत्ति का खुला ऐलान करते हैं। उनकी आलोचना की जानी चाहिए। यह संस्कृतिवादियों को बुरा नहीं लगता कि नायकत्व हमेशा पुरुषों को ही क्यों सौंपा जाता है। इसका तर्क यह है कि चौकीदारी के लिए जिस तरह का बलिष्ठ शरीर चाहिए था वैसा स्त्री के पास नहीं होता। आज २१वीं शताब्दी में शारीरिक ताकत के आधार पर नायकत्व का निर्धारण हास्यास्पद लगता है। यह कहना कि स्त्री भौतिक द्रव्यों की सुरक्षा करने में समर्थ नहीं है, पर वह संस्कृति के सहारे

नफीस उपादानों को सुरक्षित रख सकती है, यह घिसा-पिटा परंपरानिष्ठ रवैया है। यह एक तत्त्वमीमांसीय विश्लेषण जरूर है पर स्त्री की वास्तविक भौतिक स्थिति का जायजा नहीं है। संस्कृतिवादी स्त्रियों के दम से चलनेवाली गृहस्थी की शोभा का वर्णन करते हैं। अच्छा होता कि वे सवाल उठाते कि इस गृहस्थी में पुरुष क्यों नहीं है और स्त्री किसलिए मुफ्त का श्रम कर रही है? वे स्त्री संबंधी विमर्शों के शास्त्रीय आधार को पुष्ट मानते हैं। लगता है बार-बार शास्त्रों के इन उद्धरणों के जरिए पितृसत्ता ने इनकी बाध्यकारी भूमिका को स्थापित करने में कोई कसर नहीं छोड़ी है। आज की स्त्री को इन्हीं बाध्यताओं को दूर करना है। शास्त्रों की इन्हीं उक्तियों को खारिज करना है।

समकालीन नारीवाद के बहुतेरे चेहरे हैं। सैद्धांतिक स्तर पर नारीवाद स्वयं में विभाजित है और उन सबकी अपनी-अपनी आस्था है। पुरुष-वर्चस्व से कैसे मुक्त हुआ जाए, इसकी बहुत स्पष्ट तो नहीं पर एक धुँधली रूपरेखा प्रत्येक के पास मौजूद है। लेकिन नारीवाद को समझने के लिए नारीवादी भी होना पड़ता है। यह एक प्रकार का वैयक्तिक रूपांतरण है जिसे हम 'स्त्री होने की घटना' कहेंगे। यह घटना साधारण राजनीतिक क्रिया-प्रक्रिया से परे है। स्त्री-जीवन में यह परिवर्तन इतना जटिल और बहुआयामी है कि वह स्थापित वैचारिक विभाजन को तोड़ता भी है और बहुत कुछ नया जोड़ता भी है। स्त्री जितना शोषण और दमन झेलती है, उतना ही उसके व्यवहार और आचरण में बदलाव आता चला जाता है। एक परिवर्तित एवं संवर्धित स्त्री का स्वरूप कैसा होना चाहिए और वह जीवन जीने का कौन-सा नया तरीका ईजाद कर सकती है, इस पर हमें अपना दृष्टिकोण स्पष्ट कर लेना चाहिए।

स्त्रीत्व का सारतत्त्व

बहुसांस्कृतिकता की स्त्री के लिए उपयोगिता स्थापित करने और संस्कृतिवाद को खारिज करने के विश्लेषण के बाद संश्लेषण की मंजिल आती है। इसके तहत 'स्त्रीत्व के सारतत्त्व' की संरचना करनी होगी। आखिर क्या है स्त्रीत्व का सारतत्त्व? क्या स्त्री अपनी देह के कारण पहचानी जाती है? संस्कृतिवादियों के अनुसार स्वाभाविक रूप से पुरुष की तुलना में स्त्री अपने देहत्व के कारण ममतामयी, सहयोगी, समझौतापूर्ण और शांतिप्रिय होती है। जो स्त्री इन गुणों से संपन्न नहीं वह वास्तव में जाने-अनजाने पितृसत्तात्मक समाज में उत्पीड़ित है और अपने स्त्रीत्व से वंचित है। यदि वह घृणा करती है तो पितृसत्तात्मक अनुकूलन के कारण अन्यथा स्त्री मात्र का स्वभाव प्रेम और

वात्सल्य है। इस अवधारणा के विपरीत उत्तर-संरचनावादी नारीवाद का कहना है कि स्त्री का कोई सारतत्त्व पूर्वनिर्धारित ढंग से विद्यमान नहीं है। जो वह नहीं है या नहीं हो पाती, उसी के आधार पर उसके सारतत्त्व की संरचना होती है। इसलिए अपने आप में कोई भी संरचना संपूर्ण नहीं। संरचना की सीमा से बाहर बहुत कुछ है जो संरचना को पूर्ण नहीं होने देता। स्त्री शब्द के उच्चारण के साथ तुरंत यह भी पूछा जाएगा कि वह किस वर्ग और जाति की है? प्रत्येक स्त्री अपने-आप में एक विशिष्ट स्त्री है। अपने जीवन जीने और होने के तरीके से ही वह अपना स्त्री होना स्थापित करती है। अत: स्त्रीत्व के नाम पर समाज उसके स्त्री होने के आचरण को अच्छा या बुरा कहने का अधिकार नहीं रखता और न ही पूर्वनिर्धारित ढंग से किसी भी भूमिका को उस पर आरोपित कर सकता है।

स्त्री शब्द की व्याख्या एक अवधारणात्मक समस्या है। सिद्धांत के लिए अवधारणा की जरूरत पड़ती है और अवधारणा अनुभव के आधार पर ही निर्मित होती है। समकालीन संस्कृति के लिए भी स्त्री के निजी अनुभव और स्त्री के दृष्टिकोण से समाजशास्त्रीय सिद्धांतों एवं कार्यकलापों का पुन: मूल्यांकन करना जरूरी है। अवधारणात्मक रूप से स्त्री शब्द पुरुषप्रदत्त विशिष्टताओं से बोझिल है। वह पितृसत्तात्मक संस्कृति का ही हिस्सा है, उसी में स्थित है, उसी में साँस ले रही है, पग-पग पर अन्या के रूप में पुरुषों द्वारा निर्धारित है। एक सिद्धांतकर्ता के रूप में स्त्री यदि अपने पक्ष में कुछ कहना चाहे तो इसका अर्थ हुआ कि पहले उस स्त्री जीवन के तमाम पक्षों को जानना होगा। मगर जीवन के प्रति ज्ञाता होने का दावा न पुरुष कर सकता है और न ही स्त्री? स्त्री के लिए तो यह दावा करना और भी मुश्किल है। ऐसे में स्त्री किधर जाए और अपने स्त्री-तत्त्व की खोज के लिए इतिहास के किन पन्नों को पलटे? किन अनुभवों का लेखा-जोखा समझने का यत्न करे? स्वयं को मानव-जीवन का लक्ष्य कहनेवाला साहित्य भी नारी-विद्वेष से अछूता नहीं है। इस जगत में भी मानव से पुरुष मानव का ही अर्थ ग्रहण किया जाता है। मानव-मुक्ति का दावा करनेवाले हिंदू धर्म ने जब भी 'धर्म-अर्थ-काम-मोक्ष' की चर्चा की तो वहाँ भी स्त्री महज एक साध्य थी। मुक्ति का सारा आयोजन पुरुष के लिए था। राज्य की सत्ता भी पुरुष के हाथ में रही है। अत: जिसकी अपनी स्वायत्त सत्ता नहीं, वह स्त्री ज्ञान-प्राप्ति का दावा कैसे कर सकती है? अत: स्त्री अपने सारतत्त्व की खोज स्त्री-विरोधी विमर्शों के आधार पर निर्मित ज्ञान के विखंडन से कर सकती है।

पुरुष-सत्ता स्त्री होने की शर्तें निर्धारित करती है। चूँकि प्रजनन का काम पुरुष नहीं कर सकता इसलिए माँ होना स्त्री का मौलिक गुण मान

लिया गया। पुरुष मुक्ति की कामना करता है। अपने लिए युक्तिसंगत चुनाव करता है और दावा करता है कि वह प्रकृति के हाथ में खिलौना नहीं है। लेकिन स्त्री के संदर्भ में कहता है कि स्त्री अपने स्वभाव के वशीभूत आचरण करने को बाध्य है। पुरुष ने कभी उसे माया, छलना और चंचला कहा, तो कभी महाशक्ति। मगर पुरुष-सत्ता ने अपने स्वार्थ में अपनी परियोजना के तहत ही स्त्री-शक्ति को प्रयुक्त किया। स्त्री चाहे महाशक्ति ही क्यों न हो पर पुरुष के काम आना ही उसकी नियति रही है। ब्रह्मा, विष्णु और महेश ने देवी दुर्गा से कहा कि तुम हमारी अमुक-अमुक योजनाओं को पूरा करो और त्रासदी देखिए कि महाशक्ति असुरों का शिकार करने चल पड़ी।

सृष्टि की योजना तो ब्रह्मा की थी और योजना को कार्यान्वित करने के लिए उन्हें शक्ति की जरूरत थी। पुरुष ने कभी इस शक्ति को नियंत्रित करना चाहा, तो कभी उसकी आराधना की। किंतु शक्ति के रूप में स्त्री अमूर्त थी। अंध प्रकृति थी। पुरुष के सान्निध्य से ही वह कुछ करने में सक्षम थी। हालाँकि सांख्य दर्शन में यह बात पुरुष पर भी लागू होती है। स्वप्रकाशित शुद्ध चैतन्य के रूप में वह भी अपने आप कुछ करने में असमर्थ है। त्रिगुणमयी माया के बिना सृष्टि में कुछ भी अभिव्यक्त नहीं होता। मगर द्वैत का अंतिम उद्देश्य तो अद्वैत ही है। बार-बार वह दार्शनिक पुरुष भी एकमेव सत्य की अभिलाषा करता है। वह कहता है, मै हूँ एकल सत्य और शिव। मैं शुद्ध चैतन्य हूँ। वह बार-बार कहता है कि स्त्री तो अंध प्रकृति है और मुझे इस त्रिगुणमयी प्रकृति का नियंत्रण करना है। समाज के हित में इसे निर्धारित और नियोजित करना है। यह कहा जा सकता है कि वह ब्रह्म-आत्मा का कोई लिंग नहीं। मगर इस द्वैत स्थिति को मान भी लिया जाए तो यहाँ दो तथ्य स्पष्ट होते हैं। स्त्री को यदि इसमें समाहित किया गया तो उसकी पहचान मिटाकर और दूसरा, पहला स्थान पुरुष चेतना का है, स्त्री चेतना का नहीं। इसका निर्माता भी पुरुष है, स्त्री नहीं। हम पहले ही देख चुके हैं कि नेति-नेति की मूल संरचना पुरुषवाची है।

विखंडन की इस प्रक्रिया में सांस्कृतिक नारीवाद अपने असली स्वरूप में प्रकट होता है। सांस्कृतिक नारीवाद वह विचारधारा है जो स्त्री के स्वभाव या नारीत्व को पुरुष के लिए पुनः इस्तेमाल करना चाहता है। वह नारी को पितृसत्ता से इन अर्थों में पीड़ित बताता है कि वह पुरुषोचित मूल्यों की शिकार हो रही है जबकि उसे स्त्रियोचित मूल्यों को अपनाना चाहिए था। वह कहता है कि स्त्रियोचित मूल्यों को प्रधानता देने के लिए ही स्त्री की विचारधारा का पोषण होना चाहिए। चूँकि साररूप में कुछ गुण ऐसे हैं जो

केवल स्त्री की विशेषता हैं और जिन्हें स्त्री ही विकसित कर सकती है इसलिए संस्कृतिवाद की नजर में केवल इन स्त्री-गुणों को ही विकसित किया जाना चाहिए और उन्हें ही महत्त्वपूर्ण समझा जाना चाहिए। स्त्री-पुरुष के समान अधिकार की माँग करते हुए जैविक भिन्नताओं के अलावा अन्य सभी भिन्नताओं को मिटा देना चाहिए। लेकिन सांस्कृतिक नारीवाद स्वभाव एवं आंतरिक गुणों के आधार पर ही स्त्री की अलग पहचान रखता है। उनके अनुसार नारी अपने नारीत्व के गुणों पर ध्यान दे और उनका विकास करे तो ज्यादा उचित होगा।

चूँकि पुरुष के पास गर्भाशय नहीं है इसलिए उसे स्त्री शक्ति की जरूरत पड़ती है, स्त्री प्रकृति है, उसे अपनी शक्ति को बचाना चाहिए। हालाँकि संस्कृति के पक्षधर स्त्री को उसकी जैविकता में न्यूनीकृत नहीं करते बल्कि पुरुष के स्वभावतः स्त्री विरोधी होने की चर्चा करते हैं। स्त्री की प्रजनन शक्ति से पुरुष आतंकित होता है और उसके सामने असुरक्षित महसूस करता है। वह सोचता है कि स्त्री के माध्यम से उसको भी यह शक्ति मिल जाएगी। संस्कृतिवादी मैरी डाली के अनुसार, स्त्री की इस सृजन-शक्ति को स्वायत्त होना चाहिए, पुरुष के नियंत्रण से मुक्त होना चाहिए। पुरुष तो स्त्री-शक्ति का भोक्ता है, दीमक की तरह वह स्त्री की ताकत को चाट जाता है। पुरुष के नियंत्रण से मुक्त स्त्री दूसरी स्त्रियों के साथ लगाव महसूस करेगी। वह दमित और शासित होने के बदले प्रेम, सृजनात्मकता और पालन-पोषण की क्षमता जैसे गुणों का विकास करेगी।

एक अन्य संस्कृतिवादी आन्द्रे रीच के अनुसार, स्त्री चेतना देह पर आधारित है, इसलिए स्त्री को चाहिए कि अपनी देह, उसकी यौनिकता तथा इससे मिलनेवाली प्रजनन शक्ति को महत्त्व दे। पितृसत्ता ने गर्भाशय के आधार पर स्त्री देह को सीमित किया और कमजोर माना। आज आवश्यकता है कि स्त्री स्वयं अपनी देह के प्रति नया दृष्टिकोण निर्धारित करे। अपनी देह के संसाधन का महत्त्व पहचाने, इसी दैहिकता के आधार पर वह प्रकृति के इतने करीब है। उसमें अंतर्ज्ञान की क्षमता है। दूसरा, चूँकि इसी पितृसत्ता ने स्त्री मोह का दोहन किया या इसे गुलाम बनाया है इसलिए इस आधार पर स्त्री देह को दोयम स्तर पर नहीं रखा जा सकता। स्त्री देह की अपनी राजनीति और आत्मिक अर्थवत्ता है, जिसमें अन्तर्निहित विरोधाभासों को समझना चाहिए ताकि उस समझ के आधार पर स्त्री-क्षमता का उद्घाटन किया जा सके। अपनी तीखी और गहरी संवेदना द्वारा स्त्री न केवल चोटिल परिस्थिति को ही समझ सकती है, बल्कि अपनी देह की बहुकेंद्रित ऊर्जा शक्ति को भी समझ लेती है।

आन्द्रे रीच के अनुसार एक बार जब स्त्री अपनी देह को स्वीकार कर लेगी एवं पुनरुत्पादन की अपनी क्षमता से गौरवान्वित होने लगेगी तो मानव समाज में व्यापक क्रांति घटेगी। वह सृष्टा की भूमिका निभाएगी, जीवनदान करेगी। वह न केवल संतान उत्पन्न करेगी बल्कि नई सोच और नई दृष्टि प्रदान करेगी। मानव जगत में नए संबंध बनेंगे। मनुष्य के यौन जीवन, मातृत्व, बुद्धि-सत्ता और आंतरिकता के नए आयाम खुलेंगे। हमारी पूरी चिंतन-प्रणाली और विचारधारा ही बदल जाएगी। मैरी डाली और आन्द्रे रीच के संस्कृतिवादी आग्रहों से स्पष्ट है कि स्त्री मुक्ति को स्त्री संस्कृति से जोड़कर यह स्थापित करने की चेष्टा की जा रही है कि स्त्री एक प्रतिसंस्कृति का निर्माण करने में समर्थ है। ऐसा माना जाता है कि पुरुष की बराबरी चाहने के बदले, पुरुष- मूल्यों को अपनाने के बदले, स्त्री अपनी भिन्नता पर गर्व महसूस करेगी। मगर सवाल तो यह है कि स्त्री कैसे अपनी गरिमा पर गर्व करे, अपनी पहचान बनाए? सांस्कृतिक नारीवाद तो केवल स्त्री-पुरुष के विभेद को बनाए रखता है, स्त्री होने का कोई अलग से निर्देश नहीं देता। ऐसे किसी भी सारतत्त्व की व्याख्या की वह चेष्टा भी नहीं करता जो केवल स्त्री होने की शर्त हो।

प्रकृतिवादी नारीवाद : भिन्नता और संतुलन

विखंडन की प्रक्रिया में स्त्री-पुरुष की इस भिन्नता को बनाए रखने में पितृसत्तात्मक संस्कृति का योगदान उभरकर सामने आता है। संस्कृति और सवर्ण मानसिकता में स्त्री-पुरुष की दैहिक भिन्नता को अनिवार्य मानने के बजाय इस भिन्नता को महत्त्व ही न देने की प्रवृत्ति हावी रही है। संस्कृतिवाद ने उस प्रवृत्ति को एक सर्वथा नई शैली से पुष्ट करने की चेष्टा की अर्थात उसकी भिन्नता का समर्थन करते हुए स्त्री के उस सारतत्त्व की वकालत की जिसे पितृसत्ता अपने में समाहित करना चाहती थी। यह 'भिन्नता के बीच संतुलन' के नाम पर किया गया। सत्तर के दशक में स्त्री-मुक्ति के समर्थक जहाँ स्त्री-पुरुष समानता की माँग कर रहे थे, वहीं नब्बे के दशक से भिन्नता की चर्चा होने लगी। स्त्री का आत्मचित्र पेश किया गया। यह कहा जाने लगा कि स्त्री तो माँ है, सर्जक है और उसके मानवीय मूल्य पुरुष के मूल्यों से कहीं भारी पड़ते हैं। स्त्री से पुरुष कुछ सीखने की चेष्टा क्यों नहीं करता! तर्क दिया गया है कि इससे न केवल स्त्री-पुरुष की आपसी होड़ और प्रतियोगिता में कमी आएगी बल्कि दोनों एक-दूसरे को स्वीकारेंगे। स्त्री की परंपरा का और उसके पूर्वजों का त्याग समझ में आएगा। लोकगीतों और कहानियों में हमारी रुचि बढ़ेगी। स्त्रियों द्वारा रचित कलाकृतियों में रुचि

बढ़ेगी। दमित स्थिति में स्त्री ने अपने जीवन में कुछ ऐसे विधेयक गुण विकसित किए हैं, जिसे पुरुष नहीं कर पाया। अब उन गुणों को महत्त्व दिया जाना चाहिए।

हिंदू संस्कृति अपने दृष्टिकोण में पितृसत्तात्मक होते हुए भी स्त्री-पुरुष के आपसी संतुलन को बनाए रखने की पूरी चेष्टा करती है। हिंदू दार्शनिक तर्क-पद्धति पुरुषकेंद्रित होते हुए भी स्वीकारती है कि सृष्टि के विकास के लिए पुरुष और प्रकृति की पारस्परिक निर्भरता जरूरी है। यहाँ हम नारीवादी दर्शन और राजनीति का पर्यावरणीय संबंध देखते हैं। इस रिश्ते का वैचारिक योगदान उभरता है। दरअसल नारीवाद के अनुसार पर्यावरण के क्षय की समस्या के मूल में हिंदू संस्कृति का यही पुरुषकेंद्रित सोच है जो अपने से भिन्न को नियंत्रित करना चाहता है।

नियंत्रण करने की इसी मानसिकता के आधार पर पूँजीवाद भी फलता-फूलता रहा है। अपनी आत्ममुग्धता में पूँजीवाद न केवल अपने-आपको केंद्र में रखता है बल्कि बड़े व्यवस्थाजन्य रूप से स्त्री, दलित और प्रकृति का शोषण करता है। प्रकृति पर सीधे-सीधे हमला न बोलकर आर्य पुरुष की सत्ता ने जो कुछ भी प्राकृतिक, स्त्रियोचित और सहज था, उसे नियंत्रित करना चाहा। इसी जगह सवाल उठता है कि क्या आज के सारे नारीवाद, पर्यावरणवाद, आदि कुल मिलाकर उन्हीं परिधिकृत और वंचित लोगों द्वारा अपनी पहचान और सुरक्षा के लिए संघर्षरत नहीं हैं? क्या ये लोग केंद्र में आने के लिए संघर्षरत नहीं हैं? उनका संघर्ष तो सिर्फ परिधि की सत्ता की पहचान की माँग करता है। यह कहना कि प्रलय के अंतिम छोर पर, हिमगिरि के उत्तुंग शिखर पर, सागर की अगाध गर्जना के बीच केवल स्थितिप्रज्ञ शुद्ध-बुद्ध पुरुष-चेतना विद्यमान थी, पूरी तरह से पुरुष शौर्य की ही गाथा है। यह पुरुष-चेतना चाहे ब्रह्मा, विष्णु या महेश के ही नाम से क्यों न हो, सामान्य व्यक्ति अपने खयालों में घनघोर प्राकृतिक विपदा और संघर्षों के बीच झूलता हुआ ही नजर आता है। ऐसा नहीं कि वहाँ स्त्री नहीं है। वह है जरूर, मगर दोयम स्थिति में, या फिर अर्धमानव रूप में। हमारी प्राचीन संस्कृति के सर्वप्रकृतिवाद ने ही शोषण की इस सार्विक यांत्रिकता को बढ़ावा दिया है।

सांख्य दर्शन में पुरुष-चेतना मुक्ति माँगती है। प्रकृति मुक्ति नहीं माँगती, मगर इस प्रकृति को स्वतंत्र नहीं बल्कि स्वच्छंद माना गया। अंतर्निहित अर्थ तो कम से कम यही था। नागरिक सभ्यता के विकास ने भी प्रकृति और पुरुष के इस आपसी संबंध को आधार बनाया। ज्यों-ज्यों आधुनिक तकनीक का विकास हुआ, त्यों-त्यों राज्य का नियंत्रण मनुष्य के जीवन पर बढ़ता

गया। प्रकृति और पुरुष के आपसी संसर्ग से ही सृष्टि हुई। शास्त्रों के हस्तक्षेप के बाहर पुरुष-सत्ता का प्रकृति पर नियंत्रण बढ़ता ही गया। एक युग था जब धार्मिक होने का अर्थ था प्रकृति से संबंधित होना और एक समय वह भी आया जब आदमी की पूरी जिम्मेदारी केवल खुद को बचाने की ही रह गई और इसीलिए आदमी न केवल प्रकृति के संहार पर उतर आया बल्कि अन्य के शोषण में भी लग गया। उसकी आत्मघाती नीतियों का ही परिणाम था कि पूँजीवादी संस्कृति फलती-फूलती चली गई और प्रकृति व पुरुष के जिस संतुलन, प्रेम की चर्चा आर्य मानव ने की थी, उसका नितांत अभाव हो गया। सवाल उठता है यह हुआ कैसे? क्या बाजार की जरूरत सिर्फ पश्चिमी प्रभाव है? हमारी वर्ण-व्यवस्था में क्या सब कुछ इतना संतुलित और मानवीय मोह से परे है कि कभी किसी का शोषण हुआ ही नहीं? वर्ण-व्यवस्था में अंतर्निहित नियंत्रण की प्रवृत्ति ने सत्ता का लोभ बढ़ाया। जमीन, राज्य व धन-दौलत की जरूरत बढ़ी। स्त्री भी महज एक पण्य की भाँति ही व्यवहृत होती रही। अत: ऐसा नहीं है कि प्राचीन व्यवस्था की अपनी दुनियावी नजर नहीं थी। पुरुषकेंद्रित तर्कशास्त्र चूँकि हिंदू संस्कृति में भी विद्यमान था अत: ब्राह्मणी संस्कृति ने व्यवस्थागत रूप से प्राचीन वैदिक संस्कृति को अपने स्वार्थ में ढाला। ब्राह्मणी संस्कृति एक वर्चस्वकारी संस्कृति साबित हुई। परिधि के लोगों को पहचान पाने या पहचान की माँग करने में भी इतना लंबा समय लगा। स्त्री और दलित इसी संस्कृति के उत्पाद हैं जो आज भी अपनी पहचान के लिए संघर्षरत हैं। आज हमें बाध्य होकर यह कहना पड़ता है कि हिंदू संस्कृति ने भिन्नता को अस्वीकारा ही नहीं, बल्कि एकरूपता के नाम पर समाज के ऊपरी तबके से मिलकर निचले तबके का दमन किया। हजारों साल से जो संस्कृति विकसित होती रही, जिसने 'वसुधैव कुटुम्बकम' का दावा किया, उसके लिए स्वाभाविक था कि ब्राह्मण वर्ग स्वयं को और अपने द्वारा रचित शास्त्रों को महिमामंडित करता। जरूरी था कि सवर्ण अपने द्वारा प्रतिपादित जीवन-शैली को ही अन्य के लिए आदर्श के रूप में रखते। वर्ण-व्यवस्था को पूर्वानुमानित रूप से हिंदू समाज स्वीकार कर चलता है। इसके कुप्रभाव से बचने की कुचेष्टा की जाती है पर वर्णहीन समाज के विचार का पानी नहीं मिल पाता। यही कारण है कि नारीवाद के लिए इस सवर्ण संस्कृति की चर्चा हमेशा जोखिम-भरी रहती है। संस्कृति के नाम पर स्त्री का कितना शोषण हुआ इसका लेखा-जोखा प्रस्तुत करने में नारीवाद को भी वक्त लगेगा। समाजवाद के पास भी इस समस्या का उत्तर नहीं है। हम जानते हैं कि उत्पादन के तकनीकी साधनों का उपयोग, पूँजीवादी हो या समाजवादी राज्य, दोनों ही करते हैं। अत: मुक्ति का कोई

भी सिद्धांत अपने स्वरूप और दृष्टिकोण में मानवकेंद्रित होने को विवश है और मानवकेंद्रित होने का अर्थ ही होता है कि प्रकृति की उपेक्षा होगी। हिंदू दर्शन और चिंतन के मूल में प्रकृति और संस्कृति का द्वैत है। यानी जिस प्रकार दर्शन में संस्कृति और पुरुष-सत्ता आपस में पर्याय हैं, उसी प्रकार प्रकृति और स्त्री भी पर्याय हैं। एक का दूसरे पर नियंत्रण भी स्वीकृत है। यह एक ऐसा पुराना समाजवाद है, जिसे हिंदू पितृसत्ता ने विकसित किया है। यह आर्य पुरुष-के अपने स्थापित होने के सिद्धांतों पर आधारित था। आर्य पुरुष स्वयं कर्ता के रूप में सीमित होना चाहता है।

नारीवाद को चाहिए कि वह स्त्री को प्रकृति का पर्याय मानने से इंकार करे। प्रकृति के संदर्भों में स्त्री पर आरोपित विचारों की व्याख्या प्रस्तुत करे और उससे अपनी भिन्नता भी स्थापित करे। अब तक मानव-समाज के विकास के प्रसंग में, जिसे सहज और प्राकृतिक कहा गया, एक प्रकार की छद्म सहजता रही है। इसे अपनाकर स्त्री ने खुद को कमजोर ही बनाया है। जिसे हम सहज और प्राकृतिक मानते रहे हैं, वह भी एक प्रकार से स्त्री के ऊपर पुरुष के विचारों का ही प्रक्षेपण है। स्त्री और प्रकृति को एक स्तर पर रखने के कारण ब्राह्मणी संस्कृति ने वास्तव में उस समाज-व्यवस्था की संरचना की, जो न केवल स्त्री को दमित करती है बल्कि उसके कर्मक्षेत्र को सीमित भी करती है। अतः समकालीन नारीवाद को स्त्री को प्रकृति का पर्याय मानने से इंकार करना ही होगा। लेकिन पर्यावरणवादी प्रकृति से मानवता का संबंध जोड़ने के लिए व्याकुल रहते हैं। पर्यावरणवादियों के अनुसार मानव-जाति की पीड़ा का कारण प्रकृति से अलगाव है। तब क्या स्त्री-मुक्ति के विचारकों का पहला उद्देश्य यही नहीं होना चाहिए कि वे प्रकृति और स्त्री दोनों को ही पुरुष-शोषण से मुक्त करें? स्त्री के प्रसंग में ऐसा करना उचित नहीं होगा। हमें उस स्त्री राजनीति की जरूरत है जो इस द्वैत का विरोध करे और इस विरोध को शब्द दे ताकि स्त्री-संघर्ष के मुद्दे स्पष्ट हों।

ब्राह्मणी संस्कृति ने अवधारणात्मक रूप से 'धर्म-अर्थ-काम और मोक्ष' का आदर्श मनुष्य के जीवन में रखा। पुरुष ने खुद की मुक्ति की कामना तो की, मगर साधन के रूप में स्त्री को अपनी मुक्ति के लिए प्रयुक्त किया। यह बात गौर करने की है। स्त्री को प्रकृति के समक्ष रखने के कारण यह कहा गया कि स्त्री सहज है अतः उसे अमंत्रवत और अदीक्षित रहना चाहिए। संस्कृति को ज्यादा बेहतर, ज्यादा शुद्ध, ज्यादा पुरुषोचित, युक्तिसंगत और मानवकेंद्रित माना गया। हमारी ब्राह्मणी संस्कृति अपने दृष्टिकोण में वातावरणवादी तो है मगर पर्यावरणवादी नहीं। वह स्वीकारती है कि प्रकृति

के साथ सामंजस्य स्थापित कर मनुष्य को खुद को समृद्ध करना चाहिए लेकिन वह प्रकृति के अपने किसी निजी उद्देश्य को नहीं स्वीकारती। जबकि पर्यावरणवादी दृष्टिकोण वह है जहाँ व्यक्ति खुद न भी समृद्ध हो, तो भी प्रकृति की सहजता और समृद्धि को बनाए रखने के बहुतेरे आयामों को स्वीकारा जाना चाहिए। यहाँ दोनों के उद्देश्य अलग-अलग हैं। अपने एक उद्देश्य में संस्कृति प्रकृति का उपयोग करती है। दूसरे उद्देश्य में संस्कृति या प्रकृति, कोई किसी का उपयोग नहीं कर सकता। जो वातावरणवादी होगा वह वातावरण को इस प्रकार निर्धारित करना चाहेगा कि उससे अधिक से अधिक लाभ मिले। वातावरणवादी ने युद्ध का विरोध नहीं किया बल्कि शांति की अपील की जबकि सीधे-सीधे उन्हें युद्ध का विरोध करना चाहिए था। पुरुष ने स्त्री को प्रकृति का पर्याय माना और दोनों को अपने स्वार्थ-चक्र में इस्तेमाल किया। वातावरणविरोधी बनकर स्त्री सभ्यता और संस्कृति की प्रकृतिविरोधी योजनाओं में पुरुष का साथ देती रही है। यहाँ नारीवाद न तो नारी को प्रकृति का पर्याय माना जा सकता है और न ही वह पुरुष की तरह पर्यावरण के साथ लिप्त हो सकता है। चूँकि वह पर्यावरण पर अधिक ध्यान नहीं दे सकता इसलिए स्त्री की आदिम अपेक्षाओं को पूरा नहीं कर सकता।

सीमोन द बोउवार कहती हैं: 'पारंपरिक सांस्कृतिक मूल्यों को अत्यधिक महत्त्व देने का अर्थ हुआ कि हम प्रकृति के साथ स्त्री के संवाद को स्थापित करें, मातृत्व की भूमिका को महिमामंडित करें और अनावश्यक रूप से स्त्री-देह पर ध्यान केंद्रित करें। किंतु यह विचारधारा स्त्री को उन्हीं पारंपरिक भूमिकाओं की ओर ढकेलेगी जिससे कम से कम आधुनिक स्त्री ने मुक्ति चाही थी।' सीमोन आगे लिखती हैं : 'एक बार फिर औरत को अन्या के प्रसंग में परिभाषित किया जा रहा है। एक बार फिर वह 'सेकेंड सेक्स' के रूप में निर्मित की जा रही है।' स्त्री, शांति तथा पर्यावरण के संदर्भ में सीमोन लिखती हैं: 'पुरुष की तुलना में आखिरकार स्त्री क्यों बार-बार शांति की वकालत करे?

शांति या तो स्त्री-पुरुष दोनों के लिए उपयोगी है या दोनों के लिए नहीं। यह कहना कि स्त्री तो जीवनदायिनी शक्ति है, माँ है, अतः उसे शांति की अधिक जरूरत है, कम से कम मुझे तो बेतुका लगता है। न सभी स्त्रियाँ माँ हैं और न केवल देह। स्त्री प्रकृति भी नहीं है। स्त्री का अस्तित्व है, जो केवल संवेदना नहीं, बल्कि चेतना भी है।' वर्ष १९४९ में 'द सेकेंड सेक्स' में जो लिखा गया उस पर चर्चा करते हुए सीमोन कहती हैं, 'पर्यावरणवादी फिर पुरुष की तुलना में स्त्री को प्रकृति के करीब ला खड़ा करते हैं। कारण,

वे नहीं चाहते कि मानव-मुक्ति के संघर्ष में स्त्री सीधे-सीधे भागीदार हो। वे चाहते हैं कि स्त्री इन भिन्न-भिन्न मुद्दों से जुड़ी रहे।'

सीमोन ने जब यह लिखा था तब पाँचवाँ दशक था, शीत-युद्ध जोरों पर था और अमेरिकी साम्राज्यवाद अपने ही आँगन में होनेवाले छात्र-विद्रोह, स्त्री-विद्रोह, आदि से बौखला उठा था। वह बार-बार यही सोच रहा था कि इस सारे आंदोलन को कैसे भटकाया जाए ताकि पूँजीवाद और उपभोक्ता संस्कृति विद्यमान रहे। सीमोन इस बात को समझ गई थीं और इसलिए वे स्त्री को आगाह कर रही थीं कि नारीवाद अपने हित में वातावरण तो बनाने की चेष्टा करे, मगर पर्यावरण के आंदोलन और स्त्री-मुक्ति आंदोलन को अलग-अलग रखे। सीमोन से प्रभावित होकर सुलामिथ फायरस्टोन ने अपनी पुस्तक 'द डायलेक्टिक आफ सेक्स' में पूरा एक अध्याय टेस्टट्यूब के पुनरुत्पादन को समर्पित किया। सुलामिथ फायरस्टोन बार-बार कहती हैं : 'स्त्री बच्चा पैदा करने की मशीन नहीं। अच्छा हो कि वह गर्भाशय जैसे फिजूल अंग को निकालकर फेंक दे।' यह एक अतिवादी दृष्टिकोण था जिसे बाद के दिनों में ऐतिहासिक भौतिकवाद से प्रभावित मार्क्सवादी स्त्री-चिंतकों ने समझने की चेष्टा की और नकारा भी।

मार्क्सवादी स्त्रियों ने यह स्थापित किया कि यदि स्त्री पुरुषों के जगत में बराबर की भागीदारी चाहती है तो कम से कम स्त्री और पुरुष के इतरलिंगी यौन संबंध को ज्यादा महत्त्व न दिया जाए। यानी इतरलिंगी यौन जीवन ही एकमात्र आदर्श नहीं हैं। इतरलिंगी यौन संबंध के विरोध का नतीजा हुआ कि नारीवादी विचारधारा में स्त्री-समलैंगिकता को बढ़ावा मिला। अपनी स्त्री-संस्कृति को स्थापित करने की होड़ में नारीवादी कार्यकर्ताओं ने यह स्थापित करने की कोशिश की कि उन्हें पुरुष की बिल्कुल ही जरूरत नहीं है। वे सैन्य शक्ति के खिलाफ हैं और उनके अनुसार युद्ध की विभीषिका के लिए पुरुष जिम्मेदार हैं।

स्त्री को प्रकृति का पर्याय मानना एक प्रकार से स्त्री का रोमानीकरण है जबकि इतिहास, सत्ता और प्रकृति काफी जटिल अवधारणाएँ हैं। इनका साधारण समाधान या सरलीकरण संभव नहीं। स्त्री को प्रकृति के करीब मानने पर बहुत बार स्त्री आध्यात्मिक आंदोलन से जुड़ जाती है या खुद को देवी के रूप में शक्ति का मूल स्रोत समझने लगती है। भारत में ब्रह्मकुमारी आंदोलन या संत समुदाय में बहिनाबाई का आंदोलन इसी प्रकार का नारी-मुक्ति आंदोलन है। ये सारे आध्यात्मिक आंदोलन वास्तव में प्रत्येक जीवित प्राणी को एकरूपता की दृष्टि से देखने की कोशिशें हैं। इनमें स्त्री खुद को प्रकृति के करीब एवं धरती का पर्याय मानती है। इस प्रकार वह धरती की

तरह सहनशील है और जो कुछ भी जीवित है उसकी उत्सवधर्मिता में अपने को समर्पित करना जानती है। स्त्री-शक्ति की चर्चा के प्रसंग में एक सवाल और, आध्यात्मिक दृष्टि से एक ब्राह्मण स्त्री के मुकाबले दलित स्त्री को तो शिक्षा-दीक्षा और वातावरण कुछ भी नहीं मिला। वह स्त्री कैसे संस्कृति और स्त्री धर्म का विकास कर पाएगी? आज जब आदिवासी संस्कृति भी अपनी पहचान के लिए सर उठा रही है तब बहुत से पारंपरिक सच बिखरते हुए नजर आते हैं। हो सकता है, हम प्रकृति और संस्कृति के द्वैत को खत्म भी करना चाहें, पर इतनी आसानी से इतिहास से बाहर छलाँग नहीं लगाई जा सकती। ये सारे विचार बीज रूप में हमारी आध्यात्मिक परंपरा में अंतर्निहित हैं जो इस विभाजन और द्वैत को बनाए रखना चाहती है। इससे कुछेक लोगों का हित साधन तो होता ही है।

अत: संस्कृति के नाम पर स्त्री ने भी सत्ता का साथ दिया है। चाहे-अनचाहे बहुतेरी गलतियों में स्त्रियों की भी भागीदारी रही है। इसका खामियाजा भी स्त्री को भोगना पड़ा है। अपनी वर्गीय और जातीय सुविधा से सवर्ण स्त्री इंकार नहीं करती। जटिल ऐतिहासिक पहचान के कारण उनकी वफादारियाँ भी जटिल हैं। अत: स्त्रियों की आपसी भिन्नता को अनदेखा नहीं किया जा सकता। जाहिर है कि हमें ऐसी राह चाहिए जो भिन्नता को समझकर उसी के आधार पर सहज एकरूपता विकसित करे। वरना महिला या नारीवाद जैसे शब्द से सवर्ण स्त्री की ही महक आती रहेगी, सभ्य और सुसंस्कृत नारी की समस्या और दलित की समस्या काफी भिन्न है। चूँकि सवर्ण स्त्री ने सत्ता का साथ दिया है अत: उसे भी दमनकर्ता की जिम्मेदारी लेनी पड़ेगी।

स्त्री-मुक्ति आंदोलन समाज के व्यापक जन आंदोलन का हिस्सा है और हम सभी जानते हैं कि सामाजिक समूहों में स्त्री वर्ग की उपस्थिति और पहचान अलग-अलग हैं। प्रत्येक आंदोलन का अपना राजनीतिक आधार होता है पर मुक्ति का संदर्भ यदि समाज है तो स्वाभाविक है कि आंदोलन का प्रमुख मुद्दा पर्यावरण या संस्कृति नहीं हो सकता। यहाँ नारीवाद मार्क्सवाद से अलग होते हुए भी मार्क्सवाद के काफी करीब है क्योंकि दोनों का केंद्रीय मुद्दा श्रम है और दोनों ही स्वीकारते हैं कि पूँजीवाद ने स्त्री तथा श्रम का शोषण किया है।

नारीवाद उत्पादन की स्वतंत्रता के साथ पुनरुत्पादन की अर्थात प्रजनन के श्रम में स्वतंत्रता की भी माँग करता है। वह चाहता है कि स्त्री का अपनी देह पर नियंत्रण हो, ताकि स्त्री अपनी उत्पादन क्षमता का श्रम के बाजार में विनिमय कर सके। हमारे उदारवादी जनतंत्र की व्यवस्था में वर्गीय

असमानता कायम है और इस वर्गीय असमानता में स्त्री, और वह भी गरीब स्त्री, सबसे अधिक शोषित होती है। स्त्री केवल प्रकृति नहीं, वह राजनैतिक जगत को व्यक्त करने में समर्थ है। वह इतिहास में हस्तक्षेप कर सकती है। उसे मोड़ दे सकती है।

७

यौनिकता की राजनीति

पितृसत्तात्मक समाज-व्यवस्था पर आधारित पुरुषप्रधान संस्थाओं और आर्थिक सामाजिक जगत में उनके वर्चस्व के कारण स्त्री अधीनस्थ स्थिति में रहने को बाध्य है। सत्ता की भाषा और संस्कृति के पुरुषप्रधान होने से पुरुष के यौन अनुभवों को ही प्रधान माना गया है। ऐसी सत्तात्मक व्यवस्था में स्त्री का अपनी यौनिकता के प्रति वस्तुपरक दृष्टिकोण होना स्वाभाविक है। चूँकि संस्कृति उसे एक 'चीज' मानती है अत: वह खुद भी अपनी देह को वस्तु में ही आँकती है, उसे सजाती-सँवारती है। यहाँ तक कि बचपन से वृद्धावस्था तक वह दूसरों की नजर से ही स्वयं को तोलने की इतनी आदी हो जाती है कि देह ही उसके कर्तव्य की इतिश्री हो जाती है।

सेंड्रा बार्टके के अनुसार, 'हम अपनी देह को इतना अधिक अनुशासित करते हैं मानो वह कोई मिट्टी का लौंदा हो—हम स्त्रियाँ स्वयं को सबसे सुंदर वस्तु बनाने की कामना में ही अपने मानवीय कर्तव्यों की इतिश्री समझ बैठती हैं।' स्त्री की यौन प्रवृत्ति पूरी तरह पुरुष की कामना के प्रति समर्पित है, परिणामस्वरूप यौन जीवन में मिलनेवाले अन्य सुखों से स्त्री वंचित ही रहती है। प्रश्न उठता है कि जब स्त्री के सुख का ख्याल ही नहीं है तो इतरलिंगी (स्त्री-पुरुष के बीच यौन संबंध) ही क्यों स्वाभाविक है? स्त्री-पुरुष के समलैंगिक संबंध को क्यों रुग्ण या गलत माना गया है? ऐसी पुरुष-लिंग केंद्रित यौनिकता मूल रूप से एक-दूसरे को मिटानेवाली है। जिस यौन संसर्ग को बड़ा सहज माना गया वही हिंसा, द्वेष और व्यभिचार के मूल में निकलता है और उसी संदर्भ में यौनजनित अपराध की ग्रंथि काम करती है। ऐसा नहीं कि प्रत्येक पुरुष उच्छृंखल, स्त्री-भक्षक होता है लेकिन 'पौरुषीय तत्त्व' समाज द्वारा परिभाषित होते हैं। सत्ता और यौनिकता महज पितृसत्तात्मक कन्स्ट्रक्ट है। पितृसत्ता ने चूँकि पुरुष यौनिकता को सक्रिय एवं प्रभावी माना इसीलिए स्त्री को 'वस्तु' या 'चीज' के रूप में देखा। फलस्वरूप स्त्री की यौनिकता एक सांस्कृतिक घटना हो गई। जबकि हकीकत में स्त्री-पुरुष के जैविक विभाजन का इससे कोई लेना-देना ही नहीं है। यह पितृसत्ता की

राजनीति थी ताकि कुछ विशिष्ट पुरुषों को स्त्री सुलभ होती रहे। अत: ऐसी समाज व्यवस्था निर्मित हो गई जिसमें बलात्कार, बाल यौन शोषण तथा यौन उत्पीड़न एवं आक्रामकता एक आम बात हो। पुंसत्व के माध्यम और सत्ता के हस्तक्षेप से स्त्री को अधीनस्थ रखा जा सकता है—स्त्री भूगोल के प्रति यह उपनिवेशवादी और साम्राज्यवादी दृष्टिकोण न केवल पश्चिम में बल्कि हिंदू सामाजिक व्यवस्था में शुरू से रचा-बसा है। और आज भी स्त्री का यौन शोषण एक साधारण घटना है। प्रश्न उठता है कि इससे मुक्ति कैसे हो?

फूको के अनुसार अनुशासित देह समर्पित देह है, आधारहीन है। और यह समर्पण केवल पुरुष के प्रति ही नहीं, बल्कि विशिष्ट संस्थागत नियमों द्वारा स्त्री की देह को यौन संतुष्टि के लिए 'उत्पादन' एवं 'काम' लायक बनाया जाता है। यह एक प्रकार का सहेजकर रखा गया पूरा लेख है, जिसे निर्मित करने के लिए शारीरिक बल का प्रयोग नहीं किया जाता बल्कि स्त्री के ऊपर पुरुष सत्ता की एक तरह की निगरानी है, जिसे हम मनोप्टीकाम की अवधारणा से समझ सकते हैं। पनोप्टीकाम एक तरह की निगरानी प्रणाली है जिसमें निगरानीकर्ता निगरानीशुदा लोगों को सर्वद्रष्टा की भाँति देखता रहता है पर निगरानीशुदा लोगों को पता ही नहीं रहता कि उनके आचरण पर निगाह रखी जा रही है। इस पुरुषवाची दृष्टिकोण से स्त्री मानस इतना प्रभावित रहता है कि वह स्वयं अपनी देह को वस्तु के रूप में देखती है। देह पर निरंतर नजर रखती है क्योंकि उसे लगता है कि दूसरे की नजर में वह वस्तु के रूप में संप्रेषित है। देह को वह अनुशासित और नियंत्रित करती है ताकि 'आदर्श' नारीत्व पा सके। परिणामस्वरूप एक देहग्रस्त व्यक्तित्व निर्मित होता है। स्त्री-देह के इस व्यवहार और अभ्यास के पीछे जन्मजात हीनता की वह भावना है जो उसे चेहरे पर लीपापोती करने के लिए बाध्य करती है। वजन यदि थोड़ा अधिक है तो उसे कम करने की सारी कोशिश करती है। वजन कम करना गलत नहीं पर उससे किसी को मानसिक रोग हो जाए तो गलत ही है। गोरेपन के प्रति अति आसक्ति, आँखों का काजल, मेकअप की कला उसके वास्तविक रूप को छुपाती है। मेकअप करके वह वही बनना चाहती है जो वह नहीं है। स्त्री ने हमेशा मेकअप किया है। पर मेकअप के पीछे कुछ छुपाने की भावना ज्यादा है और सुंदर लगने की भावना कम। कोई स्त्री इसलिए छुपाना चाहती है क्योंकि बिना रंग-रोगन के वह अपने आपको खारिज मानती है। सौंदर्य प्रसाधनों के जितने भी विज्ञापन आते हैं, उनका अघोषित संदेश है कि आपकी देह स्थूल है इसे और अधिक दुबला बनाइए, त्वचा साँवली है, खुरदरी है, इसे गोरा एवं चिकना बनाइए, बाल घने और काले होने चाहिए। रात-दिन टीवी चैनलों पर दिखायी जानेवाली स्त्री और

साधारण स्त्री में बेहद फर्क है। टीवी व विज्ञापनों में इन सजी-सँवरी स्त्रियों को देखकर एक सामान्य स्त्री अपना आत्मविश्वास खोती अधिक है, पाती कम है। पृष्ठभूमि में व्यापक स्तर पर स्त्री-देह का, उसके कपड़ों एवं सौंदर्य प्रसाधन का विज्ञापन इस पूर्वानुमानित तथ्य पर आधारित है कि वास्तव जगत की स्त्री देह में ही कोई कमी है इसलिए इन प्रसाधनों, कपड़ों एवं डाईटिंग से इसे भोग के अनुकूल बनाया जाना चाहिए। चूँकि दुनिया और समाज में इतरलिंगी यौन-व्यवस्था का प्रचलन है अतः स्त्री स्वयं को कामना की वस्तु बनाए, पुरुष की नजर में वह सुंदर लगे, यह जरूरी माना जाता है। यहाँ स्त्री व्यक्ति के रूप में भी बार-बार अदृश्य पितृसत्तात्मकता के प्रभाव में दूसरे व्यक्ति के संदर्भ में स्वयं को प्रस्तुत करती है। इसमें शायद कुछ सच्चाई और तथ्य भी हैं—कारण, स्त्री जानती है कि आधी लड़ाई वह अपनी देह के स्तर पर जीत ही जाएगी। कौन नहीं पसंद करेगा सजी-सँवरी खूबसूरत 'जींस' को? होटल में रिसेप्शनिस्ट, एयरलाइन्स में एयर होस्टेस, यानी सभी को सुंदर सजी-धजी गुड़िया चाहिए। यहाँ तक कि बनी-ठनी प्रौढ़ाएँ भी न केवल अपने पति को नियंत्रण में रख पाती हैं, बल्कि दूसरों को प्रभावित करने में भी सक्षम होती हैं।

लेकिन अपनी यौनिकता के कारण स्त्री को कितना बड़ा विरोधाभास झेलना पड़ता है, यह चिंतनीय है। उसे नाजुक और कमनीय दिखना है और संघर्ष भी करना है। क्या दोनों बातें उसके लिए संभव हैं? मगर क्या यह सच नहीं कि जो देह से कमजोर होगा, वह हिंसा का शिकार ज्यादा होगा। हालाँकि आज स्त्री अपनी मांसपेशियों की ताकत आजमाना सीख रही है। चालीस की उम्र में भी स्त्री तन्वी रूप में रहना चाहती है। यदि उसकी कमर तीस इंच की है, यदि बेटी के कपड़े उसको अटते हैं तो क्या कहने? इसे बनाए रखने के लिए इतना तगड़ा अनुशासन कि एक टुकड़ा मिठाई तक नहीं खाती! उनकी देह भरी हुई औरत की देह न लगे, बल्कि कुँआरी लड़की की देह लगे, चेहरे पर अनुभव और परिपक्वता की लकीरें न हों, बल्कि भोलापन और मासूमियत हो। औरत अपने-आपको कमसिन दिखाती रहे। और उससे ऐसी माँग कौन कर रहा है? इतरलिंगी यौनिकता से अनुकूलित मानस जो स्त्री की देह और उसकी यौनिकता को आतंकित करता रहता है, जो चाहता है कि स्त्री ताउम्र ह्रस्वीकरण की प्रक्रिया में बनी रहे—कम खाए, कम स्थान घेरे, भोगवाद में पूरी तरह रत रहे। देह से भी तो हैसियत का पता चलता है।

अतीत में स्त्री पर आधिपत्य अलग प्रकार का था। कार्सेट पहनना, विक्टोरियन समाज में स्तनों का उभार छुपाना, आदि। चीन में तो बालिकाओं को लकड़ी के जूते पहनाए जाते थे ताकि पैर छोटे रहें। देहग्रस्त मानसिकता

कोई नई बात नहीं। नई घटना तो यह है कि स्त्री को कैसा होना चाहिए, इसके निर्देशन और प्रदर्शित करने और नियंत्रित करने का सबसे सशक्त माध्यम मीडिया बन गया है। सौंदर्य प्रसाधन एवं रख-रखाव की जो अपेक्षा महारानियों या राज-नर्तकियों से की जाती थी, वह अपेक्षा अब एक साधारण कामकाजी घरेलू स्त्री से की जाती है। स्त्री स्वयं इस उपभोक्ता संस्कृति की गुलाम होती जा रही है। अपने इस आत्मदासत्व में वह जकड़ी हुई है। उसका यह आत्म-निग्रह पुरुष सत्ता की चाकरी है। वह अंततः महज देह है, दूसरों को लुभाने-फुसलाने वाली। फूको के शब्दों में—'एक सजग और सतत उपस्थिति, दृश्यमानता जो सत्ता को स्वायतत्ता प्रदान कर सके।'

पुरुषोचित प्रतिमान के आधार पर ही स्त्री-यौनिकता की अवधारणा निर्धारित की गई। स्त्री के यौन-भाव को निष्क्रिय माना गया। स्त्री 'काम' को केवल देह के अंग विशेष तक ही सीमित कर दिया गया। संभोग के साथ एक बड़ी प्राचीन पितृसत्तात्मक अवधारणा जुड़ी रही है। लूसी इरिगारे जैसी नारीवादी इसी के संदर्भ में सवाल उठाती हैं। पितृसत्ता पुरुष-जननेंद्रिय की आक्रामकता को सक्रिय एवं स्वाभाविक मानती है। स्त्री योनि को निष्क्रिय माना जाता है। यह वही पुरुषलिंग-केंद्रित यौन विचार व्यवस्था है, जिसके कारण प्रेम के चरम क्षणों में भी पुरुष का स्खलन स्त्री सुख के लिए नहीं, बल्कि पुरुष के अपने आत्म में वापस लौटने की तरह ही माना जाता है। पुरुष का यह आत्म-आलिंगन है। परंतु यौनिकता के प्रसंग में ऐसा दृष्टिकोण स्त्री द्वारा भी यौन-जीवन में सुख एवं आनंद का अधिकार प्राप्त करने पर चर्चा नहीं करता। पुरुष 'संभोग से समाधि की ओर' जाता है, मगर स्त्री को तो केवल माध्यम ही बने रहना है। बड़ी से बड़ी तंत्र साधना में भैरवी का उपयोग बिंदु साधना के लिए किया जाता है। वीर्य को बचाने की आर्य संस्कृति में इससे बड़ी कौन-सी पूँजीवादी मानसिकता होगी, समझ में नहीं आता। स्त्री अभाव और खालीपन का द्योतक बनकर रह जाती है।

पितृसत्तात्मक समाज-व्यवस्था में स्त्री को अकथनीय हिंसा का सामना करना पड़ता है। विशेषकर समाज में जब फासीवादी सत्ता सक्रिय हो तो सांप्रदायिक दंगे, धर्मांधता आदि के कारण स्त्री को अमानवीय कुकृत्यों का सामना करना पड़ता है। विभाजन के दौरान जितनी हिंसा हुई उससे कहीं अधिक जघन्य कुकृत्य गुजरात में भड़की हिंसा के दौरान हुए। बलात्कार की इन घटनाओं से यौनिकता और हिंसा का आपसी संबंध अभिव्यक्त होता है। पुरुष को बलात्कार से सुख मिलता है, वह खोता कम है पाता अधिक है। इससे उसका पौरुष स्थापित होता है। साथ ही बलात्कारियों को यौन संसर्ग में किए गए बल-प्रयोग एवं पशुवत आचरण से न केवल चरम उत्तेजना का

सुख मिलता है बल्कि अपने से भिन्न प्राणी पर जो कि स्त्री है, उनका आधिपत्य भी सिद्ध होता है। बलात्कार में यौन-संसर्ग के साथ-साथ हिंसा भी जुड़ी है। यह एक हिंसक और अमानुषिक कुकृत्य है जिसे किसी भी हालत में न्यायोचित नहीं ठहराया जा सकता। बलपूर्वक यौन-संसर्ग, वह चाहे पुरुष द्वारा अपनी पत्नी के साथ ही क्यों न किया जाए, बलात्कार ही कहलाता है। पुरुष की कामना उद्दीप्त होती है जब काम्य वस्तु (स्त्री) उसे अप्राप्य लगे। स्त्री पर आधिपत्य की भावना के साथ एक विजेता का भाव जुड़ा रहता है—यह मेरी चीज है, तो मैं इसे बलपूर्वक हासिल करूँगा। यह एक आम धारणा है। स्त्री द्वारा किए गए प्रतिरोध से पुरुष की वासना और भड़कती है। बलात्कार के प्रसंग में बने हुए कानून भी इन्हीं धारणाओं को पुष्ट करते हैं। स्त्री को सुरक्षित स्थान में ही रहना चाहिए। अब आप रात-बिरात अकेली घूमेंगी, स्थान-कुस्थान जाएँगी, तो पुरुष का क्या? वह तो जानवर होता है खा जाएगा। पुरुष सत्ता के प्रति यह आतंक, यह भय स्त्री मानस के लिए बेहद गलत है। अस्वास्थ्यकर है और विडंबना तो यह है कि स्त्री जितनी भय-कातर, निरीह, घबराई हुई लगती है, बलात्कारी पुरुष का मन उसे देखकर उतना ही अधिक ललचाता है। यह मेरा शिकार है, मेरे पंजे में आसानी से आनेवाला है। मैं जो चाहे इससे करवा लूँ। उसकी फंतासी (इसके लिए बहुतेरे कारण हैं। मसलन अश्लील साहित्य, सिनेमा, वीडियो आदि। यहाँ तक कि अखबारों में छपनेवाली यौन उत्पीड़न संबंधी घटनाएँ भी) उसे उद्दीप्त करती रहती हैं। यहाँ तक कि बल-प्रयोग को सहज स्वाभाविक यौन संसर्ग में भी बहुतेरे स्त्री-पुरुष उचित ठहराते हैं।

इस प्रसंग में मैं दलित स्त्री का मुद्दा जरूर उठाना चाहूँगी। फूलन देवी और भँवरीबाई से लेकर मिथिला तक, व्यक्तिगत बलात्कार से लेकर सामूहिक बलात्कार की घटनाओं से कौन परिचित नहीं होगा! अधिकतर घटनाओं के जिम्मेदार सवर्ण पुरुष रहे हैं। वह चाहे मध्यवर्गीय सवर्ण स्त्री हो या फिर शहरी स्त्री, उनकी तुलना में खेतों में काम करनेवाली स्त्री, पुरुष-वासना की शिकार ज्यादा होती है, क्योंकि हर रूप में हर स्थिति में वह दमन झेल रही होती है। दलित स्त्री और सवर्ण स्त्री में वर्गभेद जरूरी है। मगर इस बार गुजरात में जो कुछ घटा उसके जिम्मेदार न केवल सवर्ण बल्कि दलित पुरुष भी थे। दलितों और आदिवासियों की सहायता से हिंदुओं ने गंदा से गंदा काम करवाया। दलितों ने मुसलमान स्त्रियों पर अमानुषिक अत्याचार किया। अत: एक बार पुन: हम यौन-जनित हिंसा की चर्चा करते हुए स्त्री और पुरुष में विभाजन जाति और धर्म के आधार पर नहीं, बल्कि सत्ता और शासित के आधार पर करना चाहेंगे। वह चाहे कोई भी स्त्री,

किसी भी वर्ग या जाति की क्यों न हो, पुरुष वासना और इससे जुड़ी हिंसा की शिकार हो सकती है। वह दुनिया के किसी भी कोने में क्यों न हो, उत्पीड़न से बच नहीं सकती। यहाँ कोई सतही सामान्यीकरण नहीं किया जा रहा। सच्चाई तो यह है कि बचपन से लेकर वृद्धावस्था तक स्त्री-मात्र शारीरिक रूप से असुरक्षित वेध्य है और पुरुष की हिंसा का शिकार हो सकती है। विशेषकर उस समय तो और भी जब फासीवादी ताकतों के सामने मानवाधिकार की चर्चा ही करना व्यर्थ हो। चाहे दलित हो या सवर्ण स्त्री, इस पर चर्चा करते हुए हमें किसी भी यौन हिंसा की घटना का विश्लेषण करते हुए नारीवादी परिप्रेक्ष्य जरूर रखना होगा।

पितृसत्ता के सबसे करीब स्त्री ही रहती आई है। मगर यथार्थ में स्त्री कभी मसीहा नहीं बनी। यौनिकता के प्रसंग में वह हमेशा एक काम्य वस्तु के रूप में ही रही है। चूँकि सवर्ण हिंदू मानस (मूलतः ब्राह्मणवाद) शुद्धतावाद के प्रति ज्यादा आग्रह रखता है। (विशेषकर यौन प्रसंग में तो वह हमेशा ही सहवास को नीची नजर से देखता रहा है।) अतः अपनी स्त्रियों को वह बचाना चाहेगा। मगर नीची जाति की स्त्री के यौन उत्पीड़न में उसकी आत्मा पाक-साफ रहती है। जैसे वह नित्यकर्म करता है, भोजन के पश्चात थूकता और कुल्ली करता है, वैसे ही वह यौन संसर्ग के बाद खुद को धोता-पोंछता है। विशेषकर दलित स्त्री के प्रति तो उसकी यही मानसिकता हमेशा से रही है। दलित स्त्री के साथ दमन एवं शोषण जुड़ा है। उसका दलित होना पुरुष समाज की नजर में हिंसा और यौन उत्पीड़न का तार्किक औचित्य है। दलित स्त्री तो सवर्ण की नजर में विशेष अंग-भर है, यौनिकता का प्रतीक है। कार्ला ईला ने कभी कहा था: 'समाज को स्वच्छ रखने के लिए हमें इन परनालों की जरूरत पड़ती है।'

जातीयकरण, लैंगिकीकरण एवं यौनिकता, स्त्री को दमन की इन तीनों प्रक्रियाओं से गुजरना पड़ता है। यदि वह जाति में श्रेष्ठ हो, अमीर वर्ग की हो, तब भी लैंगिकता एवं यौनिकता के समाजीकरण से बच नहीं सकती। क्या सवर्णों में वेश्याएँ नहीं होती, या फिर वहाँ यौन उत्पीड़न का अभाव है? मगर यह भी सत्य है कि जाति / लिंग के गठजोड़ से पैदा हुई स्थिति में पुरुष, विशेषकर सवर्ण पुरुष स्त्री-देह को भोज्य मानता रहा है क्योंकि वह दलित और गरीब है। दूसरी तरफ, वह अपनी स्त्री की अपने बच्चों की माँ के रूप में पूजा कर सकता है। यौन उत्पीड़न और हिंसा की शिकार वह दलित स्त्री की तुलना में ऊँची जाति की सती-साध्वियाँ जरूर महत्त्वपूर्ण हो जाती हैं क्योंकि यौन-शुचिता का दंभ ऊँची जातियों में अधिक है।

और यहीं पर पुरुष-सत्ता की राजनीति के पन्ने खुलने लगते हैं।

यौनिकता के साथ सत्ता जुड़ी हुई है। इसका सबसे अधिक प्रमाण स्त्री को अपने कार्यक्षेत्र में मिलता है। अनिता हिल और रूपन देओल बजाज का चेहरा हमें याद है। मगर हजारों-लाखों रूपन बजाज हैं जो खामोश रहती हैं। क्यों? इसलिए कि नौकरी चली जाएगी। इसलिए कि पदोन्नति नहीं होगी। तब क्या स्त्री घर से बाहर न निकले! काम न करे! महत्त्वाकांक्षी न हो! पुरुष तो हर जगह सत्तासीन है। क्या फर्क पड़ता है यदि महत्त्वाकांक्षा की सीढ़ियाँ चढ़ने के लिए कोई स्त्री थोड़ी-बहुत चुहलबाजी बर्दाश्त कर लेती है। ऐसी भी स्त्रियाँ हैं जो अपनी देह के माध्यम से ही अपना उल्लू सीधा करने में नहीं हिचकतीं। मगर सारी स्त्रियाँ इस प्रकार के क्लेश और चुहलबाजी से परेशान जरूर होती हैं। विशेषकर शहरी आधुनिकाएँ तो इन हरकतों से खासी परेशानी का सामना करती हैं। यहाँ एक बात पर ध्यान दिया जाना चाहिए। चूँकि समाज इतरलिंगी यौन व्यवस्था को ही स्वस्थ एवं स्वाभाविक मानता है, अतः कार्यजगत में भी इसी दृष्टिकोण का प्रचलन है। वह चाहे प्रबंधन की क्षमता का प्रसंग हो या फिर रोजमर्रा की बातचीत। पुरुष स्त्री पर हावी रहना चाहेगा, वह नीति निर्धारित करेगा। स्त्री से अनुसरण की अपेक्षा की जाएगी।

ऐसे समकालीन नारीवादी विमर्श कई हैं जिनमें पुरुष का भिन्न-भिन्न परिस्थिति में स्त्री पर आधिपत्य प्रस्तुत किया गया है। पुरुष बॉस अपनी सेक्रेटरी पुरुष नहीं रखता क्योंकि वह सेक्रेटरी खुद बॉस बनने की संभावना रखता है। साथ ही महिला सेक्रेटरी भी पुरुष बॉस के अधीन काम करना ज्यादा पसंद करती है। वह सोचती है कि महिला बॉस आखिर कितनी सीढ़ियाँ पार करेगी। निर्णायक प्रबंधन की हैसियत में तो अंततः पुरुष ही रहेगा। मालिक-गुलाम का संबंध देखना हो तो पति / बॉस के अधीन पत्नी / रखैल / सेक्रेटरी को देखना चाहिए। खासकर कुँआरी लड़की सेक्रेटरी खुशी-खुशी रहना चाहती है। चूँकि व्यवसाय जगत में ऐसी स्थिति हमेशा नहीं बनती। भिन्न-भिन्न परिस्थितियाँ होती हैं। महिला बॉस के अधीन पुरुष सेक्रेटरी भी होते हैं। यहाँ व्यक्ति की स्थिति में स्त्री और वस्तु रूप में पुरुष रहता है मगर ज्यादातर स्थितियों में महिलाएँ सत्तासीन पुरुष का अनुसरण करना पसंद करती हैं।

ऐसा नहीं कि कार्य-जगत में स्थायी टीम नहीं बनती या बराबरी के संबंध नहीं होते। मगर कार्यजगत में भी अधिकतर स्थितियों में इतरलिंगी मानसिक अनुकूलन की वजह से एक विशेष प्रकार की आत्मपीड़नयुक्त परपीड़न की फंतासी सक्रिय हो जाती है। स्त्री की सफलता निर्भर करती है कि वह कैसे अपनी यौनिकता को विनिमय का माध्यम बनाए। उसके सामने

दो ही चुनाव बचते हैं। पहला, वह अपना अयौनीकरण करके एक सम्मानित पुरुष का दर्जा पा ले। बहुतेरी पश्चिमी स्त्रियों को मैंने पाया कि वे सूट पहनती हैं तथा पुरुषों की भाँति सिगरेट, शराब और यौन स्वच्छंदता से उन्हें परहेज नहीं है। दूसरा, हमारे देश में वह साध्वी, अम्मा, दीदी के रूप में संबोधित होने लगे। वैसा ही परिधान पहने। वही संदेश संपर्क में आनेवाले व्यक्ति को दे। समाज उसकी यौनिकता पर, वह स्त्री है या पुरुष, ध्यान देना ही बंद कर दे। एक और विकल्प है कि स्त्री अपने नारीत्व की सीमा में रहना पसंद करे और स्वयं को असहाय बनाए रखे। पुरुषों की सहानुभूति भुनाती रहे।

यौनिकता के प्रसंग में पर-उत्पीड़न की नाटकीयता भी शामिल है। एक ओर इसका अपना मनोवैज्ञानिक पक्ष है। दूसरी ओर पर-आत्मपीड़न के चिन्ह एवं सम्प्रेषित अर्थों की ऐतिहासिकता है जो वास्तव में कामना में निहित द्वंद्वों व तनावों का महत्त्वपूर्ण हिस्सा है। पर आत्मपीड़न का निषेधक पक्ष यह होता है कि बहुधा वह यंत्रणा एवं क्रूरता का रूप ले लेता है। नारीवाद ने पर-आत्मपीड़न के राजनीति महत्त्व को समझने की कोशिश की है। इस भावना के पीछे इतरलिंगी यौन व्यवस्था के कारण एक की कीमत पर दूसरे द्वारा अपने आपको महत्त्वपूर्ण बनाना है। पर-आत्मपीड़न के व्यवहार जगत में मालिक और गुलाम की मानसिकता सक्रिय रहती है। इस व्यवस्था के नैरंतर्य के मूल में पौरुषीय आक्रामकता, वीर्य एवं शौर्य का पुरुष-जीवन में प्राधान्य होता है। मगर यह भी तो संभव है कि कुछ पुरुषों को ऐसी आक्रामकता अच्छी न लगे या फिर कुछ स्त्रियाँ पौरुषीय हवस और क्रूरता का विरोध करें। यह भी हो सकता है कि कुछ स्त्रियों को पुरुष की क्रूरता लुभाती हो। पर इतरलिंगी यौन-व्यवस्था इतनी व्यापक है कि भिन्न व्यवस्था को पनपने ही नहीं दिया जाता। तब क्या समलिंगी यौन व्यवस्था स्थापित करना जरूरी है? ऐसी स्त्रियाँ कम से कम हिंसा के प्रयोग से बचना चाहती हैं। लेस्बियन का राजनीतिक पक्ष है: संबंधों में प्रेम की प्रधानता और पर-आत्मपीड़न की परंपरा से मुक्ति। आदमी आदत का गुलाम है। यौनजनित भावनाएँ और कामनाएँ नैसर्गिक हो सकती हैं, पर इनकी संतुष्टि का तरीका आदमी ने ही खोजा है और इसका संजाल भी पुरुष-सत्ता ने ही बुना है।

इतरलिंगी कामना के मूल में स्त्री-पुरुष का असमान संबंध है। यह बात अलग है कि समलिंगी व्यवस्था में भी एक शक्तिशाली और दूसरा समर्पित रह सकता है। उनके आपसी व्यवहार भी स्त्री-पुरुष के पारंपरिक संबंधों जैसे हो सकते हैं। स्त्री का समर्पण न केवल पुरुष को बल्कि समलिंगी स्त्री को भी लुभाता है। एक बार जब वासनाकृत इच्छाएँ जग जाती

हैं और व्यक्ति सत्ता की भाषा और खेल को समझने लगता है, तब समलिंगी संबंधों में भी स्तरीकृत व्यवस्था नजर आने लगती है। और यह वैषम्य अभिव्यक्त होता है वर्ग, जाति, उम्र एवं विभिन्न भूमिकाओं के अनुसार। नारीवाद इस तथ्य से हाल ही में परिचित हुआ है। स्त्री-मुक्ति के प्रसंग में इतरलिंगी यौन व्यवस्था पर आधारित सत्ता के खेल में स्त्री को मुक्ति हासिल करनी होगी। न केवल पुरुष की परपीड़न की वृत्ति से बल्कि स्त्री की स्वयं के प्रति हीनता और दया भाव से भी मुक्ति की जरूरत है। पुरुष की प्रधानता स्त्री की हीनता पर फलती-फूलती है।

सवाल उठता है कि स्त्री इतरलिंगी यौन-व्यवस्था को क्यों अपनाए? यदि पुरुष का चुनाव स्त्री के लिए एक सहज नैसर्गिक प्रक्रिया है और यह उसके हित में जाता है तो स्त्री को आदिकाल से इतना दमन और शोषण क्यों झेलना पड़ा? आखिर इन दमनकारी संस्थाओं को निर्मित ही क्यों किया गया? ध्यान रहे, 'इतरलिंगी यौन व्यवस्था का चुनाव स्त्री ने नहीं किया। अपने-आप में यह एक संस्था है जो स्त्री मानस को यौन-दमन स्वीकारने के लिए बाध्य करती है। इसकी अनिवार्यता इसलिए भी है क्योंकि इसी की सहायता से स्त्री को अधीनस्थ रखना, इस अधीनस्थता को जायज ठहराना और सहज रूप प्रदान करने के लिए विवाह एवं परिवार की व्यवस्था को निर्मित एवं प्रचलित करना संभव हो सका। इसके बिना पुरुष को संतान पर भी नियंत्रण नहीं मिलता। चूँकि सत्ता स्वयं का नैरंतर्य चाहती है, अपने वंश का नाम चाहती है अतः स्वाभाविक है कि वह स्त्री को अधीनस्थ रखे। लेस्बियन स्त्री तो पारंपरिक सामाजिक संरचना में एक बाहरी सदस्य है, परिधिकृत है और पारंपरिक समाज की नजरों में अपराधी ठहराई गई है। *(साइन, 'कंपल्सरी सेक्सुआलिटी एवं लेस्बियन एक्जिस्टेंट')*

यौन जीवन को सत्ता की आक्रामकता से मुक्त करना होगा। यौन जीवन में आनंद की प्रधानता होनी चाहिए, सत्ता का खेल नहीं। पुरुष अपनी इस व्यवस्था से इतना आत्मग्रस्त है कि इससे मुक्ति चाहनेवाली स्त्री का वह विरोध करेगा, उसे सजा सुनाएगा। वह चाहे इतरलिंगी यौन-व्यवस्था हो या फिर समलिंगी चुनाव, यदि यौनजीवन में सत्ता और उसके आधिपत्य का खेल जारी रहेगा तो स्त्री को कभी मुक्ति मिल ही नहीं सकती। होना यह चाहिए था कि स्त्री-पुरुष के यौन जीवन में 'काम' को प्रधानता दी जाती ताकि अहेतु की आक्रामकता से स्त्री को छुटकारा मिलता। समस्या तो यह है कि पुरुष-सत्ता इस यथार्थ से अवगत होते हुए भी आधिपत्य का मोह छोड़ नहीं पाती। हालाँकि इस मोह से निजात मिलने पर स्वयं पुरुष को बहुतेरी मानसिक ग्रंथियों से, विशेषकर पौरुष के झूठे दंभ से मुक्ति मिल जाएगी।

स्त्री हो या पुरुष, दोनों के जीवन में 'काम' है, इससे दोनों ही मुक्त नहीं, मगर इसके साथ सत्ता को पुरुष ने जोड़ा। समलिंगी स्त्रियाँ बहुधा एक-दूसरे पर आधिपत्य की भावना से ग्रस्त हो जाती हैं। ऐसे संबंधों में भी एक स्त्री दूसरे की तुलना में पुरुषोचित आचरण अपना बैठती है। इसका मौलिक कारण है हमारी सामाजिक संरचना, जहाँ इतरलिंगी यौनजीवन को ही सहज संबंध के रूप में रखा गया है। फिर सवाल उठता है कि क्या समलिंगी संबंधों द्वारा इन समस्याओं का निदान खोजा जा सकता है? हाँ, यदि सामाजिक संरचना भिन्न हो। 'काम' के साथ सत्ता की भावना न जुड़ी हो। समस्या यह है कि अन्य पर अधिकार समझे बिना पुरुष की कामना जागृत ही नहीं होती। अतः इतरलिंगी यौन-व्यवस्था को आमूल रूप से सत्ता की आकांक्षा से (विशेषकर जो आकांक्षा दो व्यक्तियों की असमान स्थिति के कारण पैदा होती है) छुटकारा पाना होगा। वह चाहे स्त्री हो या पुरुष, समाज को उसे यौनजीवन का चुनाव करने की स्वतंत्रता देनी चाहिए। चुनाव की स्वतंत्रता स्वीकारते ही समलिंगी यौन जीवन को स्वतः मान्यता मिल जाती है। स्वीकृति के साथ ही सुरक्षा जुड़ी है, जब व्यक्ति स्वयं अपना चुनाव कर रहा है तो फिर शिकायत कैसी? और क्यों वह अपने आपको समाज के सामने अपराधी समझे? अपराधबोध के कम होने से यौन-अपराध की समस्या कम होती है।

मनोविश्लेषण प्रारंभ में ही यह स्वीकार करके चलता है कि परिपक्व एवं स्वस्थ मानसिकतावाली स्त्री स्वतः इतरलिंगी यौन व्यवस्था की समर्थक होगी। विवाह और परिवार को प्राथमिकता देना चाहेगी। स्त्री पत्नी और माँ की भूमिका सहज अपना लेती है। इसके लिए उसे तैयारी नहीं करना पड़ती। मनोविश्लेषण का उद्देश्य ही है कि स्त्री-मानस के इस समाजीकरण से पितृसत्ता का उद्देश्य पूरा हो। सत्ता का यह अघोषित, अकथित, अज्ञात उद्देश्य एवं मूल्यबोध रहा है कि स्त्री पत्नी और माँ बने, परिवार चलाए। अन्य किसी भी प्रकार का यौन-चुनाव, वह चाहे साध्वी का जीवन हो या फिर लेस्बियन का, सत्ता की नजरों में वर्जित है। रजोनिवृत्ति के बाद की औरतों की भी पितृसत्ता इसीलिए उपेक्षा करती है क्योंकि वह बच्चे पैदा नहीं कर सकतीं।

पितृसत्तात्मक मनोवृत्ति से मनोविज्ञान भी अछूता नहीं। मनोविश्लेषक संकुचित दृष्टिकोण से नारीवाद की कटु आलोचना करते हैं। वे जैविक स्त्री एवं संस्कृतिजन्य उत्पादित नारीत्व को यौन अनुभवों के केंद्र में रखकर तौलता है। जबकि नारीवाद की रुचि स्त्री की परिस्थिति और उन परिस्थितियों से उत्पन्न संभावनाओं पर गौर करने में है। स्त्री के यौनजीवन

का वैविध्य—वह चाहे उसके निजी चुनाव से उत्पन्न हुआ हो या फिर परिस्थिति की अनिवार्यता से, इन दोनों पर ही गौर किया जाना चाहिए। प्रत्येक स्त्री न तो सवर्ण है और न ही पश्चिमी। वह किसी भी भिन्न वर्ग एवं जाति की हो सकती है और किसी भी भिन्न यौन-व्यवस्था को पसंद कर सकती है। विशेषकर स्त्री समलिंगी यौन-व्यवस्था को तरजीह देना गलत नहीं समझा जाना चाहिए। चूँकि लेस्बियनिज़्म खुद को स्त्री मुक्ति का ज्यादा समर्थक मानता है, अतः इस प्रसंग में थोड़ी विषद आलोचना की जरूरत है। लेस्बियनों का दावा है कि जितनी खुली चुनौती वे पितृसत्ता को देने में समर्थ हैं, यानी बिना पुरुष के जीवन जीने में समर्थ है, उतनी इतरलिंगी स्त्री नहीं, क्योंकि वह पुरुष को प्यार करती है और संसर्ग के दौरान पुरुष का आधिपत्य स्वीकारती है। अतः बाह्य जगत में भी अधीनस्थ स्थिति को नकारना उसके लिए संभव नहीं होगा। थोड़े शब्दों में सत्ता को प्यार करनेवाला सत्ता की अभिरुचि रखेगा। वह भला शोषितों का साथ कहाँ से देगा! उस स्त्री में तो आंदोलनकर्ता की ईमानदारी और प्रतिबद्धता आ ही नहीं सकती। वह किसी न किसी मुकाम पर धोखा ही देगी। भला ऐसी भ्रष्ट चेतना को नेतृत्व की बागडोर कैसे थमा दी जाए? वह स्त्री जो अपने शयन-कक्ष में पुरुष का आधिपत्य स्वीकारती है, भला विरोध की भाषा कैसे अख्तियार करेगी? पहले खुद विरोध करना सीखे, तब दूसरों को कुछ सिखाने आए। क्या लेस्बियन स्त्री सच में पितृसत्तात्मक संरचना से मुक्त है? क्या अपने स्वयं के यौन-चुनाव में वह उतनी ही स्पष्ट है, अपने साथी को उतना ही समान स्तर पर रखती है जितना कि वह दावा करती है। कहीं वह स्वयं भी इतर-वैयक्तिक यौन-संबंधों में पितृसत्तात्मक संरचना को अनजाने ही स्वीकार तो नहीं कर रही?

समलैंगिकता के समर्थन की वजह से अधिकतर लोगों के अनुसार नारीवाद वास्तव में कुछ समलिंगी स्त्रियों का झुंड-भर है। पहचान की कामना को यौन-रुग्णता कहकर खारिज नहीं किया जा सकता। यह एक ऐसा दुराग्रह है जिसका विश्लेषण किया जाना चाहिए ताकि स्त्री और स्पष्ट रूप से अपनी बात समाज के सम्मुख रख सके। फ्रायडियन शोधकर्ताओं ने तो स्त्री के इस यौन-चुनाव को व्यभिचार की संज्ञा दी है। पुरुष होने के नाते वे पुरुष समलैंगिकता को तो समझ पाते थे पर लेस्बियन के चुनाव के प्रति आश्वस्त नहीं थे। मनोविश्लेषण के समकालीन सिद्धांत आज भी फ्रायड के विचारों से ग्रस्त हैं। पुरुष की मानसिकता और उसकी यौनिकता के प्रसंग में आज भी इडिपस ग्रंथि की चर्चा जारी है। विशेषकर पितृसत्तात्मक मानसिकता फ्रायड को ही स्वीकारती है जबकि फ्रायड द्वारा स्त्री-यौनिकता

का सही विश्लेषण करना तो दूर की बात है, स्त्री अंत तक उनके लिए अबोध, अगम्य और अबूझ ही बनी रही। फ्रायड ने मानव-जीवन में द्वि-यौनिकता के महत्त्व को स्वीकारा मगर उनके सिद्धांत समाज द्वारा स्वीकृत इतरलिंगी यौन व्यवस्था को ही स्त्री एवं पुरुष दोनों पर आरोपित करते हैं। विलियम फ्लाईस को लिखे गए उनके पत्र, अपने सहकर्मियों एवं दोस्तों से उनके संबंध, उनके अपने (एकरूपता से) आतंक पर आधारित थे। वे इस विचार मात्र से त्रस्त थे कि आदमी अपनी ही यौनिकता की कामना से बचे ताकि अपने से भिन्न रूप को प्यार कर सके। नारीवाद ने डोरा के केस का गहरा विश्लेषण किया है, विशेषकर नैन्सी शोडोरो तथा लूसी इरिगारे ने। डोरा का आकर्षण कुमारी एक्स के प्रति था, फ्रायड इसे कभी समझ ही नहीं पाए। या फिर समझकर इसे रुग्ण मानते रहे और इसीलिए उन्होंने डोरा को इतरलिंगी यौन-जीवन अपनाने को बाध्य किया।

सत्तर के दशक में मैंने कैरन हार्नी को पढ़ना शुरू किया। पहले-पहल मुझे उनके लेखन और उनकी विश्लेषण क्षमता ने बेहद प्रभावित किया। वे फ्रायड की पुजारिन थीं। वे लिखती हैं: 'अधिकतर स्त्रियाँ लिंग के अभाव से पीड़ित हैं। कैरन हार्नी स्वयं ऐसे समाज की सदस्य थीं जो हर हाल में पुरुष की वरीयता को स्वीकार करके चलता है। कैरन हार्नी के अनुसार, चूँकि स्त्री के पास जननेंद्रिय नहीं, अत: उसे पुरुष से ईर्ष्या है। बराबरी का हक माँगकर वह पुरुष हो जाना चाहती है। यदि वह समलैंगिकता का चुनाव भी करेगी तो एक पुरुष की भाँति अपनी साथिन पर अधिपत्य रखेगी, यों भी कैरन हार्नी को इन समस्याओं से कुछ लेना-देना नहीं था। उनका तर्क था—'जैविकता नहीं बल्कि यह समाज है जो स्त्री मानस में लिंग-द्वेष को प्रोत्साहित करता है।' यौन-प्रसंग में वे पहले इतरलिंगी यौन व्यवस्था का विश्लेषण करना चाहती हैं, और कहती भी हैं कि समलिंगी प्रवृत्तियों की उपेक्षा ही की जानी चाहिए। समकालीन समाज में, विशेषकर उत्तर-आधुनिक युग में यह स्थापित हो चुका है कि समलैंगिकता कोई यौन रोग नहीं, बल्कि एक जीवन-शैली है। व्यक्ति का निजी यौन-चुनाव है और व्यक्ति को इसकी पहचान मिलनी चाहिए। अमेरिकन समाज में १९७४ के दशक में 'जरनल आव होमोसेक्सुअलिटी' में इस यौन-आचरण को संस्थापित किया। १९७६ में आंद्रे रीच, और नैन्सी शोडोरो के निबंध प्रकाशित हुए जो फ्रायड से भिन्न मत रखते थे। उनके अनुसार पितृसत्ता द्वारा परिभाषित नारीत्व की अवधारणा वास्तव में स्त्री की माँ की भूमिका पर आधारित है। संतान को जन्म देना और उसका भरण-पोषण माँ की तरह अन्य कोई नहीं कर सकता। माँ अपनी इस विशेष क्षमता को, अपने इस अनुभव को अपनी बेटी को संप्रेषित करती

है। ऐसा करते हुए जहाँ वह बेटी को एक विशेष क्षमता प्रदान करती है वहीं अपनी बेटी को पुरुष का आधिपत्य स्वीकारने का संदेश भी देती है। रीच की तुलना में नैन्सी शोडोरो एक ज्यादा समर्थ लेखिका है और न केवल मनोविश्लेषण बल्कि साहित्यिक आलोचना के क्षेत्र में भी ध्यान से पढ़ी जाती हैं। वे कहती हैं—'माँ अपनी बेटी में भी मातृत्व की इच्छा जागृत करती है, यह आकांक्षा माँ-बेटी के संबंधों पर आधारित है।' हालाँकि ऐसा कहते हुए शोडोरो फ्रायड को पूरी तरह नहीं नकार पातीं और फ्रायडियन विचारधारा से सहमति जताते हुए उनका कहना है कि स्त्री-यौनिकता के संदर्भ में फ्रायड की विचारधारा पितृसत्ता की स्वार्थ-पूर्ति करती हुई प्रतीत होती है।

माँ द्वारा मातृत्व की भूमिका को बेटी में पुनर्स्थापित करना वास्तव में बच्चे के बड़े होने में एक महत्त्वपूर्ण सामाजिक हस्तक्षेप है। माँ के प्रति जो प्यार है वह बच्चे के प्रति पुनर्स्थापित हो जाता है। शोडोरो के अनुसार चूँकि स्त्री ही केवल मातृत्व की भूमिका निभाती है, अतः लड़की के भीतर भी इडिपस ग्रंथि की जन्मदाता माँ ही है। इस प्रसंग में यह कहना अनुचित न होगा कि लड़की अपनी माँ के स्थान पर पिता को नहीं बैठाती। वह तो माँ के साथ पिता को बैठाती है, यानी वह माँ और पिता की जोड़ी से प्यार करती है। एक बालक की तुलना में बालिका को ज्यादा जटिलता और तनाव झेलना पड़ता है। हालाँकि अधिकतर स्त्रियाँ अपने यौन-चुनाव में इतरलिंगी व्यवस्था की पक्षधर हो जाती हैं, यानी अपनी चाह की वस्तु को, उससे जनित संबंध को बाह्य-जगत में पुरुषकेंद्रित कर पाती हैं। किन्तु अनुराग और संवेदना के स्तर पर स्त्री के जीवन में 'पुरुष का भाव' स्थापित कभी नहीं हो पाता। संवेदना के स्तर पर स्त्री के मन में पुरुष दोयम दर्जे का है। हालाँकि पुरुष से कामनात्मक संबंध का निर्मित होना केवल माँ-बेटी के संबंध पर ही नहीं बल्कि पिता-पुत्री और माँ एवं पिता के आपसी संबंधों पर भी आधारित है। जैसा कि ऊपर कहा गया है कि अंततः स्त्री इतरलिंगी यौन-चुनाव करती है—सक्रियता के बदले जीवन में निष्क्रियता को स्वीकारती है—एवं भग-शिश्न के बदले (जो कि उसे यौन सुख देने में समर्थ है) वह योनि को ही सुख का साधन मानने को बाध्य होती है। अपनी यौनिकता के प्रति उसका सारा दृष्टिकोण ही बदल जाता है और शायद मानव समाज को इसकी जरूरत भी है। अन्यथा माँ और बेटी का प्यार कौटुम्बिक व्यभिचार बनकर मानव-सभ्यता के लिए सबसे अधिक अशुभ होता। अतः इतरलिंगी चुनाव के पीछे न केवल पुरुष पर आर्थिक निर्भरता है बल्कि कौटुम्बिक व्यभिचार की वर्जना भी है। हालाँकि शोडोरो लेस्बियन संबंधों की वृद्धि पर चिंता व्यक्त

करती हैं, मगर रीच के अनुसार ये संबंध तो पहले भी हुआ करते थे। ऐसा तो नहीं कि इनका प्रचलन आज के वक्त में ज्यादा बढ़ा हो और क्या शोडोरो के लेखन से यह नहीं झलकता कि वे समलैंगिकता की समर्थक हैं? और 'काम' एवं संवेग का भेद स्वीकारने से क्या स्त्री सच में खुद को ठगा हुआ महसूस नहीं करेगी? रीति के प्रसंग में इतने गीत, इतनी कविताएँ, इतनी कलात्मक अभिव्यक्तियाँ हैं जो कि सभ्यता के आदिकाल से स्त्री-पुरुष के प्रेम को, यौन जीवन को अभिव्यक्त करती आ रही हैं- क्या ये सभी स्त्री के मन में पुरुष की दोयम दर्जे की चाहना को ही व्यक्त करती हैं, पुरुष को गौण व्यक्त करती हैं। स्त्री ने तो ऐसा कभी सोचा ही नहीं था। हालाँकि 'काम' एवं 'भावना' में फर्क है। माँ के प्रति यदि बेटी का इतना अगाध लगाव था तो क्योंकर वही बेटी अन्य पुरुष के प्यार में अपना सर्वस्व खत्म कर देती है? क्या है यह रहस्य? रीच के अनुसार पुरुष की ताकत, उसकी शारीरिक, आर्थिक और सामाजिक शक्ति इसके लिए जिम्मेदार है।

इस पूरे विषय पर महत्त्वपूर्ण शोधकार्य लूसी इरिगारे ने किया है, जो कि स्वयं एक मनोविश्लेषक हैं। इरिगारे के अनुसार लिंग-केंद्रित विमर्शों के आधार पर अब तक जो कुछ कहा गया है उसका विखंडन करना होगा। पुरुष द्वारा प्रतिपादित सिद्धांतों को खारिज करना होगा एवं स्त्री-कामना को नई भाषा में व्यक्त करना होगा। यहाँ भाषा की जरूरत महसूस होती है। माध्यम के रूप में पुरुषवादी भाषा का विखंडन जरूरी है। स्त्री की यौनिकता पर नए विमर्शों की जरूरत है। हालाँकि लोकां इरिगारे का विरोध करते हैं, पर अमेरिकन नारीवाद लूसी इरिगारे से काफी प्रभावित दिखता है।

स्त्री की देह और उससे मिलनेवाला सुख केवल किसी अंग-विशेष पर केंद्रित नहीं। उसे मिलनेवाला यौन-सुख जितना सूक्ष्म और जटिल है, उतना ही व्यापक भी है। पुरुष विश्लेषक अपनी लिंग-केंद्रित वृत्ति के कारण एकोन्मुखी हैं। जबकि स्त्री अपने यौन-सुख के प्रसंग में बहुमुखी है। सुख स्त्री की देह के भीतर है। आनंद उसके भीतर जागृत होता है। यह आनंद उसे दूसरा कोई दे नहीं सकता। पुरुष ने यौनिकता का जो मानकीकरण प्रस्तुत किया, वह स्त्री-विरोधी है। यहाँ तक कि लेस्बियनों का कामसुख भी पुरुष समलैंगिकता से भिन्न है।

किंतु इसके विकल्प में किसी भी व्यवस्था को, चाहे वह समलिंगी हो या फिर सम-विषम दोनों का संयुक्त यौन-आचरण हो, स्थापित नहीं किया जा सकता। ऐसे सुझाव को बहुलतावादी विचारधारा खारिज करती है। किंतु नारीवाद को कौन-सा दृष्टिकोण अपनाना चाहिए और जरूरी नहीं कि सभी स्त्रियाँ नारीवाद की यौन-राजनीति से संबंधित इस पक्ष को स्वीकारें।

नारीवाद का पर्याय नारीवादी समलिंगी यौन-व्यवस्था नहीं है। ऐसी बहुतेरी स्त्रियाँ हैं जो इतरलिंगी यौन-व्यवस्था में संतुष्ट हैं। ऐसे निजी क्षणों में वे स्त्री-मुक्ति की समर्थक होते हुए भी नारीवाद की इस वैचारिक राजनीति से स्वयं को दूर रखना चाहेंगी। ऐसा भी संभव है कि बहुतेरी समलिंगी स्त्रियाँ भी नारीवाद की राजनीति से न जुड़ी हों। स्त्री-संघर्ष के प्रति वे प्रतिबद्ध हैं लेकिन स्त्री-मुक्ति का उद्देश्य महज स्त्री की यौनिकता से ही नहीं है। न ही स्त्री-पुरुष के अंतरंग संबंधों को अधिकतर स्त्रियाँ बहस का मुद्दा बनाना चाहेंगी। स्त्री-मुक्ति आंदोलन को महज स्त्री की किसी भी एक भूमिका में न्यूनीकृत नहीं किया जा सकता। राजनीतिक दृष्टि से ही सही, यौनिकता को संहिताबद्ध करना संभव भी नहीं, क्योंकि स्त्री को दमन से मुक्त करने हेतु भिन्न यौन-संसर्गों को भी महत्त्व देना होगा, पहचान देनी होगी। लेस्बियन और 'गे' स्त्री-पुरुष नारीवादी आंदोलन को सक्रिय करने में महत्त्वपूर्ण भूमिका निभा सकते हैं, किंतु इतरलिंगी व्यवस्था की आलोचना करने का अर्थ यह नहीं कि इतरलिंगी आचरण को खारिज ही कर दिया जाए। व्यवहार का जो दमनकारी पक्ष है, उस पर ध्यान देना होगा। ऐसा सामाजिक वातावरण निर्मित करना होगा ताकि भिन्न यौन-चुनाव के प्रति, वह चाहे स्त्री हो या पुरुष, स्वयं को अपराधी महसूस न करे।

मानना होगा कि आज परिस्थिति में कुछ बदलाव आया है। सत्तर के दशक तक समलैंगिकता को बढ़ावा मिल रहा था। इसे इतरलिंगी यौन-व्यवस्था के विकल्प में एक राजनीतिक प्रस्ताव के रूप में रखा जा रहा था। आज सुरक्षित यौन जीवन के लिए जरूरी हो गया है कि समलैंगिकता का पूर्ण बहिष्कार किया जाए। कुछ पश्चिमी देशों में तो इसे गैर-कानूनी भी माना गया है। जरूरत तो यह है कि स्त्री को किसी भी यौन-आचरण के लिए बाध्य न किया जाए। उसका अपना चुनाव हो और यदि वह सुरक्षा का ध्यान रखेगी तो बहुतेरी यौन-वर्जनाओं एवं प्रतिबंधों को स्वीकार करके चलेगी। एक सवाल पुनः मूलभूत रूप से उपस्थित होता है जो ज्यादा व्यावहारिक भी है। यौनिकता का संबंध 'काम' से है और काम एक नैरन्तर्य की भावना है अतः पितृसत्तात्मक सामाजिक संरचना से बाहर ही इसे अपनी पहचान खोजनी होगी।

वास्तव में फ्रायड भली-भाँति जानते थे कि व्यक्ति स्वभाव से द्विलिंगी होता है लेकिन सामाजिक नियंत्रण के कारण इतरलिंगी चुनाव के लिए बाध्य है। आखिर मनोविश्लेषक भी एक सामाजिक प्राणी है। मनोवैज्ञानिक संस्थाएँ इसी समाज का हिस्सा हैं, और सामाजिक विकास एवं परिवार की सुरक्षा के लिए व्यक्ति को, वह चाहे स्त्री हो या पुरुष, इतरलिंगी यौन-व्यवस्था

स्वीकारनी होगी। किंतु समलैंगिकता कोई अपराध नहीं, सुरक्षा की दृष्टि से इसे स्वीकारना और न स्वीकारना एक अलग बात है, किंतु इस पर लगी वर्जना को हटाया जाना चाहिए। इस तथ्य को भी अनदेखा नहीं किया जा सकता कि समलिंगी यौनिकता का सबसे सशक्त पक्ष है—गहरी संवेदना। माँ से जो लगाव बचपन में होता है, स्त्री उसी लगाव को पुन: जोड़ती होती है। वापस उसी तीव्र आवेग को खोज निकालती है। उसकी कामना माँ के बदले अन्य पर केंद्रित होती है। जीवन के प्रारंभ में जो खो गया था, वह भावना वापस अपनी पूरी गहराई और तीव्रता के साथ स्त्री को वापस मिलती है। समस्या को यदि विधेयक दृष्टि से देखा जाए तो हो सकता है कि समाज लेस्बियन स्त्री को भी एक स्थिर पहचान दे सके। सीमोन द बोउवार के अनुसार: 'स्त्रियों के बीच प्रेम आपसी मनन और चिंतन पर आधारित है। दैहिक स्पर्श में आधिपत्य की भावना के बदले पुनर्सृजन की भावना अंतर्निहित है। हार-जीत के संघर्ष के बदले, मालिक और गुलाम की भावना के बदले एक सच्ची पारस्परिकता है, क्योंकि दोनों स्त्रियाँ वस्तु-भाव से परिचित हैं, दमन से मुक्ति की राह पर दोनों हैं, अत: पारस्परिक पहचान का सबसे अच्छा उदाहरण समलिंगी यौन-व्यवस्था है।' तब क्या बोउवार स्त्री-पुरुष के यौन संबंधों के बदले स्त्री और स्त्री के बीच के संबंध को ज्यादा सृजनात्मक मानती हैं? बोउवार स्पष्ट उत्तर नहीं देतीं। मगर अपने उपन्यासों में और जीवन में नारी पात्रों के साथ उन्होंने हमेशा पारस्परिकता बनाए रखी, इससे इंकार नहीं किया जा सकता। वर्जीनिया वुल्फ तो यहाँ तक कहती हैं कि स्त्री-मानस पर इतरलिंगी यौन-व्यवस्था आरोपित करने का परिणाम यह है कि बहुतेरी स्त्रियाँ ताउम्र ठंडी रहती हैं, जबकि समलिंगी स्त्री अपनी यौनिकता को चरम आनंद तक पहुँचाने में समर्थ है।

व्यक्ति पहचान के लिए दूसरों से संबंधित होता है। संबंधित होना कोई वायवीय घटना नहीं, व्यक्ति अन्य के साथ इसी समाज में स्थित है। यानी व्यक्ति, संबंध और समाज तीनों आपस में गुँथे हुए हैं। क्या समलिंगी यौन-व्यवस्था में यह सब संभव है? अन्य रूपों में स्त्री को इतरलिंगी यौन-व्यवस्था से मिली हुई सामाजिक स्वीकृति है। स्वीकृति के अभाव में क्या स्वस्थ जीवन जीना संभव होगा?

एड्स आज के युग की एक भयानक यौनजनित समस्या है। इसी बीमारी के कारण स्त्री-पुरुष की यौनिकता और यौन आचरण के पुनर्मूल्यांकन की जरूरत बढ़ी है। पुरुष अपनी कामना पर नियंत्रण नहीं रख पाता है और वासना-पूर्ति के लिए इतना पाशविक हो जाता है कि बलात्कार, अश्लील साहित्य एवं वेश्यागमन जैसे कुकर्मों से भी बाज नहीं आता। सवाल उठा कि

क्या 'काम' और यौनिकता में भेद है- और क्या कामना का उत्तर केवल संभोग है? नारीवादी मनोवैज्ञानिकों ने स्त्रियों के 'काम' को खुलकर व्यक्त किया। किंतु यौन-संबंधों को बेहतर बनाने की जिम्मेदारी केवल स्त्री पर नहीं डाली जा सकती। यह जवाबदेही पुरुष की भी होनी चाहिए। उसे भी इस पारंपरिक विभाजन एवं रूढ़ि को तोड़ना होगा, जिसे अब तक स्त्रियों के लिए स्वाभाविक माना गया। एड्स की बीमारी, स्त्री के बदले पुरुष के लिए ज्यादा बड़ी चुनौती है। आज तक इतिहास में पुरुष को अपनी 'काम' संतुष्टि के लिए किसी भी इतरलिंगी यौन-आचरण से भय नहीं लगा। यह तो स्त्री थी जिसे गर्भ का भय सताता था। अत: स्त्री-मानस में यौन-जीवन जोखिम-भरा था। यौनजनित बीमारियाँ स्त्री को भोगनी पड़ती थीं। अत: यौनजीवन में स्त्री ने सदैव अपने आपको असुरक्षित महसूस किया। उसे अकेले इन सारे अत्याचारों और झमेलों का सामना करना था। उसके साथ न समाज था, न परिवार और न ही उसे भोगनेवाला पुरुष सजग था। यहाँ तक कि गर्भ-निरोधक गोलियों से होनेवाले हानिकारक प्रभाव को भी स्त्री को ही झेलना था। एड्स के कारण 'काम' की संतुष्टि के बदले यौन-सुरक्षा की आवश्यकता पुरुष को ज्यादा महसूस होने लगी। इस सुरक्षा की चिंता पुरुष को ज्यादा करनी पड़ रही है। मगर सुरक्षित संभोग किसे कहा जाए और यदि वह आनंददायी न हो और पुरुष को इससे संतुष्टि न मिले तब?

कामना के साथ मृत्यु का बोध स्त्री-पक्ष के लिए कोई नई बात नहीं है। सभ्यता के आदिकाल से वह यौन हिंसा का शिकार होती रही है। 'लक्ष्मण-रेखा को लाँघना', अपहरण, बलात्कार तथा अन्य अत्याचारों का शिकार होती थी। पतिता कहलाना तो स्त्री के लिए मरणतुल्य था ही। यूँ भी चूँकि पुरुष के लिए स्त्री केवल भोग और वासना की वस्तु थी, अत: भोग लिये जाने के बाद वह तुच्छ और त्याज्य थी। उसके मरने-जीने से पुरुष-सत्ता को कोई फर्क नहीं पड़नेवाला था। गर्भपात हो या फिर बच्चा पैदा हो, स्त्री का जीवन खतरे से खाली न था। किंतु अब एड्स जैसी महामारी के कारण पुरुषों से अपेक्षा की जा रही है कि वे अपनी वासना पर नियंत्रण रखें एवं सहवास के दौरान सावधानी बरतें। हालाँकि अब भी समाज स्त्री से ही सावधानी बरतने की अपेक्षा रखता है, ताकि एड्स जैसी बीमारी को फैलने से रोका जा सके। एड्स के प्रसंग में जो विज्ञापन दिए जाते हैं वे भी मानो स्त्री को अधिक संबोधित करते हुए नजर आते हैं। किंतु इस इतरलिंगी यौन-व्यवस्था में सुरक्षित यौन-आचरण के लिए स्त्री किस हद तक जिम्मेदार है, इस पर जरा गौर करना होगा। इतरलिंगी यौन-संबंध में स्त्री से अपेक्षा है कि वह निष्क्रिय रहे। विवाह-व्यवस्था में स्त्री अनैच्छिक सहवास के लिए बाध्य

होती है क्योंकि पति का उस पर कानूनी अधिकार है। जिस समाज में स्त्री के साथ बलात्कार, व्यभिचार एवं उत्पीड़न एक आम घटना है, क्या सुरक्षित सेक्स के प्रसंग में स्त्री के पास किसी भी चुनाव की संभावना बचती है? सबसे बड़ा विरोधाभास कंडोम के प्रयोग करने का है। यानी स्त्री अपने को स्वच्छ रखे, बचाकर रखे और पुरुष की 'काम' संतुष्टि के लिए हर प्रकार से सुरक्षित रूप से उपलब्ध हो। पुनः स्त्री को ही सारी जिम्मदारी सौंपकर पुरुष स्वच्छंद रहना चाहता है। पुरुष वर्ग से अन्य किसी प्रकार के यौन-आचरण की समाज अपेक्षा नहीं रखता। सेक्स का पर्याय स्त्री योनि में लिंग का प्रवेश मात्र नहीं है और न ही सेक्स का अर्थ केवल रोमांच या उत्तेजना है। इसे पुरुष समाज से कहने की यौन-विशेषज्ञों की हिम्मत नहीं होती। परंपरा से जिस आचरण को सत्ता ने स्वाभाविक मान लिया और जिस आचरण को धर्म एवं कानून न्यायोचित ठहराता हो वहाँ भला स्त्री की क्या मजाल कि उस पर बहस करने लगे।

शिश्न-प्रवेशरहित 'काम' का प्रचार किया जाए तो यह अधिकतर स्त्रियों के पक्ष में जाएगा। इस प्रकार का यौन-आचरण स्वाभाविक और स्वस्थ है तथा इससे समलैंगिकता की समस्या को समझने में सहायता मिलती है। संभोग, यौन संसर्ग और शिश्न-प्रवेश को प्रेम के प्रसंग में कुंजी न मानने का अर्थ हुआ कि समलिंगी लेस्बियन स्त्रियों से कोई यह नहीं पूछेगा कि आखिर स्त्रियाँ आपस में सहवास करती कैसे हैं? इसे पूछने का अर्थ हुआ कि स्त्री के पास जननेन्द्रिय का अभाव है। अतः सहवास कैसे संभव होता है?

ये नए मुद्दे हैं। नारीवाद ने स्त्री-पुरुष के यौन प्रसंग में वेधन, शिश्न-प्रवेश की समस्या पर काफी प्रकाश डाला है। अतः एड्स के संदर्भ में स्त्री के पति, पितृसत्तात्मक राज्य, डाक्टरों एवं मीडिया का दृष्टिकोण सहानुभूतिपूर्ण नहीं है। सुरक्षित सेक्स की चर्चा भी अब शुरु हुई है क्योंकि इस भयानक बीमारी का सामना पुरुष को भी करना पड़ता है।

८

सामाजिक सरोकार उर्फ आक्रामकता की खोज

राजेंद्र यादव के विवादग्रस्त लेख 'होना / सोना एक खूबसूरत दुश्मन के साथ' और उस पर हुई तीखी प्रतिक्रियाओं से एक निष्कर्ष निर्विवाद निकलता है कि पूरी बहस के केंद्र में स्त्री की देह ही है। दोनों पक्षों के भाषायी प्रत्ययों की संरचना इसी केंद्र के आसपास हुई है। इस लिहाज से यह संस्कृतिवादी दृष्टिकोण की ही अभिव्यक्ति लगती है। इस समस्त कार्य-व्यापार में दोहरा खतरा है जिसे अमेरिका के विख्यात बेबिटा प्रकरण से समझा जा सकता है। पति रोज रात को शराब पीकर आता था। फिर पत्नी की देह नोची-खसोटी जाती थी। एक दिन बेबिटा ने ब्रेड काटनेवाले चाकू को उठाया और पति के 'उसको' काटकर कूड़ेदान में फेंक आई। मुकद्दमा चला। दोनों पक्षों की अपनी-अपनी दलीलें थीं। फैसला जो भी हुआ हो लेकिन यह स्पष्ट हो गया कि स्त्री-पुरुष के संबंधों में देह-केंद्रीयता पर एकल आग्रह का परिणाम अंतर्विरोधों के हल में नहीं बल्कि और उलझाव में ही निकलता है। जाहिर है कि राजेंद्र यादव बनाम अन्य का यह अप्रिय विवाद भी नर-नारी संबंधों और नारी-मुक्ति के व्यापकतर विमर्श के क्षेत्र में तनाव और समस्याओं को ही जन्म दे रहा है। विमर्श के असली मुद्दे पृष्ठभूमि में चले गए हैं। देह-केंद्रीयता द्वारा पैदा की गई सनसनी के उफान में राष्ट्रवाद बनाम क्षेत्रीय संस्कृतियाँ, परंपरा बनाम आधुनिकता, केंद्र बनाम परिधि और अंतत: स्त्री के प्रतिनिधित्व के सवाल पर पर्याप्त चर्चा नहीं हो पा रही है। राजेंद्र यादव प्रकरण पर नजर डालते ही दिमाग में यह सवाल उठा कि इस मामले में उलझने से हमारा रचनात्मक समय कौन-कौन सा जरूरी चिंतन करने से वंचित रह जाएगा।

राजेंद्र जी के चिंतन-जगत को दो हिस्सों में बाँटकर समझा जा सकता है: एक तरफ वह हिस्सा है जो शायद अपनी समकालीनता में अनूठा है अर्थात इस हिस्से में राजेंद्र यादव ही 'औरतों के पचड़े' पर चिंतित नजर आते हैं, नारी-लेखन को प्रोत्साहन देते हैं और नारी-मुक्ति के विमर्श को

साहित्य-संस्कृति की दुनिया के केंद्र में लाने में लगे हुए हैं। इस हिस्से के राजेंद्र यादव अपने उन आलोचकों से कहीं आगे हैं जो इस प्रकरण में उन्हें आड़े हाथों लेने में लगे हुए हैं। स्त्री-मुक्ति के प्रसंग में इन आलोचकों ने न तो कभी कुछ लिखा और न ही कुछ कहने की जरूरत समझी। दूसरी तरफ राजेंद्र यादव का वह हिस्सा है जो उनके चिंतन को स्त्री के दैहिक अस्तित्व से आगे नहीं जाने देता और उनसे एक ऐसा लेख लिखवाता है जिसकी भाषा-शैली के वे स्वयं एक अंग बन जाते हैं। उनके लेखकीय कौशल की स्पष्ट सीमाएँ उन्हें महान लेखकों की भाँति अपनी रचना से असंपृक्त कर पाने में असफल रहती हैं। अगर यह दूसरा हिस्सा राजेंद्र जी के ऊपर हावी न हो गया होता तो नारी विशेषांकों की समृद्ध परंपरा के जनक की कलम से 'होना / सोना' न निकलता। वे समस्या के मर्म में उतरने की कोशिश करते और स्त्री की चर्चा करने के उद्देश्य और अर्थ से मुठभेड़ करने में व्यस्त होते। आइए देखें राजेंद्र यादव पितृसत्ता की आलोचना करनेवाला लेख लिखकर भी पितृसत्ता द्वारा स्थापित प्रतिमानों का शिकार कैसे हो गए और उनकी जगह कोई स्त्री क्यों पितृसत्ता की बेहतर आलोचना कर सकती थी। यहाँ यह भी देखने की जरूरत है कि इन क्षमताओं से लैस होने के बावजूद स्त्री अवधारणा और सिद्धांत के स्तर पर किन समस्याओं और दुविधाओं से ग्रस्त है?

आखिर वे कौन-सी औरतें हैं जिनके बारे में इस प्रकरण में बात की जा रही है? क्या स्त्री के संदर्भ में हमारे विचार पूरी तरह स्पष्ट हैं? क्या स्त्री के संदर्भ में विवाद में जुटे लोगों के विचार पूरी तरह स्पष्ट हैं? यह कहना कि उनकी एक सम्मिलित आवाज होनी चाहिए, क्या अंततः हमें उसी केंद्रीयता की ओर नहीं ले जाता जिसका नारीवादी चिंतन ने विरोध किया है? वास्तव में तमाम भारतीय स्त्रियों का प्रतिनिधित्व करनेवाली आवाज संभव ही नहीं है क्योंकि स्त्रियाँ भी आपसी जातीय, वर्गीय, सांस्कृतिक और सांप्रदायिक भिन्नताओं में बँटी हैं। न उनकी समस्याएँ एक हैं और न इन समस्याओं को किसी एक भाषा में व्यक्त करना संभव है। हमें ऐसे प्रयास से बचना चाहिए। सबको एक नाम-एक रूप में ढालना अनुचित होगा। कारण एकल सत्य या यथार्थ जैसी कोई चीज होती ही नहीं। यह तो एक दार्शनिक मिथक-भर है। एकता की आड़ में हमने भिन्नता और विविधता की न केवल उपेक्षा की है बल्कि उन सारी विशिष्टताओं का दमन किया है जो व्यक्ति के रूप में स्त्री की पहचान बनाती हैं। दरअसल, भिन्न होने का अर्थ ही गलत समझा गया है। भिन्नता केवल परिधिकृत होने, अनचाहे विस्थापन, खारिज होने, उपेक्षित होने और इस प्रक्रिया में नुकसान उठाने का ही नाम

नहीं है बल्कि भिन्नता एक अलग स्थिति है जिसमें स्थित व्यक्ति बाहरी होने की वजह से केंद्रीय, स्थापित, स्वीकृत और सुविधासंपन्न की आलोचना करने में समर्थ होता है। चूँकि संस्कृति के दायरे में स्त्री दोयम और परिधिकृत होने के कारण बाहरी व्यक्ति की हैसियत से रही है इसलिए उसमें यह आलोचना करने की क्षमता अधिक है। वह पितृसत्ता एवं वर्चस्वकारी संस्कृति के आदर्शों, मूल्यों एवं आचरण की प्रभावी आलोचना कर सकती है। अन्य होने की वजह से हीन या दमित स्थिति में रहना उसके लिए अनिवार्यता नहीं है। एक प्रकार से अन्यथा सोचने, बोलने और चिंतन का वह तरीका है जो खुलेपन, बहुलता और विविधता को प्रोत्साहित करता है।

समस्या यह है कि बिना किसी सामान्य सिद्धांत के स्त्री कैसे अपनी बात और समस्या को प्रस्तुत करे? क्या सिद्धांत के अभाव में और महज बहुलता के सहारे सब कुछ बिखरा हुआ नहीं लगेगा? क्या इससे बौद्धिक और राजनीतिक विघटन का जोखिम नहीं होगा? बिना किसी सुचिंतित उद्देश्य और दृष्टिकोण के नारीवाद न तो संघर्ष का कोई मुद्दा उठा सकता है और न ही स्त्रियों के हित में किसी राजनीतिक मुद्दे में हस्तक्षेप कर सकता है। अतः समकालीन नारीवाद के सम्मुख सबसे बड़ी चुनौती यही है कि स्त्रियों की भिन्नता को ध्यान में रखते हुए उन्हें एक सिद्धांत के तहत एक इकाई में बाँधने का प्रयास किया जाए। क्या कोई बीच का रास्ता संभव है जिससे स्त्री की सामूहिक शक्ति का विकास भी हो और इस संघर्ष में व्यक्ति के रूप में स्त्री की पहचान भी बनी रहे?

भिन्नता बनाम एकीकरण

यह सही है कि उत्तर-संरचनावाद के तहत अथवा उत्तर-आधुनिक दृष्टिकोण में स्त्री की भिन्नता पर अनावश्यक जोर दिया गया है और इसके उलट सांस्कृतिक परिदृश्य में नारीवाद स्त्री-समूह के एकीकरण पर जोर देता रहा है। संस्कृतिवादी स्त्री के होने, सोचने और कार्य-शैली के समान तरीके का वर्णन करते हुए समानता के आधार के रूप में प्रत्येक स्त्री में निहित स्त्रीत्व के सारतत्त्व पर जोर देते हैं। क्या है यह सारतत्त्व? स्त्री की देह। संस्कृतिवादियों के अनुसार इस देह में पुरुष की तुलना में अधिक ममता, सहयोग, समन्वय और शांतिप्रियता जैसे गुण होते हैं। संस्कृतिवादी मानते हैं कि जो स्त्री इन गुणों से संपन्न ही नहीं है वह वास्तव में जाने-अनजाने पितृसत्तात्मक समाज से उत्पीड़ित है और इसीलिए पुरुषों से नफरत करती है वरना स्त्री मात्र तो स्वाभाविक रूप से प्रेम और वात्सल्य की मूर्ति है। इसके विपरीत उत्तर-संरचनावादी नारीवाद का कहना है कि स्त्री में ऐसा कोई सारतत्त्व नहीं

होता। संरचना अपने आप में संपूर्ण नहीं होती बल्कि उसकी सीमा से बाहर बहुत कुछ होता है, जो सार नहीं है। यहाँ तक कि संरचना स्वयं में टूटती भी है। अत: हम स्त्री को किसी सामान्य वर्ग की संरचना के अंग की तरह नहीं स्वीकार सकते। स्त्री जो भी हो, जिस वर्ग या जाति की है, वह एक विशिष्ट स्त्री है। अत: व्यक्ति के रूप में स्त्री चाहे जिस रूप में रहे या सोचे या जीये, उस पर पूर्वानुमानित रूप-अहो गुण की भूमिका आरोपित नहीं की जा सकती। अपने जीवन जीने और होने के तरीके से ही व्यक्तिरूपी स्त्री अपने स्त्री होने को स्थापित करती है। स्त्री जाति के नाम पर समाज उसके आचरण को अच्छा या बुरा कहने का हक नहीं रखता।

संस्कृतिवाद और उत्तर-संरचनावाद का प्रतिनिधित्व करनेवाले ये दोनों ही दृष्टिकोण अतिवादी हैं। मध्यम मार्ग तो वह होगा जो यह चर्चा करे कि स्त्री अपने किस दृष्टिकोण के कारण जगत में अवस्थित है। यहाँ दो बातों पर ध्यान रखना होगा। एक, स्त्री की स्थिति हमेशा तरल है, ठोस नहीं। अत: उसकी परिस्थिति से स्थायित्व की अपेक्षा नहीं करनी चाहिए। दूसरा, ऐसी परिस्थिति के कारण ही स्त्रियों में आपसी सहयोग की संभावना है। कोई भी स्त्री अपने दाएँ-बाएँ झाँके तो पाएगी कि वह अकेली ही दमित नहीं, उसकी तरह और भी स्त्रियाँ पितृसत्ता के दमन और उत्पीड़न की शिकार हैं। उनकी भी राजनीतिक, सामाजिक और आर्थिक स्थिति एक पुरुष की तुलना में दोयम दर्जे की है। इस दमन से वे भी मुक्त होना चाहती हैं। अत: स्त्रियों की समानता का कारण कोई आंतरिक गुणवत्ता नहीं बल्कि वह बाहरी स्थिति है जो उनकी शक्ति और विकास को अवरुद्ध करती है। स्त्री की स्थिति की चर्चा करते ही वैश्विक बहनापे की संभावना बढ़ती है और प्रत्येक स्त्री की स्थिति और दृष्टिकोण का एक संजाल संभव हो सकता है।

स्थापित ज्ञान के अतिक्रमण का प्रश्न

नारीवादी सिद्धांतकारों को, सिद्धांत के लिए पहले अवधारणा की जरूरत पड़ती है और अवधारणा को अनुभव के आधार पर निर्मित किया जाता है। समकालीन संस्कृति के दायरे में स्त्री के निजी अनुभव के साथ-साथ स्त्री के दृष्टिकोण से समाजशास्त्र के सिद्धांतों एवं कार्यकलापों का पुनर्मूल्यांकन भी आवश्यक है। यहाँ सवाल उठता है कि स्त्री का अपना अलग वह दृष्टिकोण कैसे निर्मित हो जो पुरुषप्रदत्त विशिष्टताओं से बोझिल और स्त्री विषयक अवधारणा से आक्रांत न हो। स्त्री भी तो पितृसत्तात्मक संस्कृति का हिस्सा है, वह उसी में स्थित है, साँस ले रही है। स्त्री के पक्ष में अवधारणा और फिर सिद्धांत सूत्रबद्ध करनेवाले किसी भी सिद्धांतकार को पूर्वानुमानित रूप

से स्वयं को स्त्री-जीवन के तमाम पृष्ठों का जानकार घोषित करना होगा। मगर स्त्री-जीवन के प्रति सर्वज्ञाता की भूमिका न केवल पुरुष बल्कि स्त्री भी नहीं निभा सकती। कारण संसाधन के रूप में ज्ञान का आधार तो वही ऐतिहासिक और दार्शनिक संरचनाएँ, वही वैज्ञानिक आत्मनिरीक्षण या रोजमर्रा का व्यवहार होगा जो स्त्री-विद्वेष से ग्रस्त है। इस प्रकार स्त्री-विरोधी विमर्शों के आधार पर निर्मित ज्ञान का प्रकट करना नारीवाद की प्रमुख समस्या के रूप में उभरता है। मगर स्त्रियाँ किधर जाएँ? इतिहास के किन पन्नों को पलटें? किन अनुभवों का लेखा-जोखा समझने का दावा करें? साहित्य भी तो नारी-विद्वेष से अछूता नहीं। वहाँ भी मानवीय लगाव की चर्चा जरूर है पर मानव का अर्थ पुरुष मानव ही है। महान हिंदू धर्म ने जिस मानव-मुक्ति का दावा किया, धर्म, अर्थ, काम और मोक्ष की चर्चा की उसमें स्त्री तो महज साध्य थी, मुक्ति का वह आयोजन तो पुरुष के लिए था। राज्य की सत्ता पुरुष के हाथ में है। इस स्थिति में स्त्री अपनी स्वायत्त सत्ता के बिना स्वतंत्र रूप से ज्ञान-प्राप्ति का दावा कैसे कर सकती है? अपने आप में यह बड़ी विरोधाभासी स्थिति है? जरूरत तो यह है कि स्त्री शब्द का ही सबसे पहले विखंडन किया जाए, स्त्री को व्याख्यायित करनेवाली अवधारणाओं, विचारों एवं परिभाषाओं को तोड़ा जाए। पहले यह बताया जाए कि स्त्री शब्द से हम क्या समझते हैं? जिस नारीत्व की चर्चा करते हुए धर्म, समाज और संस्कृति की त्रयी अघाती नहीं, उस नारीत्व का प्रत्येक आयाम में निःस्सारीकरण तो किया जाए।

पुरुष कहता रहा है कि स्त्री होने की अमुक-अमुक शर्तें हैं। और कुछ नहीं तो माँ होना तो स्त्री का मौलिक गुण है ही। कम से कम प्रजनन का काम तो पुरुष नहीं ही कर सकता। यानी विभिन्न नाम-रूपों में स्त्री को निर्धारित करने का प्रयास किया गया। पुरुष स्वयं स्वतंत्रता और स्वायत्तता का दावा करता रहा। उसने मुक्ति की कामना की, युक्तिसंगत रूप से चुनाव किया, अंध-प्रकृति के हाथों का खिलौना बनने से इंकार किया। मगर स्त्री अपने स्त्री स्वभाव के वशीभूत रही। कर्त्ता के रूप में पुरुष स्वभाव जहाँ अनिर्धारित रहा, अपने जीवन को दिशा-निर्देश देने में समर्थ माना गया, वहीं स्त्री अपने स्वभाव के वशीभूत आचरण करने के लिए बाध्य रही। वह शास्त्र, धर्म और समाज द्वारा जैसे निर्धारित की गई थी, वैसा ही चुनाव और आचरण किया। उसे कभी माया, छलना, चंचला कहा गया तो कभी ममता और करुणा की मूर्ति। महाशक्ति के रूप में भी वह पुरुष की ही शक्ति थी और उसके काम आती रही। ब्रह्मा, विष्णु और महेश या अन्य देवताओं की योजनाओं को पूरा करने के लिए सारी देवियाँ हमेशा तैयार रहीं और उन्हें

पूरा करती रहीं। सृष्टि की योजना तो ब्रह्मा की थी, सहायक भूमिका में महाशक्ति थी। पुरुष ने कभी इस शक्ति को नियंत्रित करना चाहा, तो कभी उसकी आराधना की। अत: शक्ति के रूप में भी वह अमूर्त थी, प्रकृति के रूप में अंध थी। पुरुष के सान्निध्य से ही वह कुछ करने में सक्षम थी। हालाँकि सांख्य दर्शन में यह बात पुरुष पर भी लागू होती है। शुद्ध चैतन्य के रूप में वह कुछ भी करने में असमर्थ है। त्रिगुणमयी माया के बिना सृष्टि में कुछ भी अभिव्यक्त नहीं होता।

पुरुष प्रकृति और गुण के रूप में स्त्री का नियंत्रण करना चाहता है। वह बार-बार कहता है कि मुझे इस त्रिगुणमयी प्रकृति पर नियंत्रण करना है, 'समाज के हित' में इसे निर्धारित और नियोजित करना है। अद्वैत की स्थिति तो परमब्रह्म की है, और यह परमब्रह्म या तो पुरुष है या फिर लिंगविहीन है। यानी लैंगिक दृष्टि से भी स्त्री को समाहित किया गया तो उसकी पहचान को निपटाकर। पुरुष की पहचान यदि मिटती है तो पहले प्रकटन के दौरान दिन और काल की पहली उद्भावना में वही प्रकट होता है। शुद्ध चेतना के रूप में वही होता है। जब नेति-नेति भी कहा गया तो भी निषेध के मूल में वही थी। दर्शन की काल्पनिक संरचना भी पुरुषवाची ही होती है।

प्रतिनिधित्व का प्रश्न

इस स्थिति के प्रति पिछले एक दशक में नारीवादी चिंतकों ने दो तरह की प्रतिक्रियाएँ दी हैं। पहला, स्त्री का प्रतिनिधित्व केवल स्त्री ही कर सकती है। स्त्री के हक में केवल स्त्री ही बोल सकती है। पुरुष को कोई हक नहीं है कि वह स्त्री को जानने / समझने का दावा करे या स्त्री-जीवन के मूल्यांकन का प्रयास करे। स्त्री-संस्कृति के पक्षधर स्त्री विचारकों का कहना है कि पुरुष-प्रतिनिधित्व इसलिए स्वीकार्य नहीं क्योंकि पुरुष स्त्री से भिन्न है, विपरीत है। साथ ही स्त्री की यौनिकता से आतंकित होने के कारण पुरुष, स्त्री-विद्वेष से ग्रसित भी होगा। शायद इसी विद्वेष के कारण उसने जो कुछ भी सोचा और लिखा वह अपनी तमाम नेकनियती के बावजूद स्त्री की विशेषताओं का अवमूल्यन ही करेगा। राजेंद्र यादव को भी इसीलिए आड़े हाथों लिया जा रहा है। होना यह चाहिए कि स्त्री गुणों का पुनर्मूल्यांकन किया जाए। स्त्री यदि स्वभाव से निष्क्रिय है तो उसकी इस शांत प्रकृति, उसकी भावना और प्रकृति के साथ उसके लगाव को महत्त्व दिया जाना चाहिए। सांस्कृतिक नारीवाद स्त्री को परिभाषित करने का विरोध नहीं करता लेकिन इतना जरूर कहता है कि स्त्री को पुरुष परिभाषित नहीं कर सकता, स्त्री को केवल स्त्री ही समझ सकती है।

दूसरा, उत्तर-संरचनावादी प्रतिक्रिया यह है कि स्त्री को परिभाषित करने का प्रयास ही गलत है। कारण परिभाषित करने का अर्थ हुआ राजनीतिक रूप से प्रतिक्रियावादी रुख अपनाना यानी स्त्री की सक्रियता पर सवालिया निशान लगाना। यह गलत होगा, स्त्री-सत्ता के प्रतिकूल होगा। घरेलू स्त्री के ऊपर कामकाजी स्त्री को हम कैसे और किस मायने में श्रेष्ठ समझ रहे हैं या फिर माँ के रूप में ही स्त्री क्यों श्रेष्ठ है? उत्तर-संरचनावादियों का तर्क है कि किसी भी पूर्वानुमानित संरचना के भीतर स्त्री को सीमित करने का अर्थ ही हुआ उसे निर्धारित करना। उन्हीं स्त्री-विरोधी रणनीतियों को अपनाना जिनकी आलोचना की जा रही है। फिर स्वयं जाति के भीतर जो भिन्नता है उसे कौन-सी पहचान दी जाए। स्त्री-पुरुष का वर्गीकरण किए बिना उचित यह होगा कि भिन्नता की बहुलतावादी राजनीति की जाए।

सीमोन द बोउवार से जब पूछा गया था कि क्या वास्तव में कोई स्त्री है? तो उनका कहना था- 'हाँ, स्त्री है, और उसे हम समकालीन सांस्कृतिक गतिविधियों के दायरे में पहचान सकते हैं। उत्तर-संरचनावादियों का कहना है कि स्त्री अवधारणा के इस प्रयास पर ही सवाल उठाया जाना चाहिए। स्त्री अवधारणा का विखंडन होना चाहिए। स्त्री को परिभाषित करने की प्रक्रिया का यह कठिन पहलू है। शर्तों और सीमाओं का अतिक्रमण करते हुए सैद्धांतिक ढाँचे को बरकरार रखना शायद संभव नहीं है। शायद कुछ लोगों ने नया दृष्टिकोण निर्मित करने का प्रयास इसीलिए किया। शील और मर्यादा का सवाल उठना स्वाभाविक है मगर वह हमें संस्कृतिवादियों के आगोश में धकेलता है।

सांस्कृतिक नारीवाद वह विचारधारा है जिसके तहत स्त्री के स्वभाव या नारीत्व को पुनर्नियोजित करने की कोशिश की जाती है ताकि स्त्री-उपेक्षिता का पुनर्मूल्यांकन संभव हो सके। इसके अनुसार केवल यह सामाजिक व्यवस्था और अर्थव्यवस्था ही स्त्री की दुश्मन नहीं, केवल पोंगापंथी विचारधारा के कारण ही स्त्री शोषित नहीं हुई, बल्कि पुरुषोचित विचारधारा और पुरुष जैविकता स्त्री को कमतर स्थिति में रखती आई हैं। सांस्कृतिक नारीवाद चाहता है कि एक ऐसा वातावरण निर्मित किया जाए जिसमें पुरुष-मूल्यों का वर्चस्व न रहे। स्त्रियोचित मूल्यों को प्रधानता देने के लिए स्त्री की विचारधारा का पोषण होना चाहिए। सार रूप में कुछ गुण ऐसे हैं जो केवल स्त्री की विशेषता हैं और जिन्हें स्त्री ही विकसित कर सकती है। सत्तर के दशक में नारीवाद स्त्री-पुरुष के समान अधिकार की माँग करते हुए जैविक भिन्नताओं के अलावा अन्य सभी भिन्नताओं को मिटा देना चाहता था।

लेकिन सांस्कृतिक नारीवाद स्त्री को स्वभाव एवं उसके आंतरिक गुणों की विशेषता के आधार पर पहचान दिलाना चाहता है। सांस्कृतिक नारीवाद की समझ के अनुसार पुरुष माँ नहीं बन सकता। उसके पास गर्भाशय नहीं होता इसीलिए उसे स्त्री-शक्ति की जरूरत रहती है। यही स्त्री-शक्ति मानव जाति की जीवनी शक्ति है। स्त्री प्रकृति है, उसकी शक्ति को बचाना चाहिए। स्त्री जीवन को प्यार करती है। हालाँकि सांस्कृतिक नारीवाद स्त्री को उसकी जैविकता में न्यूनीकृत नहीं करता। चूँकि पुरुष माँ नहीं बन सकता है लेकिन वह कहीं बड़ी गहराई से भ्रूण के साथ जुड़ जाता है। वह स्त्री की इस प्रजनन शक्ति से आतंकित है और असुरक्षित महसूस करता है। पुरुष की यह समस्या समझ में आती है। चूँकि वह आतंकित और भयभीत है इसीलिए वह स्त्री को नियंत्रित भी करना चाहता है। वह स्त्री के माध्यम से इस जीवनदायिनी प्रजनन शक्ति को खुद पाना चाहता है। मगर स्त्री-शक्ति को स्वायत्त होना चाहिए, पुरुष के नियंत्रण से मुक्त होना चाहिए। भोक्ता के रूप में पुरुष स्त्री को दीमक की तरह चाट जाता है। स्त्री यदि पुरुष के नियंत्रण से मुक्त हो सके तो वह अपनी ही तरह की दूसरी स्त्रियों के साथ जुड़ सकेगी, लगाव महसूस कर सकेगी। वह दमित और शासित होने के बदले प्रेम, सृजनात्मकता और पालन-पोषण की क्षमता जैसे गुणों का विकास कर पाएगी।

आंद्रे रीच के अनुसार स्त्री की चेतना उसकी देह पर आधारित है। रीच बार-बार लिखती हैं कि हमारी यह देह और उसकी यौनिकता, उसकी संवेदना, इससे मिलनेवाला सुख, हमारी प्रजनन शक्ति, यह गर्भाशय जो संतान को वहन करता है, इन सबका बेहद महत्त्व है। पितृसत्ता ने देह को सीमित किया जबकि आवश्यकता है कि स्त्री स्वयं अपनी देह के प्रति नया दृष्टिकोण निर्धारित करे, अपनी देह के संसाधन का महत्त्व पहचाने। इसी दैहिकता के आधार पर वह प्रकृति के इतने करीब है। हमें अपनी देह को इसलिए नहीं नकारना चाहिए कि पितृसत्ता ने इसका दोहन किया है, इसे गुलाम बनाया है। स्त्री देह की अपनी राजनीतिक और आत्मिक अर्थवत्ता है जिसमें अंतर्निर्हित विरोधाभासों को हमें समझना चाहिए। इसी समझ के आधार पर हम अपने विशिष्ट स्त्रियोचित गुणों से संबंधित हो सकेंगी। स्त्री अपने में एक विराट मानसिक क्षमता का उद्घाटन कर पाएगी, उस तीखी और गहरी संवेदना का साक्षात्कार कर पाएगी जिसके द्वारा वह जटिल से जटिल परिस्थिति को ही नहीं समझती बल्कि अपनी देह की बहुकेंद्रीय ऊर्जा को भी समझ लेती है।

परंतु पुरुष के मन और व्यवहार में निहित स्त्री के प्रति द्वेष का कारण

क्या है? आदिम अवस्था से ही पुरुष स्त्री देह को लेकर चकित है। इसीलिए स्त्री के भूगोल को उसने अपना उपनिवेश बनाया। वह न केवल स्त्री की दैहिक ऊर्जा और शक्ति से चकित था बल्कि उसे इस शक्ति की जरूरत भी थी। जिस दिन स्त्री पुरुष की इस नीयत को समझ लेगी, वह पुनः अपने आपको, अपनी खासियत को खोज निकालेगी। अपने इस बोध के कारण ही वह दूसरों से जुड़ेगी।

आंद्रे रीच कहती हैं कि एक बार जब स्त्री अपनी देह को स्वीकार लेगी, पुनरुत्पादन की अपनी क्षमता से गौरवान्वित होने लगेगी तो मानव समाज में व्यापक क्रांति होगी। वह सृष्टा की भूमिका निभाएगी, जीवनदान करेगी। न केवल संतान उत्पन्न करेगी बल्कि नई सोच, नई दृष्टि प्रदान करेगी। जगत में नए संबंध बनेंगे। मनुष्य के यौन-जीवन, भ्रातृत्व, मेधा, सत्ता और आंतरिकता के नए आयाम खुलेंगे। हमारी पूरी चिंतन-प्रणाली और विचारधारा ही बदल जाएगी। यहाँ स्त्री मुक्ति को स्त्री-संस्कृति से जोड़ा जाता है यानी स्त्री एक प्रतिसंस्कृति का निर्माण करने में समर्थ होती है। पुरुष की बराबरी चाहने के बदले, पुरुष के मूल्यों को अपनाने के बदले वह अपनी भिन्नता पर गर्व महसूस कर सकती है। परंतु हमें मातृत्व का महिमामंडन नहीं करना है क्योंकि अभी तक हम यही करते आए हैं और भारतीय शास्त्र-पुराण में तो इसी 'मातृत्व' की वृहद चर्चा है।

मातृत्व बनाम नारीत्व

अपने मौलिक स्वरूप में वर्णभेद पर आधारित हिंदू-संस्कृति नारीत्व के सार रूप का वर्णन करने से नहीं अघाती। स्त्री-समस्या के मूल में यही सारतत्त्ववादी दृष्टिकोण है। बार-बार मातृत्व को नारीत्व का पर्याय मानने से यह आंतरिक रूप से स्त्री की पहचान निर्धारित करने लगता है। हम जानते हैं कि यह कोई आंतरिक प्रवृत्ति नहीं बल्कि सामाजिक संरचना है। बहस का मुद्दा यही है कि स्त्री-पुरुष की भिन्नता स्वीकारते हुए इस भिन्नता के ध्येय का पता लगाया जाए। क्या यह केवल देह-जनित भिन्नता है या फिर समाज द्वारा सर्जित भिन्नता है? कहीं ऐसा तो नहीं कि स्त्री के समूचे इतिहास को पलटने पर हम इस भिन्नता के लिए पितृसत्तात्मक समाज को ही दोषी ठहराते नजर आएँ। स्त्री-पुरुष की इस भिन्नता को बनाए रखने में सवर्ण मानसिकता से ग्रस्त संस्कृति का योगदान है। दैहिक भिन्नता को अनिवार्य मानने के बजाय इसे गैर-जरूरी भी तो माना जा सकता है। इसका यह अर्थ नहीं कि सांस्कृतिक अवदान की उपेक्षा की जाए। उनका आत्मचित्र उन्हीं के सामने स्पष्ट होगा। हमें अपनी माताओं का त्याग समझ में आया। लोकगीतों,

कहानियों और स्त्रियों द्वारा रचित कलाकृतियों में हमारी रुचि बढ़ी। यह भी समझ में आया कि प्रेम और सौहार्द से जीवन समृद्ध होता है। हमें एक-दूसरे का ख्याल रखने की जरूरत है। पूँजीवादी पितृसत्तात्मक समाज ने तो केवल द्वंद्व और प्रतिस्पर्धा को ही बढ़ावा दिया था। चूँकि स्त्री को नियंत्रण में रखा गया, उसके आने-जाने पर प्रतिबंध रहा, अतः धीरज और सहनशीलता के गुण हम स्त्रियों में ही पाए गए। सत्तर के दशक में स्त्री-मुक्ति के समर्थक जहाँ स्त्री-पुरुष समानता की माँग कर रहे थे, वहीं नब्बे के दशक से भिन्नता की चर्चा होने लगी। और यह कहा जाने लगा कि चूँकि स्त्री माँ बन सकती है, वह सर्जक है, अतः उसके मानवीय मूल्य पुरुष के मूल्यों पर भारी पड़ते हैं। जरूरी है कि पुरुष स्त्री से कुछ सीखे। इससे आपसी होड़ और प्रतियोगिता में कमी आएगी बल्कि स्त्री खुद को स्वीकारना भी सीखेगी। दमित स्थिति में स्त्री ने अस्वीकृति, नकार, आक्रामकता जैसी हिंसक अभिव्यक्तियाँ विकसित कीं जिनके माध्यम से उसे सामाजिक यथार्थ को समझने में मदद मिली।

फ्रांत्ज फेनन ने कभी कहा था कि हिंसा और संगठित हिंसा के जरिए स्थानीय समुदाय अपनी हीनता की मनोग्रंथि से छुटकारा पाते हैं और निराशा के गर्त से निकलकर संघर्ष में सक्रिय हो जाते हैं। फेनन कहते हैं कि जब जनता हिंसा का सहारा लेती है, तभी उसे अपने सामाजिक सत्य की पहचान होती है। जनता का सामाजिक सत्य है चुनाव की स्वतंत्रता और मानवीय गरिमा की पहचान। तब क्या यह नारी का सामाजिक सत्य नहीं है? क्या खुद नारी इसी जनसंप्रदाय का हिस्सा नहीं है? क्या वह जनता से अलग है? तब क्यों स्त्री को हिंसा से दूर रखा जाता है? उसे भी तो पुरुष से दमित होना पड़ता है। उसके पास भी बहुतेरी सुविधाएँ नहीं हैं। वह कुछ भी करे, उसकी पहचान नहीं बनती। तब क्या वह अपने दमनकर्ता के प्रति हिंसक हो पाएगी? कौन है यह दमनकर्ता?

निश्चय ही कोई अज्ञात पुरुष नहीं। नारी के दमनकर्ता उसके आसपास के पुरुष ही हैं। सब नहीं, इनमें से कोई भाई हैं, मित्र हैं, अपने हैं। मंचों पर आसीन मठाधीश हैं। जिसे भी नारी ने अपना कहा उसी ने उसका दमन किया, हालाँकि सुख-दुख में साथ भी दिया। परंतु जो यथार्थ है उसे ही तो सच कहा जाना चाहिए। यदि इसे भ्रम, व्यामोह तथा माया कहा जाए तो फिर जिस नए सच की चर्चा की जा रही है क्या वह पीड़ितों का सच है? यानी दावा तो वह करता ही है। इसी कारण उनमें इतनी प्रगल्भता, इतनी श्रेष्ठता का बोध है, मगर उत्पीड़ित और दमित अपने सच से परिचित नहीं हैं कि वे प्रताड़ित हैं, पीड़ित हैं।

अनुपस्थित महाआख्यान

अब मिसाल के तौर पर एक स्त्री को लिया जाए—मेरे जैसी स्त्री जिसकी स्थिति त्रिशंकु जैसी है। निस्संदेह किसी स्वर्णिम अतीत की कल्पना मेरे जेहन में नहीं है। स्त्री-जाति का कोई इतिहास नहीं हुआ और न ही हमारे नाम पर राजकाज हुए। न सिक्के चले और न हमारे मतानुयायी हुए। सुदूर अतीत को छोड़ भी दीजिए, खुद मेरे अपने व्यक्तिगत अतीत का भी कोई हिस्सा ऐसा नहीं है जिसे दोहराने में मेरी दिलचस्पी हो। आज जो है वही सबसे सुखद स्थिति है। इससे अधिक स्वतंत्र मैं कभी नहीं थी। इससे अधिक निर्णय लेने की क्षमता और स्थिति मेरी कभी नहीं रही। कभी-कभी अपनी सफलता से मुझे डर भी लगता है। हो सकता है कि किसी पुरुष को भी ऐसा लगता हो। लेकिन धारा के विरुद्ध तैरते हुए संघर्ष की भी अपनी सीमा होती है। क्या हम स्त्रियाँ हमेशा संघर्षरत रहेंगी। निरंतर संघर्ष के साथ जुड़ी होती है निरंतर जीत की कामना। वह हमेशा जीतना चाहता है। जीतते-जीतते वह एक तरह की लत का शिकार हो जाता है। संपूर्ण में कुछ खोता नहीं, मगर संपूर्ण में कुछ पाता भी नहीं।

समकालीन सांस्कृतिक अध्ययन में विजातीयता, संकरण, द्वियर्थता, अनिर्धारण, अनियमितता, औचकपन और आकस्मिकता एवं आदिमानव चित्त हो या फिर कोई पाठ हो, दोनों ही मिलते हैं। यह उत्तर-आधुनिक स्यादवाद है। यह सच है तो वह भी सच है। अत: हम किसे महाआख्यान कहें? महान वैदिक संस्कृति को ले लीजिए, वह अपने में संपूर्ण नहीं। वह कोई ऐसा महाआख्यान नहीं जो संपूर्ण और सार्विक सच होने का दावा कर सके। हम हर कहीं दरार पाते हैं। जो कहा गया और जो नहीं कहा गया, यानी अनकहा रहा, शब्दों के बीच का मौन, मौन से मुखर होती हुई वाणी बड़ी विचित्र स्थिति पैदा करती है। उत्पीड़क और उत्पीड़ित, दोनों के अपने सच हैं, अपने दृष्टिकोण हैं। अत: दमन और शोषण को कैसे संप्रेषित किया जाए?

निस्संदेह इस स्थिति से नई अवधारणाओं का जन्म होगा। सोच का पारंपरिक तरीका और नई परिस्थितियों के टकराव से नए मूल्यबोध की उत्पत्ति होगी। संस्कृति और उसकी प्रक्रिया में इसलिए अंतराल है क्योंकि यह प्रक्रिया आर्थिक शक्तियों, राजनीतिक संस्थाओं और विचारधारात्मक संबंधों से प्रभावित होती है। चेतना वह शक्ति है जो इन सब ताकतों को समग्रीकृत रूप में समझना चाहती है। इसी को हम सांस्कृतिक दृष्टिकोण कहते हैं। इसी जगह यह सवाल उठ खड़ा होता है कि आखिर कैसे व्यक्ति या कैसी संस्कृति की रचना हो रही है? आखिर कौन-सी संस्थाएँ निर्मित

होती जा रही हैं जो सांस्कृतिक बहुलता को समेट सकेंगी, बहुलता को पहचानने और संवर्धित करने का दृष्टिकोण पैदा करेंगी, यानी अपने से भिन्न को मानवीय स्तर पर स्वीकारना चाहेंगी? और इस स्वीकृति के लिए हमें कैसी राजनीतिक और आर्थिक परिस्थिति की आवश्यकता है?

इस प्रक्रिया में हम पुनः व्यक्ति से समाज और चेतना से भौतिक परिस्थिति पर लौट आते हैं। शक्ति और समाज के द्वित्व को मिटाने के बदले हम व्यक्ति को समझने के लिए सामाजिक समझ की आवश्यकता महसूस करने लगते हैं। क्या संघर्ष करना ही काफी होगा? क्या क्रांति करते ही दो-ढाई हजार साल की यह अमानवीय पितृसत्तात्मक व्यवस्था बदल जाएगी? इतिहास में अब तक ऐसा संपूर्ण बदलाव नहीं घटा। छोटी-छोटी क्रांतियाँ और जीत के पड़ाव हमें झूठी लोकप्रियता और उत्सवधर्मिता में उलझाकर छोड़ देते हैं।

स्वतंत्रता के बाद का इतिहास उठाकर देख लीजिए। कुछ नहीं किया गया, ऐसा करना गलत होगा। मगर जो किया गया, क्या वह काफी है? आखिर कैसे हम इन ऐतिहासिक विरोधाभासों का सामना करें? यह द्वित्व, मानस की यह दरार हमें अबूझ उदासी से भर देती है। क्या इसे ही स्पिनोजा जैसे महान दार्शर्निक ने खंडित व्यक्तित्व कहा था? इससे मुक्ति के लिए जरूरी है कि हम ह्रासमान स्थिति से उत्तरोत्तर वर्तमान एवं सक्रियता के लिए उच्चतर स्थिति की ओर अग्रसर हों। हमारी सक्रियता और क्रियाशीलता उन विचारों पर निर्धारित हो जो भली-भाँति हमारे दृष्टिकोण को अर्थात हम क्यों ऐसा चुनाव कर रहे हैं, इसे स्पष्ट करें। इसके लिए जहाँ कहीं भी छोटी-छोटी क्रांतियाँ और विद्रोह हुए हैं, उनके जो भी राजनीतिक और आर्थिक कारण रहे हैं, न केवल हमारे, बल्कि अन्य देशों में भी सांस्कृतिक क्रांति के जो तरीके रहे हैं, उनका अध्ययन किया जाए। यह प्रयास किसी अलग-थलग तरीके से नहीं हो सकता। न ही यह मेरी व्यक्तिगत परियोजना हो सकती है। यह तो वह लड़ाई है जो संपर्क में आनेवाले हर दूसरे व्यक्ति से पहचान की माँग करती है। आपसी पहचान की यह दुनिया ही संघर्षों को जीवित रख पाएगी। स्त्री को सक्रियता सीखनी होगी। सीखने और सिखाने का एकमात्र उद्देश्य होगा निष्क्रियता से उबरकर कुछ करना। इसे ही धर्मनिरपेक्ष विमोचन की परियोजना कहेंगे। इसका अपना जोखिम है, मौत का खतरा हो सकता है, पर इसके साथ ही यह स्वतंत्रता का अभ्यास भी है जो वर्तमान से परे स्त्री को भविष्योन्मुख करता है। सती होनेवाली या जौहर की ज्वाला में कूदनेवालियों को पता नहीं था कि उनका त्याग भविष्य में कौन-सा परिवर्तन लाएगा? स्त्री-जाति को मुक्ति का कौन-सा नया आयाम देगा? सतीत्व को

जितनी ऊँचाई पर समाज ने रखा, आज उससे अधिक विकसित-संवर्धित चेतना उन स्त्रियों की है जिन्होंने इस कुप्रथा से मुक्ति पाई और मरने के बदले जीवन को अपनाना सीखा। स्थापित सच को नकारने के लिए बहुत बड़े साहस की जरूरत है। जरा उनकी कल्पना की जाए जिन्होंने सती होने से इंकार किया होगा और फिर एक जिंदगी जीकर दिखाई होगी। कमरे में बंद हर औरत सती नहीं होती, इसी तरह सड़क पर चलनेवाली हर औरत स्वतंत्र नहीं होती। उन्होंने जो भी निर्णय लिया होगा वह स्वतंत्रता का निर्णय था, व्यक्ति होने की दिशा में वह पहला कदम था।

फेनन ने इसे ही सक्रियता की परियोजना की संज्ञा दी थी। स्त्री को अपनी संवेदना माँजनी होगी और पुरुष को भी यही करना होगा। यह अभ्यास स्त्री-पुरुष एक दूसरे के सान्निध्य में ही कर सकते हैं। इस सोहबत के कारण चाहे छोटे-छोटे दल बनें या फिर सामूहिक मंच खड़े हों, उन्हें ही एकजुटता या अन्योन्यक्रिया कहा जाएगा। मार्क्स ने कभी सिद्धांत और व्यवहार के एकीकरण पर जोर दिया था। मार्क्सवादियों ने यह प्रयास तो किया ही, ऐसा प्रयास मार्क्स को पढ़कर गैरमार्क्सवादी भी करते रहे। सबका यही प्रयास रहा कि एक विमर्श का क्षेत्र और महत्त्व का दायरा रचा जाए जिससे सक्रियता का अवसर उपलब्ध होता रहे। इन्हीं दायरों में व्यक्तिगत अधिकार और सामूहिक शक्ति का सम्मिलन हो जाता है। हम प्रतिनिधित्व के पाठ को लाँघ जाते हैं और प्रतीकों की पवित्रता का घेरा बड़ा करते हैं। यह रेडीकल परिवर्तनकारी अभ्यास ही है जो हमें जीवित रहने का एहसास देता है। संस्कृति और उसकी भाषा में ऐसा बहुत कुछ है जो बिना महत्त्व के एक प्रतिमा की तरह हमारे मानस में दर्ज है।

शायद इसीलिए फेनन अपनी रचना 'रेचिड आफ द अर्थ' में लिखते हैं कि कोई भी बौद्धिक कार्य उस समय बड़ा त्रासद और यातनापूर्ण हो जाता है, जब वह किसी जीवित मनुष्य का यथार्थ नहीं रह जाता। उसे एहसास होता है कि यह यथार्थ तो वह नहीं जिसे कोई जीवित मनुष्य निरंतर तोड़ता और गढ़ता रहता है, नया सृजन करता है। वह तो महज शब्दों का, भिन्न-भिन्न शब्दों के जोड़-घटाव से बना हुआ ऐसा यथार्थ है, जहाँ अर्थ प्रकट होने से पहले ही छितरा जाते हैं।

और इसी जगह एक नई शुरुआत की जरूरत महसूस होती है। केंद्र और परिधि की दूरी मिटाने की जरूरत महसूस होती है ताकि स्त्री-पुरुष की भिन्नता मिट सके। जहाँ योजनाबद्ध तरीके से हमारी मानवीय संवेदना का क्षय हो, वहाँ इन बहसों और संस्कृति की दुहाइयों का कोई महत्त्व नहीं रह जाता। हम कौन-सी सांस्कृतिक दृष्टि अपनाएँ? किस भाषा के पन्ने पलटें?

किन पंक्तियों का मनन करें?

स्त्री का उत्पीड़न बढ़ा है, घटा नहीं। इसे भली-भाँति समझना होगा कि कैसे सत्ता और संस्कृति अपनी समझौतापरस्ती के कारण आदमी का नुकसान करने पर तुली हुई हैं। कैसे मूल्यरहित शब्द हवा में उछाले जा रहे हैं और उनकी चकाचौंध में हम अपना रास्ता भूलने लगे हैं। स्त्री की जिन निचली गहराइयों की बार-बार चर्चा की गई है, क्या औरत का वजूद बस उतना-भर ही है? क्या रोजमर्रा की घटनाओं के प्रति विवेकशील दृष्टिकोण निर्मित करने की आवश्यकता नहीं है?

क्या शब्दों की हिंसा को हम उचित मानें? कम से कम आज जो घट रहा है, जो लिखा जा रहा है उससे किस स्त्री का भला होगा? आतंकवाद, बेकसूरों की हत्याओं और भगवाकरण से किस स्त्री का भला होगा? पूँजीवाद खत्म तो नहीं हो गया। न ही उपनिवेशवाद हमेशा के लिए इतिहास हो चुका है। कितने मुखौटों में, कितने कुत्सित चेहरों में स्त्री का शव एक नंगी सच्चाई के रूप में हमारे सामने खड़ा है, इससे बचकर हम कहाँ जाएँ? जिधर देखो उधर ही इसका तांडव नजर आता है।

जातिवाद की निंदा तो की जा सकती है, मगर उसे सांस्कृतिक अध्ययन के दायरे से अलग नहीं किया जा सकता क्योंकि आदमी और प्रकृति की और आदमी और आदमी की अन्योन्यक्रिया से उत्पन्न व्यवहार-शैली और आचरण को ही संस्कृति कहा जाता है। अतः स्त्री-विमर्श के संदर्भ के तहत भी जातिवाद में सांस्कृतिक तत्त्व विद्यमान हैं। औद्योगिक और सार्वदेशिक समाजों में जातिवादी नारीवाद तेजी से रूपांतरित हो जाता है। वहाँ अब वंशावली, नाक-नक्श यानी जैविक आधारों पर स्त्री जाति को पहचानने के बदले उसे अस्तित्व के कुछ निश्चित रूपों यानी समाज में उसके स्थित होने के विशेष तरीकों के आधार पर बात होने लगी है।

जाहिर है कि स्त्री को दुनिया में अवस्थित होने और उसके आधार पर पहचाने जाने के पारंपरिक संदर्भ को तोड़ना होगा। आज स्त्री के स्वत्वहरण और लाभ-हरण के मूल में हम सांस्कृतिक संरचनाओं का विकृतीकरण पाते हैं। परिणामस्वरूप सामाजिक दृश्यपटल पर विखंडन, खोखले और टूटे हुए मूल्य, अधबीच में तुड़ी-मुड़ी सूखती जीवनधाराएँ और दिशाहीन जीवन मिलता है। जिसे हमने अपनी संस्कृति कहकर पहचाना, उसके सभी दरवाजे बंद मिलते हैं और बंद दरवाजोंवाला यह दमघोंटू माहौल जब संस्कृति का दावा करे तो भला उसके उत्पीड़न और दमन से कौन बच सकता है! संस्कृति यहाँ एक औपनिवेशिक ताकत के रूप में अपना दमन-चक्र घुमाती है। संस्कृति के नाम पर निरीह स्त्रियों को शोषण झेलना पड़ता है, जबकि

संस्कृति की पहली विशेषता है उसका खुलापन, उसकी उर्वरता, उसकी जीवनदायिनी शक्ति।

मगर ऐसी सकारात्मक शक्ति है कहाँ? उसे किस संस्कृति में खोजा जाए? कभी जो बड़ी जीवंत संस्कृति थी, वह आज एक राजनीतिक संस्था है। जिस हिंदू संस्कृति और धर्म की बहुतेरी बातों को बिना किसी सवाल के सहज अपनाया गया, जिसके प्रति गहरी आस्था थी उससे आज डर लगता है। उसके प्रत्येक वाद से डर लगता है। इसके कारण उदारता को जंग लगने लगेगी, यह कभी नहीं सोचा गया था। वास्तव में जब हम संस्कृति को जीते नहीं हैं तब वह मर जाती है। जब संस्कृति सत्ता के हाथ में अस्त्र की तरह काम में लाई जाने लगती है तो यह वस्तूकरण के नए-नए तरीके खोज पहचान में परिणत हो जाती है। एडवर्ड सईद ने संस्कृति के इस पहलू की 'कल्चर एंड इम्पीरियलिज्म' में विशद चर्चा की है।

स्त्री को थमाई गई आशा

एक ओर पितृसत्तात्मक समाज-व्यवस्था है जिसका पुरुष सदस्य दिन-रात खुद को येन-केन-प्रकारेण मजबूत करने में लगा है ताकि उसका वर्चस्व बना रहे। उसके अधीनस्थों का, जिसमें स्त्री भी शामिल है, का आर्थिक शोषण चलता रहे। दूसरी ओर स्त्री है जो दोहरी लड़ाई लड़ रही है। न केवल वह अपनी आत्मपहचान बदलना चाहती है बल्कि अपने प्रति पुरुष के पारंपरिक सोच को भी बदलना चाहती है। व्यवस्था का अलग स्वार्थ है कि स्त्री-पुरुष के बीच की यह भेदक रेखा बनी रहे। इस देश का पहला नागरिक वह आर्य पुरुष ही तो है जो सार्विकता, वैश्विकता और भूमंडलीकरण की चर्चा कर रहा है। इसमें स्त्री कहाँ आती है? स्त्री की समस्या पर क्या अलग से कोई चर्चा की जा रही है?

पितृसत्तात्मक विचारधारा में यह विरोधाभास शुरू से विद्यमान है। क्या मालिक अपने दास-दासियों को प्यार नहीं करता? बिल्कुल करता है। जी-जान से उनकी रक्षा करता है, क्योंकि उनके जिंदा रहने में ही उसकी सुरक्षा है। क्या स्त्री को पुरुष की जरूरत नहीं? बिल्कुल है। मगर स्त्री और पुरुष की स्थिति में भिन्नता है। पुरुष को स्त्री के कारण व्यवस्था को चलाने में जो मदद मिलती है वैसी मदद स्त्री को नहीं मिलती। स्त्री को झूठी सुरक्षा मिलती है।

पितृसत्ता पुरुष को संपूर्ण रूप से पहला आदमी बनाती है। सृष्टि की शुरुआत करनेवाला, पहला कर्ता। स्त्री की रचना उसके बाद हुई बताई जाती है। इसीलिए हर शास्त्र और संहिता में, धर्म में प्रथम और अंतिम कर्ता के

रूप में पुरुष ही होता है। यदि वह नहीं तो सब कुछ निस्पंद हो जाएगा, अंधकार हो जाएगा। अंध प्रकृति तो पुरुष चेतना से ही गर्भस्थ होती है। प्रसव करती है और जब पुरुष बार-बार स्त्री के मातृरूप का वर्णन करता है तो वह कहना चाहता है कि स्त्री के इस रूप को भी पुरुष ने ही संभव किया है। स्त्री धरती है, पुरुष बीज है। कौन पहले या पीछे, इस तर्क में न पड़कर हम भली-भाँति बीज के महत्त्व से, उसके अनंत प्रयास से अपरिचित हैं। क्या इसी बीज को बचाने के लिए ही सभ्यता और संस्कृति का इतना प्रचार-प्रसार नहीं किया गया और क्या इसके मूल में पुरुष नहीं था / है?

अतः दुनिया दो भागों में बँटी हुई है। विभाजक रेखा के एक ओर घर है तो दूसरी ओर संसार है, युद्धस्थल है। चुनाव और निर्णय के लिए व्यापक संभावनाएँ और महत्त्वपूर्ण मंच हैं। इन दोनों दायरों का सहजीवन इसलिए होता है ताकि क्रमशः पुरुष की व्यवस्था, उसकी बनाई गई सभ्यता और मजबूत होती रहे। शंकर की माया, हीगेल का अभाव, अरस्तू की तर्कप्रणाली का विरोधाभास भी तो अंततः पुरुष सच को सार्विक रूप से स्थापित करता है। उनके अनुसार भी स्त्री को तो बस काम करना है, सहयोग देना है, इस महती परियोजना में योगदान देना है, किंतु इससे स्त्री के होने की अनिवार्यता स्थापित नहीं होती। कारण जब हम किसी और की योजना में सहयोग दे रहे होते हैं तो हम केवल उत्पादन के कारण होते हैं, अनिवार्य कारण नहीं। उपादान बदलते रहते हैं। समय के साथ उनका योगदान घटता-बढ़ता रहता है। इस भुलावे में पड़कर स्त्री जहाँ अपने अधिकार और संभावना के प्रति सजग नहीं होती है, वहीं पुरुष जी-जान से विभाजक रेखा बचाने में लग जाता है।

हीगेल ने अरस्तू के तर्क को भीतर से ही तोड़कर रख दिया था और टूटी हुई संरचना ने गुलामों के भीतर यह आशा जगा दी थी कि वे नया इतिहास लिखने में समर्थ होंगे। स्त्री को भी यही आशा दी जा रही है।

स्त्री खोज रही है कि इस नई वैश्विक व्यवस्था में उसका स्थान कहाँ है और स्त्री को समझ में आने लगा है कि बिना आक्रामक हुए वह कुछ नहीं पा सकती। बगावत के जितने भी सिद्धांत हैं वे सब हिंसा पर आधारित हैं। पितृसत्ता स्वयं सहज और स्वाभाविक रूप से हिंसा पर आधारित है और इसका सामना करने के लिए ज्यादा बड़ी हिंसा की जरूरत है।

पर ऐसा कहते ही स्त्री 'न यतौ न ततौ' की स्थिति में आ जाती है। और फिर पुरुषवादी तर्क होगा—तुम जो आज तक गुलाम रही हो, अब मालिक होना चाहती हो। यही न? तुम पुरुषों के बराबर अधिकार और समान स्थिति चाहती हो! तुम पुरुष बनना चाहती हो, पुरुष की तरह, पुरुष

के समान! यानी आज का गुलाम कल का मालिक बनने की संभावना रखता है। यही न? तो पुरुष कहता है—बनो। मालिक बनने का भी तुम्हें रास्ता पुरुष ही दिखाएगा। यदि तुम स्वतंत्रता, समानता और बहनापा चाहती हो तो हमारी तरह बनकर दिखाओ, हमारे मूल्यों को अपनाओ, हम इसीलिए हम हैं क्योंकि हमने तुमसे भिन्न और श्रेष्ठ रास्ता चुना हुआ है। तुम्हारे तर्कों को भी हमसे ही सहारा मिलता है। यह कैसी विडंबना है कि स्त्री आज कहे कि पुरुष की व्यवस्था शोषण और हिंसा पर टिकी है। हमारी तरह हमारी जगह होकर देखो न, तुम भी वही करोगी, जो हमने किया था। हमारी तरह काम करो, मरो-खपो। तुम भी नशा करने लगोगी, मारपीट करने लगोगी।

परिधिकरण और बहुलता

स्त्री की वैकल्पिक व्यवस्था और वैकल्पिक जीवन-शैली को सामाजिक स्वीकृति कैसे मिली? भाषा और पहचान की बहुलता जीवन-मूल्यों के प्रति हमारे दृष्टिकोण को बदलती रहती है। हमें उन पर ध्यान देना होगा जो परिधिकृत हैं। उन्हें पहचानना होगा। उन्हें स्वीकारने की चेष्टा करनी होगी। ऐसे ढेरों उदाहरण मिलेंगे जब मुख्यधारा से उठकर उन्हें दूर फेंक दिया गया हो। ऐसे लोग केंद्र से कभी-कभी अपनी शारीरिक दूरी के कारण यानी अनुपस्थिति के कारण या फिर ऐतिहासिक और राजनीतिक परिस्थिति के कारण या फिर तकनीक की ताकत के सामने असहाय होकर किनारे बैठ जाते हैं। प्रगति के नाम पर निरंतर होने वाला फेर-बदल उन्हें बेकार बना डालता है। समाज में रहते हुए भी जो समाज की सदस्यता से वंचित रहते हैं और बदलती परिस्थितियों के मूक गवाह-भर हैं, उन्हें क्या कहा जाए? जीवाश्म?

परिधिकरण के कई अर्थ हैं। परिधिकरण की स्थितियों के आपसी भेद हैं। संस्कृति में इस अवधारणा को अभी हाल ही में महत्त्व दिया गया है।

जरा कल्पना कीजिए कि अगले पच्चीसेक वर्षों में हमारा देश पूर्ण विकसित देश हो जाएगा—आर्थिक उन्नति अपने चरम पर पहुँच जाएगी और समृद्धि की लहर जीवन के हर आयाम को छूने लगेगी। ऐसा बहुत कुछ घटेगा, साधारण आदमी के जीवन में ऐसा बहुत कुछ उपलब्ध होगा जो उसने कभी सपने में भी अपने या अपने परिवार के लिए न सोचा हो। ऐसी स्थिति में बाहरी दुनिया के साथ तत्काल संबंध स्थापित करने की जरूरत पड़ेगी। विकास-यात्रा जारी रहे, इसके लिए नित नए प्रौद्योगिकीय अन्वेषणों की जरूरत पड़ेगी। हमारा गौरवशाली देश 'किसी भी परिस्थिति' का सामना

करने को तैयार रहेगा। लेकिन वहाँ स्त्री नहीं होगी, मेरा मतलब बराबरी की स्त्री नहीं होगी। सांस्कृतिक भिन्नता यदि बनी भी रहे पर वह भौतिक संरचनात्मक आधार से अलग ही छिटका हुआ रहेगा। भाषा की भिन्नता को स्वीकारना संभव नहीं होगा क्योंकि तात्कालिक संबंधों की रचना में इससे रुकावट आएगी। उन सभी सांस्कृतिक जिदों, सनकों और मुहावरों को हम नहीं स्वीकार पाएँगे जिनसे प्रगति के नैरंतर्य में बाधा पहुँचे। चाहे समृद्धि की ओर अग्रसर देश हो, कोई जाति या फिर व्यक्ति हो, किसी भी तरह की रुकावट को वे बर्दाश्त नहीं कर पाते। हर तरह की दरारों को पाटकर चिकनी-समतल जमीन की इसलिए जरूरत होगी। ताकि समृद्ध होते हुए लोग उस पर आसानी से फिसल सकें। सांस्कृतिक भिन्नता से राष्ट्रीय एकता आतंकित होगी और फिर अपने आधार से कटी हुई हवा में उड़ती हुई भिन्नता का महत्त्व ही कितना होगा? मगर क्या हम ऐसा ही देश चाहते हैं? हम भारतीयों को इस पर गहराई से सोचना चाहिए।

९

क्रांति-चेतना के नारी-रूप

एक सिद्धांतवादी विचारधारा के रूप में मार्क्सवाद के विकसित होने से पहले ही नारीवाद ने परिवार और समाज में यौन-विभाजन का सवाल उठा दिया था। समाजवादी विचार की विभिन्न धाराओं और विभिन्न रंगों के प्रभाव में जब नारीवादी महिलाएँ और नारी-मुक्ति के प्रति सक्रिय हमदर्दी रखनेवाले पुरुष मजदूर आंदोलन से जुड़े तो आंदोलनकारी व्यवहार और सिद्धांत के बीच उन्हें विसंगति दिखाई दी। लंबे अरसे तक इस विसंगति की जड़ें तलाशने के बाद उन्हें महसूस हुआ कि इस विसंगति का स्रोत सिद्धांत पर अमल की पद्धति में कमी होना नहीं है और न ही यह व्यक्तियों की नेकनीयत या बदनीयती का प्रश्न है। समस्या मार्क्सवाद की बुनियादी प्रस्थापनाओं में थी। मार्क्सवाद को नारीवादी आवेश से संतृप्त करने की आवश्यकता जैसे ही उभरी, समाजवादी नारीवाद ने क्रमशः सूत्रबद्ध होकर एक प्रभावशाली सिद्धांत का रूप लेना शुरू कर दिया। यह मार्क्सवाद में संशोधन की कोशिश नहीं थी और न ही मार्क्स द्वारा प्रतिपादित वर्ग-सिद्धांत को यौन-आधार पर तोड़ने की डिजाइन थी। समाजवादी नारीवाद ऐसे किसी प्रयोग का दावा करने के बजाय तरह-तरह के सवाल उठाता रहा। उसने क्रांतिकारी व्यवहार को उन सवालों की रोशनी में नए सिरे से व्याख्यायित करने का आग्रह किया। उसने क्रांतिकारी कार्यवाही में महिलाओं की भूमिका और उससे जुड़े पुरुष-रवैये को उसके असली लिंगभेदी रूप में सामने रखा। वर्षों तक संघर्ष करने के बाद धीरे-धीरे मार्क्सवादी प्रतिष्ठान ने मार्क्सवादी नारियों द्वारा चलाए गए आंदोलन के भीतर आंदोलन के कारण वर्ग के अंदर यौन-विभाजन को मान्यता देना शुरू किया। फिलहाल इस प्रश्न पर मार्क्सवाद के विकास की गाड़ी यहीं पर रुकी हुई है। मार्क्सवादी प्रतिष्ठान अर्थात पार्टी और उसके सिद्धांतकारों ने नारी-प्रश्न के आधार पर अपने सिद्धांतशास्त्र को पुनर्व्यवस्थित करने का कोई कार्यक्रम अभी तक नहीं लिया है।

उन्नीसवीं सदी के चौथे दशक से शुरू हुई यह संघर्ष-यात्रा करीब डेढ़ सौ वर्ष पुरानी हो चुकी है। लेकिन मार्क्सवाद के समतामूलक आकाश के नीचे सहस्राब्दियों से पैर जमाए बैठी परिवार की पितृसत्तात्मक संस्था स्त्री

को सर्वहारा बने रहने पर मजबूर किए हुए है। पुरुष घर से बाहर जुलूस, धरना, प्रदर्शन इत्यादि में भागीदारी करने के बाद जब देहलीज के अंदर वापस आता है तो सर्वहारा कामरेड से बुर्जुआ पुरुष में बदल जाता है। स्त्री जब दहलीज पार करने पर मजदूर वर्ग में दाखिल होती है तो पाती है कि वहाँ भी वही यौन विभाजन है जिसका वह घर के अंदर सामना कर रही है। मार्क्सवाद के सूत्रीकरणों में घर के अंदर क्रांति करने की कोई व्यवस्था नहीं थी। घर में श्रम सिर्फ स्त्री करती थी और उसके श्रम को अर्थात प्रजनन के श्रम को, अपने पति की देखभाल के श्रम को, उसके बीज को अपने गर्भ में धारण करने से लेकर उसका वंश चलाने के लिए संतानों का लालन-पालन करने के श्रम तक उसकी मेहनत को मार्क्सवाद के प्रवक्ताओं ने वह हैसियत देने से इंकार कर दिया था जो घर के बाहर उत्पादन के लिए श्रम को प्राप्त थी। क्रांति सिर्फ उत्पादक श्रम में भाग लेनेवालों द्वारा की जानेवाली कार्यवाही थी। मार्क्स की इच्छा थी कि महिलाएँ भी इस कार्यवाही में बराबर की हिस्सेदार हों। उन्होंने कल्पना की थी कि जब-जब स्त्री श्रम करेगी, वह नियंत्रित होनेवाली शक्ति से बदलकर नियंत्रणकारी शक्ति बन जाएगी, परिवार की पुरानी संस्था टूट जाएगी, नया परिवार जन्म लेगा और स्त्री-पुरुष संबंध एक नए उन्नत धरातल पर पहुँच जाएँगे।

उन्नीसवीं सदी के चौथे दशक में ज्याँ डेरियन नामक फ्रांसीसी महिला भी कुछ ऐसे ही विचारों से ओत-प्रोत होकर मजदूर आंदोलन में भाग लेने पहुँची थी। वह फ्लोरा ट्रिस्टन द्वारा प्रकाशित नारीवादी पत्र 'ल ओलीनियन डेस फेम्मे' में नियमित लेखन करती थी और अपने पुरुष साथियों से मिलकर बिखरी हुई मजदूर यूनियनों को एक महासंघ में पिरोने की योजनाएँ बनाती रहती थी। अचानक एक दिन पुलिस ने यूनियन की सभा पर आक्रमण किया। डेरियन को भी उसके पुरुष साथियों समेत राज्य के खिलाफ षड्यंत्र करने के आरोप में बंदी बना लिया गया। यही वह अवधि थी जब मार्क्स और एंगेल्स अपने सिद्धांत की बुनियादी भित्ति खड़ी कर रहे थे और समाजवादी विचार सामान्यतः काल्पनिक और रोमानी क्रांतिकारी विचारों से बेहद प्रभावित था। इससे पहले कि डेरियन को मुकद्दमे के लिए अदालत में पेश किया जाता, उसके पुरुष साथियों का एक वकील जेल में उससे मिलने आया। उसने ज्याँ डेरियन से जो कहा उसे सुनकर वह अवाक् रह गई। वकील पुरुष नेताओं का एक अनुरोध लेकर आया था कि वे मजदूरों का महासंघ बनाने में अपनी भूमिका का खुलासा न करें, क्योंकि जैसे ही अधिकारियों को यह पता चलेगा कि एक नारीवादी भी इस विचार के पीछे है वैसे ही महासंघ के प्रस्ताव को स्वीकृति मिलने की संभावना

खटाई में पड़ जाएगी। ज्याँ डेरियन दुविधा में पड़ गई। उससे अपील की जा रही थी कि वह एक महिला के रूप में अपनी भूमिका की दावेदारी को स्वयं पीछे कर लें और पुरुष के मुकाबले स्त्री के सामाजिक योगदान पर निष्क्रियता की मुहर लगा दें। डेरियन ने जेल में एक पूरी रात इसी ऊहापोह में गुजारी। सुबह उसने निर्णय लिया कि वह अदालत के सामने महासंघ की योजना के प्रति अपनी अनभिज्ञता जाहिर करेगी। हालाँकि ज्याँ डेरियन अपने जीवन में स्त्री-मुक्ति के लक्ष्यों के लिए संघर्ष करती रही लेकिन मजदूर आंदोलन में काम करने का उसका यह अनुभव अपने-आप मजदूर क्रांति में नारी की जगह तय करने की शुरुआत कर गया।

इस घटना के लगभग ढाई दशक बाद १८७१ में एक बार फिर हमें क्रांतिकारी आंदोलन की भागीदारी के बीच यौन-विभाजन की मिसाल मिलती है। यह पेरिस कम्यून का समय है। कम्यून की महिला योद्धाओं के पराक्रम का वर्णन और उसकी भूरि-भूरि प्रशंसा कार्ल मार्क्स ने भी की है। लेकिन, कम्यून का स्त्री-अनुभव कुछ भिन्न किस्म का है। कम्यून का झंडा बुलंद करनेवालों ने स्त्रियों को यह बताया था कि क्रांति का अर्थ है मुक्ति, उसकी सीमाएँ हैं, सभी के अधिकार और लिंग-भेद अथवा प्रजाति-भेद के आधार पर सभी तरह के विशेषाधिकारों का उन्मूलन। स्त्रियों ने इस उद्घोषणा को गंभीरता से लिया। उन्होंने अपने बच्चों को आखिरी बार चूमा और विदा ली। करीब आठ सौ औरतें प्लेस डि ला कांकोर्ड की ओर हथियारबंद होकर रवाना हो गईं। उन्होंने संकल्प लिया और सिर्फ क्रांति के लिए ही जीवित रहीं। तत्कालीन क्रांतिकारी और पत्रकार आंद्रे लुई बताती हैं कि इन महिलाओं की राह में कितने रोड़े अटकाए गए। उन्हें न केवल वर्साई के शत्रुओं से संघर्ष करना पड़ा वरन् अपनी कतारों में पुरुषों के पूर्वग्रहों और संदेह का भी सामना करना पड़ा। कम्यून का यह उदाहरण बताता है कि क्रांति जैसे ही महिलाओं को उनकी निष्क्रियता से बाहर निकालकर जुझारु क्रांतिकारियों की सचेत और सक्रिय भूमिका में लाना शुरू करती है वैसे ही स्वयं क्रांतिकारी कतारों का यौन-विभाजन उनका उपहास करते हुए उनकी अधीनस्थ भूमिका पर जोर देने लगता है। महिलाओं के उभार के खिलाफ यह सर्वाधिक प्रभावी हथियार होता है। सार्विक मुक्ति की वाहक होने का दावा करनेवाली क्रांतियाँ पुरुष-केंद्रित बनकर रह जाती हैं। क्रांति से पहले औरतें घृणा और अपमान का निशाना बनती हैं और क्रांति के दौरान उनका मजाक उड़ाया जाता है।

करीब ७४ वर्ष बाद पेरिस से हजारों-हजार मील दूर भारत के तेलंगाना क्षेत्र में कम्युनिस्ट पार्टी ने ब्रिटिश उपनिवेशवाद और निजाम के रजाकारों के

खिलाफ एक शानदार सशस्त्र संघर्ष की शुरुआत की। तेलंगाना में चंड राजेश्वर राव की प्रेरणा से एक स्त्री-संगठन पार्टी के नेतृत्व में पहले से ही काम कर रहा था। क्रांतिकारी राजनीति में महिलाओं को दीक्षित करने की जमीन तैयार थी। मल्लू स्वराजम और ब्रज रानी जैसी महिलाओं ने अपने पराक्रम और समर्पण से क्रांतिकारी व्यवहार की मिसाल कायम की। लेकिन ये क्रांतिकारी स्त्रियाँ अपने अद्‌भुत प्रयासों के बावजूद कम्युनिस्ट कतारों में बराबरी का दर्जा पाने से वंचित रहीं। राजेश्वर राव ने स्वीकार किया: 'जब स्त्रियाँ आईं तो हमने उन्हें हाथोंहाथ लिया। लेकिन हमने उन्हें आगे बढ़ने हेतु प्रेरित करने के लिए कुछ नहीं किया। उनकी सुरक्षा एक समस्या थी। वे बहादुरी से लड़ीं ... पर पार्टी ने उन्हें आकर्षित करने के लिए कोई विशेष प्रयास नहीं किया जबकि कई महिलाएँ पार्टी में शामिल होना चाहती थीं।' तेलंगाना की स्त्रियों को रजाकारों द्वारा बलात्कार अथवा यौन उत्पीड़न की चिंता होती तो वे संघर्ष में कूदती ही क्यों! मल्लू स्वराजम का कहना था: 'परेशानियों से हमें ज्यादा तकलीफ नहीं हुई। हमारी तकलीफ का कारण तो वह बदनामी थी जो हमें झेलनी पड़ी। जिस समय हम मैदानों से संघर्ष से पीछे हटे, हमारे पति जेल में थे और हमें जंगलों में रहना पड़ा—ऐसे में हमारी गलतियों से कुछ लोगों ने बेजा फायदा उठाया। इस धक्के को भी हमें ही सहन करना पड़ा।' जाहिर है कि राजेश्वर राव जिस यौन-उत्पीड़न से महिलाओं को बचाना चाहते थे, उसी ने दूसरे रूप में उन पर उस जगह हमला किया जहाँ वे स्वयं को सर्वाधिक सुरक्षित मानती थीं अर्थात पार्टी की अपनी कतारों में। संघर्ष की वापसी के बाद जब महिला कामरेडों ने वासव पुनैया के सामने सवाल उठाया कि क्या उन्हें पार्टी अन्य तरह के काम-काज नहीं दे सकती, तो उन्हें रूखा जवाब मिला: 'तुम लोग क्या करोगी? हम भी तो हाथ पर हाथ धरे बैठे हैं। घर जाओ और वहीं रहो।' मल्लू स्वराजम भौचक्की रह गईं: 'उन्होंने हमारा इतने लंबे अरसे तक इस्तेमाल किया और अब वे हमें घर जाने और वहीं रहने के लिए कह रहे थे। उन्हें कैसे पता कि घर में क्या परिस्थिति होगी। उन्हें कोई कैसे बताता यह सच्चाई? किस कदर मानसिक यातना थी वह—मैं वास्तव में व्यथित हो उठी। तब मुझे पहली बार तकलीफ का एहसास हुआ।'

पेरिस कम्यून के करीब सवा सौ वर्ष और तेलंगाना के करीब पचास वर्ष बाद मार्क्सवादी कम्युनस्टि पार्टी (माकपा) की पिछली कांग्रेस में एक ऐसी घटना हुई जिसने थोड़ी देर के लिए सभी को चौंका दिया। केंद्रीय कमेटी की सदस्य वृंदा करात अचानक उठीं और उन्होंने कांग्रेस के प्रतिनिधियों के सामने ही कमेटी से अपना इस्तीफा अध्यक्ष मंडल को सौंप दिया।

नंबूदिरीपाद के वैचारिक उत्तराधिकारी समझे जानेवाले पार्टी के अत्यंत सम्मानित सिद्धांतकार प्रकाश करात की पत्नी होने और महिला मंचों पर पार्टी की प्रखर प्रवक्ता होने के नाते वृंदा से इस तरह के विस्फोटक कदम की किसी को उम्मीद नहीं थी। वृंदा का असंतोष पार्टी में स्त्रियों की उपेक्षा, विशेषकर नेतृत्व में उन्हें पर्याप्त प्रतिनिधित्व न मिलने पर केंद्रित था। अगले दिन पार्टी के महासचिव हरकिशन सिंह सुरजीत ने अपनी चिर-परिचित शैली में नेतृत्व चुनने की प्रक्रिया का समर्थन करते हुए संगठन की प्रकृति पर उठे इस लैंगिक मतभेद पर लीपा-पोती कर दी।

वृंदा करात, तेलंगाना और पेरिस कम्यून की नारियाँ या ज्याँ डेरियन के प्रकरणों में क्या समानता है? वह उन्नीसवीं सदी थी। मार्क्सवादी विचारधारा सूत्रबद्ध हो रही थी। यह १९९० के दशक का अंत था और कम्युनिस्ट आंदोलन अनगिनत क्रांतियों के अनुभव प्राप्त करने के बाद अपने वैचारिक और सांगठनिक संकट से जूझ रहा था। वृंदा करात और ज्याँ डेरियन के बीच न जाने कितनी महिलाएँ बिखरी पड़ी हैं जिन्होंने, 'दुनिया के मजदूरो, एक हो' के संग्रामी नारे के साथ 'दुनिया की मजदूरिनें भी मजदूरों के साथ एक हों' जोड़ने की कोशिश की। इस प्रयास में उनका आग्रह रहा कि मार्क्सवाद शोषण और दमन की वर्गीय परिभाषा में लैंगिक श्रेणी को भी स्वीकार करे और अपनी क्रांति का वैचारिक व सांगठनिक विकास इस तर्ज पर करे कि सर्वहारा की क्रांति केवल पुरुषकेंद्रित न रह जाए। इन महिलाओं में स्वयं मार्क्स की बेटी एलिनर मार्क्स के साथ ओलाइव श्राइनर, एम्मा गोल्डमान, एंजेलिका बालाबनोव, विक्टोरिया वुडहुल, मेरी वोल्स्टनक्राफ्ट एलेक्जेड्रा कोलंताई, सीमोन द बोउवार व क्लारा जेटकिन, जैसी कई विदुषियाँ और संगठनकर्ता महिलाएँ भी शामिल थीं। कई पुरुष सिद्धांतकारों ने भी समाजवादी नारीवाद की धारा विकसित करने और मार्क्सवाद को लैंगिक संघर्ष के प्रति संवेदनशील बनाने में कई महिलाओं की मदद की। इन पुरुषों में मार्क्सवाद के अधिष्ठाताओं, मार्क्स और एंगेल्स, के अलावा बेबेल, एडवर्ड कारपेंटर, विलियम मारिस और हैवलॉक एलिस की भी उल्लेखनीय भूमिका रही। इन सब लोगों ने मिलकर अलग-अलग अंशों के रूप में जो वैचारिक संरचना की वह मार्क्सवाद के आंतरिक जगत में एकता और संघर्ष की लंबी श्रृंखला के रूप में उभरी। महिलाओं ने बार-बार सर्वहारा क्रांति के विभिन्न चरणों में पुरुष क्रांतिकारियों के साथ एकता की और उस प्रक्रिया में अपनी अलग-अलग भूमिका को स्थापित किया। चाहे वे फ्रांस में कम्यूनार्डो के साथ लड़नेवाली महिलाएँ हों अथवा भारत के तेलंगाना में छापामार युद्ध चलानेवाली स्त्रियाँ हों—विडंबना यह रही कि हर

बार क्रांति पुरुषकेंद्रित साबित हुई। हर बार महिलाओं का योगदान ग्रहण कर लेने के बाद क्रांति के नायकों ने नायिकाओं को घर-परिवार की सीमाओं में लौट जाने का निर्देश दिया। ज्याँ डेरियन को हर बार अपनी भूमिका स्वयं ही शून्य कर लेनी पड़ी। हर बार वृंदा करात ने असंतोष की आवाज तो उठाई लेकिन हर बार पुरुषकेंद्रित नेतृत्व ने उसे खारिज कर दिया।

चूँकि समाजवाद और नारीवाद के अन्योन्याश्रित संबंध की संभावनाएँ स्वयं मार्क्सवाद के बुनियादी विचार में ही निहित थीं इसीलिए क्रांति के पुरुषकेंद्रित बने रहने के दुराग्रह के बावजूद यह संबंध अंतिम रूप से कभी नहीं टूटा। यह जरूर है कि यह संबंध टूटने के खतरे से हमेशा ग्रस्त रहा। संभवत: न टूटने का सबसे बड़ा कारण यह है कि दोनों ही पक्षों को क्रांति के जरिए अपने-अपने स्वार्थों को सिद्ध करना था। पुरुषकेंद्रित मार्क्सवादी प्रतिष्ठान को क्रांतिकारी गोलबंदी के लिए महिलाओं की जरूरत थी और ऊपर से वह हर किस्म के शोषण को खत्म करने के लिए प्रतिबद्ध भी था। वह स्त्री-शोषण खत्म करने के लिए साम्यवाद का इंतजार करने के लिए कहता था। उधर नारीवादी शोषण और दमन का अंत करने की मार्क्सवादी प्रतिबद्धताओं से प्रभावित था। मार्क्सवादी विचार में व्याप्त आत्मालोचना की प्रखरता से उसे काफी उम्मीद थी। नारीवादियों के लिए बेबेल की पुस्तक 'वूमैन एंड सोशलिज्म' एक तरह का प्रकाश-स्तंभ थी जो मार्क्सवाद की नारीवादी संभावनाओं को आलोकित करती रहती है। बेबेल ने स्वयं एंगेल्स के सहयोग से जर्मनी में महिलाओं के लिए प्रथम समाजवादी आंदोलन खड़ा करने के प्रयासों को प्रोत्साहित किया था। इन महान सिद्धांतकारों के कारण संभव हुए समाजवादी नारीवाद के इस सांगठनिक आग्रह के कारण ही १८९१ में जर्मनी की पार्टी ने महिलाओं की समानता के अधिकार को स्वीकृति दी थी। बेबेल ने ही सबसे पहले नारीवादियों के दिमाग में यह बात डाली कि उन्हें अपनी मुक्ति के लिए पुरुषों की तरफ देखना बंद कर देना चाहिए क्योंकि 'जिस तरह मजदूरों को पूँजीपति वर्ग से उम्मीद नहीं लगानी चाहिए, उसी तरह स्त्रियों को पुरुषों की तरफ से कोई आशा नहीं बाँधनी चाहिए।' यह एक लगभग क्रांतिकारी वक्तव्य था क्योंकि इससे पहले मेरी वोल्स्टनक्राफ्ट और फ्लोरा ट्रिस्टन जैसी नारीवादिनों को पुरुषों से अपनी मुक्ति उपहारस्वरूप मिलने की अपेक्षा थी। बेबेल ने स्पष्ट किया कि पूँजीवादी सेवायोजकों की भाँति समाजवादी पुरुष भी स्त्री के दमन और शोषण की अनुभूति के लिए तैयार नहीं है। वे कामरेडशिप के आवरण में सुरक्षित रहते हैं और नारी के शोषण को उसी तरह देखने और समझने के लिए तैयार नहीं हैं जिस तरह पूँजीवादी सेवायोजक अपने श्रमिक कर्मचारी

के शोषण को महसूस करने के लिए तैयार नहीं हैं। बेबेल ने घोषित किया कि वे समाजवादियों की कामरेडशिप के आवरण में इस लैंगिक शोषण को ढँकने के लिए तैयार नहीं हैं। कामरेडशिप यौनिकता, प्रजाति और वर्ग की चेतना से जुड़े अंतर्विरोधों को हल करने के बजाय उन्हें छिपा देती है और इस तरह नए समाज की रचना में विघ्न डालती है।

बेबेल के इन विचारों ने पूँजीपति वर्ग को तो चौंकाया ही, समाजवादी हलकों ने भी इन्हें संपूर्ण तत्परता के साथ ग्रहण नहीं किया। चूँकि उन्हें एंगेल्स का व्यक्तिगत रूप से समर्थन प्राप्त था, इसलिए उनकी आवाज को गंभीरता से अवश्य सुना गया। मार्क्स और एंगेल्स समाजवाद के भविष्य के बारे में कोई बौद्धिक कल्पना-चित्र खींचने से हमेशा इंकार करते रहे लेकिन बेबेल ने एक ऐसे भविष्य का चित्र खींचा जो आगे चलकर समाजवादी नारीवादियों के लिए लैंगिक समानता से परिपूर्ण जगत की संभावना का स्रोत बन गया। बेबेल का विचार था कि समाजवाद में घर और बाहर का अलग अस्तित्व घटता चला जाएगा। लोग सामूहिक रूप से खाएँगे-पीएँगे और सामूहिक व सामुदायिक गतिविधियों के लिए अनगिनत बड़े-बड़े हाल होंगे। साथ-साथ खेलने, पढ़ने, संगीत का आनंद लेने, नाटक देखने और घूमने-फिरने के लिए सामूहिक व्यवस्थाएँ होंगी। परिवार का आंतरिक जगत बाह्य समाज में विलीन हो जाएगा। महिलाओं और पुरुषों की पृथक भूमिकाओं का विभाजन समाप्त हो जाएगा। प्रेम सामाजिक न रहकर पूरी तरह निजी हो जाएगा यानी स्त्री-पुरुष के संबंधों में समाज का हस्तक्षेप नहीं रहेगा। बेबेल जैसे नारी समर्थक पुरुषों और अनगिनत नारीवादिनों को मार्क्स और एंगेल्स के जिन सूत्रीकरणों से प्रेरणाएँ मिलती थीं वे कुछ इस तरह थे:

मार्क्स ने प्रकृति और मनुष्य के संबंधों की व्याख्या करने के लिए स्त्री का एक सूचकांक की तरह प्रयोग किया। उन्होंने पूँजीवादी परिवार के अंतर्निहित पाखंड और पूँजीवादी पुरुष की दोहरी नैतिकता का पर्दाफाश किया। 'इकॉनामिक एंड फिलोसोफिकल मैन्यूस्क्रिप्ट', 'जर्मन आइडियालाजी' और 'होली फैमिली' से लेकर 'कैपिटल' तक उन्होंने स्त्री-मुक्ति की वकालत की और सिद्धांत दिया कि स्त्री के उत्पादक श्रम में लगने से तीन बड़े परिवर्तन होंगे। पहला, पुरुष और स्त्री के बीच संबंध उच्चतर स्तर पर पहुँचेंगे, दूसरा, एक नए तरह के परिवार का जन्म होगा, और तीसरा, श्रमिक स्त्री अपने बाह्य-जगत पर अपना नियंत्रण स्थापित कर सकेगी। मार्क्स ने स्वीकार किया कि जब तक उत्पादन के सामाजिक संबंधों के साथ-साथ प्रजनन के सामाजिक संबंध नहीं बदलेंगे तब तक शोषण-मुक्त समाज की स्थापना असंभव होगी।

एंगेल्स ने प्रजनन के सामाजिक संबंधों पर मार्क्स द्वारा छोड़े गए अधूरे विचारों को आगे बढ़ाया और 'ओरिजन आफ फैमिली' जैसी युग-प्रवर्तक रचना तैयार की। एंगेल्स अमेरिकी नृत्तत्वशास्त्री मोर्गन की रचना 'एंशिएंट सोसायटी' से प्रभावित थे और उनकी मान्यता थी कि कभी कोई मातृसत्तात्मक समाज रहा होगा जो निजी पूँजी के उभरने के साथ ही पुरुषों के मुकाबले हारता चला गया। एंगेल्स ने औरतों की दासता की जड़ परिवार को करार दिया और सूत्रीकरण किया कि परिवार के अंदर स्त्री सर्वहारा की तरह होती है और पुरुष पूँजीपति की तरह। वे इस निष्कर्ष पर पहुँचे कि व्यक्तिगत संपत्ति के खात्मे के साथ ही, परिवार का आधार खत्म हो जाएगा और नारी-मुक्ति की संभावनाओं के द्वार खुल जाएँगे। एंगेल्स ने 'फ्री लव' की धारणा का भी प्रतिपादन किया जिसमें निजी रुचि और प्रेम के आधार पर स्त्री और पुरुष की आत्यंतिक मैत्री को कल्पित किया गया था।

मार्क्स और एंगेल्स के विचार नारी-मुक्ति के लिए संघर्षरत तत्त्वों के लिए उर्वर जमीन का काम कर सकते थे, बशर्ते इनका आगे विकास किया जाता। ये विचार उस जमाने में सूत्रबद्ध किए गए थे जो जीवविज्ञान, प्राक्इतिहास, समाजशास्त्र, नृतत्त्वशास्त्र और पुरातत्वशास्त्र का शैशवकाल था। जिस जमाने में एंगेल्स लिख रहे थे, उसमें इस बात पर अक्सर विवाद होता रहता था कि पुरातात्त्विक उत्खनन से मिले तथ्यों और प्रमाणों का वर्गीकरण कैसे किया जाए। मानव-जाति के यूटोपियाई भविष्य के बारे में तरह-तरह की बयानबाजी करना सिद्धांतकारों का प्रिय शगल था। जिसके हाथ जो अधकचरी खोज लग जाती थी, वह बिना उसकी पुष्टि या प्रमाण के उसी के आसपास एक संपूर्ण सिद्धांत गढ़ लेने का दावा करने लगता था। लेकिन, एंगेल्स के निष्कर्ष इन जल्दबाज समाजविज्ञानियों की भाँति नहीं थे बल्कि उनमें गहन अंतर्दृष्टि थी और स्त्री-मुक्ति के संबंध में मूल्यवान संकेत छिपे हुए थे। लेकिन, जिस नृतत्त्वशास्त्रीय तथ्य-सामग्री के आधार पर उन्होंने अपना शोध किया था, वह जल्दी ही अपरिपक्व आधारवाली और अंततः काफी-कुछ भ्रामक साबित हो गई। अतीत के मातृसत्तात्मक समाजों से जुड़े उनके विश्वास की भी नृतत्त्वशास्त्रीय पुष्टि नहीं हो पाई। इस तरह एंगेल्स की धारणाओं पर व्यावहारिक प्रश्नचिन्ह लग गया।

नारीवादी महिलाओं ने मार्क्सवाद के नारी-प्रसंग की आलोचना को और आगे बढ़ाया और स्पष्ट किया कि :

□ मार्क्स नारी को पुरुष की स्थिति की व्याख्या करने के लिए प्रतीक की तरह प्रयुक्त करते हैं लेकिन उनकी नायिका संघर्ष करती हुई, विद्रोह करती हुई और अपना प्रतिनिधित्व स्वयं करती हुई नजर नहीं आती। वह

इतिहास की गति में खींचकर ले जाई जाती है और अंतिम विश्लेषण में साम्यवाद के तहत मुक्त भी होती है लेकिन मार्क्स उसे कहीं भी ऐतिहासिक रूप से मुक्तिकारी एजेंसी का दर्जा नहीं देते।

□ मार्क्स और एंगेल्स नारी से उम्मीद करते हैं कि वह क्रांतिकारी संघर्ष में पुरुषों के साथ बराबरी की हिस्सेदारी करेगी पर वे यह उम्मीद करते हुए नजरअंदाज कर देते हैं कि समाज में पुरुषों के मुकाबले गिरी हुई स्थिति होने के कारण वह संघर्ष में उस बराबरी को कभी हासिल ही नहीं कर सकती। सैद्धांतिक रूप से मार्क्सवाद द्वारा औरत को मजदूर वर्ग में संपूर्ण अधिकारों के साथ प्रवेश दिला दिया गया लेकिन व्यावहारिक रूप से यह असंभव निकला। परिवार में लौटकर पुनः पूँजीपति पुरुष के मुकाबले उसे सर्वहारा बन जाना पड़ा और बाहर जुलूस का साथी घर में घुसते ही उसके मालिक में बदल गया।

प्रजनन के सामाजिक संबंधों की पूरी मार्क्सवादी व्याख्या परिवार और निजी पूँजी के अंतर्संबंधों तक सीमित होकर रह गई। भौतिक जगत के पुनरुत्पादन यानी प्रजनन को इतिहास के नियामक तत्त्व की तरह नहीं देखा गया।

□ परिवार और प्रजनन की दुनिया में होनेवाले लैंगिक खेल की मार्क्सवाद ने पूरी तरह उपेक्षा कर दी। उसने यौनिकता के मुद्दे को दार्शनिक विचार की विषयवस्तु ही नहीं माना। ज्ञानशास्त्रीय विषय-वस्तुओं में अरुचि होने के कारण और केवल उत्पादन संबंधों पर अत्यधिक जोर देने के कारण मार्क्सवादी विद्या का केंद्र नारी-मुक्ति के समग्र प्रश्न के मामले में भटक गया। फलस्वरूप नारी-मुक्ति एक विषय के रूप में मार्क्सवादी विद्वानों के बीच चर्चा का केंद्र तो रहा लेकिन व्यावहारिक मार्क्सवाद उससे बिदकने लगा।

नारीवादी महिलाओं द्वारा मार्क्सवाद की सैद्धांतिक सीमाओं को उजागर करने का यह उपक्रम बीसवीं शताब्दी में उत्तरोत्तर प्रखर होता चला गया। नारीवाद यह काम इसलिए भी कर सका क्योंकि वह पूरी तरह से मार्क्सवाद की ही संतान नहीं था। यहाँ तक कि उन्नीसवीं सदी से मजदूर आंदोलन में नारीवादी महिलाओं की भागीदारी काल्पनिक समाजवादियों के आदर्शवादी विचारों के प्रभाव में ज्यादा होती थी। सन् १९०० तक मार्क्स की रचनाओं का बहुत व्यापक प्रचार-प्रसार नहीं हुआ था। इसलिए क्रांति, मजदूर वर्ग और मुक्ति के प्रश्नों पर बिना मार्क्सवादी प्रभाव के विचार करने की लंबी और समृद्ध परंपरा नारीवादियों के पास थी। यह आपेक्षिक स्वायत्तता उनके बहुत काम आई। एडवर्ड कारपेंटर की १८९६ में प्रकाशित रचना 'लव्ज

कमिंग आव एंज' ने स्त्री-यौनिकता के अनछुए आयामों का उद्‌घाटन करके सभी को चौंका दिया। कारपेंटर हैवलॉक एलिस के मित्र थे और उनके सान्निध्य में उन्होंने यौन मनोविज्ञान के क्षेत्र में हुए शुरुआती अध्ययनों का परिचय प्राप्त किया था।

इस तरह समाजवादी नारीवाद ने बीसवीं सदी में 'लव्ज कमिंग आव एज' की उद्‌घोषणा के साथ प्रवेश किया। इसका असर आनेवाली मार्क्सवादी क्रांतियों पर पड़ना ही था। नई सदी की शुरुआत ही क्रांतिकारी उन्मेष से हुई। अक्तूबर क्रांति के बाद बने सोवियत संघ में एंगेल्स के 'फ्री लव' को एलेक्जेंड्रा कोलंताई पर उतारना चाहा। शुरुआत में सोवियत कम्युनिस्ट पार्टी ने भी उनका साथ दिया। पार्टी ने 'जेनेटडल' अर्थात सोवियत पार्टी का कामगार और किसान महिला विभाग स्थापित किया। परिवार की संस्था नए सोवियत संविधान में खारिज कर दी गई। स्त्री को मजदूर वर्ग में पुरुष सर्वहारा के समान ही दर्जा मिला और एक बार लगा कि वह व्यक्तिगत संपत्ति की संस्था को कानूनी मान्यता से वंचित किए जाने के साथ ही आजादी के रास्ते पर चल पड़ी है और मार्क्स द्वारा 'कैपिटल' में किया गया वह दावा सही सिद्ध होनेवाला है जिसमें स्त्री के श्रमिक बनने की प्रक्रिया से नए स्त्री-पुरुष संबंधों और नए तरह के परिवार के जन्म लेने की भविष्यवाणी की गई थी। लेकिन, १९३० के आते-आते यह सुनहरा सपना धूल-धूसरित हो चुका था। जेनेटडल भंग कर दिया गया था और परिवार और विवाह की वापसी हो चुकी थी। सोवियत मातृत्व स्त्री के किसी भी अन्य रूप के ऊपर छा चुका था। अक्तूबर क्रांति के परिणाम लगभग पूरी तरह पितृसत्तात्मक जकड़न में फँस चुके थे। कोलंताई की आवाज दबा दी गई थी। क्लारा जेटकिन जैसी विदुषियों से कोई बहस भी करने के लिए तैयार नहीं था। 'फ्री लव' के नाम से सोवियत कम्युनिस्ट बिदकते थे।

इस विकट असफलता को बड़े लोकप्रिय ढंग से महिमामंडित भी किया गया। कहा गया कि पूँजीवादी घेरेबंदी का मुकाबला करने तथा समाजवाद के निर्माण की जरूरतों को पूरा करने के लिए उत्पादन के सामाजिक संबंधों पर जोर देना जरूरी था और प्रजनन के सामाजिक संबंधों को बदलने का कार्यभार कुछ स्थगित कर देना ही ठीक था। लेकिन, कम्युनिस्ट प्रतिष्ठान इस स्थगित कार्यभार को फिर कभी शुरू नहीं कर सका। उसने यौन मनोविज्ञान में झाँकने की कोशिश नहीं की। क्या इसके पीछे केवल व्यावहारिक और रणनीतिक सीमाओं को ही समझा जाना चाहिए? क्या यह समस्या मार्क्सवादी सिद्धांतशास्त्र के अंदर झाँकने का अवसर प्रदान नहीं करती? प्रतिष्ठानवादी मार्क्सवाद की उपेक्षा के बावजूद समाजवादी

नारीवाद ने अपने इन सरोकारों को पूरा करने की चेष्टा जारी रखी है।

समाजवादी नारीवाद के सामने सबसे बड़ी चुनौती यह थी कि वह स्त्री के श्रम को पुरुष के श्रम से अलग पुनर्परिभाषित करे और उत्पादन के सामाजिक संबंधों को बदलने के साथ-साथ प्रजनन के सामाजिक संबंधों को पुनर्गठित करने की कोशिश करे। उसने दावा किया कि स्त्री सर्वहारा पुरुष सर्वहारा के मुकाबले एक विशेष तरह के दमन की शिकार है जिसे यौन-दमन के रूप में परिभाषित किया जाना चाहिए। बिना इस दमन पर ध्यान केंद्रित किए मार्क्स द्वारा प्रतिपादित सामाजिक संबंधों के दोहरे रूप यानी उत्पादन और पुनरुत्पादन (प्रजनन) के अतर्संबंधों को नहीं समझा जा सकता। इस तरह समाजवादी नारीवाद पूँजीवाद, पितृसत्ता और प्रजातीय दमन का अंतर्संबंध खोजने में लग गया।

केवल श्रम और स्त्री श्रम का अंतर

समाजवादी नारीवाद ने प्रश्न उठाया कि श्रमिक स्त्री माँ बनने की ऐसी क्षमता रखती है जो श्रमिक पुरुष के पास नहीं होती। परिवार में उत्पादनकर्त्री के रूप में स्त्री की हैसियत एक घरेलू श्रमिक जैसी होती है लेकिन प्रजनन क्षमता के कारण वह पुनरुत्पादनकर्ता की हैसियत प्राप्त कर लेती है। एंगेल्स के अनुसार परिवार के अंदर श्रमिक पति का रूप पूँजीपति वर्ग के सदस्य जैसा हो जाता है और स्त्री का रूप सर्वहारा जैसा हो जाता है। इसलिए स्त्री बच्चों के भरण-पोषण में बिना किसी मूल्य के अपने श्रम का अवदान देती रहती है। अर्थात स्त्री अपनी भिन्न यौनिकता के कारण उत्पादन से भिन्न पुनरुत्पादन करने के लिए विवश है। इस भिन्न यौनिकता और पुनरुत्पादन की बाध्यता का मार्क्सवाद विश्लेषण नहीं करता। परिवार की अंतरंग दुनिया का श्रम-संयोजन और सार्वजनिक जगत में स्त्री को हाशिए पर रखा जाना एक साथ घटित होता है। ऐलन फर्ग्यूसन तथा नैन्सी फोबर तर्क देती हैं कि समकालीन स्त्री के काम के घंटे अधिक हैं लेकिन इसके बावजूद एक पुरुष की तुलना में उसकी बौद्धिक तथा संवेदनात्मक उपलब्धियाँ कम हैं। परिवार की पूँजी में स्त्री अपना श्रम लगाती है मगर पारिवारिक निर्णय के क्षेत्र में उसकी बात का महत्त्व दोयम दर्जे का होता है। एक पुरुष की तुलना में उसके निजी यौन-जीवन में स्वतंत्रता भी कम रहती है। स्वाभाविक तौर पर उसके मन में संतोष भी कम रहेगा। तमाम बंधनों के कारण स्त्री के पास न तो कोई विकल्प रहता है, न चुनाव की क्षमता। हालाँकि उसको यह सब उपलब्ध होना चाहिए था, क्योंकि पारिवारिक क्षेत्र में स्त्री का श्रम न केवल उस परिवार के सदस्यों के हित में जाता है बल्कि वह परिवार की पूँजी को

भी संवर्धित करता है।

स्त्री-श्रम की यह हालत देखकर ही एलिसन जौगर जैसी शोधकर्ताओं ने अपने प्रबंध में लिखा है कि स्त्री के लिए प्रजनन की संपूर्ण स्वतंत्रता इसलिए आवश्यक है क्योंकि इससे न केवल सामाजिक अर्थव्यवस्था में सुधार होगा बल्कि अन्य सभी व्यवस्थाओं में परिवर्तन भी होगा। उन्होंने कहा कि ज्यादातर पुरुषों को भी गृहस्थी के कार्यों में, यानी भरण-पोषण के आलावा परिवार नियोजन, गर्भपात, शिशु की देख-रेख का कार्य करना चाहिए।

ठीक इसी जगह यह अपील करने के बाद समाजवादी नारीवाद यह दिखाता है कि समाजवाद की स्थापना-भर से बेबेल द्वारा वर्णित समता के स्वर्ग की उपलब्धि शुरू नहीं होगी। समाजवादी नारीवाद अकाट्य प्रमाणों के जरिए प्रदर्शित करता है कि स्त्री को श्रमिक बनाने-भर से नए स्त्री-पुरुष संबंधों की रचना नहीं होगी, न ही परिवार का आंतरिक जगत व्यापक समाज के बाह्य जगत में विलीन होगा और न ही नए उच्चस्तरीय परिवार का जन्म होगा। यहाँ तक कि स्त्री को श्रमिक बनाने-भर से वह अपने परिवेश पर कोई विशेष नियंत्रण भी स्थापित नहीं कर पाएगी। स्त्री के श्रमिक बनने से मार्क्स द्वारा अपेक्षित लाभ तब तक प्राप्त नहीं होंगे जब तक मार्क्सवाद पितृसत्ता द्वारा स्त्री के माँ बनने की प्रक्रिया को तुच्छ करके देखने का समर्थन करता रहेगा। नारीवाद के अनुसार एंगेल्स की परिवार संबंधी प्रस्थापना को घर के बाहर समाज में भी लागू किया जाना चाहिए। नारी आर्थिक रूप से आत्मनिर्भर होने के लिए जब दहलीज पार करती है तो उसे पता चलता है कि घर का यौन-विभाजन बाहर समाज में भी उसका दमन करने में लगा हुआ है। मार्क्स के आश्वासन के अनुसार जिस लड़ाई को वह घर से बाहर आसानी से जीत लेना चाहती थी वह बहुत कठिन थी। श्रमिक वर्ग में कानूनी रूप से पूरे समतामूलक अधिकारों के साथ शामिल होने के बावजूद स्त्री समान हैसियत की श्रमिक कभी नहीं बन पाई। अर्थात वह घर के अंदर प्रजनन करने की क्षमता के कारण लाभान्वित होने के बजाय पराजित हुई और घर के बाहर इसलिए हारी क्योंकि वह घर के अंदर पहले ही हार चुकी थी। घर में रहते-रहते उसने कुछ ऐसे गुण विकसित कर लिये थे जो स्त्रियोचित गुणों की श्रेणी में डाल दिए गए थे। घर के बाहर उसकी श्रम-क्षमता का मूल्यांकन इन्हीं कथित स्त्रियोचित गुणों की सीमाओं के अंदर किया गया।

शायद ही ऐसा कोई क्षेत्र हो जहाँ औरत काम नहीं करती। लेकिन हर जगह उसका वेतन कम है। समकालीन समाज का यह एक कड़वा सत्य है।

स्त्री को विभिन्न सामाजिक संस्थाओं में इसलिए नियुक्त किया जाता है, ताकि उसके सस्ते श्रम का शोषण किया जा सके। स्त्री अपने स्त्रियोचित गुणों के कारण ही स्वभावतः व्यवस्था के प्रति समर्पित मानी जाती है। रूटिन के उबाऊ काम करने का उसमें धैर्य होता है। जनसंपर्क के क्षेत्र में वह लोगों के प्रति ममता होने के कारण ज्यादा कुशल मानी जाती है। वह देख-रेख करने में पटु होती है। सबसे बड़ी बात तो यह है कि दफ्तर, फैक्ट्री हो या कोई व्यावसायिक, राजनीतिक या सामाजिक मंच हो, स्त्री की उपस्थिति पुरुष की दुनिया को रंगीन करती है। कभी घर तक सीमित रहा स्त्री का यौन-आकर्षण बाहरी दुनिया में भी तोला जाता है। अर्थात स्त्री जो घर में होती थी या है, वही बाहर की दुनिया में स्थानांतरित हो जाती है। काम का क्षेत्र बदलने पर भी उसका उपयोग नहीं बदलता। श्रम का यह आरक्षित हिस्सा हमेशा शोषित होने को तैयार रहता है। पूँजीवादी व्यवस्था इसी का फायदा उठाती है। इसके कारण पूँजीवाद को पुरुष श्रमिकों के साथ मोल-तोल की सुविधा मिलती है। स्त्री श्रमिकों के कारण हड़ताल तोड़ने में सहायता मिलती है। श्रम में पितृसत्तात्मक विभाजन श्रम के बाजार में स्त्री और पुरुष को अलग रखता है और स्त्री श्रमिकों की समस्या पर अलग से ध्यान भी नहीं देता। दिक्कत यह है कि मार्क्सवाद भी इस विषय पर केवल काम-चलाऊ निगाह डालता है। वह इस समस्या की दार्शनिक व्याख्या नहीं करता क्योंकि वह स्त्री-श्रम के प्रजननवाले पहलू को दार्शनिक विचार के योग्य ही नहीं मानता, जबकि इसी पहलू के कारण स्त्री उत्पादन के संबंधों में अधीनस्थ स्थिति में चली जाती है। मार्क्सवाद की इस दार्शनिक समस्या पर हम आगे विचार करेंगे।

सवाल यह है कि स्त्री सस्ते श्रम की सेना क्यों बनी? किसलिए स्त्री के कामों को स्त्रियोचित विशिष्टता के संवर्ग में सीमित किया जा रहा है? नर्सिंग का पेशा इसका सबसे अच्छा उदाहरण है। इस पेशे में हम शारीरिक और मानसिक कार्यों का विभाजन पाते हैं। उन्नीसवीं शताब्दी में सबसे पहले ब्रिटेन में इस सेवा शाखा की स्थापना हुई थी। नर्स को पुरुष डॉक्टरों के अधीन काम करना था। तर्क यह था कि डाक्टर केवल दवा लिखता है, इसलिए इलाज में वास्तविक योगदान तो नर्स का ही होता है। व्यवस्था ने नर्स की परिभाषा उसके नैतिक गुणों के आधार पर की थी। नर्स के पेशे की जरूरत धीरज, विनय, आत्मत्याग की भावना, सफाईपसंद होना, समय का खयाल, दयालुता, कोमलता और ईमानदारी तथा हँसमुख होना, आदि गुण थे। शताब्दी की शुरुआत में नर्स और माँ की भूमिका को एक माना गया और नर्स के कार्य-क्षेत्र को तथा स्त्री के गृह-कार्य को एक ही स्तर पर तोला

गया। अच्छी नर्स हमेशा अच्छी माँ और पत्नी बन सकती थी। इससे यह सिद्ध होता है कि समकालीन स्वास्थ्य सेवा की संरचना आज भी लिंगवादी दृष्टिकोण से प्रभावित है। चिकित्सक के भीतर एक खास किस्म की आक्रामकता को आम आदमी स्वीकार कर लेता है। बीमारी से लड़ने के लिए चिकित्सक का यह आक्रामक हस्तक्षेप किसी भी दुर्घटना का सामना करने की क्षमता अर्थात एक पुरुषोचित गुण का द्योतक है। इसके विपरीत नर्स को रोग से लड़ने के लिए नहीं बल्कि रोगी की देख-रेख के लिए रखा जाता है। मानवता की सेवा का यह तरीका माँ, पत्नी या साध्वी की सेवा से भिन्न नहीं है। एक बार हम फिर स्वास्थ्य सेवा के क्षेत्र में पाते हैं कि स्त्री की बाह्य दुनिया को समाज अपने पुरुषोचित आवेगों से रंजित कर रहा है। उसे घरेलू मॉडल पर ही ढाला जा रहा है। नर्सिंग का मॉडल स्त्रियोचित है तथा चिकित्सा का मॉडल पुरुषोचित।

शिक्षा के क्षेत्र में भी हम वेतनभोगी श्रम की यह लिंगवादी संरचना पाते हैं। स्त्रियाँ बहुत छोटे बच्चों की शिक्षा और देखभाल आदि का प्रबंध करती हैं। अधिकतर पुरुष उच्च शिक्षा के क्षेत्र में कार्यरत हैं। उनका संबंध अमूर्त विचारों से है। क्लर्की के क्षेत्र में हम पाते हैं कि यह उबाऊ काम धीरे-धीरे स्त्री के हाथों में केंद्रित होने लगा है। टाइप मशीन के सामने वह घंटों बैठी रह सकती है। वह एक अच्छी सेक्रेटरी भी हो सकती है। बॉस की देख-रेख करना, फाइलों को सँभाल कर रखना आदि अनेक काम हैं जो वह निभा ले जाती है। अच्छी सेक्रेटरी के लिए व्यावसायिक बुद्धि की जरूरत नहीं। इसके बदले विनयी, निष्क्रिय और रख-रखाव के काम में पटु हो तो ज्यादा सुविधा होती है। निजी सचिव का पद वास्तव में माँ और पत्नी की भूमिका का ही तीसरा बिन्दु है।

श्रम के मूल्य की लिंगवादी परिभाषा की एक माँग यह है कि स्त्री शारीरिक रूप से आकर्षक हो। स्त्री के कार्य-क्षेत्र की परिसीमा में इसीलिए आज वेश्याओं को यौन-श्रमिक (सेक्स-वर्कर) की संज्ञा दे दी गई है। मनोरंजन का क्षेत्र भी स्त्रियों का है। एयरलाइन, ट्रैवल सर्विस आदि बहुतेरे ऐसे क्षेत्र हैं। यौन-आकर्षण का स्त्री की कार्यकुशलता के साथ कोई तर्कसंगत संबंध न भी हो तब भी प्रबंधकर्ताओं की ओर से यह एक ऐसा छुपा हुआ शर्तनामा है जो उन स्त्रियों को प्रायः अखरता है जो उम्रदराज होती जा रही हैं।

स्त्री-श्रम की कम कीमत का सबसे बड़ा कारण उसका स्त्री होना है। यह कहा जाता है कि पुरुष को अपने परिवार का भरण-पोषण करना पड़ता है जबकि स्त्री केवल अतिरिक्त आय के लिए अर्थात साज-शृंगार, सिनेमा के

टिकट आदि के लिए श्रम करती हुई मानी जाती है। यथार्थ इसके विपरीत है। करोड़ों की संख्या में स्त्रियाँ अपनी कमाई से परिवार का भरण-पोषण कर रही हैं या फिर स्त्री की आय को परिवार की समग्र बेहतरी पर ही खर्च किया जाता है। स्त्री-श्रम का यह मूल्यांकन पुरुष वर्चस्व को सुनिश्चित कर देता है। स्त्री के काम की स्त्रियोचित परिभाषा को मानक बनाकर बाह्य कार्यक्षेत्र में भी उसके पारंपरिक गुणों का दोहन किया जाता है। इसके कारण कार्यक्षेत्र में वह पुरुष से स्वतंत्र होने के बदले उस पर और अधिक निर्भर हो जाती है। श्रमिक होते हुए भी वह परिवार के अंदर ऐसे कई समझौते करने को बाध्य होती है जो मानवीय गरिमा के खिलाफ हैं। स्त्री-श्रम के लैंगिकीकरण का अर्थ निकलता है कि स्त्री एक प्रकार के अलगाव से पीड़ित हो जाती है। यह अलगाव मार्क्स द्वारा वर्णित कार्य-क्षेत्र का अलगाव नहीं है बल्कि यह अलगाव तो उसे स्त्री होने के कारण झेलना पड़ता है। दूसरे, श्रम के क्षेत्र में स्त्री-पुरुष के यौन-विभाजन का अर्थ यह भी निकलता है कि जंगल, खदान, लौह उद्योग आदि का नियंत्रण पुरुष-श्रमिकों के हाथ में चला जाए और स्त्री श्रमिकों के हाथ में केवल सेवा व्यवस्था रह जाए।

मार्क्सवादियों ने हमेशा श्रम की पुनर्संरचना पर इसलिए जोर दिया ताकि श्रम के विभाजन से बचा जा सके और श्रम को मानसिक तथा शारीरिक श्रम, आदि घटकों में विभाजित न करना पड़े। समाजवादी नारीवादिनों के अनुसार श्रम को इसलिए पुनर्परिभाषित करना चाहिए ताकि यौनवादी व्यवस्था को भी खत्म किया जा सके। भेद को मिटाने का यह अर्थ नहीं हुआ कि समकालीन पूँजीवाद में ज्ञान का स्वरूप पुरुषोचित हो जाएगा और प्रत्येक प्रकार का काम निर्वैयक्तिक, संवेदनारहित और यौन-आकर्षण से रहित हो जाएगा। स्वतंत्र उत्पादक श्रम की तरह समकालीन नारीवाद स्त्री-श्रमिकों को उनकी भावना, संवेदना तथा यौन-चुनाव की स्वतंत्रता देना चाहेगा।

श्रम के अलगाव को खत्म करने की मार्क्सवादी प्रचेष्टा का एक सुझाव था कि उत्पादन की पूँजीवादी प्रणाली को उखाड़ फेंका जाए। इसी संक्रमण के दौरान श्रमिकों की संस्था यानी यूनियन की भूमिका स्पष्ट होकर उभरी। यूनियन के कारण श्रमिक सामूहिक रूप से अपनी माँग को मालिक वर्ग के सामने रख पाता है और चुनाव की राजनीति पर सामूहिक प्रभाव भी डालता है। पूँजीवादी राष्ट्रों में स्त्रियों की तुलना में पुरुषों का ज्यादा राजनीतिकरण हुआ। स्त्रियाँ यूनियन की सदस्य बनीं पर यूनियन के अधिकारी पुरुष रहे। मालिक से मोल-भाव यूनियन के पुरुष सदस्य ही करते रहे और माँग के रूप में हमेशा पुरुषों ने अपनी सुविधा का खयाल किया, स्त्रियों के विशिष्ट

स्वार्थ का खयाल नहीं किया गया। पुरुष स्वार्थ या पुरुष प्रतिनिधित्व में ही स्त्री के स्वार्थ या प्रतिनिधित्व को समाहित मान लिया गया। अमेरिका में हम पाते हैं कि स्त्रियों के कार्यक्षेत्र का एक बहुत बड़ा हिस्सा यूनियन की सदस्यता से वंचित रहा। ट्रेड यूनियन अफसरों की रुचि भी स्त्री श्रमिकों को संगठित करने की नहीं थी। यूनियन का आरोप था कि औरतें खुद ही संगठित होना चाहतीं। उनका रुझान अपने परिवार की समस्याओं की ओर अधिक रहता है। पुरुषों ने देखा कि स्त्रियोचित गुणों के कारण वे लड़ाकू स्वभाव की नहीं होतीं। १९७० के दशक में समाजवादी नारीवाद ने इन उक्तियों को खारिज किया और कामकाजी स्त्रियों को संगठित करना शुरू किया। उन्होंने स्वयं को लैंगिक पहचान से मुक्त श्रमिक की संज्ञा न देकर, स्त्री-श्रम की संज्ञा दी।

इन्हीं प्रयासों के कारण लोकल यूनियनों का गठन हुआ! अन्य भी बहुतेरी संस्थाएँ बनीं जो यूनियनें नहीं थीं, लेकिन उन्होंने आफिस और सेवा संस्थानों में काम करते हुए स्त्री समस्याओं के मुद्दे को उठाया। कामकाजी स्त्री की एक नई इकाई उभरने लगी। इसे भी आलोचना और कटाक्षों का सामना करना पड़ा। परंपरागत मार्क्सवादियों ने कहा कि यह तो वर्ण-संकर समूह है। यह न पूरी तरह स्त्री के अधिकारों के लिए सचेत है, और न ही शुद्ध रूप से श्रमिक चेतना का पक्षधर है। बल्कि यह दोनों का मिश्रण है। पारंपरिक श्रमिक आंदोलन से ये स्त्रियाँ नहीं जुड़ी हुई थीं। इनके मुद्दे कुछ और थे। इनका सबसे प्रमुख मुद्दा था कि काम के दौरान यौन-उत्पीड़न का विरोध किया जाना चाहिए।

इस समस्या पर भारत में अभी तक कोई विशेष आवाज नहीं उठाई गई है। यौन-उत्पीड़न कोई इक्का-दुक्का घटना नहीं है। यह व्यवस्थित रूप से जारी रहती है और प्रत्येक कामकाजी स्त्री को, हर कहीं इसका सामना करना पड़ता है। इसी कारण अधिकतर पुरुष आज भी सोचते हैं कि स्त्री घर में रहे तो अच्छा है। पुरुषों द्वारा अभिव्यक्त शब्द, हाव-भाव, फिकरेबाजी आदि स्त्री-पीड़न के ऐसे हजार तरीके हैं जो बार-बार स्त्री को उसकी शारीरिक हीनता और वस्तूकरण से परिचित कराना नहीं भूलते। स्त्री न केवल यौन-उत्पीड़न और क्लेश से भयाक्रांत होती है बल्कि खुद को असहाय समझ प्रायः समझौते के लिए विवश हो जाती है। स्त्री-पुरुष के बीच रात-दिन होनेवाले इन झमेलों को हम यदि सूक्ष्म बलात्कार की संज्ञा दें, तो बात और स्पष्ट होगी। यहाँ एक व्यक्ति की जबर्दस्ती दूसरे व्यक्ति की पीड़ा और क्लेश का कारण हो रही है। पुरुष की हिंसा के सामने स्त्री का यों असुरक्षित होना इस बात का द्योतक है कि यह दो व्यक्तियों के बीच की घटना नहीं, और न

ही यह दो व्यक्तियों का पारस्परिक संबंध है। बल्कि उत्पीड़न एक ऐसी सामाजिक घटना है जिसको देखकर भी अनदेखा किया जाता है ताकि कार्यक्षेत्र में पुरुष-वर्चस्व बना रहे और बहुतेरे क्षेत्रों में स्त्री प्रवेश ही न कर सके। इससे स्त्रियों पर नियंत्रण रखा जा सकेगा। यह पुरुष की अपनी राजनीति है। शोषित को वह और अधिक शोषित रखना चाहता है। कार्यक्षेत्र में स्त्री-दमन का यह ऐसा जटिल और भयावह पक्ष है जिस पर अंतहीन शोधकार्यों की जरूरत है। मार्क्सवाद के मौजूदा पैरोकारों को इस समस्या में कोई दिलचस्पी नहीं है।

अधिकतर कामकाजी स्त्रियों के बच्चे हैं। चूँकि बच्चों के भरण-पोषण का अधिकतर बोझ माँ पर होता है अतः स्त्रियों को दुगनी मेहनत करनी पड़ती है। बाहरी जगत के श्रम का मूल्य पुरुष के मुकाबले कम मिलता है और घर के काम-काज उसे मुफ्त की करने पड़ते हैं। स्वास्थ्य की हानि और मानसिक तनाव के अलावा स्त्री के तन-मन में उतरती हुई थकान हमें यह समझाती है कि आंतरिक रूप से श्रम की गुणवत्ता को पुरुष अपने संदर्भ में ही परिभाषित करता है। श्रम की यह परिभाषा उन पूर्वानुमानों पर आधारित है जहाँ यह स्वीकार कर लिया जाता है कि पुरुष श्रमिक का एक घर होगा, उसकी पत्नी और बच्चे होंगे, सेवा-टहल-भोजन आदि की सारी सुविधा के बाद पत्नी उसे शारीरिक सुख और मानसिक संतोष प्रदान करने की जिम्मेदार भी होगी। घर से बाहर काम करती हुई स्त्री के लिए पुरुष ऐसी कोई भूमिका निभाने के लिए मजबूर नहीं है। न परंपरा उसे ऐसा करने का निर्देश देती है और न ही आधुनिकता उस पर ऐसा कोई दबाव डालती है। इसी दोहरी चक्की में पिसते रहने के कारण स्त्री का काम धीरे-धीरे सर्वहारा के स्तर पर आता जा रहा है। अपने काम की स्थिति पर उसका नियंत्रण नहीं है। उसकी वास्तविक आय घटती जा रही है।

हर तरह से शोषित होने के कारण आज स्त्री की उत्पीड़ित चेतना और अधिक विकसित हो रही है। यही कारण है कि स्त्रियों द्वारा सत्ता के खिलाफ आवाज उठाए जाने पर उनकी माँग पुरुषों की माँगों से बिल्कुल भिन्न होती है। स्त्री व्यवस्था से न केवल सुविधा माँग रही है, बल्कि व्यवस्था को बदलना भी चाहती रही है। पश्चिम में स्त्रियाँ बच्चों के भरण-पोषण की भी कीमत माँग रही हैं। गृहस्थी के काम के विनिमय में अर्थ की माँग सबसे पहले १९७० में इटली में उठाई गई थी। अब प्रायः दुनिया के हर देश की स्त्री की माँग हो गई है। इस माँग के मूल में यह भावना है कि गृह-कार्य को महत्त्व दिया जाए तथा केवल घर में काम करनेवाली स्त्रियों की भी एक श्रमिक के रूप में पहचान बने। १९८० से यह आंदोलन कुछ धीमा पड़

गया प्रतीत होता है। अधिकतर स्त्रियाँ बाहरी जगत में अपनी पहचान को स्थापित करना चाहती थीं। अतः घर के भीतर परंपरा से चली आ रही असुविधा का जिक्र ही उन्होंने प्रायः बंद कर दिया। दूसरे, घर के काम के बदले मिलनेवाले पैसे से स्त्री आंदोलन पर कोई फर्क नहीं पड़ सकता था। उसकी वास्तविक हैसियत में परिवर्तन तो बाहरी जगत में काम करने से ही घटित हो सकता था। घर के काम को यदि स्त्रियाँ ज्यादा महत्त्वपूर्ण बनाने की माँग जारी रखतीं तो इसके साथ ही समाज में स्त्रियोचित और पुरुषोचित कार्य का भेद बना रहता, जो अंततः स्त्री को कमतर हैसियत में ही बनाए रखता। पर इसका एक दूसरा पहलू भी है। स्त्री को यदि घर के कामों का भी वेतन मिले तो एक प्रकार से वह दोहरी सुविधा हासिल करती है। पारंपरिक मार्क्सवाद जहाँ क्रांति के लिए लेनिन के उस हरावल दस्ते का उपयोग करना चाहता है जिसमें स्त्रियाँ और पुरुष दोनों शामिल हैं, वहीं समाजवादी नारीवाद नयी सामाजिक व्यवस्था को खड़ा करना चाहता है। उसका उद्देश्य है स्त्रियों के स्वतंत्र समूह की संरचना। ऐसा समूह जो न केवल पूँजीवाद के विनाश के लिए प्रतिबद्ध हो बल्कि पुरुष वर्चस्व के खिलाफ भी संघर्षरत हो। इस वर्चस्व के खिलाफ उठाई गई हर आवाज को ये स्त्रियाँ समर्थन देना चाहेंगी, भले ही वह पार्टी के वर्चस्व के खिलाफ ही क्यों न हो।

यह कोई विच्छिन्नतावादी नारा नहीं है। इसका उद्देश्य तो ऐसे समाज की स्थापना है जहाँ स्त्रियोचित और पुरुषोचित का कोई अलग सामाजिक संदर्भ न हो। मार्क्सवाद के अनुसार स्त्री-पुरुष तो एक तरह का अस्थायी विभाजन है और समाजवाद में स्त्री-पुरुष समकक्ष रहकर ज्यादा संपूरक भूमिका का निर्वाह कर सकेंगे। हो सकता है कि सामूहिक रूप से पुरुष भी स्त्री के हित और स्वार्थ में रुचि ले, किंतु वर्चस्वशाली स्थिति को बनाए रखने के लिए पुरुष ज्यादा इच्छुक होंगे। स्त्री के ऊपर यौन-आधिपत्य और अपने लिए आराम के घंटों की माँग पुरुष की है। वह घर-गृहस्थी के कामों से छुट्टी चाहता है। स्त्री चाहती है कि पुरुषों को मिलनेवाली यह सुविधा तुरंत खत्म हो और इसी कारण समाजवादी नारीवाद ट्रेड यूनियन से हटकर इन अधिकारों को प्राप्त करने के लिए अलग से आंदोलन की जरूरत की माँग करता है।

परंपरागत मार्क्सवादी तर्क है कि इस प्रकार की माँग करने से वर्गीय एकता टूटेगी। वर्ग लिंग के आधार पर विभाजित हो जाएगा। इस तर्क में दम नहीं है। माओ की मान्यता थी: 'पूँजीवादी पुरुष वर्ग मुख्यतः समाज का सबसे विरोधाभासी वर्ग है।' क्रांति के यथार्थ को समझने के लिए यह जरूरी है कि वर्ग-संघर्ष के इस पक्ष पर अधिक ध्यान दिया जाना चाहिए। हाइटी

हार्टमैन के अनुसार इस प्रकार का मार्क्सवादी तर्क वास्तव में एक महत्त्वपूर्ण विरोधाभास का जनक है।

कारण यह है कि समाज की वर्गीय अवधारणा, स्त्री-शोषण के तमाम मुद्दों को नहीं समेट सकती। यूनियन की सदस्यता के साथ-साथ स्त्रियाँ अन्य नारीवादी संस्थाओं की सदस्य भी हो सकती हैं और पुरुषों से अलग हटकर अपनी माँगें 'भी इन संस्थाओं के मंच पर रख सकती हैं।' पारंपरिक मार्क्सवाद के अनुसार इस दोहरी सदस्यता से क्रांतिकारी दृष्टिकोण का क्षय होता है। खयाल रहे कि मार्क्सवाद भौतिक अंत:संरचना एवं अधिसंरचना के द्वंद्वात्मक संबंधों को स्वीकार करके चलता है और बड़े स्पष्ट रूप से कहता है कि मूलाधार में परिवर्तन होने से अधिसंरचना में परिवर्तन होना स्वाभाविक है। अब यदि मूलाधार के सदस्य स्त्री-पुरुष के रूप में दो जातियों में विभाजित हों तो इनमें निहित तनाव बाह्य समाज में भी दृष्टिगोचर होगा ही। पुरुषों को इससे परेशानी तो होगी ही। क्रांति-चेतना चाहे किसी भी वर्ग या जाति की हो, पुरुष होने के नाते पितृसत्तात्मक विचारधारा से अनुकूलित है। वे क्रांति की बात तो करते हैं, मगर पितृसत्ता की संरचना पर सवाल नहीं उठा पाते जबकि स्त्री का प्रमुख संघर्ष सत्ता की वर्चस्ववादी संस्कृति के खिलाफ ही है।

क्रांति के मूलाधार में स्त्री-पुरुष की यह प्रजातीय भिन्नता निसंदेह क्रांति के दृष्टिकोण को सीमित करेगी। पूँजीवादी पितृसत्ता का एक स्वरूप पूँजीवाद भी है। इसे हम पितृसत्तात्मक पूँजीवाद कह सकते हैं जो इस सारे विरोधाभास की जड़ में है। इसी के कारण स्त्री को दोहरा दमन झेलना पड़ता है। मार्क्सवाद द्वारा वर्ग-संघर्ष की पहल एक प्रकार से स्त्री के वर्चस्व-विरोधी व्यवहार को प्रोत्साहन देती है। वह दमन के खिलाफ आवाज उठाना सिखाती है। पुरुषों का साथ देकर समाजवादी नारीवाद केवल पूँजीवाद को खत्म कर सकता है किन्तु पुरुष जाति की तानाशाही को नहीं खत्म कर सकता। पुरुष श्रमिक भी शोषण करता है। बलात्कार की आए दिन होनेवाली घटनाएँ इसका ज्वलंत प्रमाण हैं। स्त्रियों के ऊपर होनेवाली बेतुकी हिंसा, यौन-उत्पीड़न, घर के कामकाज में बराबर की साझेदारी का अभाव, वर्चस्ववादी घटनाएँ तमाम क्रांतिकारी संस्थाओं में भी पाई जाती हैं। इस पुरुष-वर्चस्व का सामना करने के लिए अनिवार्य है कि स्त्री अपनी स्वतंत्र संस्था का निर्माण करे। इसका यह अर्थ नहीं कि स्त्रियों को वामदलों की सदस्य नहीं होना चाहिए। वृहत्तर आंदोलन के क्षेत्र में भी वे संघर्षरत रहेंगी लेकिन यह जरूरी है कि किसी भी आंदोलन के वृहत्तर फलक पर स्त्री पुरुष की अधीनस्थता स्वीकारे। पितृसत्तात्मक पूँजीवाद के खिलाफ स्त्री का यह

सीधा संघर्ष होगा। पार्टी का पितृसत्तात्मक स्वरूप पार्टी के उपकरणों के माध्यम से स्त्री का वस्तूकरण करता है जो स्त्री को कतई स्वीकार नहीं। क्रांति के क्षेत्र में भी स्त्री को बड़े सूक्ष्म तरीके से हाशिये पर धकेला जाता रहा है। राजनीतिक संरचना में अपनी पहचान को परिभाषित करने का अधिकार स्त्री वर्ग का अपना होना चाहिए यानी राजनीतिक पार्टी द्वारा उठाए गए आंदोलन के साझा मुद्दों के बावजूद स्त्री-मुक्ति का मुद्दा भी अलग से रहना चाहिए, तभी पुरुषप्रधान समाज में स्त्री की आवाज सुनी जाएगी और तभी स्त्री अपनी उस पारंपरिक राजनीतिक भूमिका से मुक्त हो सकेगी। अब तक स्त्री 'क्रांतिकारी की प्रेमिका' के रूप में दुनिया के सामने परोसी जाती रही है। सत्ता द्वारा अपनाई गई विभेदीकरण की नीति तथा क्रांति के क्षेत्र में भी पुरुष-वर्चस्व का अधिक बोल-बाला खत्म किया जाना चाहिए। बहुधा एक विशिष्ट स्त्री को मंच पर लाकर पार्टी क्रांति का नारा बुलंद करती है जो प्राय: आम स्त्री की समस्या से अलग है। यह कहना कि पार्टी के काम-काज के लिए स्त्रियाँ मिलती नहीं तो इसमें भी सत्ता की एक बहुत बड़ी चाल है। कुछ को विशिष्ट करके, बाकी सबको भेड़-बकरी की तरह हाँकना सत्ता का स्वभाव रहा है। स्त्री को अधिकार दिया जाए, मगर कितना, इस निर्णय का अधिकार पार्टी के सदस्य पुरुष अपने पास रखेंगे। शिखर के पद पर वे आसीन रहेंगे।

प्रजनन के सामाजिक संबंधों पर दार्शनिक विचार

सवाल यह है कि समाजवादी नारीवाद की इन माँगों को मार्क्सवादी प्रतिष्ठान क्यों स्वीकार नहीं करता? तर्कसंगत लगनेवाली ये बातें आसानी से पुरुष-वर्ग और उनके नेताओं के गले क्यों नहीं उतर पातीं? मार्क्सवादी प्रतिष्ठान की यह जिद स्वयं मार्क्सवाद की एक खास तरह की दार्शनिक विरासत के कारण है जिसके तहत मार्क्सवाद प्रजनन के सामाजिक संबंधों पर विचार नहीं करता और अंतत: सामाजिक संबंधों के इस आयाम को दार्शनिक विचार के अयोग्य ठहरा देता है। मार्क्स द्वंद्वात्मकता की ऐतिहासिक और भौतिक आलोचना के कारण स्त्री के विकास को स्थायी आधार प्रदान करते हैं पर प्रजनन यानी पुनरुत्पादन के क्षेत्र में पितृसत्ता के पूर्वग्रहों से प्रभावित होते हैं। विडंबना यह है कि मार्क्स स्वयं स्वीकार करते हैं कि सामाजिक संबंधों का चरित्र दोहरा होता है—वे उत्पादन और पुनरुत्पादन के अंतर्संबंधों से संचालित होते हैं। लेकिन इतना कहकर वे पूरे मसले को वहीं छोड़ देते हैं और स्त्री के केवल श्रमिक बनने का प्रावधान करके उसके मुक्ति आंदोलन की मार्क्सवादी इतिश्री हो जाती है। अर्थात उत्पादन पुनरुत्पादन पर अपने

महत्त्व में हावी हो जाता है। हम ऊपर देख चुके हैं कि उत्पादन के क्षेत्र में स्त्री पुरुष की समरूपता तब तक नहीं पा सकती जब तक वह पुनरुत्पादन के क्षेत्र में अपनी वैचारिक और व्यावहारिक अधीनस्थता का तख्ता न पलट दे। आइए देखें कि इस सिलसिले में मार्क्सवादी समस्या क्या है।

हेगेल का अनुसरण करते हुए मार्क्स की प्रस्थापना थी कि द्वंद्वात्मकता ज्ञान की वह प्रणाली है, जिससे हम भौतिक जगत और मानवीय जगत के बीच प्रत्येक प्रकार की पारस्परिकता एवं विकास को समझ सकते हैं। इस आधार पर मानव इतिहास के तत्त्वों को एक गतिशील सैद्धांतिक परिप्रेक्ष्य में ढाला जा सकता है। मार्क्स प्राकृतिक जगत और मानवीय जगत के संश्लेषण के खयाल को बार-बार पुनर्स्थापित करने की चेष्टा करते हैं। मनुष्य की प्रगति का पर्याय था प्रकृति पर नियंत्रण पाना। पर जिसका आप नियंत्रण कर रहे हैं उसके साथ आपका एकात्म कैसे स्थापित होगा? नियंत्रणकर्ता और नियंत्रित में मौलिक भेद रहेगा क्योंकि उनका धरातल कभी समान नहीं हो सकता। चूँकि वे असमान हैं, अतः उनका संबंध द्वंद्वात्मक है—मार्क्स और हेगेल प्रकृति और मनुष्य के इस द्वंद्व की परिसमाप्ति को तत्त्वमीमांसात्मक भौतिक अनुरूपता घोषित करते हैं। लेकिन यह घोषित अनुरूपता एक ऐसी समग्रता का दावा करती है जो स्त्री के पहले घर पर ध्यान केंद्रित नहीं करने देती।

द्वंद्वात्मक प्रक्रिया को वैज्ञानिक रूप से समझना आसान नहीं है। स्त्री द्वारा पुनरुत्पादन की प्रक्रिया भी वास्तव में उत्पादन की अन्य प्रक्रियाओं की तरह है। अतः इस प्रक्रिया की भी द्वंद्वात्मक संरचना होनी चाहिए थी। हेगेल ने द्वंद्वात्मकता का प्रयोग मानवीय श्रम के प्रसंग में तो किया, मगर स्त्री की प्रजनन क्षमता के संदर्भ में उन्होंने इसे एक नैसर्गिक क्षमता कहकर छुट्टी पा ली। उनके अनुसार प्रजनन की प्रक्रिया में थीसिस और एंटीथीसिस के रूप में पुरुष और स्त्री एक-दूसरे के करीब आते हैं। विशेषकर माँ और पिता दोनों के ही कुछ पक्षों का जहाँ गर्भ में निर्धारण होता है वहीं कुछ पक्षों का ह्रास भी होता है। हालाँकि यह युग्म पहले क्षण निषेध से शुरू होता है, तथा बाद में संवर्धित होकर एक ऐसे ऐतिहासिक जगत का निर्माण करता है जो निस्संदेह पहले से भिन्न और वास्तविक है। जो संतान जन्म लेगी वह फिलहाल नहीं है, अतः बीज में अंतर्निहित इस निषेधता के कारण जन्म की क्रिया संभव होती है। जन्म लेनेवाला बच्चा केवल एक नया विशेषत्व नहीं है, बल्कि उसके इस विशेषत्व में और अधिक विकास की संभावना निहित है जो मनुष्य जाति के नैरन्तर्य को बनाए रखेगी। हेगेल इसे ही वैश्विकता या सार्विकता की संभावना कहते हैं। व्यक्ति एक ओर जहाँ विशिष्ट मनुष्य है

वहीं सार्विक भी है। इसी से प्रभावित होकर 'होली फैमिली' में मार्क्स ने प्रकृति और मनुष्य के बीच मानवीय श्रम की मध्यस्थता को स्वीकार किया था किंतु प्रजनन के श्रम को किसी प्रकार का दार्शनिक महत्त्व देने से इंकार कर दिया। उनके अनुसार सहवास की प्रक्रिया में श्रम अंतर्निहित होते हुए भी यह एक प्रकार का अचेतन श्रम है, जो केवल आवेग द्वारा संपन्न होता है। इसमें बुद्धि का कोई लेना-देना नहीं है।

हेगेल बेहद स्त्री-विरोधी दार्शनिक थे। उन्होंने स्त्री को एक अचेतन ऐतिहासिक ताकत के रूप में वर्णित किया है। अपने स्त्री-विद्वेष के बावजूद प्रजनन की द्वंद्वात्मक संरचना की हेगेलियन खोज महत्त्वपूर्ण है। हेगेल के इन अपूर्ण विचारों को इसीलिए मार्क्स ने अपनी भौतिक द्वंद्वात्मकता की अवधारणा में प्रयुक्त नहीं किया। मार्क्स परिवार के ऐतिहासिक महत्त्व एवं वर्ग-संघर्ष के ऐतिहासिक स्वरूप को गहराई से समझना चाहते थे ताकि मनुष्य रोजमर्रा के जीवन में पुनरुत्पादन की अनिवार्यता पर बौद्धिक नियंत्रण पा सके एवं उसके सामाजिक पक्ष का विश्लेषण किया जा सके।

यद्यपि मार्क्स निम्न पूँजीवादी दार्शनिक प्रूधों के इस विचार के आलोचक थे कि स्त्रियों को श्रमिक वर्ग में शामिल नहीं किया जाना चाहिए, पर वे स्त्री की स्थिति के संदर्भ में बिना किसी आलोचना के प्रूधों के विचारों को स्वीकारते हैं। प्रूधों के अनुसार ऐतिहासिक रूप से पुरुष ने स्वयं को शोषण एवं गुलामी से मुक्त करने का प्रयास किया और करता रहेगा एवं मुक्ति की इस प्रक्रिया से निर्मित इतिहास में स्त्री को स्वतः मुक्ति मिल जाएगी। स्त्री मुक्ति पर अलग से विचार करने की जरूरत नहीं है, क्योंकि स्त्री एक निष्क्रिय सुविधाभोगी प्रजाति है। उसकी जरूरत तो केवल जन्म देने की और संख्या-बहुलता को बनाए रखने के लिए है। हालाँकि बाद में मार्क्स ने मानवीय श्रम की सृजनात्मकता और शक्ति पर और अधिक विचार करते हुए संतान-उत्पत्ति के लिए स्त्री-श्रम की अनिवार्यता पर जोर देते हुए कहा था कि स्त्री के इस पुनरुत्पादन श्रम की उपेक्षा नहीं की जा सकती। फिर भी उन्होंने मध्यस्थताकारी प्रजनन संबंधी श्रम की व्याख्या को दर्शन का विषय नहीं माना। इस तरह उन्होंने स्त्री श्रम की प्रमुख समस्या की चर्चा की उपेक्षा की। क्या मार्क्सवादी पुरुष मनुष्य नहीं है या उसका जन्म नहीं होता? आखिर क्या कारण है कि ऐसे महान विचारक ने प्रजनन के श्रम के व्यवस्थित विश्लेषण की उपेक्षा की?

इतिहास के माध्यम से व्यक्ति निरंतर जगत को परिवर्तित करता है। साथ ही खुद भी रूपांतरित होता है। व्यक्ति का कार्य जगत यही है, जिसमें भौतिक जगत को निरंतर रूपांतरित करने का प्रयास किया जाता है ताकि

अंततः मनुष्य और प्रकृति का विरोध खत्म हो सके। श्रम की बौद्धिक चेतना यानी श्रम का बोध इतिहास में मध्यस्थता का काम करता है और श्रम के दौरान व्यक्ति स्वयं के प्रति भी सचेत और सजग होता है। हेगेल कर्म की चेतना को विकास का क्षण मानते हैं और इससे उद्‌भूत वैश्विकता की जिस संभावना को व्यक्त करते हैं, वह वास्तव में प्रगति की वह अवधारणा है जो व्यक्ति को समाज से जोड़ती है। मार्क्स के अनुसार व्यक्ति अपने श्रम के माध्यम से ही यथार्थ चेतना को हासिल करता है। यहाँ स्त्री की सृजनात्मक क्षमता के मार्क्सवादी विश्लेषण को नहीं नकारा जा रहा है और न ही उत्पादक श्रम की रूपांतरकारी शक्ति पर सवाल उठाया जा रहा है। स्त्री भी वर्ग संघर्ष में हिस्सा लेकर छद्म चेतना के बदले अपनी यथार्थ चेतना का विकास कर सकती है। मगर मार्क्सवाद के अनुसार स्त्री-मुक्ति तभी संभव है जब स्त्री श्रमिक भी उत्पादन के क्षेत्र में पूँजीवाद के विरुद्ध पुरुष-श्रमिकों के साथ संघर्षरत हो। उत्पादक श्रम में स्त्री श्रम को शामिल करने और उसके माध्यम से जगत को परिवर्तित करने के स्त्री-पुरुष के इस संयुक्त प्रयास की एक अंतर्निहित समस्या है। जिसका वर्णन हम ऊपर कर चुके हैं। इसका दूसरा पहलू है जन्म देने की क्रिया को मार्क्स द्वारा आकस्मिक और अतार्किक मानना। साथ ही यह मानना कि स्त्री की प्रजनन शक्ति, सामाजिक-ऐतिहासिक जगत का निर्धारण नहीं कर सकती। प्रजनन क्षमता ऐसा श्रम है जो बाह्य जगत को परिवर्तित करने के मामले में अप्रभावी है। अर्थात जन्म देने की क्रिया तो एक मूल, पशुवत्‌ और औचक क्रिया है। जाहिर है कि मानव-इतिहास के भौतिक आधार के रूप में वंशानुगत नैरंतर्य की जरूरत पर मार्क्स का ध्यान नहीं गया और न ही उन्होंने स्त्री-शक्ति को इस श्रम के प्रसंग से विश्लेषित किया। परिणामस्वरूप मातृत्व को पुरुष-समाज ने एक विशिष्ट गुण के रूप में सर्वोच्च पद पर तो आसीन किया किन्तु कालांतर में यह एक औपचारिक महिमामंडन ही बनकर रह गया। माँ के रूप में भी स्त्री-श्रम का दोहन जारी रहा। इस प्रकार स्त्रियाँ न केवल भावनात्मक रूप से, बल्कि सामाजिक एवं आर्थिक रूप से ठगी भी जाती रहीं।

मार्क्स द्वारा प्रस्तुत परिवार के सामाजिक मॉडल की रूपरेखा उभयभाविता दोष से युक्त भी है। असल में परिवार वह ऐतिहासिक संस्था है, जहाँ साधारणतः पुनरुत्पादन के सामाजिक संबंध बनते हैं। मार्क्स के अनुसार परिवार अर्थव्यवस्था की उपसंरचना है जो उत्पादन की प्रणाली एवं ऐतिहासिक विशिष्टता के कारण आकार ग्रहण करती है। वर्ग-संघर्ष परिवार का स्वरूप निर्धारित करता है, उसे परिभाषित करता है, और अंत में वर्ग-संघर्ष के खत्म होने के साथ परिवार की यह संस्था भी अन्य पूँजीपति

संस्थाओं की तरह खत्म हो जानी है। सच्चाई यह है कि मार्क्स के लेखन में सामाजिक ज्ञान के निर्धारित तत्त्वों के रूप में जिन अधिसंरचनात्मक तत्त्वों का उल्लेख हुआ, उनका विशद विश्लेषण कभी नहीं किया गया। अंत:संरचना के स्तर पर परिवार की मौलिक भूमिका की ओर मार्क्स इशारा-भर करते हैं। पर उनका यह निष्कर्ष सतही लगता है कि वर्ग-संघर्ष से प्रभावित होकर परिवार भी बदल जाएगा। यदि परिवार अंत:संरचना है, तो अन्य सामाजिक अधिसंरचनाओं के साथ इसका संबंध कैसे स्थापित किया जाना चाहिए? सामाजिक संघर्ष के दौरान यह संबंध कैसे स्थापित होता है, मार्क्स को इस पर भी विचार करना चाहिए था। परिवार एक अंत:संरचनात्मक घटक है जो पूँजीवादी संबंधों के दौरान स्त्री-शरीर के वस्तूकरण पर एवं विवाह के बाजार में स्त्री के जिंस की तरह व्यवहृत होने पर प्रकाश डालता है। विवाह बाजार में पुरुष एक व्यापारी है। मार्क्स पूँजीवादी विवाह संस्थान की तीखी आलोचना भी करते हैं किंतु इस संस्था की वैकल्पिक प्रगतिशील रूपरेखा कैसी होनी चाहिए थी, इस पर उनके लेखन में महज भावनात्मक उच्छवास के अलावा हम और कुछ नहीं पाते। वे स्त्री-पुरुष ही असमान स्थिति को संघर्ष की संज्ञा नहीं देते और इस संघर्ष के विकास को व्यवस्था के ऐतिहासिक रूपांतरण का आधार भी नहीं मानते।

पितृसत्तात्मकता की अधिक विशद आलोचना हम एंगेल्स के लेखन में पाते हैं किंतु प्रजनन संबंधी श्रम की द्विअर्थी व्याख्या से उनका लेखन भी ओत-प्रोत है। वे प्रजनन को ऐतिहासिक मॉडल की उपसंरचना के रूप में रखते हैं। उनके अनुसार उत्पाद और पुनरुत्पादन, दोनों मिलकर अनिवार्य निर्णायक तत्त्व के रूप में परिवार का स्वरूप निर्धारित करते हैं। किंतु वे उत्पादन की कोटि में पुनरुत्पादन को अंतर्निहित मान लेते हैं। अलग से इस पर चर्चा नहीं करते। एंगेल्स के अनुसार निजीकृत पूँजी की अवधारणा ही वास्तव में समाज की बुराइयों की जड़ है। पूँजी के कारण ही परिवार में स्त्री की तुलना में पुरुष ज्यादा महत्त्वपूर्ण हो जाता है। उनके अनुसार पूँजी का संघर्ष ही अंतत: क्रांति का एकमात्र कारण सिद्ध होगा, किंतु पुनरुत्पादन के श्रम में लगी हुई स्त्री ने परिवार में कभी पुरुष-सत्ता का विरोध क्यों नहीं किया? एंगेल्स के अनुसार पितृसत्ता द्वारा प्रतिपादित विवाह संस्था को स्त्री ने इसलिए सहर्ष स्वीकारा ताकि वह भिन्न-भिन्न पुरुषों के संसर्ग से बची रहे। किंतु क्या यह स्त्री की आवश्यकता और कामना के संदर्भ में संकुचित परिभाषा नहीं है? एंगेल्स और मार्क्स दोनों ही स्त्री-कामना के संबंध में एक विक्टोरियन मुखौटा लगा लेते हैं। उनके अनुसार स्त्री के जीवन में कामना महज एक बेस्वाद जरूरत है। एंगेल्स कहते हैं कि कामना एक ऐसी

अनिवार्यता है जिसे प्राचीन समय की स्त्री ने भी समझा था और यौन-उत्पीड़न से बचने के लिए पुरुष के आधिपत्य को स्वीकार किया था। साथ ही उसने पुरुष की इस शर्त को भी माना कि संतान का भरण-पोषण वह पुरुष की बीज-रक्षा हेतु करती रहेगी ताकि संतति को पुरुष की विरासत मिले। हालाँकि एंगेल्स मार्क्स की मृत्यु के बाद यह सब लिख रहे थे पर ऐसा नहीं लगता कि मार्क्स उनकी इस अवधारणा पर आपत्ति करते।

मार्क्स वास्तव में पुरुष-श्रेष्ठता की विचारधारा के पारंपरिक बोधिवृक्ष हैं। प्रकृति के वास्तविक स्वरूप के प्रश्न पर अपने दार्शनिक पूर्वजों की भाँति मार्क्स भी उदयभावी हैं। इस संदर्भ में उनका लेखन उलझनों से भरपूर है। वे भी प्रकृति के स्वरूप का वर्णन करने के लिए स्त्री के जीवन और आचरण का उदाहरण देते हैं। उनके अनुसार प्रकृति स्त्री की तरह चंचला है और अपने से अलग प्रत्येक अन्य का विनाश करती है। एक ओर प्रकृति जहाँ मानवीय स्वभाव की निर्धारक है, वहीं अपने रहस्यमय गर्भ में वह मानवीय स्वभाव के अधिकांश पक्षों को छुपाए रहती है। प्रकृति जहाँ अपने स्वभाव से परिचित होना चाहती है, वहीं पुरुष अपनी उत्पादन क्षमता से प्राकृतिक ज्ञान और उसकी अर्थमयता को नकारने में लगा रहता है। 'नैसर्गिक रूप से उत्पन्न' होने जैसी अभिव्यक्तियों के कारण हम मार्क्स के लेखन में एक प्रकार की असंगति पाते हैं।

'जर्मन आइडियोलाजी' में मार्क्स प्राकृतिक पूँजीवादी आर्थिक आधार का जिक्र करते हैं जो मानवीय श्रम के अन्य नैसर्गिक रुझानों, जैसे ताकत, जरूरत और अन्य आकस्मिक तथ्यों के कारण स्त्रियों तथा पुरुषों की भिन्नता को स्थापित करता है। अन्य कई स्थलों पर मार्क्स प्राकृतिक समाज का वर्णन करते हैं और प्राकृतिक समाज में व्यक्ति एवं समुदाय की जरूरत के बीच की विभाजन रेखा को अभिव्यक्त करते हैं। प्राकृतिक समाज के बदले मार्क्स, कम्युनिस्ट समाज का दावा करते हैं, ताकि सामाजिक उत्पादन के साधनों पर नियंत्रण हासिल किया जा सके।

इस प्रकार की उभयभाविता अनायास नहीं है बल्कि मार्क्स के विचारों की यह एक बड़ी खामी है। मार्क्स उत्पादन और पुनरुत्पादन को आपस में कभी संबंधित नहीं कर पाते, हालाँकि वे एक ऐसे सिद्धांत की संरचना करना चाहते थे जो हेगेल के भाववाद से परे जा सके। वे हेगेलियन तत्त्वमीमांसा के बेहद खिलाफ थे और चाहते थे कि सिद्धांतों में यथार्थ एवं भावजगत का सामंजस्य दिखाया जा सके। नैसर्गिक जरूरत को पूरा करने के लिए भी ऐतिहासिक आधार होना चाहिए था जो हर प्रकार की मानवीय उपसंरचना को यदि पूरी तरह निर्धारित नहीं भी करे तो भी प्रभावित तो करती ही रहे।

मार्क्स के अनुसार जन्म देने की यह क्रिया तो चलती रहेगी। मार्क्स के अनुसार अस्तित्व का यह सामाजिक पक्ष है कि व्यक्ति को एक-दूसरे पर निर्भर करना पड़ता है। वह स्वयं में कभी संपूर्ण नहीं होता। वह अन्य है जो उसके जीवन का स्रोत है और जो उसका निर्माण करता है। व्यक्ति का व्यक्तित्व अन्य द्वारा सर्जित है। 'अन्य' द्वारा निर्मित समाज उसके अस्तित्व का नैरंतर्य बनाए रखता है। मैं 'स्वयंभूत' नहीं हूँ और मुझसे बाहर मेरे जन्म का कारण स्थित है। सृजन का यह विचार जनचेतना से मिटाया नहीं जा सकता। व्यावहारिक जगत में स्वयंभूत का खयाल भी असंभव है। किंतु इसके बावजूद मार्क्स पुरुष को कर्ता मानते हैं। संतान का वास्तविक अभिभावक मानते हैं। अपने इन विचारों में छुपे हुए पितृसत्तात्मक पूर्वग्रहों को वे समझ नहीं पाते। साथ ही जीवन के भौतिक पक्षों को उजागर करते हुए मार्क्स को परेशानी नहीं होती। एक पुरुष की हैसियत से वे ऐतिहासिक और उत्पादित प्रकृति में ही रुचि रखते हैं। स्वाभाविक है कि पुनरुत्पादन जैसी प्रक्रिया से वे कतराते रहे। उन्हें भय था कि कहीं इससे वे किसी भ्रांति में न पड़ जाएँ। स्त्री-पुरुष सहवास से संतान का जन्म होता है। इसी प्रकार जिन्होंने जन्म दिया उनके भी जन्म का कारण सहवास ही था—अत: कहीं तो हमें रुकना होगा। अत: क्यों न इस नैरंतर्य को सहज और प्राकृतिक मान लिया जाए।

मार्क्स की पुरुष-चेतना को यह ज्यादा अनुकूल लगा। संतान को जन्म देने और पालन-पोषण की भौतिक समस्या का संबंध पुरुष से अधिक है। पुरुष अपना वंश चलाने के लिए संतान चाहता है, वह अपने बीज को स्त्री के गर्भ में सुरक्षित रखना चाहता है। वह नहीं चाहता कि संपत्ति का हकदार कोई और बने। किंतु इसके बाद जन्म देने की प्रक्रिया से वह पूरी तरह अलगाव में है। पुरुष-चेतना में यह एक दरार है। जबकि स्त्री-चेतना का नैरंतर्य संतान के जन्म के माध्यम से स्थापित होता है। इन तथ्यों की उपेक्षा करते हुए मार्क्स ने प्रजनन की द्वंद्वात्मकता का विश्लेषण ही नहीं किया और अपनी जिद में जैविक नैरंतर्य को ही मानवीय नैरंतर्य की संज्ञा देते रहे। इस सवाल को कि मनुष्य का जन्मदाता कौन है या फिर उसका सामाजिक एवं आर्थिक आधार कैसा होना चाहिए—एक अमूर्त प्रश्न कहकर उन्होंने खारिज कर दिया।

ग्रीक मिथक के प्रत्येक देवता से मार्क्स घृणा करते हैं और आवेग में कहते हैं कि प्रकृति के सृजन के बारे में सवाल उठाने का अर्थ हुआ प्रकृति को विशिष्टता का जामा पहनाना और प्रकृति से मनुष्य को अलगाव में डालना। वे कहते हैं कि क्या भौतिक जगत में पहले मनुष्य नहीं था और वह

बाद में अवस्थित हुआ? अपनी विख्यात पांडुलिपियों में उनका तर्क होता है कि हमें इस अमूर्तन को छोड़ देना चाहिए। यदि इसे जारी रखना है तो हमें अपने बारे में ही विचार करना होगा कि हम पहले नहीं थे और बाद में अवस्थित हुए—ऐसा करते ही हम स्वयं एक अर्थहीन अमूर्तन की प्रक्रिया में पड़ जाएँगे। भौतिक जगत से परे जाकर हमारा होना या न होना दोनों ही व्यर्थ हैं।

समाजवादी नारीवाद यह दार्शनिक प्रश्न उठा सकता है कि मनुष्य जाति के वास्तविक नैरंतर्य का आधार प्रजनन-प्रक्रिया से संबंधित क्यों न किया जाए? इसे स्त्री-श्रम का क्षेत्र क्यों न कहा जाए? यह ठीक है कि बाह्य-जगत के संघात के दौरान मनुष्य स्वयं को एवं दूसरे को भी निर्मित करता है। पर क्या पुरुष केवल बाह्य जगत में ही निर्मित है? क्या सारे सामाजिक पुरुष अपने जन्म की घटना से अपरिचित हैं? क्या इनके पास अपने जन्म का कोई अनुभव नहीं है? बड़ी सहजता से मार्क्स ऐतिहासिक काल और जैविक काल की गतिशील द्वंद्वात्मकता को एक ही साँचे में ढाल देते हैं।

इस संदर्भ में 'जर्मन आइडियॉलाजी' में मार्क्स थोड़े स्पष्ट हैं। वे जैविक पुनरुत्पादन की चर्चा करते हुए कहते हैं कि भौतिक जरूरतें जीवन का निर्धारण करती हैं और इन जरूरतों को पैदा करना ऐतिहासिक कर्म है। किंतु भौतिक जरूरत का निर्धारण केवल पुरुष ही नहीं, स्त्री भी करती है। किंतु स्त्री के इस विशिष्ट योगदान का इस तरह पहचानरहित होना, परिवार को केवल पुरुषकर्ता द्वारा निर्धारित एकल सामाजिक संबंध के रूप में प्रस्थापित किया जाना स्त्री के लिए अन्याय है। ग्राम्शी जैसे मार्क्सवादियों ने और डोना हार्वे जैसी नारीवादिनों ने पारिवारिक संबंधों के निरंतर संघर्ष पर काफी प्रकाश डाला और इसे जनक्रांति का एक प्रभावी तथा निर्णायक तत्त्व माना। पुरुष का संबंध अपनी पत्नी, बच्चे और परिवार से है। जनसंख्या के परिवर्तन के साथ नई जरूरतें पैदा होती हैं।

ये सिद्धांतकार स्वीकारते हैं कि प्रजनन या पुनरुत्पादन प्रक्रिया में स्त्री को एक विशेष प्रकार के सहयोग की जरूरत पड़ती है। यह सहयोग कहाँ और कैसे होता है इसकी सामाजिकता पर मार्क्स ने ज्यादा चर्चा नहीं की। यह कहना कि भौतिक जगत का उत्पादन ही वास्तव में चेतना का निर्धारण करता है तथा प्रजनन के सामाजिक संबंधों का आकार भी निर्धारित करता है, वास्तव में काफी नहीं है।

'कैपिटल' में मार्क्स ने प्रकृति के सवाल पर उस उग्र व्यक्तिवाद को खारिज किया जो जीवन में किसी भी प्रकार की निर्भयता नहीं चाहता। मार्क्स के अनुसार पितृसत्तात्मक परिवार का विकास बिना किसी संघर्ष के

सहज रूप से हुआ। परिवार, चाहे आधुनिक हो या प्राचीन, श्रम के विभाजन की सहज व्यवस्था पर ही निर्भर करता है। इस तरह मार्क्स पुरुष-वर्चस्व और उसकी सत्ता को बिना किसी आलोचना के स्वीकार लेते हैं। लगता है कि यह उनका युगधर्म था। वे वैश्विकता की अवधारणा से अपने समय के अन्य विचारकों की भाँति आक्रांत हैं तथा इस परेशानी से बचने के लिए एक सहकारी सामाजिकता का प्रतिनिधित्व करना चाहते हैं ताकि मनुष्य और प्रकृति के अलगाव के बदले उनमें एकात्म स्थापित किया जा सके। इतिहास का सबसे महत्त्वपूर्ण मुद्दा प्रकृति और मनुष्य के अलगाव को खारिज करना है। जिस अनुभवगम्य सार्विक को मार्क्स खोजते हैं, उसके दो आयाम हैं: भूख और कामना। पेट की भूख को शांत करने के लिए उत्पादन की जरूरत है किंतु कामना की संतुष्टि फौरी तौर पर की जा सकती है। उनके अनुसार प्रजनन-शक्ति के ह्रास या बंध्याकरण की प्रक्रिया से न तो मानवीय मूल्यों का उत्पादन होगा और न ही इतिहास का निर्माण। इस तरह जन्म को मार्क्स ने एक अधीनस्थ संबंध की तरह रखा। नारीवाद की प्रमुख आपत्ति इसी बिंदु पर है क्योंकि इस धारणा के कारण मार्क्स एक विशेष प्रकार के अलगाव का विश्लेषण करने से चूक गए। उनकी दुनिया में श्रम केवल व्यक्ति और वस्तु के बीच संबंध है। व्यक्ति जो उत्पन्न करता है वह उसका नहीं। नतीजतन वह स्वयं उत्पादनकर्ता होते हुए भी स्वयं द्वारा उत्पादित वस्तुओं पर दूसरे व्यक्ति के स्वामित्व को सहन करता है। प्रजनन भी एक श्रम है। पुरुष अपनी सत्ता के नैरंतर्य के कारण अपनी रक्षा हेतु स्त्री के पुनरुत्पादन संबंधी श्रम का शोषण करता है। संतान पैदा करने का श्रम स्त्री करती है किंतु वंश पुरुष के नाम से चलता है। संतान पिता की परंपरा एवं इतिहास का बोझ ढोने को बाध्य रहती है।

पुरुष के लिए पितृसत्ता दोहरी स्वतंत्रता का द्योतक है। उसे अपने परिवार में पत्नी एवं संतानरूपी मुफ्त श्रमिक की उपलब्धि होती है। यह कहना कि क्या परिवार स्त्री का नहीं है और इसकी संपत्ति और सुविधा पर उसका अधिकार नहीं है, एक मिथक साबित हो चुका है। यह एक ऐसा तिलिस्म है जिससे आज भी अधिकतर स्त्रियाँ बाहर नहीं निकल सकी हैं। पुरुष आज भी अपने बच्चे को स्वीकारने या खारिज करने के लिए स्वतंत्र है। हालाँकि पुरुष जन्म के नैरंतर्य की गारंटी बच्चे के माध्यम से करता है ताकि जन्म की प्रक्रिया से उसका अलगाव दूर हो सके। किंतु उत्पन्न संतान असहाय है और उसके भरण-पोषण की कुछ जिम्मेदारियाँ भी हैं। स्त्री बच्चे को न खारिज कर सकती है और न उससे मुक्ति पा सकती है। इस तरह वह पुरुष के नैरंतर्य को ढोने के लिए अभिशप्त हो जाती है।

प्रजनन की पूर्ण स्वतंत्रता की माँग

मार्क्सवादी क्रांति के दायरे में नारी की पूर्ण स्वतंत्रता को सुनिश्चित करने के लिए आवश्यक हो जाता है कि समाजवादी नारीवाद विशेष रूप से इसी प्रश्न पर विचार करे कि पुरुष के वंश-नैरंतर्य और प्रजातीय नैरंतर्य से बाँध देनेवाली मजबूरी यानी प्रजनन की बाध्यता से स्त्री स्वयं को कैसे मुक्त करे।

स्त्री को गर्भ-निरोध की स्वतंत्रता मिले, माँ बनना या न बनना स्त्री का अपना निर्णय हो अर्थात प्रजनन के अधिकार को मार्क्सवादी विचारधारा के अंश के रूप में स्वीकार किया जाना चाहिए। इस अधिकार की माँग के साथ किसी आदर्श समाज की दृष्टि नहीं जुड़ी हुई है। यह कोई यूटोपिया नहीं है। उदारतावादी नारीवाद ने अनैच्छिक मातृत्व के उत्पीड़न से स्त्री को मुक्ति दिलाने की चेष्टा की थी लेकिन कानूनी, आर्थिक और गर्भनिरोध की दृष्टि में स्त्री के लिए मातृत्व की भूमिका के अलावा संतुष्टि का अन्य कोई भी सृजनात्मक रास्ता नहीं है। परिवार का वह पारंपरिक रूप ही उदारतावादियों को श्रेष्ठ लगा जिसमें केवल पति-पत्नी को ही मॉडल के रूप में रखा जाता है जिसके कारण बहुतेरी समलैंगिक माताएँ अपने बच्चों की देख-रेख के अधिकार से वंचित रहती हैं। पितृसत्तात्मक व्यवस्था स्त्री को संतान उत्पत्ति के संदर्भ में किसी भी प्रकार की स्वतंत्रता नहीं देना चाहती। इसके विपरीत प्रत्येक स्त्री को, चाहे वह किसी भी वर्ग या जाति की क्यों न हों, प्रजनन की संपूर्ण स्वतंत्रता मिलनी चाहिए। प्रजनन की स्वतंत्रता का अर्थ हुआ अच्छे, सस्ते और आरामदायक गर्भनिरोधक साधनों की उपलब्धि, गर्भपात की सुविधा और जबर्दस्ती बन्ध्याकरण के चलन को खत्म करना, अच्छे सार्वजनिक शिशु-पालन केंद्रों की उपलब्धि, परिवार-सुरक्षा, लोककल्याणकारी राज्य, चिकित्सा की सुविधा आदि। इसका अर्थ यह भी हुआ कि स्त्री को यौन-चुनाव करने की स्वतंत्रता मिले ताकि वह माँ बनने की विवशता से मुक्त हो सके। माँ बनने का अर्थ यह नहीं होना चाहिए कि स्त्री को हमेशा पुरुष के साथ रहना पड़े। वह पिता का नाम गोपनीय भी रख सकती है। कुँवारी स्त्री भी माँ बनने की इच्छा रख सकती है।

यहाँ पितृसत्ता के विकल्प में न तो मातृ-प्रथा की चर्चा की जा रही है और न ही आधुनिक टेस्टट्यूब बेबी, ह्यमन क्लोनिंग, आदि का संदर्भ दिया जा रहा है। इन बातों में स्त्री के लिए खतरे का अंदेशा भी है। ये सारी वैज्ञानिक उपलब्धियाँ एवं तकनीक के प्रयोग, स्त्री को स्वतंत्रता देने के बदले उसका अपने अन्य बृहत्तर स्वार्थों के लिए महज एक साधन के रूप में दोहन भी कर सकते हैं। इससे न केवल स्त्री की गरिमा नष्ट होगी बल्कि समस्त

मानव जाति का विनाश भी होगा। तकनीकी समाज की भयावहता से कौन परिचित नहीं है! एक नरक से निकलने के लिए जरूरी नहीं कि विकल्प में हम किसी अन्य बड़े नरक की परिकल्पना शुरू कर दें। पितृसत्ता के भौतिक आधार को समझने तथा स्त्री को वास्तविक मुक्ति दिलाने के लिए हमें स्त्री के वैयक्तिक जीवन को भी समझना होगा। प्रजनन की स्वतंत्रता में गर्भनिरोध तथा गर्भपात के अधिकार भी शामिल हैं। ये ऐसे व्यापक अधिकार हैं जिनसे न केवल स्त्री की सामाजिक परिस्थिति बदलती है बल्कि अब तक चली आई गर्भाधान प्रथा, परिवार की बनावट एवं मातृत्व की बाध्यकारी भूमिका से भी स्त्री की मुक्ति होती है। वर्तमान सामाजिक व्यवस्था में प्रजनन की स्वतंत्रता एक ऐसी क्रांतिकारी माँग है जो बिना किसी विध्वंस के समाज के लैंगिक विभाजन को कमजोर कर सकती है। स्त्री यहाँ एक नियंत्रणकारी शक्ति के रूप में उभरती है। इस माँग के माने जाने के बाद यौन-विभाजन के कारण संतति उत्पादन एवं उसके भरण-पोषण का काम, जो कि एक निरा जैविक काम है, स्त्री के अपने चयन पर निर्भर हो जाएगा। वैसे इस माँग को आलोचना की दृष्टि से भी देखा गया है। पेचेस्की इसकी आलोचना करते हुए कहती हैं: 'यह माँग स्वयं स्त्री के खिलाफ जा सकती है। कारण यह है कि अधिकार की अवधारणा आंतरिक रूप से एक स्थायी अवधारणा है। यह ऐसी अवधारणा है जिसे हम सामाजिक परिस्थिति के निचोड़ से पाना चाहते हैं। हम अपने लिए तो जीने की माँग करते हैं पर किसी दूसरे का खयाल नहीं करते। उत्पादन और पुनरुत्पादन के सामाजिक संबंधों पर आधारित सामाजिक संरचना को चुनौती दी जा रही है, जो स्वतंत्रता के साथ-साथ स्त्री-जीवन में उन जिम्मेदारियों को भी बढ़ाती है जो अब तक पुरुष वर्ग स्वेच्छा से निभाता आया था।'

हम जानते हैं कि स्त्री माँ बन सकती है, पुरुष नहीं। स्त्री की यह एक विशेष क्षमता है। पर इस क्षमता के एवज में प्रजनन का अधिकार स्वयं में कोई उद्देश्य नहीं हो सकता। ऐसा करने का अर्थ हुआ समाज में किन्हीं विशिष्ट गुणों के आधार पर किसी खास प्रजाति, वर्ग को अधिकार देना। यानी समान सुविधा और अधिकार की लोकतांत्रिक अवधारणा के खिलाफ जाना। साथ ही ऐसी विशिष्ट सुविधा क्या स्त्री की जिम्मदारी को बढ़ाएगी नहीं? प्राचीन समाज में यह जिम्मेदारी केवल माँ नहीं, बल्कि समुदाय तथा परिवार की अन्य स्त्रियाँ भी मिलकर सँभालती थीं जबकि आधुनिक पूँजीवादी सभ्यता में स्त्री का अलगाव एवं आणविक परिवार की अवधारणा एक ऐतिहासिक विशेषता है। इस अलगाव के कारण ही स्त्री बच्चों के भरण-पोषण के बोझ से दबकर बौखला उठी है और इसीलिए वह चाहती है

कि संतान का भरण-पोषण माँ और पिता दोनों मिलकर करें। यदि पूरा समाज इस दायित्व को ठीक से निभाता तो बच्चा पूरे समुदाय की जिम्मेदारी होता। तब उसके हित-अहित के लिए सब लोग सोचते। इस प्रकार पुनरुत्पादन के संदर्भ में स्त्री की कोई अलग माँग और अधिकार, तथा प्रजनन की स्वतंत्रता का कोई विशेष अर्थ नहीं रह जाता। पुनरुत्पादन को एक सामाजिक उपलब्धि का क्षेत्र बनाकर अर्थात उसे पूरे समुदाय के क्षेत्र का दर्जा देकर नारीवाद यौन-जीवन और संतान उत्पत्ति की प्रक्रिया को एक अधिक व्यवस्थागत परिवर्तन की ओर ले जाना चाहता है। नारियाँ इसके दूरगामी प्रभाव से परिचित हैं। वे जानती हैं कि माँ बनने की पारंपरिक भूमिका निभाने की बाध्यता से मुक्ति स्त्री को जीवन के अन्य क्षेत्रों में सृजनात्मक रूप से आगे बढ़ने में मदद करेगी। स्त्री केवल मातृत्व की भूमिका में ही संतुष्टि नहीं खोजेगी। डोरोथी विजेस्टाईन का कहना है कि बच्चों के पालन-पोषण की भूमिका और बच्चों का भरण-पोषण बहुधा पुरुष को स्त्री के प्रति हिंसक बनाता है और इस हिंसा को वह इतिहास में दोहराए जानेवाले युद्धों में परिणत करता है। नैन्सी शोडोरो के अनुसार केवल स्त्री को ही भरण-पोषण की जिम्मदारी देने का अर्थ हुआ परिवार में लड़के-लड़की में किए जानेवाले भेदभाव को बढ़ावा देना। परिणामस्वरूप जहाँ लड़का बाह्य दुनिया के साथ संवेदनात्मक लगाव एवं भाईचारे की भावना के साथ बड़ा होता है वहीं लड़कियाँ ज्यादा भावुक और दूसरे की स्वीकृति और अनुमोदन पर निर्भर करती हैं। इससे स्त्री और पुरुष के बीच सामाजिक तथा मनोवैज्ञानिक असमानता बनी रहती है। सोडोरो के अनुसार अचेतन मानस से लड़के-लड़की में भेदभाव की गहरी जड़ों को खत्म करने के लिए नितांत आवश्यक है कि संतान के भरण-पोषण में पुरुष समाज की भी पूरी भागीदारी हो।

पुनरुत्पादन की नारीवादी अवधारणा वास्तव में सामाजिक जीवन में स्त्रियों की भागीदारी को प्रोत्साहित करेगी। स्त्री अब तक या तो पारिवारिक ढाँचे की यथास्थिति से समझौता करती रही है या फिर संतानविहीन या बन्ध्या जीवन जीने को मजबूर हुई है। कोई अन्य विकल्प उसे उपलब्ध नहीं था। मतलब समलैंगिक माँ या कुँवारी माँ की कल्पना भी पितृसत्तात्मक समाज नहीं कर सकता। स्त्री के ये आचरण सामाजिक रूप से, नैतिक रूप से और आर्थिक रूप से अशोभनीय और दंडनीय थे। स्वतंत्रता और मातृत्व की भूमिका के चुनाव का अधिकार बाह्य जगत में स्त्री की और अधिक हिस्सेदारी बढ़ाता है। गृहस्थी में वह अनिच्छित मातृत्व के बोझ तले अपनी अन्य मानवीय कामनाओं को स्थगित करने के लिए बाध्य हो जाती थी।

अतः शिशु की देख-रेख की जिम्मेदारी केवल स्त्री की नहीं, पूरे समाज की होनी चाहिए। ऐसा करने से वैयक्तिक और सार्वजनिक भेद भी कम किया जा सकेगा।

घर से बाहर उचित कार्यों को करने की सुविधा मिलने से न केवल स्त्री को आत्मविश्वास और आर्थिक सुरक्षा मिलेगी बल्कि एक सुरक्षित माँ अपने बच्चों का पालन-पोषण भी अधिक आत्मविश्वास के साथ कर सकेगी। बहुतेरी स्त्रियों ने पारिवारिक संरचना में इस परिवर्तन की माँग की है ताकि स्त्री की स्थिति और मजबूत हो। संतान-उत्पत्ति की स्वतंत्रता में निहित है यौन स्वतंत्रता, जिसका अर्थ हुआ स्त्री को अपने यौन-जीवन में चुनाव का अधिकार मिले। समाजवादी नारीवाद यहाँ कोई उद्दंड माँग नहीं कर रहा है, और न ही यह विचारधारा किसी को स्वेच्छाचारी चिंतन का द्योतक लगनी चाहिए। मार्क्सवादियों को समझना चाहिए कि संतान-उत्पत्ति और कामुकता के बीच न केवल जैविक बल्कि एक सामाजिक संबंध भी है। प्राचीन समाज में भी स्त्री के यौन-जीवन तथा प्रजनन की स्वतंत्रता को नियंत्रित करने के लिए, विभिन्न प्रकार के बंधन लागू थे। मसलन, एकनिष्ठ विवाह और गर्भपात पर नियंत्रण, आदि। स्त्री के मनोवैज्ञानिक पक्ष की चिंता किए बगैर उसे पुरुष के साथ पूरी उम्र रहने को बाध्य किया गया। प्रजनन की स्वतंत्रता में यौन स्वतंत्रता और मातृत्व की भूमिका का चुनाव, दोनों ही अंतर्निहित हैं। यह अलग सवाल है कि यौन-स्वतंत्रता का आदर्श परिमापन कैसे हो? स्वतंत्रता बड़ी जल्दी स्वेच्छाचारिता में परिणत हो जाती है और एक स्वेच्छाचारी यौन-जीवन स्वयं प्रकृति के खिलाफ होता है।

कामुकता और ऐच्छिक मातृत्व का आपसी संबंध है। ये दोनों ही स्त्री के यौन-जीवन के व्यापक फलक को व्यक्त करते हैं। १९वीं शताब्दी में जब पहले-पहल गर्भनिरोध की तकनीक का विकास हुआ तब अधिकतर अमेरिकन स्त्रियों की प्रतिक्रिया थी कि इससे समाज में व्यभिचार बढ़ेगा और व्यभिचार प्रवृत्ति के कारण पुरुषों द्वारा स्त्री वेश्या का जीवन जीने के लिए बाध्य कर दी जाएगी। स्त्री ने हमेशा संतान-प्राप्ति के लिए सहवास की अनुमति दी थी। जैसा कि फ्रायड ने स्त्री यौनिकता के संबंध में बार-बार कहा है कि वह स्वभाव से निष्क्रिय, आत्मपीड़क और आत्मरति की शिकार है। यही कारण है कि स्त्री का वस्तूकरण किया गया। फ्रायड ने भी विपरीतलिंगी सहवास को ही आदर्श रूप में रखा। १९६० के बाद स्त्री-मुक्ति आंदोलन का पहला मुद्दा स्त्री के यौन जीवन के संदर्भ में है। स्वतंत्रता के नाम पर उदार समाजचेताओं ने स्त्री के यौन-जीवन पर विशद चर्चा की। पुरुष से प्राप्त यौन-सुख को मिथक की संज्ञा दी तथा आनंद के इस मिथक

का निरावरण नारीवादियों ने किया। उन्होंने रोमांटिक प्रेम के खिलाफ भी स्पष्ट वक्तव्य रखे। उनके अनुसार यौनिकता की लिंगवादी अवधारणा उचित नहीं है, क्योंकि यह स्त्री की यौनिकता के अन्य रुझानों की संभावना पर प्रकाश नहीं डालती, यह पारंपरिक वर्चस्व को और संगठित करती है। स्त्री ने पहली बार अपने यौन जीवन की जरूरतों को पारिभाषित किया। विशेषकर समलैंगिक रिश्तों के संदर्भ में तो उन्होंने खुलकर वक्तव्य पेश किए। यौन-मुक्ति की इस माँग के कारण समाज में ज्यादा संख्या में लेस्बियन स्त्रियाँ पैदा होने लगीं। यों तो समाज में हमेशा ही ऐसी स्त्रियाँ रहती आई हैं, मगर वे बेहद दमित थीं। स्त्री मुक्ति-आंदोलन ने जब पुरुष-वर्चस्व और अधिनायकत्व के खिलाफ मुहिम छेड़ी तो इसका सबसे गहरा और आवेगपूर्ण पक्ष था स्त्री को विपरीत सहवास की बाध्यता से मुक्त करने का प्रयास। उनके अनुसार नारी समलैंगिकता के चलते स्त्री को पुरुष यौन-आतंक से मुक्ति मिल सकती है। स्त्री के अपने यौन-जीवन में पुरुष की उपस्थिति को खारिज किया जा सकता है। इस बाध्यकारी इतरलिंगी सहवास के उन्मूलन का प्रभाव पुरुष वर्चस्व की व्यवस्था पर जरूर पड़ेगा। इसके कारण परिवार में जन्म के समय से जारी लैंगिक भेदभाव की कुरीति को खत्म किया जा सकता है। इस विचारधारा और आदर्श के चलते लड़की को अपनी माँ से ज्यादा लगाव होना स्वाभाविक है और माँ से लगाव होने से वह अपनी आत्मछवि के प्रति अधिक आश्वस्त होती है। उसकी अपनी लैंगिक पहचान बनती है जिसके कारण बहनापे की भावना का भी विकास होता है। चूँकि बहुतेरी स्त्रियाँ सहवास में आनंद नहीं ले पातीं, इसलिए पुरुष की आक्रामकता से बचने के लिए गर्भधारण करना चाहती हैं। ऐसी स्त्रियाँ भी इस समस्या से मुक्ति पा जाएँगी। इस प्रसंग में लिंडा गॉर्डन का दावा है कि प्रजनन की स्वतंत्रता से प्रजातीय वर्गीय समाज का उन्मूलन संभव होगा। पूँजीवादी समाज में गर्भनिरोध पर रोक का प्रमुख उद्देश्य था कि वह इस वर्गीय सुविधा को बनाए रखे। आज परिवार में हम सत्ता और सुविधा को जिस प्रकार आनेवाली पीढ़ी को सौंपते हैं वहाँ न केवल धन की विरासत सौंपी जाती है वरन् शिक्षा, आत्मविश्वास, राजनैतिक और सामाजिक संबंध भी पीढ़ियों द्वारा हस्तांतरित होते हैं। वर्गीय समाज में बच्चा अपने पिता की हैसियत से हमेशा सम्मोहित रहेगा। वह चाहे पिता के मूल्यों को आत्मसात करे या उसका विरोध, उसके जीवन का संदर्भ हमेशा पिता ही रहेगा। समाजवादी नारीवाद के अनुसार विचार और व्यवहार, वर्ग और सेक्स, समाज और परिवार उत्पादन और पुनरुत्पादन के संदर्भ में स्त्री-पुरुष के भेद का विरोध कभी भी पितृसत्ता के सामाजिक यथार्थ के अनुकूल नहीं बैठेगा।

पुनरुत्पादन को महत्त्व देने का, स्त्री को प्रजनन की स्वतंत्रता देने का अर्थ होगा उत्पादन के पारंपरिक तरीकों में आमूल परिवर्तन।

नए घोषणापत्र की आवश्यकता

पिछले साल 'जनसत्ता' में भाकपा (माले) के नेता विनोद मिश्र के बारे में प्रकाशित हुआ था कि वे मृत्यु से पहले एक नई 'दास कैपिटल' लिखने की आवश्यकता महसूस कर रहे थे। संभवत: उनका परिप्रेक्ष्य अंतर्राष्ट्रीय वित्तीय पूँजी के बदले हुए चरित्र के मुताबिक रहा होगा। इस जरूरत से कौन इंकार कर सकता है पर सवाल यह है कि विनोद मिश्र या उनके जैसे ही मार्क्सवाद को समृद्ध और अधुनातन बनाने के लिए चिंतित नेतागण नारी के दृष्टिकोण से अपनी विचारधारा को दुरुस्त करने का आह्वान क्यों नहीं करते? मार्क्सवादी क्रांतियाँ दुनिया में अपनी प्रासंगिकता खोती जा रही हैं। पूँजीवाद के सामने उनके पिछड़ते चले जाने का एक बहुत बड़ा कारण यह है कि मार्क्सवाद दुनिया की आधी आबादी को मुक्ति का ठोस आश्वासन देने में असफल रहा है। वर्गीय परिप्रेक्ष्य के साथ लैंगिक परिप्रेक्ष्य का सृजनात्मक समायोजन होना बाकी है। इस संबंध में कैथराइन ए. मैकनिनन का निम्नलिखित प्रेक्षण विचारणीय है:

> कोई भी वास्तविक नारीवाद पद्धति के रूप में उत्तर-मार्क्सवादी नहीं हो सकता। लेकिन इसके साथ यह भी सच्चाई है कि हम दैनंदिन जीवन के बारे में लैंगिक विभाजन को समझे बिना चर्चा नहीं कर सकते। वर्चस्व का मर्म समझने के लिए हमें उसके मुख्य रूप, पुरुष-प्रभुत्व, को समझना होगा। ... यौनिकता का नारीवाद के लिए वही महत्त्व है जो श्रम का मार्क्सवाद के लिए है (पूँजीवाद श्रम का मूल्य हड़प लेता है, इसलिए मार्क्सवाद उसकी आलोचना करता है। यौनिकता को स्त्री से छीने जाने के खिलाफ नारीवादी विचारक आवाज उठाता है।) ... वर्ग श्रम की सामाजिक संरचना होती है, उत्पादनकारी प्रक्रिया होती है और पूँजी उसका संकेंद्रित रूप है। नियंत्रण इस पूरे कार्य-व्यापार का केंद्रीय मुद्दा है जिसके लिए संघर्ष होता है ... इसी नियंत्रण की संरचना को बदलने के लिए मार्क्स ने सिद्धांत रचा था। ... नारीवाद में इसी का समानांतर तर्क निहित है। ... यौनिकता समाज को दो भागों में बाँटकर संगठित करती है। एक भाग स्त्रियों का है और एक पुरुषों का—जिस तरह मार्क्स की दृष्टि में वर्ग सारे समाज में व्याप्त हैं और समाज की रचना करते हैं, उसे संगठित करते हैं, अभिव्यक्त करते हैं और निर्देशित करते हैं। मार्क्सवादी सिद्धांत में मूल्य (वैल्यू) का स्थान वही है जो स्थान नारीवादी के लिए कामना का है। ... जिस तरह श्रम समाज की रचना करते हुए भी समाज की रचना है उसी तरह कामना यौनिकता की रचना करते हुए भी यौनिकता द्वारा उद्भूत है और इस तरह समाज की रचना व समाज द्वारा रचित है। यह सार्वभौमिक होते हुए भी इतिहास की सीमाओं में कैद है। जिस तरह कुछ लोगों के लिए कुछ लोगों का श्रम नियोजित व संगठिक अपवंचन वर्ग को

परिभाषित करता है, उसी तरह कुछ लोगों के लिए कुछ लोगों की यौनिकता का संगठित अपवंचन औरतों की लैंगिक श्रेणी को परिभाषित करता है। इतरतलिंगी सहवास या इतरलिंगी यौनिकता (हेट्रोसेक्सुअलिटी) औरतों की श्रेणी का संरचनागत अस्तित्व बनाती है, यौन-विभाजन उसकी सामाजिक प्रक्रिया का नाम है, परिवर्तन उसका जमा हुआ संकेंद्रित रूप है, यौन-भूमिका इसका गुण है जो दो सामाजिक व्यक्तित्वों में सामान्यीकृत हो जाती है और अंत में प्रजनन या पुनरुत्पादन उसके परिणाम के रूप में सामने आता है। सिद्धांतशास्त्री अक्सर भूल जाते हैं कि प्रजनन करने से पहले उन्हें स्त्री के साथ संभोग करना ही पड़ता है। इसलिए पूँजी और श्रम के बीच में जिस तरह नियंत्रण केंद्रीय मुद्दा बन जाता है, उसी तरह स्त्री और पुरुष के बीच नियंत्रण केंद्रीय प्रश्न बन जाता है'।

कैथराइन मैककिनन का यह बेहतरीन वक्तव्य मार्क्सवाद और नारीवादी क्रांति-चेतना के सकारात्मक वैचारिक संश्लेषण का एक प्रारंभिक प्रयास-भर है। मार्क्स की मृत्यु के सौ वर्ष होने पर अमेरिका में हुए सेमिनार में उन्होंने यह सूत्रीकरण किया था। कहना न होगा कि इसमें अभी व्यापक सुधार की आवश्यकता है लेकिन यह एक प्रस्थान-बिंदु अवश्य प्रस्तुत करता है। यह सूत्रीकरण एक संभावनावान शुरुआत का वाहक है। हमें एक नई 'दास कैपिटल' भी लिखनी चाहिए और एक नया 'कम्युनिस्ट घोषणापत्र' भी लिखना चाहिए जो न केवल पूँजीवाद के बदले हुए चेहरे का एक बार फिर जायजा लेगा बल्कि वर्ग-समाज में यौन-विभाजन की उस उलझन को भी सुलझाएगा जिसे मार्क्स ने नजरअंदाज कर दिया था।

१०

भाषा और विमर्श का संजाल

साठ और सत्तर के दशक के दौरान बौद्धिक क्षितिज पर उत्तर-संरचनावाद प्रकट हुआ। यह अजीबो-गरीब ढंग से नीत्शे और लेकाँ की मनोवैज्ञानिक अवधारणाओं को अपने में समाहित किए हुए था। रोलाँ बार्थ ने 'माइथोलॉजिस' में अगले दो साल तक कुछ और निबंध प्रकाशित किए और लुई अल्थूसर ने बीज-रूप से मार्क्सवादी राजनीति के सामाजिक आंदोलन संबंधी प्रसंग में यह भी बतलाने की चेष्टा की कि किस प्रकार मार्क्सवाद का सूरज डूबता जा रहा है। इस युग में पूर्वधारणाएँ टूट रही थीं। देश स्वाधीन हो रहे थे और मानव-अधिकार की चर्चा हर जगह थी। परिणामस्वरूप हमारे बीच ऐसी क्रांति घटित हुई जिसके जरिए जनता ने नाचते-गाते, हँसते-खेलते संस्कृति की पुर्नव्याख्या कर डाली। इस मखमली क्रांति का श्रेय चेकोस्लोवाकिया के वात्स्लाव हावेल तथा दक्षिण अफ्रीका के नेल्सन मंडेला जैसे नेताओं को था। ये लोग मार्क्सवादी नहीं थे लेकिन फिर भी उन्होंने अपनी थकी हुई निष्प्राण कौम की राजनीतिक संस्कृति को पुनर्परिभाषित किया। कारण यह था कि इन देशों के कम्यूनिस्ट नेता जनता को प्रेरित करने में अपने को असमर्थ पा रहे थे, उनकी मार्क्सवादी शब्दावली घिस-पिट गई थी। उत्तर-संरचनावाद को समझने के लिए पहले लेवी स्त्रास के संरचनावाद को समझना होगा जिसे उन्होंने अस्तित्ववादी विचार-व्यवस्था के विपर्यय रूप में प्रस्तुत किया था।

अस्तित्ववादी दर्शन को प्रतिक्रिया का दर्शन कहा गया क्योंकि वह तत्त्वमीमांसा के बेतहाशा बौद्धिकीकरण का विरोध करता है। इस मत के अनुसार केवल तर्क को अत्यधिक प्रश्रय देने के कारण हम अमूर्तीकरण के शिकार हो जाते हैं और अस्तित्व की गरिमा की उपेक्षा करने लगते हैं, जबकि मानव-अस्तित्व मूलत: अनिश्चितता और विभिन्न संभावनाओं के प्रसंग में अर्थबोधक बनता है और अनुभूतियों के माध्यम से अपनी आंतरिकता को प्रकट करता है। अस्तित्व का अर्थ हुआ सतत प्रकट होते रहना, निरंतर आविर्भावित होते रहना और अनुभूति के साथ उभरते रहना। इस अर्थ में केवल आदमी ही अस्तित्वान होता है और केवल आदमी को ही

सतत अनुभूति होती रहती है कि वह अपने-आप से बाहर आ रहा है और अपनी परिस्थितियों का अतिक्रमण कर रहा है। अत: इस विचार के केंद्र में व्यक्ति स्वयं है। अस्तित्व की प्रथम अनुभूति के साथ ही व्यक्ति को यह प्रतीत होता है कि वह स्वयं में एक परिस्थिति है और इस परिस्थिति के दो मूलक अवयव हैं—एक, वस्तु तथा दूसरा, अन्य की उपस्थिति। इस प्रकार व्यक्ति को यह बोध होता है कि उसकी अपनी वैयक्तिकता के विकास की तरह वस्तुओं और अन्य का विकास भी उसकी अनुभूति से प्रभावित है। अत: मानवीय अस्तित्व के तीन आयाम स्पष्ट होते हैं : वस्तु, वह स्वयं तथा अन्य। वस्तु एवं अन्य की सार्थकता भी व्यक्ति की सार्थकता एवं औचित्य के साथ जुड़ी होती है, क्योंकि तत्संबंधी ज्ञान का संदर्भ व्यक्ति स्वयं होता है। ऐसा ज्ञान व्यक्ति को आत्मकेंद्रित बनाता है। व्यक्ति अपने संदर्भ में ही सब कुछ तोलता है और सही पर दृष्टिपात करता है। इसीलिए लेवी स्त्रास का सर्वप्रमुख उद्देश्य ज्ञान, वस्तु और व्यक्ति की वस्तुनिष्ठता को स्थापित करना था। उन्होंने उस आकारवाद या रूपवाद का विरोध किया जो विज्ञान या समाजविज्ञान को अमूर्तन में परिणत कर रहा था। स्त्रास ने उन परिस्थितियों का विवेचन किया जहाँ यथार्थ अपनी संरचना में ज्ञातव्य रूप से स्वतंत्र था। जाहिर है कि संरचनावाद का पहला उद्देश्य अस्तित्ववादियों की आत्मपरकता के विकल्प में संरचना की वस्तुनिष्ठता को स्थापित करना था, किंतु ऐसा उन्होंने आधुनिकता की सीमा के भीतर ही करना चाहा।

संरचना का ज्ञान

चिन्हों, प्रतीकों तथा कर्मकांडों के माध्यम से मनुष्य अपने जगत का वर्णन करता है। लेकिन इस वर्णन में न केवल आदमी की मध्यस्थता जरूरी है बल्कि संरचनाओं के स्वतंत्र अस्तित्व का भी योगदान है। दुरखाइम के अनुसार ये संरचनाएँ अपने से अलग किसी अर्थ को निर्देशित नहीं करतीं बल्कि अपने में ही अर्थ हैं। १९४९ में लेवी स्त्रास ने दुरखाइम के विचारों का और अधिक स्पष्टीकरण किया। उन्होंने अपने व्यक्तिगत अनुभवों से सार्विक संदर्भ की चर्चा एक तत्त्वशास्त्री की भाँति की और पाँच साल की ब्राजील यात्रा के दौरान अपने वैचारिक अनुभवों को डायरी में लिखा जो 'सैड ट्रापिक्स' के नाम से प्रकाशित हुई। स्त्रास की इस रचना में शायद पिछली शताब्दी के सबसे महत्त्वपूर्ण सामाजिक और वैज्ञानिक संस्मरण संकलित हैं। इसमें मानव-सभ्यता की विलुप्त हुई संरचनाओं की चर्चा है। इन विलुप्त होती हुई आदिम सभ्यताओं को देखकर स्त्रास को स्वयं अपनी यूरोपीय सभ्यता के सार्विक और चिरंतन होने पर संशय होता है। वे खुद से

पूछते हैं कि, 'सभ्यता की इन संरचनाओं के नैरंतर्य और चिरंनता पर मेरा विश्वास रहा है, क्या वह सही है? संस्कृति को मैं व्यक्ति से कैसे स्वतंत्र मान सकता हूँ? आधुनिक संस्कृति का यह लंबा इतिहास यूनानी सभ्यता के पतन में स्थापित है और दक्षिण अमेरिका में नई दुनिया के रूप में संरचित किया जा रहा है। लेकिन यह नई दुनिया एक अन्य विलुप्त होते हुए प्राचीन समाज के चिन्हों पर खड़ी है। सभ्यता की संरचना के इस केंद्र में वह मनुष्य है जो स्वयं को आधुनिक संस्कृति एवं राजनीति का जनक मानता है।' युद्ध की विभीषिका से वे परिचित थे और इसीलिए वे लिखते हैं कि चूँकि हजारों साल से आदमी खुद को दोहराता रहा है इसलिए हमें इस दोहराव से परे आदमी की अपरिभाषित शुरुआत पर चिंतन करना होगा। हमारे लिए आदमी होने का चिन्ह है कि हममें से प्रत्येक किसी-न-किसी सभ्यता, देश, समाज और जाति का सदस्य है, और हम जिस नई दुनिया को खोजने निकले हैं वह हमारी दुनिया नहीं है। इसे हमने नहीं बनाया, लेकिन हम उसके संहार के उत्तरदायी हैं। स्त्रास को आधुनिक यूरोपीय सभ्यता की नीयत पर शक हो चला था। वे पूछते हैं कि आखिर अतीत के संहार पर किसलिए यह श्वेत जाति अपनी सभ्यता को स्थापित करने की चेष्टा कर रही है? परंतु उस औपनिवेशिक युग में सत्ता के दबाव के तहत लेवी स्त्रास अपने चिंतन में ज्यादा दूर नहीं जा पाए। लेकिन उन्होंने इतना अवश्य स्थापित कर दिया कि जिस सामाजिक संवर्ग के रूप में अब तक आदमी की कहानी कही गई, संस्कृति के जिस शाश्वत रूप और नैरंतर्य की चर्चा की गई और जिन सार्वभौमिक मूल्यों को प्रस्थापित किया गया उसके मूल में वह यूरोपीय पुरुष रहा है जो विश्व-राजनीति में अपना सर्वश्रेष्ठ स्थान रखता है। साठ के दशक से पहले यह श्वेत पुरुष इतना महत्त्वपूर्ण था कि उससे भिन्न किसी मनुष्य को न तो मनुष्य के रूप में और न ही उसके द्वारा निर्मित सभ्यता के रूप में स्वीकारा गया। इस श्वेत पुरुष की पहचान, उसकी अपनी भेदभाव की नीति अन्य के वस्तूकरण पर टिकी हुई है। इस श्वेत मनुष्य के विरोध में स्त्री, अश्वेत और उपनिवेशीकृत लोगों द्वारा किए गए राजनीतिक आंदोलनों से यह स्थापित होता है कि राजनीतिक विमर्श में अब श्वेत जातियों का महत्त्व खत्म हो गया है, उनके द्वारा परिभाषित शब्दों की आत्मपरक शक्ति क्षीण होने लगी है।

१९४५ के अपने एक निबंध में स्वयं लेवी स्त्रास कहते हैं कि भाषाविद और नृतत्त्वशास्त्रियों के बीच एक आंतरिक प्रणालीगत समानता है, इसलिए संरचनात्मक भाषायी आख्यान समाजविज्ञान के प्रसंग में वही भूमिका निभाएँगे जो अब तक भौतिकशास्त्र ने निभाई है। नृतत्त्वशास्त्री किसी भी दी

हुई व्यवस्था में सादृश्यमूलक प्रणाली के अंतर्गत सजातीय शब्दों को उनके अवयवों में तोड़ सकते हैं। लेवी स्त्राव ने प्रकृति और संस्कृति के मौलिक वर्गीकरण के कारण जैविक अस्तित्व और सामाजिक अस्तित्व का जो भेद किया उसे देरिदा ने नकार दिया। उनके अनुसार प्रकृति और संस्कृति की भिन्नता का अपना अस्तित्व है यानी यह भिन्नता एक साथ प्राकृतिक और सांस्कृतिक दोनों है। जाक देरिदा ने लेवी स्त्रास के संरचनावाद को समान रूप से विधिसंगत और विधिहीन माना। उनकी विभाजक रेखा मिटती नहीं, धूमिल होने लगती है। और हम संरचना में ही संरचना का विरोध पाते हैं। देरिदा दिखाते हैं कि एक बार जब विमर्श के चिन्ह समाजविज्ञान के भीतर प्रवेश करते हैं तो महान संरचनावादी विचारक भी इनके अंतर्पाठीय खेल की माँग को रोक नहीं पाते।

१९६६ में देरिदा ने जान हॉपकिन विश्वविद्यालय के प्रथम अंतर्राष्ट्रीय सम्मेलन में संरचनावाद पर व्याख्यान देते हुए कहा कि हमें संरचनावाद में अंतर्निहित द्वैत और धोखाधड़ी को पहचानना होगा। उन्होंने कहा : 'शायद संरचना के इतिहास में कुछ घटा है जिसे हम घटना का नाम देंगे। यह घटना की संरचना है जो अपने बाह्य आकार में विच्छिन्नता या भेदन की ओर इंगित करती है। यहाँ शब्द ठोस एवं अपारदर्शी होते हुए भी उस परिणाम या घटना का उल्लेख करते हैं जिससे अन्य सभी घटनाओं और परिणामों का अंत हो जाएगा।'

शुरू में उत्तर-संरचनावादी विचारधारा महज शब्दों का खेल लगती है। लेकिन भाषा के क्षेत्र में इन विचारों को गंभीरता से लागू करने पर भाषा और विचार के खेल से मुक्त भी हुआ जा सकता है। देरिदा पश्चिमी चिंतन द्वारा करवट बदलने की घोषणा करते हैं और अपने इस मकसद के लिए उन्हें संरचना से पहले आदमी के अस्तित्व की जरूरत भी समझ में आती है। देरिदा के अनुसार संरचनावाद में ही उत्तर-संरचनावाद निहित है। उत्तर-संरचनावादियों के लिए 'उत्तर' शब्द एक निपुण मुहावरा है। देरिदा के अनुसार केवल संरचना की चर्चा ने आधुनिकतावादियों के विचारों को सीमित किया है। संरचनावादी अवधारणा वैयक्तिकता के विकल्प में वस्तुपरकता का झूठा विकल्प प्रस्तुत करती है।

लेकिन उत्तर-संरचनावादियों को इस प्रकार उत्साहित करते हुए संरचनावादी खुद अपनी ही कब्र खोद लेते हैं। कारण, ये दोनों अजीबो-गरीब दृष्टिकोण मिलकर आधुनिक चिंतन की रचनात्मक आस्था पर ही आक्रमण करने लगते हैं। सवाल उठता है कि यह 'रचनात्मक आस्था' क्या थी? व्यक्ति-वस्तु के द्वित्व में पहले-पहल ऐसा लगता है मानो संरचनावादियों

ने वस्तुनिष्ठता को पा लिया हो। पर यह वस्तुनिष्ठता हाथ नहीं लगती और सत्तर के दशक में फूको, लेकाँ, जूलिया क्रिस्टेवा और रोलाँ बार्थ इस द्विभाजन के खिलाफ यानी व्यक्ति-वस्तु के द्वित्व के विकल्प में उत्तर-संरचनावादी विचारों को प्रस्तुत करते हैं। इसी के साथ संरचनावाद के प्रतिवाद में परवर्ती काल में उत्तर-संरचनावादी भी जुड़ता है। जिस प्रकार देरिदा उत्तर-संरचनावाद की घोषणा करते हैं, उसी प्रकार १९७२ में १५ जुलाई को चार्ल्स जिक्स वास्तुशिल्प की मृत्यु की घोषणा करते हैं। उनके अनुसार वास्तुशिल्प को किसी स्थायी नियम पर आधारित नहीं किया जा सकता। सेंट लुई की विशाल केंद्रीय भवन निर्माण योजना को रद्द करना वास्तुशिल्प के इतिहास का एक उल्लेखनीय क्षण था। पूरी योजना ही अव्यावहारिक एवं मनुष्य की गरिमा के विरुद्ध थी। आधुनिक वास्तुशिल्प की यह पहली हार थी जब उसमें अंतर्निहित विरोधाभास उभर आए थे। जिन लोगों के लिए यह विशाल भवन निर्माण योजना शुरू की गई थी, जिन मध्यमवर्गीय लोगों के लिए मकान बनाए जा रहे थे, उनके आवास की समस्या घटने के बजाय बढ़ने लगी थी। तर्क पर आधारित नियम ही अंतिम नियम नहीं हुआ करते। मानवीय अंतर्दृष्टि और भावना की उपेक्षा नहीं की जा सकती। इसका प्रभाव आधुनिकता की अवधारणा पर भी पड़ा। (अपने टीकाकारों के संदर्भ में मिशेल फूको ने कहा कि मैं इनकी परेशानी समझता हूँ। किसी के लिए भी यह स्वीकारना कठिन है कि बचपन में सुनी गई नानी-दादी की कहानियाँ, पूर्वजों द्वारा प्रतिपादित मिथक, व्यक्ति का सामाजिक आचरण, अभिव्यक्ति की भाषा, अर्थव्यवस्था और उसका इतिहास भी जिन नियमों पर आधारित है उनके बारे में खुद व्यक्ति को ही कुछ पता नहीं होता। आदमी तो बस उन नियमों को मान लेता है)। स्वाभाविक है कि इन बातों से टीकाकारों के वैचारिक अभ्यास को बड़ा धक्का लगता है।

इन्हीं दिनों दो महत्त्वपूर्ण प्रकाशन हुए—फ्रांसुआ ल्योतार का 'द पोस्ट माडर्न कंडीशन' और रिचर्ड रोर्टी का 'द फिलासफी आफ नेचर'। देरिदा की भाँति ल्योतार भी कहते हैं कि हमारे रोजमर्रा के कामचलाऊ अनुभवों से व्यक्त होता है कि संस्कृति और समाज जैसे ही उत्तर-औद्योगिक युग में प्रवेश करता है व्यक्ति की हैसियत में परिवर्तन आने लगता है। ज्ञान का कोई भी स्थायी आधार संभव नहीं है। रोर्टी की भाँति ल्योतार भी कहते हैं कि ज्ञान की परिस्थिति मौलिक रूप में बदल गई है क्योंकि इस उत्तर-आधुनिक युग में ज्ञान, विशेषकर वैज्ञानिक ज्ञान पिछले बीस साल से निर्मित हो रहे विमर्श के रूप में है। देरिदा के अनुसार उत्तर-संरचनावादी परिभाषा भी संरचनावाद के अंतर्गत ही निर्मित होती है—'यह वह क्षण है जो भाषा की

सार्वभौमिकता पर आक्रमण करता है, जब मौलिक स्रोत या स्थायी केंद्र के अभाव में सब कुछ केवल विमर्श हो जाता है।' हालाँकि विभिन्न विचारधाराओं से संवर्धित उत्तर-आधुनिकतावाद का भी प्रारंभिक उद्देश्य संरचनावाद से खुद को भिन्न स्थापित करना था। लेकिन इनमें काफी समानता है और इस कारण ये एक-दूसरे के पर्याय भी लगते हैं।

ये तीनों विचारधाराएँ—संरचनावाद, उत्तर-संरचनावाद तथा उत्तर-आधुनिकतावाद, भाषा की समस्या पर ध्यान केंद्रित करती हैं। इनके अनुसार जानने / समझने / और जीवन के अन्य कार्य-व्यापारों में भाषा एक महत्त्वपूर्ण मुद्दा है। विचार का केंद्रीय उद्देश्य है उन आधुनिक सिद्धांतों के महत्त्व को परिवर्तित करना जिन पर विज्ञान एवं समाजविज्ञान स्थापित है। सिद्धांतों के केंद्रीय महत्त्व का विस्थापन विखंडन की प्रक्रिया से होता है और विखंडन के लिए भाषा के महत्त्व को स्वीकारना जरूरी है। भाषा के महत्त्व को हेबरमास भी स्वीकारते हैं किंतु हेबरमास का चिंतन इन दार्शनिकों से भिन्न है। विखंडन के बदले हेबरमास 'सहमति' पर जोर देते हैं। जैसे-जैसे यह आंदोलन बढ़ता गया, इन दार्शनिकों की भाषा दुरूह होती गई। साधारण पाठक के पल्ले कुछ नहीं पड़ रहा था। क्या ऐसा जान-बूझकर किया जा रहा था? आखिर भाषा की अस्पष्टता को बनाए रखने के पीछे उनकी मंशा क्या थी? देरिदा जब कहते हैं कि संरचना की अवधारणा के इतिहास में शायद कुछ घट गया था, तो पाठक 'शायद' शब्द के जरिए एक रणनीति से अवगत होता है। वह अर्थ के करीब पहुँचते-पहुँचते ठिठक जाता है। इस शब्द के सान्निध्य से एक जगह बनती है। देरिदा चाहते हैं कि उनके और पाठकों के बीच की गुंजाइश में घटनेवाली घटना स्वयं को उल्लिखित करे, लेकिन पाठक को ऐसी किसी स्पष्टता का बोध नहीं होता।

देरिदा कहते हैं कि यह घटना भाषा का वह क्षण है जहाँ सार्वभौमिकता पर संदेह किया जाना चाहिए। यही क्षण है :

- जब सब कुछ विमर्श हो जाता है।
- वह व्यवस्था जिसमें भिन्नता की व्यवस्था से बाहर संकेतित केंद्र की संरचना संपूर्ण रूप से भी उपस्थित नहीं है। यहाँ देरिदा महत्त्वपूर्ण शर्तों को लागू करते हैं जिनके आधार पर दार्शनिक निर्णय दिए जाते हैं। क्या हैं यह निर्णय? किसी एकल उत्स या स्थायी केंद्र का अभाव, किंतु यह निर्भर करता है कि:

- हम विमर्श शब्द से सहमत हों, और
- इसे एक मौलिक संकेतक समझें।

ये सारी शर्तें पाठक को विरोधाभासी लगती हैं। दर्शन का यह दावा

यानी केंद्र का अभाव अपने-आप में तर्कसंगत नहीं लगता क्योंकि इसका संदर्भ उस अनुमान से जुड़ा है जिसके अनुसार उत्तर-संरचनावाद से पूर्व सभी पारंपरिक विचार, जिसमें आधुनिकतावाद भी शामिल है, अनुभवातीत किंतु सीमित सिद्धांतों पर निर्भर हैं। हालाँकि व्याख्या के अनुसार १९६६ में इसे आधुनिक विचार की अनिवार्य प्रकृति के रूप में प्रस्तुत करना संभव नहीं था। दूसरी शर्त थी कि सब कुछ एक विमर्श है यानी संपूर्ण रूप से जो अपरिचित है उसे व्यक्त करने के लिए परिचित भाषा का उपयोग करना पड़ता है तथा हमारा यह निर्णय तार्किक या अनुभवाश्रित छानबीन की अपेक्षा नहीं रखता। हम कुछ भी करें, भाषा का प्रयोग जरूरी है। यह अलग बात है कि हम एक भिन्न उत्तर-आधुनिक भाषा में प्रवेश करते हैं और इसी कारण हमें सब कुछ भाषा का खेल लगने लगता है क्योंकि भाषा के माध्यम से जो तर्क स्थापित किया जाता है, उसका अस्तित्व है भी और नहीं भी। यानी स्थापना का विकल्प भी उतना ही सत्य और वस्तुनिष्ठ है। अतः संरचना में भिन्न-भिन्न अवयव गुँथे हुए हैं और संरचना की परिधि से बाहर जो संरचना नहीं है वह भी संरचना में गुँथी हुई है। संरचनावाद का नैरंतर्य ही उत्तर-संरचनावाद है। तर्क में ही आग्रह और दबाव निहित हैं। देरिदा से पूछा जाना चाहिए कि आपके कथन का उद्देश्य क्या है? शायद इसके जवाब में वे अपने पाठ के अंत में कहेंगे : 'मैं बड़ी गंभीरता से खेल रहा हूँ।' क्या खेल खेल रहे हैं? कैसे खेल रहे हैं? और किसलिए? स्पष्ट करने की चेष्टा में हम उस दार्शनिक पूर्वानुमान को स्वीकारने को बाध्य होते हैं, जिसके अनुसार यथार्थ और उसकी अर्थवत्ता को चेतना में उपस्थित किया जा सकता है। रोर्टी के अनुसार स्पष्ट करने का अर्थ हुआ प्रतिबिम्बन करना। इन सारे प्रयासों में हम भाषा के अगल-बगल बने रहते हैं। हमें भाषा की जरूरत पड़ती है और भाषा के अपने नियम और शर्तें हैं जिन्हें हमें स्वीकारना पड़ता है।

उत्तर-संरचनावादी और उत्तर-आधुनिकतावादी कमोबेश सार्थक संवाद की संभावनाओं को ही रद्द करते हैं। उनके अनुसार तत्त्वमीमांसीय स्तर पर भाषा और वस्तु का अलगाव गलत है। कारण यह है कि एक बार जब हम भाषा को सामाजिक रूप में, ज्ञातव्य रूप में केंद्र में रखते हैं तो वह केंद्र को ही विस्थापित करती है। ज्ञातव्य के साथ-साथ जो ज्ञातव्य नहीं है वह भी गुँथा हुआ और अव्यस्थित है। केंद्र तभी केंद्र है जब तक कि परिधि है। इस केंद्र की भाषा अपने परे देखती है। अतः देरिदा लिखते हैं कि वह जो अभी-अभी जनम रहा है और जिसे हम नाम नहीं दे पा रहे हैं वह भाषा का आकारहीन खामोश क्षण है। और यही क्षण भाषा की विरूपता में बदल जाएगा। यानी उत्तर-आधुनिकतावाद या उत्तर-संरचनावाद को प्रश्रय देते ही

हमें भाषा की तोड़-फोड़ और उसकी विरूपता का सामना करना पड़ेगा। जगत को आंतरिक रूप से सुसंगत देखने के लिए भाषा को गंभीरता से लिया जाएगा, किंतु इसी गंभीरता के चलते केंद्र विस्थापित होगा। जितने भी महान सिद्धांत हैं वे ईश्वर, प्रकृति, सत्य, सुंदर, आत्मनिष्ठता, मनुष्य आदि को सुसंगत और तर्क-युक्त रूप में प्रस्तुत करना चाहते हैं, किंतु वे मानव जीवन की भिन्नता के प्रति उदासीन हैं। अपने से भिन्न की उपेक्षा करते हैं, जबकि भिन्नता एक मौलिक सच है। आधुनिकतावादियों ने अपने केंद्रीकृत, श्रेणीकृत और यूरोपीय जगतीय व्यवस्था के चलते स्त्री, अश्वेत और तीसरी दुनिया के भिन्न-भिन्न अनुभवों को परिधिकृत किया। तार्किकता और सुसंगति के नाम पर भिन्नता को मिलाया। लेवी स्त्रास भिन्नता के भीतर संरचना की एकता स्थापित करना चाहते थे। क्या समाजशास्त्र के लिए यह संभव हुआ है? इसी केंद्रवाद के खिलाफ उत्तर-संरचनावाद विस्थापन की अपनी प्रसिद्ध अवधारणा पर आधारित बौद्धिक राजनीति को प्रस्तुत करता है। केंद्र का विस्थापन कोई दर्शन नहीं, बल्कि एक दार्शनिक अभ्यास है। इस प्रकार का विस्थापन देरिदा और फूको के उन विचारों को स्थापित करता है, जिन्हें चेतना के आत्मनिष्ठ दर्शन के विकल्प में प्रस्तुत किया गया था।

इस प्रकार उत्तर-आधुनिकतावाद अपनी उत्पत्ति का ऐलान आधुनिकतावाद की योजना से विच्छिन्न होकर करता है। ज्ञानोदय और पुनर्जागरण की परियोजना का संदर्भ है बुद्धिवाद, तकनीकवाद, उत्पादन एवं ज्ञान का मानकीकरण, सार्वभौमिक निरपेक्ष सत्य की अवधारणा और रैखिक प्रगति की विचारधारा। हालाँकि पुनर्जागरण काल के विचारकों द्वारा प्रतिपादित इतिहास और प्रगति के आधुनिक सिद्धांतों, विज्ञान और तकनीक पर आधारित ज्ञान और सत्य की अवधारणा पर उन्हें अत्यधिक विश्वास था। लेकिन उत्तर-आधुनिकतावाद ने इसके विरोध में कुछ ऐसे विस्फोटक बयान जारी किए जो हमारे पारंपरिक आदर्शवाद और आशावाद में छुपी हुई सामाजिक परिवर्तन और मानवीय परिस्थिति की जटिलता या द्वंद्वात्मकता को चुनौती देते हैं। वैसे उत्तर-आधुनिकतावादी भी कोई नई बात नहीं कह रहे थे। इससे पहले मार्क्स ने भी पुनर्जागरण की सैद्धांतिक सीमा निर्धारित की थी। उन्होंने कहा था कि इन सिद्धांतों का स्रोत पूँजीवादी व्यवस्था में अंतर्निहित है जो अपने होने और जीने के लिए दूसरे को मिटाता रहता है और विरोधाभास के सिद्धांतों को सक्रिय रखता है। अतः आधुनिकता के भीतर ही एक सशक्त आलोचनात्मक परंपरा का आविर्भाव हो चुका था और ऐसे कई सवाल उठाए गए थे जो आधुनिकतावादियों की तार्किक भूलों की ओर इंगित कर रहे थे। कुल मिलाकर आधुनिकतावाद में ही एक विधेयक

बुद्धिवादी संशयवाद की परंपरा शुरू हो चुकी थी जो हमारे आसपास की वस्तुओं के बारे में हमारे ज्ञान को संवर्द्धित करते हुए हमारे चुनाव को प्रभावित करना चाहती थी। अतः आधुनिकता में जो संशयवादी परंपरा थी वह आगे चलकर इतिहास में उत्तर-आधुनिकता के नाम से विख्यात हुई। इस नए मोड़ पर संशयवाद का ही बोलबाला रहा किंतु मार्क्सवाद ने आदमी के विचार और क्रिया के आधार पर खोजबीन की और आदमी के जीवन में उद्देश्य एवं दृष्टिकोण खोजना चाहा, वहीं उत्तर-आधुनिकतावाद ने शोर तो बहुत मचाया, मगर कुछ महत्त्वपूर्ण साबित नहीं किया।

उत्तर-संरचनावाद की भाँति उत्तर-आधुनिकतावाद भी सामाजिक यथार्थ को अनिवार्यतः टुकड़ों में टूटा हुआ, अनिर्धारित और विशेषों का क्षेत्र कहता है। यथार्थ के प्रसंग में कोई कार्य-कारण का सिद्धांत लागू नहीं होता बल्कि वहाँ तो जीवन के बेतुकेपन, विशृंखलता, अनित्यता और भास्वरता के खेल में हम रुचि लेते हैं। सामाजिक होने का अर्थ अनुभवाश्रित विशेषताओं द्वारा निर्मित संरचनात्मक समग्रता नहीं है। संरचना या संरचनात्मक संबंधों का विचार मात्र एक नारा है। इससे हमें किसी सामाजिक पूर्णता या संरचना-प्रक्रिया का ज्ञान नहीं होता और न ही किए गए कार्यों में अंतनिर्हित कोई उद्देश्य सामने आता है। एक-दूसरे से कटी-कटी और लचीली सामाजिक बहुलता और भिन्नताओं को युक्तिसंगत संरचना द्वारा पुनर्व्यवस्थित करना पड़ता है। पूँजीवाद ने जिस संरचित और समग्रीकृत व्यवस्था को निर्मित किया और जिसके नियमों को स्वयं चालित किया वह अन्य बहुतेरी व्यवस्थाओं में एक व्यवस्था-मात्र है। हम न तो इस व्यवस्था को विशिष्ट मानेंगे और न ही इसे कोई ऐतिहासिक केंद्रीयता प्रदान करेंगे। पूँजीवाद का कोई कार्य-कारण विश्लेषण संभव नहीं है। एकल संरचना के बदले यहाँ टुकड़े हैं और स्थायी कारण के बदले आकस्मिकताएँ हैं। हम यहाँ एक मिश्रित अंधदृष्टि पाते हैं जो केवल बहुलता और विशिष्टताओं का संवर्द्धन करती है। इस संवर्द्धन के पीछे उद्देश्य नहीं है, तर्क नहीं है, कोई बड़ी दृष्टि नहीं है और इसलिए इन पर प्रस्तुत विमर्श सिर्फ एक भाषायी खेल है। कार्य-कारणता यानी कार्यगत विश्लेषण को इन लोगों ने खारिज कर दिया है। समाजविज्ञान की संभावना को ठुकरा दिया गया है। दलील यह दी गई है कि जिस सामाजिक यथार्थ का हम विश्लेषण करना चाहते हैं वह कोई समग्रीकृत या एकीकृत यथार्थ नहीं बल्कि टुकड़ों में बँटा हुआ अनिर्धारित और विछिन्न यथार्थ है। ज्ञान की ऐतिहासिकता तो है किंतु इतिहास-बोध यानी ऐतिहासिक ज्ञान जैसा कुछ नहीं है। यानी वस्तुनिष्ठ सत्य हो ही नहीं सकता। अतः सामाजिक और ऐतिहासिक स्थिति की किसी व्यवस्थात्मक

व्याख्या का प्रयास करना गलत है।

उत्तर-आधुनिकतावादियों के इस नए वैचारिक मोड़ का सबसे महत्त्वपूर्ण पक्ष है प्रत्येक वैचारिक समीकरण एवं एकत्वीकरण को पुरजोर शब्दों में नकारना। ये किसी भी महावृत्तांत को नहीं स्वीकारते। चाहे मार्क्सवाद हो या नारीवाद, इनकी मुक्तिकारी सार्वभौमिक भूमिका पर उत्तर-आधुनिकतावादी सवाल उठाते हैं। मानव-मुक्ति के किसी ऐसे सपने को, किसी ऐसे विचार को वे नहीं स्वीकारना चाहते जो उद्धारक की भूमिका में खुद को स्थापित करने का दावा करे। उनका तर्क है कि सामाजिक परिवर्तन के सारे आंदोलन, समानता और स्वतंत्रता के लिए किए जानेवाले तमाम संघर्ष अंततः शोषण और दमन के नए तरीकों को ही उत्पन्न करते हैं। अतः जिसे हम आंदोलन कहते हैं वह उनकी निगाह में विशिष्ट मुद्दों के प्रसंग में किए जानेवाले संघर्ष की भिन्नता को स्थापित करने की टुकड़ों मे टूटी हुई राजनीति है। उनके अनुसार मूल्यों के क्षेत्र में भी हम किसी सार्वभौमिक के बदले सापेक्षिक मूल्यों को ही स्थापित कर पाएँगे। उनकी दुनिया में, जिसे अब तक सार्वभौमिक माना गया है, उसका विखंडन किया जाता है। विखंडन ज्ञान की कोई प्रणाली नहीं बल्कि वह रुझान है जिसका अंत सिफर में होता है। हमारे पास कोई भी युक्तिसंगत मूल्य नहीं बचते, न कोई भौतिक सिद्धांत और न ही परंपरा से मिलनेवाली वह आस्था बचती है, जिसे हम बचाए रखना चाहते हों। किसी भी आधारवाद या मूलवाद को मानने से इंकार करने के कारण उत्तर-आधुनिकतावाद सैद्धांतिक स्तर पर सापेक्षवाद को प्रश्रय देने लगता है। परिणामस्वरूप सत्य की या मूल्यों की ऐसी बहुलता स्थापित होती है जहाँ युक्तिसंगत चुनाव करना या निर्णय देना असंभव हो जाता है। उत्तर-आधुनिकतावादियों द्वारा प्रतिपादित यह एक नए ढंग का दार्शनिक भाववाद है। इसे हम विमर्श का भाववाद कहेंगे। चूँकि भाषा विमर्श का माध्यम है अतः इस भाववाद के तहत सारे विचार भाषा में परिवर्तित हो जाते हैं। यह एक आत्मनिष्ठ किस्म का भाववाद है जो हमारे विचारों को अंततः आत्मकेंद्रित बनाता है। हम कहने लगते हैं कि मेरा सच मुझमें है और तुम्हारा तुममें। सामाजिक यथार्थ चूँकि अनिर्धारित है, आंशिक और टुकड़ा-टुकड़ा सच है, अतः बड़ी जल्दी इसका विलय विमर्श में हो जाता है। कोई ऐसी ऐतिहासिक स्थिति या अनिवार्य संबंध नहीं बचता जो यथार्थ ज्ञान को संभव करे। यदि कुछ बचता है तो बेतुके ढंग से गुँथी हुई अनिर्धारित आकस्मिकता है। जिस बहुलता को हम पाते हैं उसके टुकड़ों का अंशों या खंडों से कोई संबंध नहीं है। उन्हें केवल विमर्श के तर्क द्वारा ही अर्थ प्रदान करना संभव होता है। अतः यह भाववाद दावा करता है कि

विचार से स्वतंत्र सामाजिक यथार्थ नहीं बल्कि सामाजिक यथार्थ भी विचार या विमर्श से निर्मित होते हैं। यथार्थ युक्तिसंगति का क्षेत्र है। युक्तिपरक ढंग से संरचित किए गए विचार ही वस्तु के द्योतक हैं। अत: वस्तुनिष्ठ जैसी कोई चीज नहीं और विचारों को जिस भाषा में व्यक्त किया जाता है वह भाषा ही सब कुछ है।

भाषा पर मार्क्स और एंगेल्स ने 'जर्मन आइडियॉलाजी' में लिखा है कि, 'भाषा विचार की तात्कालिक वास्तविकता है। दार्शनिकों ने जिस प्रकार विचार को एक स्वतंत्र अस्तित्व प्रदान किया है, उसी तरह भाषा को भी स्वतंत्र सत्ता देनी होगी।' अत: उत्तर-आधुनिकतावादियों ने यह कोई नई बात नहीं कही है। दर्शन के क्षेत्र में यथार्थ की समस्या पर हमेशा चर्चा होती रही है। मार्क्स अवधारणाओं के जड़ीभूत होने की चर्चा करते हैं। मार्क्स कहते हैं कि प्रत्यय के प्रसंग में चिंतक की प्रक्रिया मानव-मस्तिष्क के जीवंत होने का सूचक है और इसीलिए हम इसे यथार्थ जगत में अवस्थित मानते हैं। अत: विचार का बाह्य पक्ष हुआ यथार्थ जगत। 'एज आव एनालैसिस' में बारेज डनहम ने लिखा कि कभी वह भी समय था जब दार्शनिक सारे विश्व की संपूर्णता पर चिंतन करते थे किंतु आज वे भाषा के सीमित स्तर पर उतर आए हैं। महान ऊँचाई से जिन्होंने चिंतन की तपस्या शुरू की थी वे आज महज व्याकरणविद हो गए हैं।

यथार्थ जगत से कटे हुए उत्तर-आधुनिक दार्शनिक भाषा पर ध्यान केंद्रित करते हैं और अवधारणाओं के औचित्य पर प्रकाश डालते हुए कहते हैं कि सामाजिक समस्याएँ कुछ नहीं, बस केवल भाषा और वाक्य-रचना का क्षेत्र हैं, शुद्ध रूप से वाचिक हैं। बड़ी अजीब बात है कि दमन, यौन-उत्पीड़न, फासीवाद आदि के खिलाफ किए गए संघर्ष के लिए सिर्फ यह कह दिया जाए कि वह एक भाषागत समस्या के अलावा और कुछ नहीं। इससे किसी भी संघर्षकर्ता का संघर्ष चिन्हों और शब्दों के संजाल में उलझकर रह जाएगा। इस चिंतन में भाषा को तो इतना महत्त्वपूर्ण मान लिया गया है कि वह सामाजिक यथार्थ की वस्तुपरकता के बदले एक सर्वव्यापी सर्वसत्तामय स्वरूप ग्रहण करके यह दावा करने लगी है कि जगत के बारे में यदि जानना है तो जगत को व्याख्यायित करनेवाली भाषा को जानना होगा। यानी भाषा माध्यम नहीं है जो व्यक्ति और जगत के बीच अलग से अपना यथार्थ रखे बल्कि व्यक्ति और जगत स्वयं में कुछ नहीं बल्कि भाषायी यथार्थ हैं। भाषा ही यथार्थ बन जाती है और एक बार फिर हम पाते हैं कि दार्शनिक चिंतन के क्षेत्र में भौतिकता का विलय हो जाता है और संवाद का स्वतंत्र विषय विद्यमान नहीं रहता। यहाँ तक कहा जाता है कि विमर्श ही सब कुछ

है। यहाँ तक कि व्यक्ति की पहचान और उसकी वैयक्तिकता भी विमर्श से निर्मित होती है। यानी व्यक्ति कुछ भी कहे, विमर्श उसके देखने, सुनने और कल्पना को प्रभावित करता है। इसी के माध्यम से व्यक्ति अपने को परिभाषित करता है और जगत में अपना होना स्थापित करता है। शब्दों का दूसरे शब्दों से जो आपसी संबंध है, उसी के संदर्भ में व्यक्ति अवस्थित होता है। तब क्या दमन का यथार्थ और कुछ नहीं केवल शब्दों से निर्मित यथार्थ है? मानव-मुक्ति का आंदोलन भी केवल भाषा के आधार पर निर्मित है? दमन का अपना कोई अलग यथार्थ नहीं है।

उत्तर-संरचनावादियों के अनुसार भाषा विमर्श या पाठ हमारे देखने, सुनने और कल्पना को प्रभावित करता है और इसी के माध्यम से हम अपने को परिभाषित करते हैं, जगत में अपना होना स्थापित करते हैं। शब्दों के दूसरे शब्दों से संबंध के प्रसंग में हम जगत में स्थित होते हैं।

तब क्या दमन केवल शब्दों से निर्मित यथार्थ है यानी दमन की स्थिति शब्दों द्वारा परिभाषित और निर्मित है? और यदि वह केवल भाषायी स्तर पर सच है तो सवाल उठता है कि फिर ऐसी शाब्दिक स्थिति का प्रतिरोध क्यों किया जाए? दरअसल यह एक नया भाववाद है जो सत्ता की यथास्थिति को बनाए रखने में मदद देता है। यह उन बौद्धिकों का वाग्जाल है जो दुनिया में निरंतर जारी हिंसा, संघर्ष और उत्पीड़न से आँखें चुराकर अकादमियों में सत्ता-सुख भोगते रहे हैं। फिर इन्हें हम दार्शनिक क्यों कहें? कुल-मिलाकर आज उत्तर-आधुनिकतावाद, संरचनावाद, उत्तर-संरचनावाद एक विशिष्ट बौद्धिक फैशन-भर है। फैशन की ताकत से हम-आप सभी परिचित हैं। विशेषकर दर्शन या सिद्धांत के प्रसंग में तो लोग बौद्धिक फैशन को काफी गंभीरता से ओढ़ते हैं। इसके पीछे सोवियत संघ के विध्वंस से उत्पन्न निराशा और बौद्धिकों पर पड़नेवाले सत्ता के दबाव जैसी स्थितियाँ हैं। इसके अलावा समकालीन पूँजीवाद का भयानक यथार्थ भी इस मानसिक व्यभिचार को प्रोत्साहित करता है। यह जरूर है कि जेमसन के वृद्ध पूँजीवाद या फिर बहुराष्ट्रीय पूँजीवाद के सूचनात्मक और उपभोक्तावादी दौर के उत्तर-आधुनिकतावादियों ने कुछ ऐसे सवाल भी उठाए हैं जिनके संदर्भ में सिर्फ पूँजीवाद को दोष देने से ही बात नहीं बनेगी। कारण यह है कि मार्क्सवाद के संदर्भ में भी कुछ ऐसे मुद्दे हैं जिन्हें उत्तर-आधुनिक मार्क्सवाद अभिव्यक्त कर रहा है और इसे गंभीरता से लिया जाना चाहिए।

पिछली शताब्दी में मार्क्सवाद ने प्राय: अर्थशास्त्र और राजनीतिक अर्थशास्त्र की आलोचना एवं समीक्षा में स्वयं को व्यस्त रखा था। वामपंथी खेमे ने ज्ञान के सार्वभौमिक और समग्रीकृत मूल्यों और समानता की

वैचारिक अवधारणा पर बहस करते हुए मानव-मात्र की मुक्ति का बीड़ा उठाया था। लिंग, जाति और वर्ग की भिन्नता को स्वीकारते हुए भी उनके कारण होनेवाले संघर्षों के साथ वाम की पूरी सहानुभूति थी और उनके अनुसार व्यक्ति एक विस्थापित केंद्र था।

जिस समस्या को मार्क्सवाद ने उठाया था और जिन विशिष्टताओं को व्यक्ति के बचाव के प्रसंग में वर्णित किया गया था, उसी को उत्तर-आधुनिकतावादियों ने अपने स्वार्थ में विनियोजित कर लिया है। इस सिलसिले में कुछ ऐसे मुद्दे भी हैं जिनकी अवज्ञा नहीं की जा सकती। पुनर्जागरण काल की विफलता का भी उत्तर देना होगा। शोषित और उत्पीड़ित समूह की पहचान तो बननी ही चाहिए थी। विशेषकर दमन के खिलाफ किए गए संघर्ष का अपना महत्त्व है जिसकी उपेक्षा नहीं की जा सकती। परिवर्तन तो होता रहेगा। इस निरंतर परिवर्तनशील जगत में अनुभव की जटिलता के कारण विचार बदल जाते हैं, प्रतिबद्धता में फर्क आ जाता है। वैश्विक स्तर पर पूँजीवाद, सांस्कृतिक राष्ट्रवाद अपने अलग-अलग आकारों, प्रत्ययों, विचारधारा एवं प्रबंधन को पुनःसंरचित कर रहा है और स्वयं श्रमिक वर्ग भी पहले जैसा नहीं रहा है। उसमें भी जाति और लिंग के आधार पर भिन्नता है। मानव-मूल्यों और संस्कृति की बहुलता को, वैचारिक एवं सांस्कृतिक साम्राज्यवाद को अस्तित्ववाद और मार्क्सवाद भी खत्म नहीं कर पाए। सूचना का संसार विकसित होता रहा।

दूरदर्शन का यथार्थ, छाया-प्रतिछाया या अतियथार्थ तो हो सकता है, मगर यथार्थ नहीं। और इसके लिए उत्तर-आधुनिकतावादी मान्यताओं को स्वीकारने की जरूरत नहीं, बल्कि जरूरत भौतिकवादी व्याख्याओं को विकसित करने की है। उत्तर-आधुनिकतावाद भी मानव इतिहास की घटना है और इसके भौतिक आधार की जाँच-पड़ताल की जानी चाहिए। ऐतिहासिक भौतिकवाद द्वारा इस गतिशील उपभोक्तावादी वैश्विक पूँजीवाद और उत्तर-आधुनिकतावादी संस्कृति के संबंध की व्याख्या हो सकती है। भौतिकवादी दृष्टिकोण का यह अर्थ नहीं कि हम मानवीय अनुभव के सांस्कृतिक आयाम की उपेक्षा करें या उन अनुभवों का अवमूल्यन करें, बल्कि भौतिकवादी समझ के कारण वस्तुकरण के चंगुल से संस्कृति को मुक्त करना होगा। अगर समकालीन पूँजीवादी व्यवस्था और स्थितियों पर प्रकाश डालते हुए उत्तर-आधुनिकतावाद इसका विवेचन करता तो ठीक था। यों परिस्थिति के सामने घुटने टेकने के बदले और केवल एक विचारधारा को अपनाने के बदले अच्छा होता कि ऐतिहासिक स्तर पर समस्या का सामना किया जाता। उत्तर-आधुनिकतावाद, यानी जो कुछ भी घट रहा है,

उसकी आलोचना की जानी चाहिए और आलोचना के लिए आज भी मार्क्सवाद से अच्छा औजार कहीं नहीं है।

वस्तुनिष्ठ, कार्य-कारणता तथा सर्वव्याख्येयता को नकारते हुए उत्तर-आधुनिकतावाद संस्कृति के प्रसंग में अतिसापेक्षतावाद और (सत्य, शिव और सुंदर की) जटिलता की अनिर्धारित अवधारणा को स्वीकारता है। इसके कारण ऐसी बहुतेरी समस्याएँ उभरी हैं जिन्हें आधुनिकतावादियों के महावृत्तांतों में नहीं खोजा जा सकता। मगर इसका अर्थ विच्छिन्नता की घोषणा नहीं है। परंपरा से इस प्रकार आमूल रूप से कटना संवेदनशीलता का परिचायक नहीं होगा। अपने आसपास के परिवेश से मोहग्रस्त होना तो एक पुरानी बीमारी है। जिसे आज बौद्धिक फैशन कहा जा रहा है वह और कुछ नहीं, एक पुरानी विचारधारा है।

अतीत में भी समय-समय पर दार्शनिकों ने केंद्रीय सत्ता के औचित्य पर शक किया है। यह अलग बात है कि उत्तर-आधुनिकतावाद इसे ज्यादा दूर तक खींचता है और इसीलिए अंततः वह निःशेषवाद में परिणत होकर रह जाता है। यह कहना कि विज्ञान या नीतिशास्त्र केवल सामाजिक या ऐतिहासिक उत्पादन हैं और प्रत्येक सिद्धांत इससे अनुकूलित है, गलत होगा। अवधारणाएँ, सारतत्त्ववाद, सार्वभौमवाद, फलनवाद, न्यूनीकरणवाद आदि का प्रयोग वैचारिक प्रौढ़ता और सूझ-बूझ की माँग करता है और इसलिए इस पर मनचाहे तरीके से प्रहार करना उचित नहीं होगा। जिन विशिष्टताओं की बहुलता को हमने बढ़ावा दिया है या जिनका संवर्द्धन किया गया है वे मूल्य स्वयं हमारे हक में नहीं हैं क्योंकि किसी भी दी हुई बहुलता या विशेषता को पुनःविश्लेषित किया जा सकता है। इनके विश्लेषण की यह अंतहीन प्रक्रिया कहाँ जाकर ठहरेगी? और जहाँ ठहरेगी, क्या ज्ञान प्राप्ति के लिए प्रत्यय काफी होंगे? ऐसे ज्ञान का महत्त्व किसके लिए है? समूह, आत्म, अनुभव, विचार, शब्द, घटना, सक्रियता आदि कोई भी प्रत्यय अपने-आप में संपूर्ण नहीं है। एक तरह ये सभी अमूर्त हैं, अन्य बहुतेरी विशेषताओं के आधार पर निर्मित। बिना किसी सार्वभौमिक सिद्धांत के कुछ भी अर्थ खोजना असंभव है। विशिष्ट से सामान्य की ओर जाने के लिए कल्पना और वैज्ञानिक क्षमता की जरूरत पड़ती है। सार-वर्णन या सारतत्त्व में न्यूनीकृत करने की प्रक्रिया को एक प्रणालीगत अपराध की संज्ञा तो दी जा सकती है, (विशेषकर जब हम किसी जटिल संरचना और प्रक्रिया के प्रसंग में कुछ सोचना चाहें) लेकिन वस्तु को बिना किसी वैचारिक केंद्र के अनिवार्य रूप से निर्मित करना भी गलत है। उन अवयव विशेषों को समझे बिना वस्तु को नहीं समझा जा सकता किंतु सामान्य वस्तुज्ञान के अभाव में अन्य वस्तुओं

को भी नहीं समझा जा सकता। वस्तु को समझने के लिए उसका होना, उसका आचरण और उसकी क्रिया की व्याख्या जरूरी है।

जब ज्ञान-मीमांसा व्यावहारिकता के स्तर पर निःशेषवाद में परिणत हो जाए तब सामाजिक यथार्थ और उसके ज्ञान को नकारना असंभव हो जाता है। यह कहना कि इस यथार्थ का अपना अस्तित्व नहीं और इसे भाषा ने निर्मित किया है, गलत है। यथार्थ का समग्र ज्ञान न भी हो और वह आंशिक और खंडित हो, तब भी खंडित ज्ञान के ये खंड भी आदमी को बनाते हैं। वे आदमी से जीवन जीने को कहते हैं। यह सही है कि किसी ऐसी विराट दृष्टि का अभाव है और हम महावृत्तांतों को संभव भी नहीं मानते, किंतु यह बात तो सही है कि उत्तर-आधुनिक यहाँ आधुनिक पूँजीवादी वर्ग की भाँति केवल संख्यावाची अनुभववाद और यांत्रिक विशेषता के कारण टुकड़ा-टुकड़ा यथार्थ में सीमित एवं विभेदकारी दृष्टिकोण को प्रोत्साहित करने का दोषी है। समाजविज्ञान के संदर्भ में ऐसी संकुचित दृष्टि समकालीन सामाजिक और राजनीतिक जीवन की समस्याओं या क्षेत्रों के विशेष हिस्सों, जो कि सापेक्षिक रूप से असंबंधित हैं, के अध्ययन में बाधा पहुँचाएगी। परिणामस्वरूप, समाज की भौतिक विशेषताओं के प्रसंग में किसी बड़े मुद्दे को न तो उठाया जा सकता है और न समझा जा सकता है। अतः वृहत्तर स्तर पर होनेवाले सामाजिक परिवर्तन के मुद्दे के प्रति उदासीनता बनी रह सकती है। दर्शन तो विराट, वृहद और समग्र को देखने की दृष्टि है जबकि उत्तर-आधुनिकतावादियों के अनुसार वृहत्तर स्तर पर न ऐसी कोई समस्या है और न ही मानवीय चिंतन के माध्यम से इन समस्याओं को समझा जा सकता है। स्थापित पूँजीवादी सामाजिक व्यवस्था के अनुसार जहाँ आधुनिक समाजशास्त्रों ने खुद को सामाजिक यथार्थ में समायोजित किया था, वहीं उत्तर-आधुनिकतावाद भी अपने उत्तर-आधुनिक तरीके से स्थापित व्यवस्था में फिट होने की चेष्टा करता है।

इन दोनों ही स्तरों पर दृष्टिकोण और मूल्य के प्रसंग में समायोजन का दृष्टिकोण स्थापित होता है। पूँजीवादी समाजविज्ञान ने मूल्य को निरपेक्ष रूप से प्रतिपादित किया और कहा कि इनका विश्लेषण संभव नहीं है। चूँकि ये मूल्य निरपेक्ष थे अतः नैतिक रूप से तटस्थ थे। इसी के समानांतर उत्तर-आधुनिकतावादियों की दुनिया में संस्कृति और नैतिकता के संदर्भ में चरम सापेक्षतावाद उभरता है। अपनी समकालीन स्थिति में ये दोनों ही असंतुष्ट हैं। किंतु ये दोनों विचार बूर्जुआ समाज के उन्हीं सांस्कृतिक और नैतिक मूल्यों के प्रति आदर भाव रखते हैं जिनके खिलाफ मार्क्सवाद या नारीवाद संघर्ष करता रहा है। भाषा की सहायता दोनों ही लेते हैं। आधुनिकतावादी विमर्शों

के शब्दजाल और शब्दाडंबर से तो हम परिचित हैं ही किंतु उत्तर-आधुनिकतावादियों ने तो समांतर रूप से टीकाशास्त्र, विखंडन और पाठकीय शून्यवाद की कठिनाई पैदा की है। एक बार फिर हम तथ्य और वस्तु की तुलना में प्रस्तुतिकरण की उलझन और आकार की जटिलता को प्रोत्साहित करने लगते हैं, जान-बूझकर कथन के उलझाव में फँसकर रह जाते हैं।

उत्तर-आधुनिकतावाद का यह बौद्धिक साक्षेपतावाद अपने शून्यवादी निर्धारण के कारण प्रत्येक ज्ञान की ऐतिहासिकता के संदर्भ में ज्ञान की उत्पत्ति के प्रश्न को उसके सत्य और वैधता के प्रसंग में उलझाकर सामाजिक यथार्थ का मूल्यांकन करने के बदले उन्हें खारिज करता है। सत्य केवल अच्छा या बुरा नहीं हुआ करता। सत्य उससे कहीं अधिक है। सामाजिक यथार्थ की चर्चा के प्रति उदासीनता उन्हीं बातों के प्रति निष्ठा जगाती है जिन्हें सत्ता, मीडिया और व्यापारिक प्रतिष्ठान स्थापित करना चाहते हैं। यदि ज्ञान और सत्य का कोई वास्तविक आधार नहीं, तो उत्तर-आधुनिक संशयवाद केवल व्याख्या को प्रोत्साहित करेगा जो कि अंततः भाषायी खेल के रूप धारण करेगी। यहाँ फूको जरूर हस्तक्षेप करेंगे कि व्याख्या को गलत रूप में स्वीकारने की जरूरत नहीं, इस प्रकार की छूट तो केवल मौखिक है, इसका परिणाम तो एक प्रकार का परिणामवाद है। रोर्टी कहते हैं: 'केवल वही सत्य मायने रखता है जो हमें अपने समानधर्माओं के साथ अर्थपूर्ण संवाद स्थापित करने में हमारी मदद करे।' उत्तर-आधुनिकतावादियों का यह अतिसापेक्षवादी मूल्यबोध समानता, भाईचारा और न्याय जैसे सार्वभौमिक मूल्यों को नकारता है। यह अलग बात है कि इस निषेध के कारण उनका अपना शून्यवादी दृष्टिकोण और जीवन-मूल्य स्थापित होता है। व्यक्ति कुछ ऐसे स्वार्थपूर्ण विशेष विवरणों से घिर जाता है जो अंततः उसे आत्मकेंद्रित बना डालते हैं। भाषा या विमर्श के भाववाद से जुड़ने के कारण उत्तर-आधुनिकतावादियों के बौद्धिक सापेक्षवाद द्वारा प्रत्येक मूल्य पर प्रहार जारी रहता है और मूल्यांकन का कोई स्थायी प्रतिमान या आधार नहीं बचता, न ही व्यक्ति इन मूल्यों में से किसी एक का अपने लिए चुनाव करने में सक्षम होता है। यदि सत्य है ही नहीं, तो उसका कैसा उल्लंघन, और कैसा अपराध? यदि सत्य केवल भाषा द्वारा या सामाजिक अभ्यास द्वारा विशेष विमर्शों द्वारा आत्मसात किया जा सकता है तो सबके अपने-अपने सच हैं और आपके सच का उल्लंघन किसी को अपराधी नहीं बना सकता। अतः न्याय की गुहार लगाने की भी जरूरत नहीं रह जाती।

उत्तर-आधुनिकतावाद एक उत्कट सामाजिक सिद्धांत के रूप में बहुतों को अच्छा भी लगेगा। हो सकता है कि मार्क्सवाद की तुलना में वे इसे

स्थापित भी करना चाहें। किंतु ऐसी किसी भी राजनीति की विध्वंसक भूमिका से हम सभी परिचित हैं। ये सिद्धांत मानवीय ज्ञान और जगत की आंशिक प्रकृति पर जोर डालते हैं। नतीजतन ज्ञान और उसकी मुक्तिदायी राजनीति में हमारी आस्था नहीं रह जाती। यह कहना कि कहीं कोई व्यवस्था नहीं और इतिहास का कार्य-कारण विश्लेषण करना संभव नहीं, यह हमें सत्ता द्वारा दमन और उत्पीड़न के मूल में नहीं ले जाता, तब प्रतिरोध में मानव मुक्ति हेतु आदमी एकजुट नहीं होना चाहेगा। जो अलग-अलग अंश हैं वह हमारे अपने-अपने संघर्ष के कार्यस्थल हैं और इसके कारण उनका प्रतिरोध भी आंशिक लग सकता है। इस राजनीति को राज्य या वर्ग की सत्ता के दूरगामी प्रभाव के विरोध में देखा गया है। इसके बदले आज पहचान की राजनीति के टुकड़ा-टुकड़ा संघर्षों, नए सामाजिक आंदोलनों और यहाँ तक कि जो व्यक्तिगत है, वही राजनैतिक है, का नारा भी लगने लगा है।

चूँकि इसका कोई दूरगामी प्रभाव नहीं होता अतः एक बार फिर उत्तर-आधुनिकतावाद उसी आधुनिक अतीत का नैरंतर्य बनकर उभरता है। अतीत से वह स्वतंत्र नहीं है। यह उसी उदारतावादी बहुलता का पारंपरिक प्रलाप है जो नया कुछ भी नहीं मानता। एक प्रकार से वह वही पुरानी बुर्जुआ प्रतिक्रिया है जो सत्ता के एकल स्रोत को स्वीकारने से इंकार करती है। पहले यह प्रतिक्रियावादियों के उदारतावाद में छिपी हुई थी और अब यह उत्तर-आधुनिक रूप में मार्क्सवाद के खिलाफ बोल रही है। उत्तर-आधुनिक सामाजिक सिद्धांत का महत्त्वपूर्ण पक्ष है कि वह अब भी साठ के दशक के स्वर्णकाल से जुड़ा हुआ है और पूँजीवाद के उन ऐतिहासिक खयालों को स्वीकारता है जिन्हें आज तक पूँजीवाद ऐतिहासिक रूप से उत्पन्न नहीं कर पाया और जो कुछ उत्पन्न हुआ वह अनिवार्यतः एक अबौद्धिक आर्थिक व्यवस्था है। इस व्यवस्था में अंतर्निहित विरोधाभास और समस्याओं को अनदेखा नहीं किया जा सकता। दरअसल उत्तर-आधुनिकतावाद की नवीनता इस में है कि इसके व्याख्याता बीसवीं शताब्दी की उस दुर्दांत ऐतिहासिकता को नकारते हैं जो अपने ही आंतरिक विरोधाभासों के कारण हजार मौत मरी है।

उत्तर-आधुनिकतावादियों का यह आत्मवर्णन और ऐतिहासिक वर्गीकरण आधुनिक यथार्थ के उस रूपांतरण पर निर्भर करता है जिससे विच्छिन्न होकर उत्तर-आधुनिकतावादी खुद के प्रकटन का ऐलान करते हैं। किंतु ऐसा करते वक्त महत्त्वपूर्ण तरीके से यथार्थ को धुँधला करते हैं, पूँजीवाद की वास्तविकता को नकारते हैं और ऐतिहासिक विकास की उपेक्षा करते हैं। इनका ज्ञानशास्त्र अपने संशयात्मक दृष्टिकोण के कारण व्यवस्था या संरचना के तमाम ख्यालों को साथ लेकर चलता है। पूँजीवाद को महज एक

सीमांत व्यवस्था मानने से काम नहीं चलेगा। यह ऐसी व्यवस्था है जो अपनी शोषण-वृत्ति के कारण संपर्क में आने वाली प्रत्येक वस्तु का बाजारीकरण करती है। वस्तूकरण की यह प्रवृत्ति हमारे व्यक्तित्व और सामाजिक जीवन को गहराई से प्रभावित करती है। उत्तर-आधुनिक विमर्श पूँजीवाद के भयावह परिणामों की समग्र प्रस्तुति नहीं कर पाता और जिसकी हम प्रस्तुति नहीं कर पाएँ, जिसकी व्यवस्था को ही नहीं समझा जाए, उसका विखंडन कैसे संभव होगा? विरोध तो दूर की बात है, यहाँ तो इसकी आलोचना भी नहीं की जा रही है। पूँजीवाद के विरोध को नकारने और वाम के समग्रीकरण के प्रयास को खारिज करने का नतीजा है कि आज पूँजीवाद के संरचनात्मक तर्क की गलतबयानी नए-नए रूपों में उठ रही है जिसे न तो लोग समझ पा रहे हैं और न ही इसका विरोध कर पा रहे हैं। इसीलिए विकल्प की राजनीति भी अपनी सशक्त पहचान के साथ किसी भी सामाजिक आंदोलन को उत्पन्न करने में सर्वथा असमर्थ है।

कभी अस्तित्वाद का भी इतना ही व्यापक और फैशनेबल प्रभाव था। मगर सार्त्र, कामू और सिमोन द बोउवार जैसे अस्तित्ववादी मानवीय सरोकारों से वंचित नहीं थे। उनके दर्शन पर व्यक्तिनिष्ठ होने का आरोप तो लगाया जा सकता है मगर वे अपने उद्देश्य में आत्मकेंद्रित कभी नहीं रहे। वे मानवीय उद्देश्य और गरिमा की बार-बार चर्चा करते हैं। मूल्यबोध पर बहस खड़ी करना और उन्हें नकारना अलग बात है। जीवन में यदि सारे ही मूल्य सापेक्षिक हो जाएँ तो इनके लिए संघर्ष करने की जरूरत ही क्या है? इससे तो निष्क्रियता, उदासी और हार की भावना बढ़ेगी। पूँजीवाद का उद्देश्य ही राजनीतिक उदासीनता को बढ़ावा देना है। अराजनीतिकरण की इस उत्तर-आधुनिक संस्कृति का पहला उद्देश्य है कि विरोध के मुद्दे को ही खत्म कर दिया जाए। मार्क्सवादी होने के करण न जाने कितनों को अपनी जान गँवानी पड़ी है, लेकिन एक भी विखंडनवादी का नाम ले दीजिए जिसे अपनी जान गँवानी पड़ी हो। शोर मचाते हुए कोई ज्यादा दूर तक चल नहीं सका। एक बार स्वीकार भी लिया जाए कि सबका अपना-अपना यथार्थ है तो इसे मानने से क्या होगा? इन आंशिक सिद्धांतों से कोई बेहतर दुनिया तो नहीं बनेगी। आज वृद्ध पूँजीवाद की सर्जनात्मक संभावनाएँ क्षीण हो गई हैं। कुछ निर्मित करने के बदले मानवजाति के भविष्य को वह आहत ज्यादा कर रहा है। उसका विरोध क्यों नहीं किया जाना चाहिए?

यदि ये महावृत्तांत अपनी उद्धारक भूमिका नहीं निभा सकते (टुकड़ा-टुकड़ा यथार्थ के प्रसंग में किया गया संघर्ष भी एक टुकड़ा सच है) तो यह सही है कि उत्तर-आधुनिकतावाद के विभिन्न स्तरों पर किए गए आंदोलनों,

मसलन सत्ता का विकेंद्रीकरण, आर्थिक और सामाजिक न्याय की गुहार, पर्यावरण, नारीवाद और बहुसंस्कृतिवाद की पहचान, को जनता के लिए स्थापित करते हैं, किंतु समस्या का प्रभावी निदान खोजने में सर्वथा असमर्थ रहते हैं। जरूरत तो उस ऐतिहासिक और भौतिक परिस्थिति को समझने की है जो इन आंदोलनों की उद्देश्यपूर्ति में बाधक सिद्ध होते हैं। क्या कारण है कि आज नारीवाद का स्वर क्षीण होता जा रहा है? किसलिए आज पर्यावरण की समस्याओं पर गंभीरता से चिंतन करने से हम कतराते हैं? आखिर क्यों इतनी हिंसा है और आतंकवाद को बढ़ावा मिल रहा है? और आखिर क्यों हमें वापस पूँजीवाद और उसकी व्यवस्थात्मक परिणति में लौटना पड़ रहा है? प्रतिरोध और सत्याग्रह की राजनीति में उत्तर-आधुनिकतावादियों से सहायता मिलने के बजाय यदि प्रतिरोध की क्षमता कुंद होने लगे, यदि मूल्यबोध की सापेक्षता के कारण संकल्प एवं संघर्ष कमजोर पड़ने लगे और किसी समग्र परिवर्तन के बदले व्यक्ति केवल टुकड़ा सच में जीने लगे तो इससे किसको लाभ होगा? क्या हम यह कहें कि स्त्री देह नहीं, मन नहीं, बस एक सांस्कृतिक संरचना है। दमन और कुछ नहीं एक भाषायी खेल है, लिंग के आधार पर समाज का वर्गीकरण कोई स्थायी वर्गीकरण नहीं है, तो यह हमारी सनक होगी। सामान्यत: ये सारे उत्तर-आधुनिक तर्क बोझिल लगने लगते हैं। विमर्श या दर्शन का कुछ तो उद्देश्य होना चाहिए। शोषण के खिलाफ संघर्षरत होने के प्रयास जरूरी हैं। केवल मगरमच्छ के आँसू गिराने से क्या होगा?

और फिर, शोषण और दमन के खिलाफ इतिहास में कोई पहली बार आवाज नहीं उठाई जा रही है, पहली बार प्रकृति को सँजोकर रखने का प्रयास नहीं किया जा रहा है। यह केवल उत्तर-आधुनिकतावादियों के हस्तक्षेप के कारण संभव हुआ है, इसे मेरा नारीवादी मन स्वीकार नहीं कर पा रहा है। इन मूल्यों का आदि स्रोत आधुनिकतावाद में रहा है। आदमी की गरिमा, ज्ञान में आस्था, सहयोग और सद्भावना की पहले भी चर्चा की जा चुकी है। प्रगति पर हमारा विश्वास रहा है और रोटी बाँटकर खाने के लिए हमने चेष्टा की है। दर्शन में हमेशा वाम विचारधारा ने मानव-धर्म और मानव-मूल्यों की चर्चा की है। उत्तर-आधुनिक जब इनसे अपने भाषायी खेल के जरिए खेलते हैं, रेशमी वाक्‌जाल परोसते हैं, तो हमें उनकी सदाशयता पर शक होना चाहिए।

उत्तर-आधुनिकतावादियों ने इतिहास के दुहरे अर्थ, उसके आतंक और निरंतर प्रगति की असफलता पर चर्चा की, मगर तकनीक और विज्ञान के अच्छे प्रभाव की चर्चा नहीं की। भूख, गरीबी, व्याधि और कमरतोड़ मेहनत

से तो वैज्ञानिक उपलब्धियों के सहारे ही मुक्ति हो सकती है, बशर्ते हमारा दृष्टिकोण वैसा हो। उत्तर-आधुनिकतावादियों के पास इसकी समझ नहीं। इनके नकारने से तो यथार्थ बदल नहीं जाएगा। क्या है यह यथार्थ? दुनिया में हिंसा और गरीबी बढ़ी है। शासन का शोषण बढ़ा है। जिस तीसरी दुनिया का पूँजीवाद ने शोषण किया और जब वह न्याय की माँग करने, प्रतिरोध में खड़ी होने लगी तो इन पश्चिमी राजदुलारों का कहना था कि तुम किसके लिए संघर्षरत हो? शोषण कोई स्थायी सच नहीं है। तुम इसके केंद्रीय महत्त्व को ही विस्थापित करना चाहते हो। आदमी को गुलाम की स्थिति, उसके शोषण और उत्पीड़न को नकारने के लिए शब्दों का जाल बुना गया। मगर स्त्री क्या करे? कैसे इनकी नीयत पर भरोसा करे? यदि पूँजीवाद के कारण नुकसान हुआ है, मानवीय मूल्यों का दोहन हुआ है तो भी आज पूँजीवाद अपनी पूरी लक-दक के साथ विद्यमान है। वह कहाँ निस्तेज हुआ? अतः इतने गंभीर मसले पर स्त्री कैसे इतनी हल्की बात उठा सकती है? यहाँ आधुनिकता की समस्या नहीं, यह तो पूँजीवाद का परिणाम है। अतः इसके निदान का प्रति-उत्तर उत्तर-आधुनिकतावाद के पास नहीं हो सकता। कारण पूँजीवाद का प्रति सिद्धांत समाजवाद है, उत्तर-आधुनिकतावाद नहीं।

हालाँकि जिस समय समाजवाद के विघटन का ऐलान किया जा रहा है वह वास्तव में एक प्रतिगामी दौर है। इसके लिए मार्क्स ने बार-बार आगाह किया था। किसी भी विचारधारा का प्रतिगामी दौर घट सकता है। ऐसा भी होता है कि विचारों को विनियोजित करनेवाली शक्तियों की सामर्थ्य चुकने लगे। मगर इससे विचारधारा की खामियाँ स्थापित नहीं होतीं। वैचारिक प्रक्रिया को तो नहीं नकारा जा सकता। इस प्रक्रिया के विकल्प में प्रतिक्रियावादी दक्षिणपंथी अपने उन कट्टरपंथी विचारों को नहीं परोस सकते, जिन्हें नारीवाद नकारता रहा है। स्त्री का तो अपना इतिहास नहीं, अपने बारे में तो उसने बस अभी-अभी बोलना शुरू किया है। अतः उत्तर-आधुनिकतावाद किस उपलब्धि से विच्छिन्न होने की बात कर रहा है? कम से कम वह स्त्री का इतिहास तो नहीं नकारना चाहता। स्त्रियों से पूछकर न तो आधुनिकतावाद बना और न उत्तर-आधुनिकतावाद। मुक्ति की रणनीति हमें जहाँ से मिलेगी, जो अच्छा लगेगा, वही स्वीकारना होगा। हो सकता है कि पुनर्जागरण काल के मूल्यों की उत्तर-आधुनिकतावादियों को जरूरत न हो। माना कि इन मूल्यों को नकारने के लिए यह विशिष्ट बौद्धिकी स्वतंत्र है, किंतु आज भी दुनिया की अधिकतम जनसंख्या गरीबी, शोषण और आतंक से पीड़ित है। पढ़ी-लिखी स्त्री कुछ बोल पाए या नहीं, किंतु ग्रामीण और अशिक्षित स्त्री के तेवर देखकर सच में आश्चर्य होता है। स्त्री के लिए इन

आधुनिक मूल्यों का महत्त्व है। वह इनके साथ जिंदा है, जैसा कि नील कहती हैं—नारीवाद, आदर्शवाद और सार्वभौमवाद सत्य एवं न्याय के मूल्यों को नहीं नकार रहा है। यह आवाज तो वे विचारक उठा रहे हैं जिन्हें परंपरागत अकादमियों से सुख-सुविधा मिली है। पूँजीवाद अपनी विरोधाभासी प्रगति के दौरान इन मूल्यों को जितना बनाता है, उतना ही इनका विनाश भी करता है। आधुनिकतावाद भी विरोधाभास को लेकर चलता रहा है। अतः यदि इस विरोधाभास के साथ जीनेवाले विचारों को खारिज किया जाता है, तो जरूर ऐसा किया जाए मगर समाजवाद इसे पुनः जीवित करने में समर्थ होगा।

समकालीन समाज की सांस्कृतिक, नैतिक और भौतिक संक्रांति दिन पर दिन बढ़ रही है। सोवियत यूनियन इतिहास हो गया है। बहुत से पिछड़े हुए विचार और प्रतिक्रियाएँ वैचारिक फलक पर दिखाई देती हैं। धार्मिक अंधविश्वास बढ़ता जा रहा है। सारी दुनिया में इसका बोलबाला है किंतु इससे सामान्य आदमी की समस्या बढ़ेगी, घटेगी नहीं। जब वे नौकरी नहीं दे पाएँगे तो पर्चे बाँटेंगे। यह एक अँधेरा समय है। एक ओर जहाँ अतिउन्नत पश्चिमी राष्ट्र हैं, उनका अपना समाज सिद्धांत है, अपनी योजनाएँ हैं, तो दूसरी ओर एशिया के देश हैं। अच्छा हो कि एशिया के ये देश अपनी समस्याओं पर चर्चा करें। गरीब वंचित एशियाई देशों के संदर्भ में उधार लिये गए विचारों को दोहराना औपनिवेशिक ताकतों के हाथ पुनः मजबूत करेगा।

□□□